智慧城市轨道交通系列丛书

数字时代
智慧城轨系统
研究与应用

农兴中　湛维昭　贺利工 ◎ 编著

人民交通出版社

北京

内容提要

本书针对城市轨道交通传统系统独立架构、软件适配低、数据共享难等现状，开展了系统架构融合、数据共享融合、平台应用融合、场景功能融合等技术研究，提出了统一数据平台的系统架构及场景功能创新设计理念，形成了基于轨交智慧运行平台的智慧城轨系统平台化设计关键技术体系，推动城市轨道交通系统资源的共享与协同，着力技术标准统一和信息共享，促进系统资源高效配置运用。本书共分为8章，内容涵盖了新时代城市轨道交通需求及意义、关键支撑技术及关键应用技术分析、基于服务器单机向统一数据平台架构演进分析及系统架构设计、基于统一数据平台的智慧城轨场景功能设计、智慧城轨工程应用及实践、未来展望等。

本书可供城市轨道交通工程技术人员参考，也可供高等院校相关专业师生学习使用。

图书在版编目（CIP）数据

数字时代智慧城轨系统研究与应用 / 农兴中，湛维昭，贺利工编著. — 北京：人民交通出版社股份有限公司, 2024.12. — ISBN 978-7-114-19845-8

Ⅰ.U239.5-39

中国国家版本馆 CIP 数据核字第 2024R4F256 号

Shuzi Shidai Zhihui Chenggui Xitong Yanjiu yu Yingyong

书　　　名：	数字时代智慧城轨系统研究与应用
著 作 者：	农兴中　湛维昭　贺利工
责任编辑：	高鸿剑
责任校对：	赵媛媛　魏佳宁
责任印制：	刘高彤
出版发行：	人民交通出版社
地　　　址：	（100011）北京市朝阳区安定门外外馆斜街 3 号
网　　　址：	http://www.ccpcl.com.cn
销售电话：	（010）85285857
总 经 销：	人民交通出版社发行部
经　　　销：	各地新华书店
印　　　刷：	北京印匠彩色印刷有限公司
开　　　本：	787×1092　1/16
印　　　张：	21
字　　　数：	511 千
版　　　次：	2024 年 12 月　第 1 版
印　　　次：	2024 年 12 月　第 1 次印刷
书　　　号：	ISBN 978-7-114-19845-8
定　　　价：	168.00 元

（有印刷、装订质量问题的图书，由本社负责调换）

《数字时代智慧城轨系统研究与应用》
编审委员会

主 任 委 员	农兴中　湛维昭　贺利工
副主任委员	朱志伟　熊晓锋　张　森
主　　　审	徐明杰　王迪军　史海欧　梁东升
编　　　委	刘琼蓉　朱云冲　蔡金山　龙丽姮　鲍淑红
	林维河　张晓波　王圣炜　石惠慧　吴　刚
编 写 单 位	广州地铁设计研究院股份有限公司

序

在我国由"交通大国"迈向"交通强国"的转型大潮中，为积极响应"服务型、引领型、融合型、持续型"新时代轨道交通体系的建设需求，《数字时代智慧城轨系统研究与应用》一书应运而生。编写团队经历了城市轨道交通从早期分立的自动化系统，到综合监控系统，再到现今自动化与信息化深度融合的工业互联网体系建设发展的全过程。他们对"全域感知、数据共享、人工智能、主动协同"智慧城轨的内涵有着深刻的认知，并亲历了数字化、智能化城市轨道交通的设计与建设实践。本书展现了智慧城市轨道交通（"智慧城轨"）建设的系统性、科学性、先进性、经济性的基本特征。

本书围绕智慧城轨的核心需求，构建了一个全方位的技术框架。该框架基于轨交智慧运行平台，深度融合了乘客服务、运营管控、安全保障、绿色能源管理、运营维护管理以及BIM模型等关键技术，全面覆盖城市轨道交通的所有运营系统。该框架按业务进行智慧化功能设计，采用场景驱动的展现方式，具有较强的工程实用性。

基于轨交智慧运行平台的城轨系统技术框架，构建业务与数据融合、各业务应用模块复用的共享平台。该平台基于One Data（数据统一）、One ID（身份统一）、One Service（服务统一）的理念，汇聚各类数据并遵循相同的标准和口径，使事物的标识统一或相互关联，提供统一的数据服务接口，打通数据之间的隔阂。在业务数据化、数据资产化、资产服务化的基础上，为SaaS层提供灵活快速的开发环境，通过低代码平台将成熟的业务模块持续沉淀到应用组件市场，形成共享融合、持续迭代的应用底座，打造面向城轨业务的便捷操作系统。

我国城市轨道交通已进入"从城市迈向区域""从多网迈向融合""从单一交通功能迈向引领城市群发展"的新时代。时代的发展促使智慧城轨的功能实现了质的飞跃，如多网融合的线网运营智能指挥调度模式、一票通达的城市群"一张网、一张票、一串城"服务发展目标。本书提出的基于轨交智慧运行平台的技术框架能够灵活应对由此带来的功能持续升级、软件不断迭代的问题，并已在部分城市得到了实践应用。希望借此为建设"安全可靠、便捷精准、融合协同、绿色持续"新时代轨道交通体系提供强有力的智力支持与实践路径，积极促进我国轨道交通事业的全面升级与协同发展。

2024年5月

前　言

智慧城轨行业在中国蓬勃发展，得益于云计算、大数据、物联网、人工智能、5G等前沿技术的广泛应用，这些技术显著提升了城市轨道交通系统的自动化控制和信息化管理水平。国内如北京、上海、广州等城市的城市轨道交通系统已成功实现智能化升级，成为行业标杆。根据国际数据公司IDC发布的报告，2023年中国智慧城轨解决方案市场规模达到了170.6亿元人民币。预计在未来几年，行业将以约20%的年增长率持续扩张，到2026年市场规模将激增至791亿元人民币。

为引领智慧城轨行业的规范化和标准化发展，中国城市轨道交通协会发布了《中国城市轨道交通智慧城轨发展纲要》，描绘了智慧城轨的"1-8-1-1"蓝图。尽管如此，行业发展仍面临诸多挑战：数据孤岛和标准不统一的问题制约了数据价值的深度挖掘，而核心技术装备的自主化和安全可控水平也需进一步加强。此外，智慧城轨建设的高昂成本与投资收益不匹配，对行业的可持续发展构成了挑战，影响了其在提升城市交通效率和服务水平方面的潜力发挥。这些问题的存在，对智慧城轨行业的未来发展提出了更高的要求，亟须通过持续技术创新和管理策略优化，实现智慧城轨行业的长远和可持续发展。

本书依托作者团队在智慧城轨领域深耕多年的理论探索和工程实践经验，针对全国范围智慧城轨发展的现状，系统梳理了智慧城轨系统在整体架构构建、体系标准制定、成本控制、信息安全保障等方面面临的挑战与问题。通过深度挖掘与综合分析，本书系统概括和总结了智慧城轨的整体规划、架构设计、场景功能等，形成了一套完善的智慧城轨理论与技术体系。同时，本书结合国内轨道交通智慧城轨及智慧车站的工程实践案例，通过理论与实践的深度融合，持续推动并优化各类支撑技术和应用技术的迭代升级，希望借此促进智慧城轨技术水平的整体跃升。

本书提出了基于轨交智慧运行平台统一构建城市轨道交通各系统的创新理念，深入剖析并全面展示了智慧城轨的前沿理论与关键技术体系。全书共分为8章，第1章介绍了发展智慧城轨的时代背景、政策导向、发展机遇和指导思想。第2章为新时代城市轨道交通需求分析及意义，提出城市轨道交通高质量发展需求、体系架构需求、应用功能需求，分析了智慧城轨的内涵和基本特征，并明确了智慧城轨建设的意义。第3章介绍了建设智慧城轨的关键技术。第4章对智慧城轨进行整体规划，描绘了智慧城轨的发展蓝图，以迭代更新的轨交智慧运行平台为基础，对不同类型的应用进行规划。第5章作为本书的核心内容，详细介绍了智慧城轨的系统架构设计，涵盖通用系统架构和各应用系统架构，以及各专业的接口和分工。第6章介绍了基于场景的智慧城轨功能设计。第7章选取了国内智慧城轨典型工程实践，详细介绍了智慧城轨在不同场景中的应用。第8章展望了智慧城轨的未来发展前景，对智慧城轨各分支专业的演进方向进行了科学预测和深入分析，倡导在设计、建设、运营等不同维度实施模式创新和变革。同时，强调智慧城轨发展的长期性、系统性、艰苦性，呼吁统一认识、坚定信心、携手共进，共同开创城市轨道交通智慧化发展的新篇章。

本书由广州地铁设计研究院股份有限公司农兴中、湛维昭、贺利工等编著，徐明杰、王迪军、史海欧、梁东升等参加审稿。本书主要编著分工如下：第1章由农兴中、湛维昭、贺利工、熊晓锋、张森编著，第2、3章由朱志伟、张森、刘琼蓉、朱云冲编著，第4、5、6章由湛维昭、朱志伟、熊晓锋、张森、刘琼蓉、朱云冲、蔡金山、龙丽妲、鲍淑红、林维河、张晓波、王圣炜、石惠慧、吴刚编著，第7章由林维河、鲍淑红编著，第8章由张森、林维河编著。在此向所有编审人员的辛勤付出表示衷心感谢！

由于作者水平有限，书中难免存在疏漏和不足之处，敬请各位专家和读者不吝赐教，多提批评指导意见，以利修正。

作　者

2024年8月

目　录

第 1 章　智慧城轨战略指引 ·· 1

1.1　时代背景 ·· 1
1.2　政策导向 ·· 2
1.3　发展机遇 ·· 4
1.4　指导思想 ·· 5

第 2 章　新时代城市轨道交通需求分析及意义 ·· 7

2.1　高质量发展需求 ·· 7
2.2　体系架构需求 ··· 8
2.3　应用功能需求 ··· 15
2.4　智慧城轨的内涵和基本特征 ·· 34
2.5　智慧城轨建设的意义 ·· 36

第 3 章　建设智慧城轨的关键技术 ·· 39

3.1　技术分类 ·· 39
3.2　关键支撑技术 ··· 40
3.3　智慧城轨关键应用技术 ·· 50
3.4　小结 ·· 64

第 4 章　智慧城轨的整体规划 ·· 65

4.1　智慧城轨发展蓝图 ··· 65
4.2　迭代更新轨交智慧运行平台 ·· 65
4.3　以人为本智慧乘客服务 ·· 67
4.4　高效灵活智能运输组织 ·· 72
4.5　安全可靠智能列车运行 ·· 73
4.6　全景管控智慧车站管理 ·· 80

4.7 安全高效智能安防管理 ………………………………………………… 82
4.8 节能环保智能能源管理 ………………………………………………… 85
4.9 降本增效智能运维保障 ………………………………………………… 86
4.10 先进精良智能装备工艺 ……………………………………………… 87
4.11 集成智能基础设施监测 ……………………………………………… 89
4.12 高效智慧企业网络化管理 …………………………………………… 90

第 5 章 智慧城轨的系统架构设计 ……………………………………………… 93

5.1 概述 ……………………………………………………………………… 93
5.2 通用系统架构 …………………………………………………………… 93
5.3 各应用系统架构 ………………………………………………………… 111
5.4 各专业的接口和分工 …………………………………………………… 194

第 6 章 基于场景的智慧城轨功能设计 ………………………………………… 201

6.1 智慧乘客服务类功能 …………………………………………………… 202
6.2 智能运输组织类功能 …………………………………………………… 209
6.3 安全应急指挥类功能 …………………………………………………… 213
6.4 智能列车运行类功能 …………………………………………………… 223
6.5 车站站务管理类功能 …………………………………………………… 242
6.6 段场综合管理类功能 …………………………………………………… 248
6.7 智慧能源管理类功能 …………………………………………………… 250
6.8 智能设备运维类功能 …………………………………………………… 254
6.9 智能基础设施保护类功能 ……………………………………………… 256
6.10 企业网络化管理类功能 ……………………………………………… 258

第 7 章 智慧城轨工程实践 ……………………………………………………… 259

7.1 轨交智慧运行平台 ……………………………………………………… 259
7.2 智慧乘客服务 …………………………………………………………… 265
7.3 智慧车站管理 …………………………………………………………… 274
7.4 智能安防管理 …………………………………………………………… 275
7.5 智能运输组织 …………………………………………………………… 282
7.6 智能列车运行 …………………………………………………………… 284
7.7 智能能源管理 …………………………………………………………… 290
7.8 智能运维保障 …………………………………………………………… 297
7.9 智能装备工艺 …………………………………………………………… 299
7.10 智能基础设施监测 …………………………………………………… 306

7.11 智慧企业网络化管理 …………………………………………………………… 307

第 8 章 展望 ………………………………………………………………………… 311

8.1 智慧城轨的发展趋势 …………………………………………………………… 311
8.2 技术迭代创新 …………………………………………………………………… 312
8.3 推动智慧城轨实施的积极态度 ………………………………………………… 314
8.4 落地实施带来的变革 …………………………………………………………… 315
8.5 智慧创新无止境 ………………………………………………………………… 316

附录 缩略语 ………………………………………………………………………… 319

参考文献 …………………………………………………………………………… 321

第 1 章

智慧城轨战略指引

1.1 时代背景

继第一次工业革命的蒸汽机时代、第二次工业革命的电气化时代和第三次工业革命的信息技术时代之后，新一轮科技产业变革正在进行，即第四次工业革命，是利用信息化技术促进产业变革的时代，也就是智能化的时代。第四次工业革命又称为智能制造革命，其推进网络化、智能化深度融合，催生出"数字时代"。

在数字时代，数据已经成为一种全新的资源和生产要素。物理世界和数字世界的步调正变得越来越一致、共存共生。当爆发式增长的数据遇到空前的算力和联结力，所引发的"聚变"效应正全面拉动行业数字化模式的深刻变革，从信息化设施仅作为业务辅助，全面转向业务与数字化的深度融合。

中国信息通信研究院发布的《全球数字经济白皮书（2023年）》披露：2022年，51个国家的数字经济增加值规模达到41.4万亿美元，占生产总值的46.1%，产业数字化仍然是数字经济发展的主引擎，占数字经济的85.3%。当下，世界正在经历从信息化到智能化再到智慧化的改变。这是新一轮科技革命对世界的重塑。AI（人工智能）、大数据、5G（第5代移动通信）等新技术将成为推动人类社会变革的重要力量，帮助人类社会迈向智慧时代。

数字时代为我国带来了前所未有的机遇。在数字经济发展的背景下，人工智能技术的广泛应用，正催生以服务为核心的新型产业形态。当前，数字经济和实体经济深度融合的趋势，为交通行业带来了全新的发展机遇和挑战。在数字时代，拥抱数字化转型，改变思维、态度以及生产生活方式，已成为每个人、每个企业、每个行业的必由之路。数字化转型是深入运用新一代数字技术，构建一个全感知、全联结、全场景、全智能的数字世界，进而优化再造物理世界的业务，包括对传统管理模式、业务模式、商业模式的创新与重塑。

新一代数字技术正深度融入公共管理、教育、农业、金融、零售等多个领域，依托其强大的数据分析、预测能力，显著提升各行业的运行效率，有效降低成本，并持续驱动行业向更高层次优化升级。在制造业前沿，智能机器人日益普及，它们代替了人工操作，乃至参与部分脑力劳动，促使人类从繁重的工作中抽身，推动社会生产和组织方式的革新。

中国交通行业在数字化转型方面，以行动为舵，充分调动各方资源并强化跨领域、多部门协同合作，加速推进全行业数字化转型。当前，数字化转型之花正在交通领域绽放，智慧机场、智慧城轨、智慧公路、智能铁路、智慧物流等交通子领域均取得了显著成效，数字技术深度渗透，重塑交通生态。例如，乘客可通过硬/软钱包支付的方式乘坐公交、城轨；车站提供智能设备应用智能语音及资源库技术取代人工问询服务，依托卫星定位和5G通信技术可实时导航，让出行变得轻松、高效、便捷。这些已成为人们日常生活不可或缺的一部分，深刻体现了数字技术对交通领域的深刻变革与积极影响。

交通是兴国之要、强国之基，国家要强盛，交通须先行。我国从昔日交通闭塞、流通不畅，到如今成为世界上交通运输最繁忙、最快捷的国家之一，走过了一段不平凡的旅程。未来，数字化、智能化将成为交通行业发展的必然方向，数字技术将持续在交通领域大放异彩。

党的十九大报告首次提出：建设"交通强国、科技强国"的发展战略，为我国交通发展描绘了宏伟蓝图。党的二十大报告再次提出："坚持把发展经济的着力点放在实体经济上，推进新型工业化，加快建设制造强国、质量强国、航天强国、交通强国、网络强国、数字中国"。交通运输是国民经济的基础性、战略性产业，重要的服务性行业，不断完善综合交通网络、不断提高交通运输管理服务水平、不断优化交通运输行业的治理水平，对于促进高质量现代综合立体交通运输体系的发展至关重要。

学习与贯彻党的二十大精神，助力交通先行战略发展，"交通兴则百业兴，交通畅则百业旺"，坚持交通服务群众，做好地域互联互通，为经济发展做好"垫脚石"。城市轨道交通行业要把握当前发展的重大机遇，推进城市轨道交通信息化发展，发展智能系统，建设智慧城轨，以科技赋能发展，以创新决胜未来。在新的时代背景下，交通从业者需要以高起点、高标准、高定位推动科技与交通的协同发展，更好地贯彻党的二十大精神，开创交通强国建设的新篇章，书写交通强国的新辉煌。

2019年9月，习近平总书记考察北京市轨道交通建设发展情况和大兴机场线运营准备情况时指出：城市轨道交通是现代大城市交通的发展方向。发展轨道交通是解决大城市病的有效途径，也是建设绿色城市、智能城市的有效途径。北京要继续大力发展轨道交通，构建综合、绿色、安全、智能的立体化现代化城市交通系统。①

城市轨道交通是建设交通强国和智慧城市的重要组成部分。习近平总书记的重要讲话为城市轨道交通的发展指明了方向，建设智慧城轨是落实习近平总书记重要讲话精神的具体行动实践。

1.2 政策导向

随着社会全面数字化转型的不断深入，交通行业正经历一场波澜壮阔的数字化变革。全球范围内围绕交通数字化的竞争已经开始，各国竞相角逐，交通行业的先锋们摩拳擦掌、跃跃欲试。这必定是一场在技术、应用、速度等多方面全方位的激烈竞赛。中国已成为名副其实的交通大国，中国交通行业数字化正在加速前进。浪潮已至，趋势已来。近年来，我国相继推出社会发展及交通强国总体建设规划，交通行业数字化目标明确、路径清晰。

2019年9月19日，中共中央、国务院印发的《交通强国建设纲要》提出，推动交通发展由追求速度规模向更加注重质量效益转变，由各种交通方式相对独立发展向更加注重

---

① 《习近平出席投运仪式并宣布北京大兴国际机场正式投入运营》，《人民日报》2019年09月26日01版。

一体化融合发展转变，由依靠传统要素驱动向更加注重创新驱动转变，构建安全、便捷、高效、绿色、经济的现代化综合交通体系，打造一流设施、一流技术、一流管理、一流服务，建成人民满意、保障有力、世界前列的交通强国。建设交通强国是以习近平同志为核心的党中央立足国情、着眼全局、面向未来做出的重大战略决策。

2021年3月，中华人民共和国国民经济和社会发展第十四个五年规划和2035年远景目标纲要（简称"十四五"规划）正式通过十三届全国人民代表大会四次会议表决，正式发布，"十四五"规划明确指明经济发展、创新驱动、民生福祉、绿色生态和安全保障五大发展方向，强调"坚持创新在我国现代化建设全局中的核心地位，加快建设科技强国"的战略发展目标，科技发展、创新已经成为未来中国发展工作的关键。

为落实党中央"交通强国、科技强国"及"十四五"规划的发展战略，引导国家交通良性、有序发展，国家出台了若干交通发展规划、创新发展相关政策，多项政策推动行业发展，从中央到地方围绕数字交通建设进行了积极实践。

2021年12月，交通运输部印发《数字交通"十四五"发展规划》（交规划发〔2021〕102号），提出以数字化、网络化、智能化为主线，以改革创新为根本动力，以先进信息技术赋能交通运输发展，强化交通数字治理，统筹布局交通新基建，推动运输服务智能化，培育产业创新发展生态，为加快建设交通强国提供有力支撑。

2022年3月，交通运输部、科学技术部制定了《"十四五"交通领域科技创新规划》（交科技发〔2022〕31号），强调在智慧交通领域，推动云计算、大数据、物联网、移动互联网、区块链、人工智能等新一代信息技术与交通运输融合，加快北斗导航技术应用，开展智能交通先导应用试点。

2015年4月，中共中央政治局审议通过《京津冀协同发展规划纲要》，要求扎实推进京津冀地区交通的一体化布局、智能化管理和一体化服务，大力发展公交优先的城市交通体系，构建以轨道交通为骨干的多节点、网格状、全覆盖的交通网络，形成"轨道上的京津冀"。京津冀协同发展是有序疏解北京非首都功能，解决北京"大城市病"，面向未来打造新型首都经济圈的国家战略举措。

2019年4月，中共中央、国务院发布《粤港澳大湾区发展规划纲要》，要求加强基础设施建设，畅通对外联系通道，提升内部联通水平，推动形成布局合理、功能完善、衔接顺畅、运作高效的基础设施网络。提出加快广州—深圳国际性综合交通枢纽建设，推进大湾区城际客运公交化运营，推广"一票式"联程和"一卡通"服务，加快智能交通系统建设，推进物联网、云计算、大数据等信息技术在交通运输领域的创新集成应用等具体发展要求。

2019年12月，中共中央、国务院发布《长江三角洲区域一体化发展规划纲要》，明确了长三角"一极三区一高地"的战略定位，长三角通过一体化发展，使其成为全国经济发展强劲活跃的增长极，成为全国经济高质量发展的样板区，率先基本实现现代化的引领区和区域一体化发展的示范区，成为新时代改革开放的新高地。

除国家及各级人民政府积极发布各类政策导引外，社会团体、行业协会、城市轨道交通企业也积极跟进发布交通规划。2020年3月，中国城市轨道交通协会正式发布《中国城市轨道交通智慧城轨发展纲要》，立足于建设交通强国，提出了智慧城轨建设的指导思想，阐述了智慧城轨的标志和内涵，描绘了智慧城轨建设的"1-8-1-1"蓝图，明确了"两步走"总体目标和十大具体目标，部署了智慧化建设重点及实施路径。同年 10 月，中国城市轨道交通协会发布《城市轨道交通云平台构建技术规范》（T/CAMET 11002—2020）、《城市轨道交通大数据平台技术规范》（T/CAMET 11003—2020）、《城市轨道交通云平台网络架构技术规范》（T/CAMET 11004—2020）、《城市轨道交通云平台网络安全技术规范》（T/CAMET 11005—2020）、《城市轨道交通线网运营指挥中心系统技术规范》（T/CAMET 11006—2020）等技术规划。随后，北京、上海、广州、深圳、重庆、南京、武汉、西安等二十多个城市轨道交通企业相继编制了智慧城轨发展规划、信息化建设规划或推进智慧城轨建设白皮书。

1.3 发展机遇

城市轨道交通具有大容量、集约高效、节能环保等突出优点，是大城市公共交通系统的骨干，也是城市综合交通运输体系的重要组成部分，对城市发展起到重要的支撑和引领作用。近年来，我国城市轨道交通实现了快速发展，在满足人民群众出行需求、优化城市结构布局、缓解城市交通拥堵以及促进经济社会发展等方面发挥了日益重要的作用。从某种程度上说，城市轨道交通的运行水平直接决定了大城市公共交通的服务质量，而其运行秩序则对大城市社会与经济系统的运行秩序产生直接影响。

自 21 世纪以来，我国城市轨道交通步入了快速发展新阶段，以五年为一个周期，线路规模实现了连续翻番的显著增长。自 2016 年起，我国城市轨道交通的运营里程跃升至全球首位，已建成轨道交通的城市数量、线路长度均位居世界前列。截至 2023 年底，我国 31 个省（自治区、直辖市）和新疆生产建设兵团共有 55 个城市开通运营城市轨道交通线路 306 条，运营里程 10165.7km，车站 5897 座，全年实际开行列车 3759 万列次，完成客运量 294.4 亿人次，进站量 176.6 亿人次。共有 7 个城市的城市轨道交通运营里程超过 500km，分别是北京、上海、广州、成都、深圳、武汉、杭州。另外，重庆、南京的城市轨道交通运营里程超过 400km，青岛超过 300km，天津、西安、郑州、沈阳、苏州、大连、长沙超过 200km。

2020 年 3 月，中共中央政治局常务委员会召开会议时强调，加快 5G 网络、数据中心等新型基础设施的建设进度。随后，各省（自治区、直辖市）政府密集推出庞大的投资计划。从各地发布的 2020 年重点投资项目来看，城市轨道交通类建设项目众多，发展智慧城市、智慧交通成为主流趋势，全国 31 个省（自治区、直辖市）有超 10 万亿元的城市轨道交通项目在逐步启动。在此背景下，我国的城市轨道交通事业迎来了新的发展机遇。作为"新基建"中最为基层的部分，城市轨道交通极大地满足了城市日益增长的客运需求，助推地方经济发展，为整体社会经济发展提供动力。在"新基建"政策的拉动下，城市轨道交通将成为未来的建设重点。以广东省为例，2020 年广东省重点建设项目计划共安排省重点项目 1230 个，总投资额 5.9 万亿元，位居全国首位。其中，投向新基建的 1 万亿元中，有 9 千亿元用于城市轨道交通建设。

当今世界，科技创新日新月异，科技领域前沿不断拓展，在新技术的带动下，全球产业变革也正在蓬勃兴起，新技术如云计算、大数据、物联网、人工智能、5G、卫星通信、区块链、工业互联网等正以前所未有的速度实现创新突破，整个社会正在加速迈入全新的数字化时代。近年来，中国新经济快速发展，以"创新、高增长、移动互联网、大数据、云计算"为标签的新经济领域产业是未来中国经济增长的主引擎，智慧技术的迅猛发展正掀起全球浪潮，悄然改变着人们的生活。

以云计算技术为例，自2006年谷歌首次提出云计算的概念以来，云计算市场规模不断扩大。根据Gartner公司统计，2021年，以IaaS（基础设施即服务）、PaaS（平台即服务）、SaaS（软件即服务）为代表的全球公有云市场规模达到3307亿美元，增速达32.5%。我国云计算市场也持续高速增长，成为全球重要的云计算市场之一。2021年，我国云计算市场规模达3229亿元，同比增长54.4%。其中，公有云市场2181亿元，同比增长70.8%；私有云市场1048亿元，同比增长28.7%。

2017年，国务院发布了《新一代人工智能发展规划》，明确我国新一代人工智能发展的战略目标：到2020年，人工智能总体技术和应用与世界先进水平同步，人工智能产业成为新的重要经济增长点，人工智能技术应用成为改善民生的新途径；到2025年，人工智能基础理论实现重大突破，部分技术与应用达到世界领先水平，人工智能成为带动我国产业升级和经济转型的主要动力，智能社会建设取得积极进展；到2030年，人工智能理论、技术与应用总体达到世界领先水平，成为世界主要人工智能创新中心。2021年，我国人工智能核心产品市场规模达1998亿元，同比增长26.1%，带动相关产业规模7687亿元，同比增长35.2%；预计2026年，我国人工智能核心产品市场规模将达到6050亿元，带动相关产业规模将达21077亿元。

智慧技术在新一轮信息技术革命及未来经济社会发展中具有重要的战略地位和作用，大数据、云计算、移动互联网等智慧技术核心领域的市场空间不断扩大，新技术、新产品、新服务层出不穷，科技创新已经是国家发展战略的核心。

城市轨道交通是城市和城市群发展的"大动脉"，线网建设和客运规模进一步扩大，给城市轨道交通运营管理带来挑战，传统运营方式已经不能满足需求，城市轨道交通行业必须与新技术相结合，实现转型升级，适应新的发展形势，智慧城轨的发展机遇正在当前，智慧城轨的建设非常紧迫。

1.4 指导思想

智慧城轨的建设应以习近平新时代中国特色社会主义思想为指导，贯彻落实国家社会主义现代化强国建设和《交通强国建设纲要》的战略部署，城市轨道交通行业要把握当前发展的重大机遇，以推进城市轨道交通信息化、发展智能系统、建设智慧城轨为载体，开创交通强国建设新局面。

智慧城轨以需求为指引，深入挖掘乘客服务、运营管理、安全保障、成本控制、绿色节能等各项需求，采用场景化设计理念设计系统功能；以技术为实践手段，广泛运用云计算、大数据、人工智能、物联网等各项技术；以效益为目标，达到提升乘客服务质量、提高运营管理效率、降低运营管理成本的目的；以《中国城市轨道交通智慧城轨发展纲要》为顶层设计，统筹规划、分步实施。围绕数字化、智能化、网络化，大力应用新技术成果，并与城市轨道交通深度融合。

第 2 章

新时代城市轨道交通需求分析及意义

随着科技的快速发展和数字化转型的推动,新时代城市轨道交通需求也呈现出新的面貌。在宏观层面上,以党的二十大精神为指引,推动城市轨道交通高质量发展已经成为新时代城市轨道交通新的必然需求;在微观层面上,新时代城市轨道交通需求不仅仅局限于传统的安全和运行要求,它更关注于体系架构需求和应用功能需求,通过合理的架构规划和创新的技术应用,实现城市轨道交通系统的智能化和现代化,为人们创造更安全、便捷和环保的出行环境。

2.1 高质量发展需求

党的二十大举旗定向、谋篇布局,擘画了党和国家事业未来发展的宏伟蓝图,团结带领全国各族人民迈上全面建设社会主义现代化国家、以中国式现代化全面推进中华民族伟大复兴的新征程。在强国建设、民族复兴的新征程上,进一步推动高质量发展,是中国式现代化的本质要求。党的二十大指出"高质量发展是全面建设社会主义现代化国家的首要任务。发展是党执政兴国的第一要务。没有坚实的物质技术基础,就不可能全面建成社会主义现代化强国。"

城市轨道交通高质量发展是城市发展的时代选择,是指城市轨道交通发展到一定程度后,对城市轨道交通线网在结构、功能、可靠度与服务等方面的重新调整和优化,同时也包括新线建设的调整和优化,从而推动城市轨道交通与内外部交通系统、城市空间、经济与社会环境等的协同与融合,以达到消除安全隐患、重塑系统功能、降低运营成本、提高系统整体效能等目的的活动。城市轨道交通高质量发展有利于促进城市轨道交通整个系统的提质、降本和增效,对于推动城市轨道交通可持续发展具有重要的现实意义。

绿色低碳发展既是城市轨道交通可持续发展的挑战,也是推动城市轨道交通高质量发展和产业绿色转型的主抓手。深入践行"人民城市人民建,人民城市为人民"的重要理念,将绿色低碳发展贯穿于城市轨道交通全生命周期各个环节,积极打造绿色低碳产业体系,成为绿色交通先行官,使设计施工更适宜化、能源结构更高效化、环境保障更健康化、运行维护更智慧化、配套设施更人性化。通过技术创新、管理创新和制度创新,打造城市轨道交通样板示范工程,以点带面、全面开花,进一步压实节能降碳责任,推动城市轨道交通建设、运营管理全面绿色升级。

可持续发展是城市轨道交通高质量发展的必然要求。城市轨道交通作为重大市政基础设施，是一项百年工程，其建设好坏对城市发展具有决定性作用，在支撑城市交通和推动城市经济社会发展方面具有其他交通方式无可比拟的优势；但城市轨道交通的建设投资和运营财政补贴较大，巨额的建设期投资和运营期财政补贴形成的地方债务对城市的可持续发展提出了严峻的挑战。近年来，城市轨道交通建设成本和运营成本逐年上涨，落实降本增效方面的任务仍然十分艰巨，这要求城市轨道交通设计工作开展时需要做到经济合理，设计中要体现成本意识，强化投资源头控制；建设工作开展时加强项目工程进度管理，通过合理策划、高效管理、强化执行力等方式减少因工程施工超期导致的额外成本支出；运营工作开展时控制运营成本，强化成本意识，通过减员增效、节能降耗以及创新运维模式等途径大力降低运营成本，把运营亏损控制在合理范围，促进城市轨道交通的可持续发展。

为了落实城市轨道交通高质量发展需求，在微观层面，本文主要针对体系架构需求及应用功能需求两个方面进行分析。

2.2 体系架构需求

城市轨道交通系统涉及众多信息系统、控制系统等，系统技术架构由五个层次、三大体系构成。五个层次分别为：接入层、网络层、基础设施层、数据平台层、应用展示层，三大体系分别为：标准规范体系、网络信息安全体系和运维管理体系。

体系架构将系统分成多个层次，每个层次承担着不同的功能和需求，有助于专业人员解决特定的问题，降低了整个系统的复杂性。

随着云计算、大数据等技术的飞速发展，城市轨道交通业务领域正在经历一场深刻的变革，逐步从传统的分专业、信息有限链接的体系架构，迈向体系多专业融合、信息充分共享的新阶段，走向接入标准化、网络广链接、资源集约化、算力易调配、数据共享化、应用更敏捷的路线。这一转变不仅重塑了城市轨道交通企业的建设运营模式，也为城市轨道交通行业创新带来了无限可能。

在传统的业务模式中，各专业往往各自独立建设，在信息有限链接的体系架构中，信息流通受限，往往导致决策失误、资源浪费、效率低下等问题。然而，在云计算和大数据技术的推动下，这种局面正在发生根本性的改变。云计算提供了强大的计算能力和灵活的资源调配方式，使得不同专业之间的信息交流和协同工作成为可能。而大数据技术则促进业务之间数据共享，通过对海量数据的挖掘和分析，为决策提供了有力支持。

多专业融合带来信息充分共享，城市轨道交通业务可实现信息的实时共享和协同处理，提高了工作效率和准确性，同时，城市轨道交通企业在全面地了解行业需求、业务趋势与需求后，便于业务流程的优化和便捷开发创新应用。

此外，随着物联网、人工智能等技术的不断发展，未来的业务融合将更加深入和广泛。物联网技术可以实现设备和系统的互联互通，为业务融合提供了更加坚实的基础。而人工智能技术则可以通过机器学习和数据分析等手段，进一步提升业务融合的智能化水平。这些技术的融合应用将为企业带来更加广阔的发展空间和更加智能化的运营模式。

当然，业务融合也面临着一些挑战和风险：如何确保信息安全和隐私保护、如何协调不同专业之间的利益和冲突、如何建立有效的协同机制等问题都需要从业者深入思考和解决。但无论如何，业务融合已经成为不可逆转的趋势，它将推动企业不断创新和发展，为城市轨道交通行业的繁荣和进步作出重要贡献。

1）接入层需求

接入层是专业系统本身与设备、其他系统间的信息交互的关键层级，实现信息采集、传输、预处理和命令下发的功能，为上层平台及应用提供及时、准确的基础数据。

（1）接入标准化需求

为了提高工程实施和运维的便利性，避免购买和安装额外的设备、软件或接口，降低维护复杂性，接入设备和终端应采用通用的接入技术和标准，不同厂商的设备可以被无缝集成，减少复杂的定制开发和适配工作，以及集成的成本和时间，使得项目能够快速上线和部署，并提高了系统的可扩展性。

（2）兼容性需求

接入层需要支持多种不同类型的终端设备和通信协议。无论是传统的工业设备、智能传感器，还是新兴的物联网设备、移动设备，接入层都需要提供对应的接口和协议支持，这种兼容性使得接入设备都能够顺利地接入系统并进行数据交互。这种多协议支持不仅确保了用户在选择设备时的自由度，也大大增强了系统的灵活性和可扩展性。

（3）可靠性与安全性需求

接入层作为信息系统与外部环境的交互桥梁，其可靠性和安全性至关重要。为了确保系统的安全稳定运行，接入层必须采取一系列严格的安全措施。

首先，数据加密是保护传输数据免受窃取和篡改的关键手段。接入层采用先进的加密算法，确保在数据传输过程中即使被截获也无法轻易解密。

其次，访问控制和身份验证也是必不可少的措施。接入层的访问应进行严格限制，只有经过身份验证和授权的用户或设备才能访问系统资源，这可以防止未经授权的访问和恶意攻击。

此外，为了及时发现和应对安全事件，接入层还应具备日志记录、监控和报警功能。通过记录和分析接入层的活动日志，运维人员可以及时发现异常行为并采取相应措施，确保系统的安全稳定运行。

2）网络层需求

网络层为主用控制中心、灾备中心、车站、段场等节点之间以及安全生产域、内部管理域、对外服务域之间提供通信传输网络，同时在网络边界部署信息安全网络设备确保网络安全。

（1）三张网络的建设需求

网络化运营和业务的发展对城市轨道交通系统的网络提出更高的要求，更加高效和可靠的通信技术和网络架构，将确保系统在应对大量数据传输和用户请求时能够保持稳定运行。城市轨道交通企业需要构建连通各种应用的安全生产网、内部管理网、外部服务网，实现企业内部之间以及外部乘客、客户、产业链上下游、政府部门的互联互通，信息的高速传输。

①安全生产网：主要部署运营安全生产以及管控、运输指挥、应急指挥调度业务相关生产系统，主要服务于运营生产领域与运营管理领域（部分）。

②内部管理网：主要部署企业管理、运营管理、建设管理、物业管理、资源管理等企业信息化相关业务系统，主要服务于企业管理领域、建设管理领域与运营管理领域（部分）。

③外部服务网：主要部署企业面向外部、面向互联网应用的公共服务，包括乘客、供应商、政府部门、合作伙伴等的系统。主要服务于资源管理领域与运营管理领域（部分）。

（2）网络信息传输的安全需求

伴随城市轨道交通网络化、智慧化发展要求不断提升，各领域业务系统所面临的网络安全风险逐步升高。在城市轨道交通信息化、数字化、智慧化建设的同时，网络安全体系的建设成为智慧城轨建设的前提条件和重要保障。

城市轨道交通网络安全体系是以网络安全等级保护为基本要求，以国家、地方相关政策要求和行业技术规范为建设指引，结合城市轨道交通网络安全建设情况和管理需求，统筹规划网络安全顶层架构和管理机制，通过基础设施建设和管理，逐步打造协同化、智能化、可闭环的网络安全体系。

①等级保护，安全能力合规化：城市轨道交通系统网络应严格按照等级保护的要求和标准，对可能存在的安全问题进行全面分析。城市轨道交通系统网络在进行安全设计阶段时，应参考相关规范从计算环境、区域边界、通信网络和管理中心等方面落实安全保护技术要求，建立"可信、可控、可管"的安全防护体系，使得系统能够按照预期运行，免受网络攻击和破坏。

②多维协同，安全能力最大化：在等级保护能力的基础上，城市轨道交通系统网络应围绕安全管理需求和网络安全体系管理目标，以云平台建设为抓手，构建云-边-端多层次协同、云内多网域协同、云内外协同、云平台-各应用系统协同的网络安全体系，通过联动协同响应，扩大安全防护能力，提升安全防护效率。

③智慧赋能，安全能力智能化：城市轨道交通应利用网络诱捕、安全检测、安全追溯、安全态势感知等技术，统一构建基于云平台的网络安全管理系统，实现全网安全风险的识别、检测、响应、防御、恢复等环节的智能化管控。

（3）网络智慧运维的需求

传统的带内网管系统在网络中断时，系统也会同时中断，故障定位、状态监测、诊断决策和维修处置仍以人工处理为主，导致作业人员劳动强度较大、效率较低，对运营影响较大。因此，构建独立、统一的综合数据网运维系统，建立一套集网络监控、事故预警、管理、维护功能于一体的高效专用运维管理网络系统十分有必要。网络设备、安全设备以及带内网管系统均能接入综合数据网运维系统，实现网络的运维和管理。网络管理员通过综合数据网运维系统远程对网络设备进行安全管理和维护，从而无须到现场对网络设备进行直接干预，有效地降低网络运营成本、提高网络运营效率和服务质量。

网络虚拟化是一种新提出的网络体系结构，通过将网络控制与网络转发解耦合构建开放可灵活变更的网络体系结构。网络虚拟化尽量减小城市轨道交通网络的复杂度，对网络进行抽象化以屏蔽底层复杂度，为运营人员提供简单高效的配置与管理。网络虚拟化将网络设备控制面与数据面分离，从而实现了运营数据在网络传输上的灵活控制，为城市轨道交通网络及应用的创新提供了良好的平台。网络智慧运维应包括以下需求。

①网络管理功能：包括资源管理、故障管理、性能管理、流量管理、拓扑管理、业务管理、IP地址管理等。

②网络控制功能:包括智能路径计算、多场景算路、流量调度调优等功能。

③网络分析功能:包括统计分析、故障诊断、网络仿真分析、智能巡检、配置管理、网络质量测试等功能。

④网络可视化功能:包括拓扑可视、流量可视、路径可视、流量可视、质量可视、性能可视、业务 SLA(服务等级协议)可视、重保可视等功能。

3)基础设施层

基础设施层由服务器、存储、安全等物理基础设施构成,云化后为业务提供统一的计算、存储、网络、安全等资源,将物理分散的资源进行整合,可提升资源利用率,实现算力动态调整、灵活分配,但要求基础设施具有高可靠性、可扩展性和资源利用率的优化,同时还具有对运营、维修、管理等创造方便的需求,如需要提供自动化的运维和管理功能,包括自动化配置、监控和故障处理等,使得运维工作更高效、可靠,减少人工干预和管理成本。

(1)资源整合与同型化整合需求

在传统的 IT(互联网技术)架构中,服务器、存储和网络设备等资源往往是分散部署、独立管理的。这不仅导致了资源的浪费,还增加了运维的复杂性。通过云化转型,可以将这些物理分散的资源进行整合,形成统一的资源池,同型化整合是资源整合的重要手段之一。通过采用统一的硬件平台,可以简化资源的管理和维护,降低运维成本,提高资源的利用率和可靠性,更好地进行资源调度和故障恢复。

(2)算力动态调整与灵活分配需求

在云计算架构中,资源池中的计算资源可以根据业务需求进行动态调整。这意味着企业可以根据业务的高峰和低谷来灵活分配计算资源,避免资源的浪费。通过算力动态调整,企业可以在保证业务稳定运行的同时,提高资源的利用率和效率。此外,云计算还提供了灵活的资源分配方式。企业可以根据业务需求选择不同的资源配置方案,如按需付费、预留等。这种灵活的资源分配方式可以帮助企业更好地应对业务变化,提高业务的响应速度和竞争力。

(3)高可靠性、可扩展性保障需求

在基础设施层的云化过程中,高可靠性、可扩展性和资源利用率优化是不可或缺的要求。首先,高可靠性是保证业务稳定运行的基础。通过冗余部署、备份恢复等技术手段,企业可以确保基础设施的稳定性和可靠性。其次,可扩展性是满足业务快速发展的关键。云计算架构可以轻松地实现资源的横向和纵向扩展,以满足业务不断增长的需求。

(4)资源利用率优化需求

资源利用率优化是提高企业经济效益的重要手段。通过合理的资源调度和分配,企业可以最大限度地提高资源的利用率,降低成本。

(5)简化运维与管理工作需求

基础设施层的云化不仅要求提高资源利用率和灵活性,还要求简化运维和管理工作。传统的 IT 架构中,运维工作往往需要人工干预和管理,这不仅效率低下,而且容易出错。通过云化转型,企业可以利用自动化运维和管理功能来简化运维工作。例如,自动化配置可以快速地部署和配置资源;自动化监控可以实时监测系统的运行状态并发现潜在问题;自动化故障处理可以在出现故障时自动进行恢复和修复。这些自动化功能可以显著提高运维工作的效率和可靠性，减少人工干预并降低管理成本。此外，云计算还提供了丰富的管理工具和服务，如资源管理、性能分析、安全审计等。这些管理工具和服务可以帮助企业更好地管理和维护基础设施层，提高运维工作的效率和质量。

基础设施层通过资源整合与同型化整合，算力动态调整与灵活分配，高可靠性、可扩展性保障、资源利用率优化以及简化运维与管理工作等手段，可构建出一个高效、灵活、可靠的基础设施平台，以满足业务的高效运行和快速发展所需。

4）数据平台层

数据平台层是指将各类数据整合、存储、处理、分析及运行的支撑环境，构建时应考虑数据共享的需求、形成城市轨道交通企业数据资产的需求，以及一些拓展的需求。

（1）数据共享需求

随着城市轨道交通企业规模的扩大和业务的多样化，数据共享成为了提升效率、减少重复工作和促进业务协同的关键。数据共享需求涉及多个方面，包括不同专业之间的数据互通、跨线路的数据整合以及与企业外部的数据交换。

为了实现有效的数据共享，需要建立一个统一的数据共享平台，这个平台能够集成不同来源、格式和质量的数据，并提供统一的访问接口。此外，还需要制定明确的数据共享机制，确保数据的准确性、安全性和时效性。通过数据共享，可以提高决策效率、优化资源配置、并推动业务创新。

（2）支持应用模块开发需求

为了满足不断变化的业务需求，数据平台层需要支持灵活的应用模块开发，更加快速地响应业务变化、提高业务效率并推动创新。

（3）数据标准需求

为了确保数据的准确性和可靠性，数据平台层需要制定和实施统一的数据标准。数据标准涵盖了数据的结构、格式、命名规则、编码规范等多个方面。通过制定数据标准，可以确保不同来源的数据能够相互理解和交换，减少数据歧义和错误；同时，也有助于提高数据的质量和管理效率，降低数据治理的成本。

（4）数据治理需求

数据治理是指对数据进行全面管理和监控，确保数据的准确性、一致性、可靠性和安全性。数据平台层需要提供数据质量管理、元数据管理、数据策略和规范管理等功能，以保证数据的质量和可信度。

（5）异构数据支持需求

数据平台层需要能够处理和整合各种类型的数据，包括结构化数据、半结构化数据和非结构化数据，如文本、图像、音频等；还能够处理不同来源和格式的数据，如传感器数据、媒体数据、日志数据等。

（6）数据虚拟化和数据集市需求

数据虚拟化使得数据可以在物理存储上解耦，通过逻辑层进行管理和访问，实现数据的共享和重用。数据集市则是将企业内部和外部的数据资源进行整合，为用户提供一个统一的数据访问平台，使得各部门和用户可以快速发现和获取需要的数据。

（7）自助式数据探索和可视化需求

为满足不同用户的需求，数据平台层需要提供自助式数据探索和可视化工具，用户能够自主地查询、分析数据以及实现数据可视化，而无须依赖专业的数据科学家或技术人员。

（8）机器学习和人工智能支持需求

随着人工智能和机器学习的发展，数据平台层需要提供相应的支持，包括机器学习模型的训练和部署、自动化决策、智能推荐等功能，以帮助企业更好地挖掘数据的价值。

总体来说，数据平台层需要根据业务需求和技术发展提供更多的功能和服务，以满足数据的整合、存储、处理、分析以及查询和可视化等方面的需求，同时也需要考虑数据的安全性、一致性和可用性，以充分发挥数据的价值。

5）应用展示层

应用展示层是城市轨道交通用户直接使用的各种业务应用。一方面，应用展示层应满足各业务应用基础需求，在中国城市轨道交通协会发布的《中国城市轨道交通智慧城轨发展纲要》《中国城市轨道交通绿色城轨发展行动方案》指引下，结合各地城市轨道交通发展实际情况，建设智慧城轨功能；另一方面，应用展示层应满足模块化、场景化、迭代更新等需求。

（1）模块化需求

模块化主要指将复杂的应用系统拆分为一系列独立、可复用且易于管理和维护的模块。每个模块负责完成特定的功能或任务，并通过标准化的接口与其他模块进行交互。

模块化使得应用系统的开发、测试、部署和维护变得更加灵活和高效。开发人员可以独立地开发、测试和优化每个模块，而不必担心整个系统的复杂性。此外，模块化的设计也有助于提高系统的可扩展性和可维护性，因为新的功能或需求可以通过添加或修改特定的模块来实现，而不需要对整个系统进行重构。

（2）场景化需求

场景化主要指为更深入地理解城市轨道交通不同用户的需求，并将这些需求融入具体场景中，从而提供更符合不同用户期望的功能和服务。同时，场景化需求引导城市轨道交通企业从不同用户角度出发，发现新的使用场景和业务需求，从而推动业务创新和拓展。

城市轨道交通企业根据特定的使用场景或业务需求，设计和开发符合这些场景或需求的应用系统或服务，在这一过程中应强调系统的灵活性、适应性和用户体验；同时，为了满足城市轨道交通各场景化需求，需要对目标场景进行深入的分析和理解，确定用户的真实需求和痛点，然后设计和开发针对性的功能和服务。

（3）迭代更新需求

考虑到城市轨道交通系统改造、功能增强与拓展、性能优化、稳定性提升、信息安全、智能分析、集成与互联互通等需求，应用软件应需要具备不断地进行更新和优化的功能，以满足用户不断变化的需求和提高系统的性能。

（4）支持应用快速开发、部署和更新需求

城市轨道交通系统可采用微服务架构、容器化技术敏捷开发方法等手段，使应用软件架构具备更高的灵活性和可扩展性，从而更好地支持多样化的业务需求和应用快速的开发、部署及更新。

6）标准规范体系、网络信息安全体系、运维管理体系

标准规范体系、网络信息安全体系、运维管理体系需要提供贯穿于系统的建设、管理、维护、服务等各阶段要执行的标准规范、网络信息安全和运维管理的工作要求。

（1）标准规范体系

标准规范体系是系统建设、管理、维护和服务的基础，涵盖从系统规划、设计、开发、测试、部署到运维的各个环节，确保各项工作都按照统一的标准和规范进行。标准规范体系不仅提高了工作效率，还降低了因操作不当或理解差异导致的错误和风险。

在单专业向多专业变化的过程中，标准规范体系也需要相应地进行调整。随着业务需求的多样化发展和技术的不断融合，多专业之间的协作和沟通变得尤为重要。标准规范体系需要更加注重跨专业的整合和协调，确保不同专业之间的工作能够无缝衔接。

为了建立有效的标准规范体系，城市轨道交通企业需要制定一系列的标准和规范文档，包括系统建设标准、数据管理标准、接口规范、操作手册等。这些文档不仅为开发人员提供了明确的开发指南，还为运维人员提供了系统维护和故障处理的依据。同时，城市轨道交通企业还需要定期对标准和规范进行审查和更新，以适应技术和业务的变化。

（2）网络信息安全体系

网络信息安全体系是保障系统数据安全和运行稳定的关键。随着网络攻击和数据泄露事件的频发，网络信息安全已成为企业面临的最大挑战之一。网络信息安全体系需要从物理安全、网络安全、应用安全、数据安全等多个层面进行综合考虑和防护。

在单专业向多专业变化的过程中，网络信息安全体系也需要进行相应的调整。多专业之间的数据共享和交互增加了系统的复杂性和安全风险。因此，网络信息安全体系需要更加注重跨专业的安全策略制定和执行，确保不同专业之间的数据交换和访问都受到严格的控制和保护。

为了建立有效的网络信息安全体系，城市轨道交通企业需要制定全面的安全策略和管理制度，包括访问控制策略、数据加密标准、漏洞管理流程等。同时，企业还需要采用先进的安全技术和工具，如防火墙、入侵检测系统、数据加密算法等，来增强系统的安全防护能力。此外，定期的安全培训和演练也是提高员工安全意识和应对能力的重要手段。

（3）运维管理体系

运维管理体系是确保系统持续稳定运行的重要保障，涵盖系统监控、故障处理、性能优化、版本升级等多个方面，确保系统在任何情况下都能快速响应和恢复。运维管理体系不仅需要高效的运维团队和工具支持，还需要完善的运维流程和规范。

在单专业向多专业变化的过程中，运维管理体系也需要进行相应的调整。多专业之间的业务交叉和依赖增加了系统的复杂性和运维难度。因此，运维管理体系需要更加注重跨专业的协作和沟通，确保不同专业之间的故障处理和性能优化能够协同进行。

为了建立有效的运维管理体系，城市轨道交通企业需要制定详细的运维流程和规范，包括故障处理流程、性能优化指南、版本升级策略等。同时，城市轨道交通企业还需要采用先进的运维技术和工具，如自动化脚本、监控平台、日志分析工具等，来提高运维效率和准确性。此外，定期的运维培训和演练也是提升运维团队能力和应对突发情况的重要手段。

随着技术的不断进步和业务需求的不断变化，这些体系也需要不断地进行调整和优化，以适应新的挑战和需求。因此，城市轨道交通企业需要高度重视这些体系的建设和完善工作，为系统的持续发展和创新提供有力的支撑和保障。

总之，各层级体系架构的需求都是为了提供一个稳定可靠、安全高效、灵活可扩展的信息系统，以满足用户和业务的需求。

2.3 应用功能需求

2.3.1 乘客服务人性化需求

城市轨道交通在承担交通流的同时，还承载着巨大的信息流与商机，需以互联网思维去布局谋划城市轨道交通新的发展，未来的城市轨道交通不仅是单一的出行交通工具，更是一个综合载体，需要在文化传媒、广告、信息发布、乘坐体验等各方面满足乘客需求，以提升乘客体验。乘客需求具有多样化的特点，对综合服务有更高需求，期待更人性化的乘客服务、更便捷的商业服务、更全面的延伸服务。

1）大众化服务需求

大众化服务应具备人性化特点，满足绝大多数普通乘客的基本需求。乘客的基本需求就是安全舒适、方便快捷、一票通达等，因此城市轨道交通的大众化服务也就必须在确保安全、快捷、舒适等方面思考对策。

（1）客运服务需求

乘客乘坐城市轨道交通出行最基础的需求即客运服务，客运服务指乘客在乘坐城市轨道交通时，安全、便捷、迅捷、舒适、经济的程度。

① 安全性需求

城市轨道交通应为乘客提供安全可靠的运输服务，城市轨道交通运营范围内乘客人身处于安全可控状态、列车严格按计划时刻表运行，乘客出行延误被的可能性被降到最低。包括站内环境的安全（乘客安检、空气环境的检测等）、设备设施的安全（扶梯防摔、闸机防夹、安全门防夹等）、列车运行安全（区间的障碍物检测等）。

② 便捷性需求

便捷性需求指乘客乘坐城市轨道交通的便捷程度，乘客便捷性需求基本内容包括：线网布设、线网密度、换乘系数、发车频率、站点布置的合理性、外部交通的可接驳性等。

③ 迅捷性需求

迅捷性需求主要指乘客从起点到终点的整个出行过程的速度快、时间短，乘客乘坐城市轨道交通的时间分为车内时间和车外时间两部分，车内时间主要由列车运行速度决定，车外时间则由线网布设、换乘便捷性、候车时间等决定。

④ 舒适性需求

舒适性需求指交通方式的舒适程度，城市轨道交通应使乘客乘车舒适，减少旅行中的疲劳。乘车舒适性需求包括乘客的乘坐率、车内拥挤程度、车内气温及车辆行驶的平稳性等。

⑤ 经济性需求

经济性需求是指合理、便宜的票价，票价的制定既要保证运输企业的效益，又要考虑社会整体效益，乘客所能接受的票价也与该地区的经济水平有关。特别是随着都市圈经济的强势崛起，市区城市轨道交通、市域快速轨道交通、城际铁路"三网融合"趋势越来越明显，而一般城际铁路执行市场调节价，约按 0.60 元/人公里运价费率计价。而城市轨道交通票价普遍采用递远递减费率的计程票制，城际铁路票价远高于城市轨道交通。"三网融合"的形势下如何满足乘客的经济性需求并兼顾运输企业效益，是需要迫切解决的问题。

（2）全链条信息化服务需求

城市轨道交通信息化显示是提升服务质量、加快各种信息传递的重要设施，也是提高城市轨道交通运营管理和服务水平、扩大对乘客服务范围的有效工具。

传统信息显示主要存在于站厅、站台、列车上，乘客仅在城市轨道交通运营范围内才能获取到少量信息，信息的应用环境与应用场景受到束缚。但随着信息化、智能化技术快速发展，人民群众信息获取途径愈发多元，更多的信息、更及时的信息以及更广泛的信息传递越来越受到重视，为了满足乘客这一需求，全链条信息化服务应运而生。

①出行规划需求

城市轨道交通企业为满足乘客出行规划需求，将城市轨道交通信息系统接入到综合交通信息系统，通过移动端应用程序或与第三方公司（高德、百度、腾讯等）的合作，为乘客提供时间估算更精准、查询方式更便捷的"门到门"交通规划。

②指定路线需求

在城市轨道交通网络化运营的情况下，乘客在出行时若出现多条路径可以选择，全链条信息化服务应为乘客提供更多的个性化选项，根据乘客偏好的需求（如距离最短、时间最短、换乘最少、车厢舒适、无障碍等；时间选择"早高峰、晚高峰、平峰"等），利用AI（人工智能）自动规划，推荐不同最佳路径，有利于分流乘客，更满足乘客舒适出行的需求。

③信息提示需求

站外限流时间、进站安检排队时间和高峰期上车等候时间等，都增加了乘客出行时间，往往有乘客因为对城市轨道交通周期性客流规律不够熟悉，对行程规划不周，造成行程延误。对城市轨道交通十分了解的乘客也会因城市轨道交通特殊或突发事件、特殊天气等，造成行程延误。当乘客进入车站发现排队安检、排队候车人数过多想放弃乘车时，将付出较大的放弃成本。

城市轨道交通未来应实现智能分析"站外限流等候时间、站内安检等候时间、候车时间"等数据，并在车站外增加乘客信息显示终端，或利用手机应用程序（APP）提示站外乘客相应的信息，使乘客进站前就做好相应的准备，并规划好衔接交通工具。

④拥堵报警需求

城市轨道交通和地面交通一样也会遇到拥堵。拥堵主要来自突发事件、站内限流等。车站可利用行车监控系统、车站视频监控系统，将实时拥堵信息通过手机应用程序推送给乘客，使有需要的乘客提前规避拥堵线路。

⑤站内外导航服务需求

由于每个车站建筑形式（站厅、站台布置）以及提供的服务不尽相同，站外环境也不同，这给乘客寻找需要的服务造成了困难，因此，提供全面准确的站内外导航服务是乘客需求之一，例如提供出口资讯、公交信息、站内服务设备设施位置、站外地图导航等。

（3）多元化线上智能服务需求

随着社会进入"互联网+"时代，随着通信技术和互联网产品的不断更迭，人民群众的生活行为习惯也悄然改变，手机应用程序、电子票务、HCE（基于主机的卡模拟）钱包人工智能等工具应运而生，若城市轨道交通对乘客的服务仍一直停留在车站现场人工服务、实物服务上，势必无法跟上当今社会高效的节奏。

城市轨道交通乘客服务需要逐步适应和习惯网络服务为主的线上智能服务模式，从票价支付、沟通对话、信息展示、求助服务等多维度适应乘客需求。

城市轨道交通乘客服务应打造多元化支付平台，打造以互联网为基础的支付体系，以满足乘客二维码、人脸生物识别、金融卡、一卡通等多元化支付的需求；打造智能客服平台，为乘客提供运营信息查询、票务业务处理功能、乘客事务处理、电子发票、特殊人群乘车码发售等服务，提高问题解决率。打造车站在线求助服务，为乘客提供多种乘客求助服务，包括在线服务热线、边门求助、车站紧急求助、一键在线报警等，通过多种方式为乘客解决问题。

（4）跨区域一票通达需求

随着都市圈城市群、宜居宜业优质生活圈的建设，城市群之间的交流必将日益密切，都市圈内跨区域出行越来越频繁。而都市圈内往往存在市区城市轨道交通、市域快速轨道交通、城际铁路等多种轨道交通制式及票务模式，乘客出行时在不同轨道交通制式之间多次换乘，多次购票进站、出站，乘客持有火车票、城市轨道交通车票、不同城市"一卡通"，才能完成一次跨区出行。这些票务系统互不兼容，对乘客出行造成极大的不方便性。

基于此，都市圈乘客对都市圈内轨道交通，即"市区城市轨道交通、市域快速轨道交通、城际铁路"的"三网融合"跨线互联互通、便捷换乘、一票通达的需求及趋势越来越明显。轨道交通以"一张网、一张票、一串城"为理念，满足都市圈人民"便捷、高效、舒适、安全、绿色"出行，城市群限时通达，轨道交通的融合发展已经成为都市圈城市群的必然发展趋势。

（5）城市交通数据融合需求

乘客出行形式多样、交通方式混合，从出行起点到目的地的无缝精准衔接是乘客的期望。城市轨道交通应建立运营端一体化出行平台和乘客移动 MaaS（出行即服务）出行，整合交通枢纽、网络地图、公共交通等行车运营、乘客出行数据，串联"出行前-出行中-出行后"全场景，实现乘客出行全链条规划、出行预约服务、无感支付服务、全程时刻信息服务，节省乘客出行时间，提升出行效率和出行体验。

MaaS 出行场景涉及乘客出行画像、公共交通按需响应线路调度、精准定位及导航、基于先验知识的客流预测、客流疏散仿真以及出行方案自学习优化等关键技术，通过关键技术赋能"出行前-出行中-出行后"全过程闭环场景的实现，有效解决客流需求特征不明、出行引导服务不足、客流疏散被动无序等出行问题，保障全链条出行服务的精准可靠。

2）个性化服务需求

在满足乘客基本需求的基础上，城市轨道交通也应该针对不同的乘客群体，紧密结合乘客群体的特点及需求，制定实施个性化的服务举措，强调服务的技巧性和精准性。

（1）个性化专业咨询服务需求

传统城市轨道交通咨询以人工服务为主，乘客有问题需要咨询时，可在车站现场、车控室或客服中心（票亭）寻求工作人员帮助，或通过城市轨道交通企业热线电话人工沟通获得帮助。

随着网络技术的发展，新的网络沟通载体应运而生，如微信、QQ、APP。城市轨道交通行业如何使得乘客咨询服务不再受到时间和空间的限制，让个性化咨询服务"触手可及"，是迫切需要解决的问题。

随着网络沟通载体的多元化发展,必将促进城市轨道交通乘客咨询沟通方式的变革。从面对面服务到电话语音服务,到线上文字互动以及在线视频语音互动服务,通过声音、文字、图片、动画等全方位的立体型服务,使得沟通更加生动、有趣。在服务的过程中,针对性解决乘客专属疑问的同时,提升客户的享受感知,满足客户被服务的愉悦感。

(2)长距离乘客高等级服务需求

随着都市圈经济的快速发展,城际铁路/市域快速轨道交通成为跨区域乘客出行的首选,针对此类跨长距离群体乘客,轨道交通不应仅仅是将乘客送达目的地的交通工具,而应提供更加突出的优质服务,以顺应乘客对高等级服务的发展需求。例如将头等舱与普通舱相结合引入轨道交通运营,将优质资源与常规资源合理分配,在为常规乘客提供服务的同时,兼顾满足对服务有更高要求乘客的需要,使得高品质服务得以更有效地展开。

综上,乘客服务就是为乘客创造安全、便捷、舒适的乘车环境,丰富乘客体验,通过人性化服务提升乘客满意度,满足乘客对美好生活的追求,同样也是智慧城轨乘客服务追求的目标,如图 2.3-1 所示。

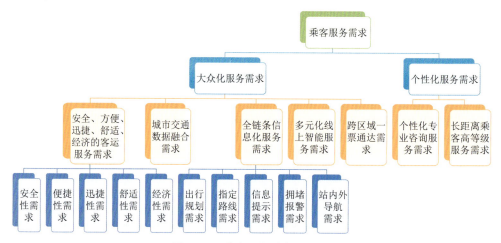

图 2.3-1　乘客服务需求示意图

2.3.2　运营管理精细高效需求

城市轨道交通运营管理包括调度管理、站务管理、票务管理、乘务管理、对外公共服务等内容。通过精细高效的运营管理,确保城市轨道交通的安全舒适运行,提升广大乘客的出行质量。

1)调度管理需求

调度管理是城市轨道交通核心管理工作之一,担负着行车组织、提高运营服务质量、确保运输安全、完成乘客运输计划、实现列车运行图的重要责任,对城市轨道交通日常工作的开展起着决定性的作用。调度管理主要分为线网级调度管理和线路级调度管理。

(1)线网级调度管理需求

线网级调度管理通过线网指挥中心实现,线网指挥中心是一个城市轨道交通指挥的最高机构,其调度管理需要具备监视、协调、管理和应急指挥城市轨道交通网运营的职能。线网级调度管理需求包括对监控信息进行分类分级、信息的可视化显示、数据的智能分析、运营数据的动态展示、突发事件的信息发布、应急指挥的辅助决策等。

（2）线路级调度管理需求

线路级调度管理根据其职能需求，分设多个调度岗位，一般包括行车调度、电力调度、环控调度、综合调度、乘客调度（全自动运行线路设置）、车辆调度（全自动运行线路设置）等。

①行车调度管理需求：行车调度负责行车组织协调运作，组织运营工作的落实，确保整个行车系统的正常运行。行车调度管理需求包括运行图自动编辑、重点目标可视化、客流与运能的自动匹配、调度命令快速发布、应急处置的辅助决策等。

②电力调度管理需求：电力调度负责所辖范围内的供电生产工作，保证整个供电系统的安全运行和连续供电。电力调度管理需求包括供电设备运行状态的实时监测、仪表状态的可视化监测、设备状态图像信息的监测及对比分析、设备的状态预估及故障预警、维修辅助决策等。

③环控调度管理需求：环控调度负责环控设备系统的运行，对车站扶梯、车站应急照明、一般照明、站台门进行监视，对全线各站的火灾报警、气体灭火系统、防淹门、消防风机、消防泵、水喷淋系统进行监控。环控调度管理需求是各车站设备的智能监测、设备的智能联动、视频图像的自动推送及智能分析、突发事件辅助决策等。

④综合调度管理需求：综合调度负责多专业的协同与维修调度。综合调度管理需求包括监测信息的大数据处理、数据的智能分析、企业管理信息的智能管理。

⑤乘客调度管理需求：乘客调度负责处理全自动运行线路在线列车上与乘客相关的事件。乘客调度管理需求包括远程车载广播、对乘客的远程应急对讲、车载视频图像的自动推送及智能分析等。

⑥车辆调度管理需求：车辆调度负责监视全自动线路车辆设备运行信息，以及车辆的维修管理工作。车辆调度管理需求包括车辆各部件设备运行状态的实时监测、设备状态图像信息的监测及对比分析、设备的状态预估及故障预警、远程应急处置（复位、旁路、切除）、辅助维修决策等。

2）站务管理需求

站务管理人员负责车站的整体运作，对内负责设备设施管控，对外负责客流组织等工作，站务管理人员的工作效果将直接影响整个车站的运作效果，故站务管理是非常重要的。站务管理人员整体上可分为站长、值班员、站务员三大类。

（1）站长管理需求

站长全面负责车站的管理工作，包括车站人员管理、运营组织管理、突发事件处理等工作内容。站长需掌控车站的整体情况，站长对车站的管理需求主要体现在以下方面。

①信息按需动态分类展示：站长须掌控车站的整体情况，根据站长需求，各类信息按人员、设备、环境等类别分类后动态展示，从而为车站管理提供信息支撑。

②应急预案动态设置：站长须负责突发事件的处置并启动相应应急预案，应急预案应可以根据车站特点情况、其他外部输入信息等进行动态设置，并能根据车站情况智能推荐启动应急预案。

③异常信息自动报警：对于车站出现的异常状况，城市轨道交通系统应具备多种上报方式，且可以实现异常信息自动报警。

（2）值班员需求

值班员的主要工作内容为设备设施的监控管理以及施工管理。对于设备设施的监控管理，各类故障及报警信息应能够自动处置，如误报警信息自动消除、设备故障信息自动推送至相应维修人员等；而施工管理应由值班员现场确认监管、施工人员手动登记，转变为智能清点、销点以及施工人员远程监管。

（3）站务员需求

站务员需现场处理乘客相关的工作，如车票处理、出行指引等，并负责车站巡视工作，当车站出现异常情况时，站务员需前往现场进行处置。对于乘客相关的工作，城市轨道交通系统应为乘客提供车票自助处理设备以及配置远程集中客服为乘客提供咨询服务；对于车站巡视工作，城市轨道交通系统应实现现场状况远程智能判断，并根据判断结果进行相应的车站巡视以及现场处置工作，减少巡视工作量，从而提高站务员工作效率。

3）票务管理需求

票务管理是城市轨道交通运营中的重要管理工作之一，关系着城市轨道交通的票务收益及服务水平。在传统票务管理模式下，城市轨道交通票务管理业务范围较窄，大部分为实体乘车票、卡管理及现金收入审核，售票机及客服中心内需要准备现金，极易产生资金安全问题，同时在传统轨道交通票务服务中，各岗位工作人员比较多，加大了票务管理的难度。

随着互联网技术的普及应用，多元支付方式不断出现，各地城市轨道交通实体票卡及现金使用率已普遍不足10%，甚至不到5%，传统票务管理已经不再适用。因此，以数据为基础、以乘客为中心的信息化精细票务管理成为当今城市轨道交通票务业务的发展方向。信息化精细票务管理需求主要体现在以下方面。

（1）电子票务收益管理需求

车站电子票务与第三方支付平台进行对账，处理对账数据差异，并输出各类资金、票务收入报表，确保票务收入的准确性、完整性。

（2）乘客事务处理数据化需求

互联网过闸业务经常出现乘客单边交易处理，其一是处理时提供详细的数据支撑，有理有据；其二，可结合在线模式、离线数据匹配方式，先出站后处理，避免影响乘客过闸体验，减少车站人员进行乘客事务处理的频率。

（3）精确大数据分析需求

城市轨道交通系统应对客流、票种、收入等数据进行分析，为票务管理决策提供依据；运用大数据分析，研究建立乘客画像数据库，包括数据来源、数据分析、数据标签的建立、数据标签的更新等，根据乘客数据，为乘客自动匹配最便捷、最优惠的票务服务；通过乘客数据和票务数据，分析新业务上线后的受益人群范围，预测受众群体及新业务上线的使用量，为业务上线的研判提供更多的数据支撑。

（4）跨场景的票务管理需求

城市轨道交通系统应分析航空、公交车、出租车等市内交通场景的特点，结合城市轨道交通场景的特点，推出跨场景的票务服务，为乘客带来更便利、更高效的出行体验。

4）乘务管理需求

目前的城市轨道交通行车需要司机进行开关门、发车等重复机械式的操作，劳动强度大，列车人工操作易受主观和外界因素干扰。采用全自动运行、智能视频、大数据等先进技术，可提高系统的自动化程度，增强设备的自诊断功能，将司机从重复机械作业中解放出来，降低司机劳动强度，再结合人工监视、干预的机制，减少不必要的误操作，实现对列车精细高效的运行控制。

5）对外公共服务需求

对外公共服务最初的代表就是"电话接线员"，城市轨道交通企业对"电话接线员"进行专业培训，使其了解城市轨道交通相关业务，对外公共服务的手段也不仅仅局限于电话，还包括了传真、电子邮件、短信以及 Web 上的各种文本、语音和视频的呼叫及回复，形成专业的对外公共服务团队。目前随着"互联网+"技术的高速发展，城市轨道交通企业及乘客对于对外公共服务的需求也在不断升级，主要表现在以下方面。

（1）数字化、智能化需求

为应对对外公共服务这类具有巨大知识库、庞大的数据信息、问题重复度高业务需求更迭快速等特点的业务，城市轨道交通企业应智能化技术，如"虚拟数字人""云服务""智能语音"等新型技术开始融合到对外服务中，更快更轻松地完成业务知识升级。

（2）多媒体平台化需求

随着电子渠道的快速发展、业务交付模式的改变，各种服务渠道在功能定位和提供模式上也都在被重新定义。服务不再是一个地方，也不是一种渠道，而是一种场景行为，无论文字、图片、还是视频，都是内容，一切的渠道接入、互动内容、流程变革都是为了更好的服务体验。比如视频客服既能够提供形象、生动的画面，又能够随时和用户进行互动，给用户带来身临其境的体验，这一切的改变与发展都在创造颠覆性的服务体验。

（3）专精化需求

随着移动互联网等相关科技的高速发展，对外公共服务需要处理的信息量呈现爆炸式增长，需要建立知识库、通话数据、会话记录监控等一系列的数据仓库，对客户服务的深度和广度也远超以往，对外公共服务也逐步向专精化方向展。

综上所述，围绕城市轨道交通运营调度管理、站务管理、票务管理、乘务管理、对外公共服务等职责多样化需求，构建精细高效的运营管理体系，从而优化城市轨道交通的运营效率和服务质量，以满足日益增长的出行需求，如图 2.3-2 所示。

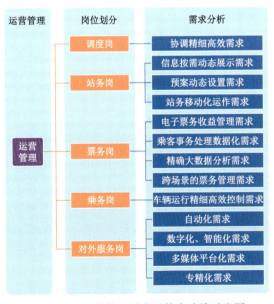

图 2.3-2　运营管理需求及技术路线示意图

2.3.3 安全保障严标准需求

城市轨道交通作为各城市最重要的公共基础设施之一，正以史无前例的规模和速度快速发展，保障城市轨道交通安全运营是维护国家安全稳定极其重要的组成部分。城市轨道交通具有人流高度集中、运行环境复杂等特点，一旦发生安全事故，极易给人民群众的生命财产带来重大损失，造成恶劣的社会影响。

随着城市轨道交通建设规模急剧增长，社会及国际形势日趋复杂，对维护其正常运营的安全保障提出了更高的要求。一方面，安全保障要求更加全面。为保障线网各线路的正常、安全运营，不仅需考虑人员安全、消防安全，还需从行车安全、设备安全、环境安全、数据安全以及安全联防等方面着手，确保各线路全方位的安全保障。另一方面，安全保障智能化水平要求更高。随着线网规模的扩大，安全保障要求也随之日益提升。为实现线路安全运营目标，需要考虑和处理的安全保障因素及数据规模亦急剧增长，依靠以人力为主的传统工作模式来保障线网各线路安全运营已显得捉襟见肘。通过提高各系统智能化水平，依靠智能化手段对各类安全因素及安防事件进行事前、事中、事后的全面监测及管理势在必行。安全保障需求如图 2.3-3 所示。

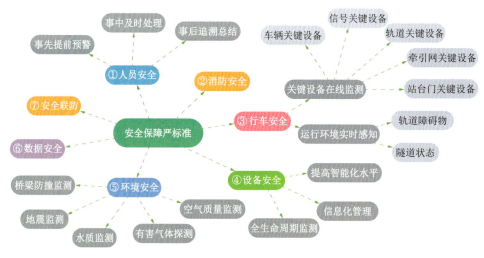

图 2.3-3　安全保障需求示意图

1）人员安全

人员安全是通过各类智能化手段对涉及乘客乘车过程中的各个环节进行实时监控，并通过对突发事件进行事前提前预警、事中及时处理和事后追溯总结，有效保障乘客安全，持续提升人员安全保障水平。

城市轨道交通系统应在事前对乘客从进站到出站全过程，即进站、安检、购票、进闸、候车、乘车、下车、出闸、出站等各环节进行全面监控，并对相关数据进行分析处理，合理安排站务力量，同时对乘客进行预警及提示，将意外事件防患于未然。当发生涉及人员安全的紧急事件时，城市轨道交通系统能对事件进行及时有效的处理，将乘客生命财产损失降至最低，避免事件恶化。城市轨道交通系统在事后能对安全事件进行追溯总结，为事件处理提供事实依据。同时，通过事件全过程分析，总结经验，逐步提高安全保障水平，形成事件处理的 PDCA［Plan（计划）、Do（执行）、Check（检查）、Act（纠正）］闭环。

2）消防安全

消防安全是指预防和解决（扑灭）火灾的安全措施。鉴于城市轨道交通的建筑及运营特点，消防安全一直以来都是城市轨道交通灾害防范的重中之重。

（1）实现不同区域火灾的监控及报警

城市轨道交通线路跨度长，各区域建筑形式繁杂多变，消防安全应实现车站、列车、区间、物业区、主变电站、段场、控制中心等各区域火灾的实时监控及报警。

（2）实现不同因素诱发火灾的监控及报警

城市轨道交通存在各类因素诱发火灾的风险，主要包括人为因素、设备因素及环境因素等。人为因素主要诱因为工作人员违章操作、用火不慎，乘客携带易燃易爆危险品乘车，在城市轨道交通车站内吸烟，人为纵火等也可能引发城市轨道交通火灾事故。设备因素主要诱因为各区域建筑及列车内电气线路和设备高度密集，这些电气线路和设备在运行中发生短路、超负荷、过热等故障是引发城市轨道交通火灾事故的重要因素。引发火灾的环境因素主要包括城市轨道交通内部潮湿、高温、粉尘大、鼠害等，例如隧道内漏水情况比较普遍，地下湿气不易排出，导致地下空间湿度大；城市轨道交通内部通风不畅、隧道散热不良等原因导致温度过高；老鼠等小动物啃咬电缆电线等，上述环境因素可能造成电气线路和设备绝缘性能下降，导致电气设备因短路引起火灾。因此消防安全应实现不同因素诱发火灾的有效监控及报警。

（3）实现火灾状况下的有效疏散及救援

城市轨道交通发生火灾时，应能及时通知各相关人员，有效指导人员疏散，并能联动相关设备设施进行火灾救援，为紧急救援提供可靠技术保障。

3）行车安全

行车安全是通过对影响行车安全的相关系统设备及环境因素进行实时监测、全面感知，通过实时预警、及时排查处理相关行车安全关键设备故障及运行环境隐患，有效保证列车运行安全。

城市轨道交通系统通过对直接影响行车安全的关键设备运行状态进行实时在线监测，以"预防为主"为行动指南，通过融合应用多种在线监测/检测技术，提高在线列车安全监控完备率及关键设备故障检测准确率，实现对相关设备、设施状态实时监测和全寿命健康管理。关键设备在线监测主要包括：

（1）车辆关键设备在线监测

城市轨道交通系统应能实现对列车运行状态的实时监测，实现列车关键系统安全状态实时检测、特征提取及运行状态模拟仿真，为列车运行状态的实时感知、远程故障诊断、运行品质评测、智能运行维护决策等提供支持。

（2）信号关键设备在线监测

城市轨道交通系统应能实现信号系统运行维护综合管理一体化，提高信号系统故障响应、故障处理及生产管理效率，降低运维成本，提升设备可靠性。

（3）轨道关键设备在线监测

城市轨道交通系统应能实现轨道设备状态监测、轨道状态评估、轨道监测标定等功能，及时发现和处理轨道设施在列车频繁持续冲击作用下所发生损伤变形及性能劣化等问题；

实现轨道设备与设施维护由常规的、频次较低的"检测"向高频次"监测"的转变。

（4）牵引网关键设备在线监测

城市轨道交通系统应能实现对运营车辆的弓网/靴轨关系、跟随性、离线率等相关数据的采集、传输、分析、处理、存储等高精度实时监测，及时发现设备隐患，提前排除设备故障，提升维修效率和系统可靠性。

（5）站台门关键设备在线监测

城市轨道交通系统应能实现对站台门驱动、传动、锁紧、站台门与列车门对位隔离状态等关键装置运行状态的实时感知；建立设备故障模型，对设备状态进行精准地分析及评估，提升站台门在线健康服役能力。

（6）运行环境实时监测

城市轨道交通系统应能对列车运行环境因素进行实时监测，实现轨道障碍物的精准探测，同时控制列车紧急制动，避免发生运营安全事故；实现对隧道设施安全状态的自动化、智能化监测，对隧道状态安全隐患进行及时发现和处理，为列车运行提供安全的隧道环境。

4）设备安全

城市轨道交通应强化现场设备维护信息化管理，尤其对于直接影响列车运行的关键设备，应逐步提升设备智能化水平，实现设备的自动化、信息化管理。同时，城市轨道交通应健全设备设施全生命周期监测，实现设备设施全寿命周期的RAMS[R（可靠性）、A（可用性）、M（维修性）、S（安全性）]管理，保障设备设施安全。城市轨道交通系统应能对设备基础信息、库存信息、城市轨道交通现场设备故障信息、维修记录信息以及日常养护数据等数据实现信息化、智能化处理，建立城市轨道交通现场设备维修管理系统，利用信息技术分析数据得出所需资料，有效跟踪管理设备运行情况，减少或避免故障发生，为设备安全提供可靠保障。

5）环境安全

城市轨道交通应加强环境监测，包括空气质量监测、有害气体探测、水质监测、地震监测、桥梁防撞监测等，及时获取列车运行环境状态数据。同时，以"预防为主"为指导思想，完善应急管理体系，提升应急能力，实现隐患及早发现、事故及时处理、事后有效总结。为城市轨道交通运行环境安全提供有效保障。

（1）空气质量监测

城市轨道交通系统应对车站、隧道、车辆等区域空气质量进行实时监测，同时实时调节各区域空调通风运行模式（送风、回风、排风），保障各区域空气质量。

（2）有害气体监测

城市轨道交通系统应对常见的有害、有毒气体进行实时监测，并制定相关防护应急措施，实现及时发现、有效处理的目标。

（3）水质监测

城市轨道交通系统应对各区域用水质量进行实时监测，当出现意外情况或人为造成的水污染情况时，能及时发现和处理，有效保障人员安全。

（4）地震监测

城市轨道交通系统应实时获取地震信息，同时完善相关应急处理措施，当发生地震时能及时保护和疏散乘客，最大程度保障人员安全。

（5）桥梁防撞监测

针对高架或跨江区段，城市轨道交通系统应实现对桥梁、桥墩等关键区域的实时监测。一旦发生意外事件，做到及时发现，并视情况联动列车调度、列车控制等相关系统，有效保障乘客安全。

6）数据安全

数据安全亦称信息安全，根据《中华人民共和国数据安全法》的定义，数据安全是指通过采取必要措施，确保数据处于有效保护和合法利用的状态，以及具备保障持续安全状态的能力。一方面，数据安全是指数据本身的安全，主要是指采用现代密码算法对数据进行主动保护，如数据保密、数据完整性、双向强身份认证等；另一方面，数据安全是指数据防护的安全，主要是采用现代信息存储手段对数据进行主动防护，如通过磁盘阵列、数据备份、异地容灾等手段保证数据的安全。

随着信息化的发展，城市轨道交通在享受数字化、网络化所带来的便捷、高效、智能的同时，也带来了数据安全的巨大挑战。城市轨道交通应进一步加强信息安全建设，保证数据处理的收集、存储、使用、加工、传输、提供、公开等全过程安全。同时，建立健全城市轨道交通信息安全的定级方法、安全设计、实施流程及测评要求，严防数据泄露，保障数据信息安全可靠。

7）安全联防

通过对各类信息进行汇总处理，城市轨道交通系统应实现灾害事件发生前的预警管理，包括对乘客、员工的不安全行为和对物体的不安全状态的监控、分析、评价、处理，以及灾害发生时和发生后的应急管理，包括发生事故后进行事态分析、确定应对方案、事故处理、事后总结等。

同时，城市轨道交通应加大与政府、公安、政法机关建立协作关系，加强与城市轨道交通沿线单位的事先、早期、平等的横向协商、协调关系，优化城市轨道交通联防网络。

综上，通过从人员安全、消防安全、行车安全、设备安全、环境安全、数据安全、安全联防等各方面着手，融合应用各类先进的监测、处理技术，以"预防为主"为指导思想，城市轨道交通系统应实现各类安全事故的事前、事中、事后的全过程管控，营造安全可靠的城市轨道交通出行环境，为城市轨道交通范围内的人员、设备、环境、数据等保护对象提供可靠的安全保障。

2.3.4 管理决策科学化需求

城市轨道交通作为城市公共交通的重要组成部分，其重要性不断提升。然而，随着城市轨道交通规模不断增大，运营管理面临众多挑战，如客流量大、服务质量需求高、安全风险高等问题。因此，科学化的决策管理成为城市轨道交通运营管理中不可或缺的一部分。

（1）线网管理层

线网管理层针对城市轨道交通的不同线路，对线路间的联系与互联互通进行协调组织、管理和调度，对于整个城市轨道交通运营的顺畅和高效至关重要。

数据支撑：需要对城市轨道交通全线网各业务系统的数据信息实时共享和高效地整合运用，解决调度指挥管理获取数据难、不及时、不全面、不准确等问题，通过大数据平台，促进数据融合共享，对整个线网各种数据进行智能统计分析，这些数据的科学分析结果可以帮助制定城市轨道交通管理和发展策略。

运营评估及运营指标统计分析：需要提供各线路运营水平评估以及对行车类指标、设备设施类指标、客流类指标、能耗类指标、清算信息类指标、票务信息类指标及服务类等运营绩效指标进行统计分析，减少人工统计，实现按需、智能化分析，为线路优化运营提供辅助支持。

运营仿真：需要借助虚拟仿真技术，对重点车站（换乘站）、线路、线网城市轨道交通运营环节仿真，实现对城市轨道交通系统的全面描述和展现，便于开展培训、演练等。

行车指挥辅助决策：需要对线网各线路列车运行情况及运力匹配分析、行车设备设施质量数据分析，为线网优化行车组织提供技术支持。

客运组织辅助决策：需要对行车、客运、票务、应急、乘客服务等工作提供数据支撑及智能分析，辅助决策不同运营组织方案，提高决策准确度。

设备管理辅助决策：需要监测城市轨道交通中各系统设施、设备的工作状态及参数，将其状态信息、故障信息、相关参数在各系统设备间中建立关联关系，从中挖掘设施、设备的隐患和预测其发展趋势。

能源管理辅助决策：结合城市轨道交通各系统能耗相关数据进行管理、整合、分析和利用，通过大数据手段，需要对能源使用进行评估、预测及相关性分析。

数据可视化呈现：从线网的发展情况、客流、行车、安全、能耗等多个角度出发，构建线网大数据可视化的运算模型、决策预测、动态按需展示内容，给线网调度人员提供所需的实时监控数据、高效的决策依据与精细的决策力度。

（2）线路管理层

数据支撑：线路管理层需要对轨道交通整个线路各种数据进行实时分析，例如列车运行数据、线路客流数据、机电设备运行及故障数据。这些数据的分析可以帮助线路管理层更好地掌握轨道交通线路的整体运营情况，及时预警和处理各种问题。

运力配置决策：需要充分考虑客流高峰期的运力需求，确保列车能够满足高峰期的客流需求，同时避免列车拥挤、延误等情况发生。

智能控制决策：在安全可靠的前提下，实现对线路运行的实时监控，列车的自适应控制和智能调度，提供精准动态分配建议方案，提高运行效率和客流体验。

（3）车站管理层

数据支撑：需要科学全面地获取车站内部、外部所有人员情况、设备设施运行状态、环境运行情况，例如乘客异常行为、客流量、站内外各类机电设备及房建设施等运行情况、安全警报等，对这些数据进行分析，及时发现和处理运行中的问题，以便更好地管理车站，节约人力投入。这些数据的实时性和准确性不仅可以提高车站管理层的决策效率，还可以为上层级管理决策提供有价值的参考。

车站运营计划：需要制定科学的运营计划，包括客流组织、应急疏散方案、设备保养维护、安全应急策略等。这些运营计划需要结合车站实际情况和信息化、智能化手段综合考虑，从而提高车站的运营效率和安全性。如车站客流高峰期存在人满为患的情况，提供丰富的客流控制预案，利用导向指引、诱导手段，进行优化车站客流组织和缓解拥挤情况。

风险评估：需要严格执行城市轨道交通安全管理规定，保证安全措施和技术设备的运行状态和效果，及时发现和处理安全隐患，确保车站运营的安全可靠；需要对各种安全风险进行评估,例如客流量过大、设备故障、应急等,以便提前采取措施,避免事故的发生。对于发生过的事故,还需要进行事故的分析和评估,从而不断改进和提高车站的安全性。

综上所述,城市轨道交通的线网、线路、车站各层级管理都需要实现决策的科学化、信息化和智能化,城市轨道交通系统应结合各运营管理分层决策管理的具体需求,利用大数据处理和人工智能技术,对感知层获取的大量数据进行分类、聚类、关联、分析、统计等,通过对决策数据的统计和逻辑分析,直观、清晰、全面真实体现城市轨道交通运作状况,为科学决策提供辅助功能,以提高城市轨道交通的安全性、运营效率和客流体验。

2.3.5 成本控制降本增效需求

近年来,为了缓解城市交通压力,促进地方经济发展,我国不断加强城市轨道交通建设,城市轨道交通得到快速发展,但城市轨道交通票价不仅受到政府管控,同时受城市经济状况的限制,并且城市轨道交通具有很强的社会公益属性,几乎所有城市的票价收入低于整体运营成本,城市轨道交通运营企业普遍处于亏损状态,政府投入巨额补贴,政府及企业成本控制降本增效需求尤为突出。

城市轨道交通全生命周期成本,是指把工程的策划、实施和使用视为一个连续、完整的工程全生命周期,把整个工程周期的成本管理统一起来,对工程各个阶段的成本管理进行有机集成,使工程创造最大的经济、社会和环境效益。城市轨道交通工程整体分为建设阶段及运营阶段两大块。全生命周期两者成本对比如图2.3-4所示。

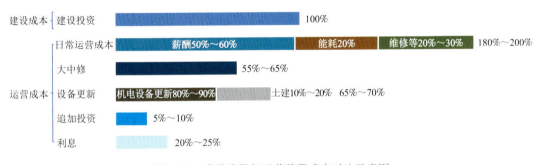

图2.3-4 建设阶段与运营阶段成本对比示意图

注:各项成本均以建设投资为100%进行相应折算。

1)建设阶段成本控制需求

根据《城市轨道交通工程设计概算编制办法》(建标〔2017〕89号),城市轨道交通建设成本由工程费用(建筑工程费、安装工程费、设备购置费)、工程建设其他费用(前期工程费、与项目建设有关的其他费用、与试运营有关的其他费用)、预备费(基本预备费、价差预备费)、专项费(车辆购置费、建设期贷款利息、铺底流动资金)构成。其中,土建工程成本约占30%~40%,机电设备成本占比15%~25%,预备费和专项费约占15%~25%,工程建设其他费用约占15%~25%,车辆基地成本约占5%。

设计是一个工程建设的灵魂性阶段,设计对工程投资及后期运营的影响约在75%以上。设计方案不但能够决定建设项目的投资,影响着该工程的质量安全,直接关系着用户(运营)使用效果。

城市轨道交通工程机电设计过程中,应在方案合理的基础上应用新型的智能材料与信息化设计方案，使城市轨道交通在建设和运营的整个生命周期中展示智慧城轨的良好社会效益和经济效益。例如云技术在城市轨道交通中的应用，第一，云技术使 IT 计算资源池化与虚拟化，提升资源利用率，直接降低工程建设成本；第二，云技术将应用层和底层硬件资源解耦，标准化配置硬件，应用软件开发效率更高更快，加快工程进度；第三，云技术将各系统 IT 资源整合共用，运营阶段集中运维，仅需少量 IT 工程师专注于核心业务，提升工作效率，达到降本增效的目标。

2）运营阶段成本控制需求

运营成本主要包括人工、能耗、维护及其他运营业务成本。

（1）人工成本分析

人工成本是指支付给公司员工的薪酬成本，主要包括职工工资、奖金、津贴和补贴以及职工福利费、社会保险费、住房公积金等，国内主要城市地区的人工成本平均值应在 15～20 万元/年，一线城市相对较高。国内城市轨道交通人员配置普遍不低于 40 人/km，一般在 50～60 人/km，其中包含运营和设备设施维护维修人员。以北京市地铁运营有限公司（简称"北京地铁公司"）为例，2022 年的运营成本约为 123.65 亿元，其中人工成本最高，达 60.59 亿元。据全国城市轨道交通运营数据分析统计，人工成本已经成为运营阶段最主要成本，占日常运营成本的 50% 左右，具体见表 2.3-1。

2018—2020 年全国城市轨道交通平均人工成本占比表　　表 2.3-1

年份（年）	全国轨道交通平均人工成本占比	年份（年）	全国轨道交通平均人工成本占比
2018	47.60%	2020	52.30%
2019	48.80%		

（2）能耗成本分析

能耗成本主要是用于城市轨道交通的水、电及燃料消耗费用，其中电费涵盖城市轨道交通列车的牵引车站场段的动力照明，水费涉及车站及段场用水，燃气费则针对配套生产生活设施，确保运营顺畅。其中电费占能耗成本绝大部分，从全国范围看，南方城市由于天气原因，开空调的时间较长，电力成本占运营成本的近三成。北方城市相对较低，约占到运营成本的 20%。

（3）维护成本分析

运营维护费是指为确保城市轨道交通能够满足正常运营需求，需要定期对车辆设备以及相关的服务设施等进行维护保养。维护成本在开通初期会相对低一些，但随着运营时间延长、线路增加会逐渐提高。

（4）其他运营业务成本分析

除上述费用外，城市轨道交通企业的运营成本还包括综合性业务成本，包括物业管理费、劳动保护费、保险费、科研费、办公费、宣传费、法律事务费等等。

按照城市轨道交通业内通用的算法，目前每修 1km 地铁的成本约在 6 亿～7 亿元，一线城市的部分线路成本甚至高达 10 亿元/km（含拆迁等），对于以政府投资为主的城市轨道交通融资模式而言，这无疑为财政带来了巨大的负担。其实运营城市轨道交通的费用更高，按照 30 年折旧设备及车辆报废计算，运营费用可以达到建设费用的 3～4 倍，如图 2.3-4

所示。而在城市轨道交通运营过程中，人工成本是最主要的成本，通过加强对人工成本的管理，将其控制在合理范围内，对整体成本管理水平的提升有着积极意义，是政府及企业对成本控制的迫切需求。

控制人工成本最主要的手段即提高人工效率及减少用工数量。人工生产效率可以从两方面考虑提高：其一，企业可采用一定的管理手段，如培训和培养员工、建设节约型组织架构、改善生产环境、开展员工思想教育等，但管理手段带来的效果具有一定局限性；其二，对于企业而言，最主要还是应当应用各种智能化、自动化技术，建设智慧型城市轨道交通，推动工作效率的提升，积极引进智能化与自动化的设备，将工作人员从传统的工作观念中解放，在降低工作人员劳动强度的同时达到降本增效的目的，成本控制降本增效需求如图 2.3-5 所示。

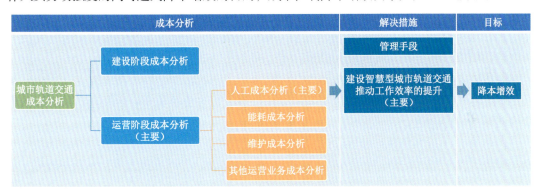

图 2.3-5　成本控制降本增效需求示意图

2.3.6　绿色能源管理高效节能需求

随着我国经济的快速发展，能源消费也相应快速增长，能源需求与供给的矛盾日益突出，能源及原材料进口量逐年增加，能源问题已经不仅影响到国民经济持续健康快速发展，甚至危及国家安全。

1998 年 1 月 1 日起实施的《中华人民共和国节约能源法》中明确规定："节能是国家发展经济的一项长远战略方针。坚持节能管理、合理利用能源以及推进节能技术进步是全社会的长期任务。"

为了推动全社会节约能源，提高能源利用效率，保护和改善环境，促进经济社会全面协调与可持续发展，国务院于 2006 年颁布了《国务院关于加强节能工作的决定》(国发〔2006〕28 号)。为完善相关节能制度并加强节能工作，我国于 2008 年 4 月 1 日起正式施行修订后的《中华人民共和国节约能源法》。同时，依据《中华人民共和国节约能源法》和《国务院关于加强节能工作的决定》(国发〔2006〕28 号)，为加强固定资产投资项目节能管理，发展改革委于 2016 年制定并颁布了《固定资产投资项目节能审查办法》，该办法于 2017 年 1 月 1 日起施行。

2020 年 9 月 22 日，国家主席习近平在第七十五届联合国大会一般性辩论上，郑重向国际社会宣布：中国将提高国家自主贡献力度，采取更加有力的政策和措施，二氧化碳排放力争于 2030 年前达到峰值，努力争取 2060 年前实现碳中和[①]。

---

① 《习近平在第七十五届联合国大会一般性辩论上发表重要讲话》，《人民日报》2020 年 09 月 23 日。

中共中央、国务院于 2021 年 10 月 24 日正式发布了《中共中央 国务院关于完整准确全面贯彻新发展理念做好碳达峰碳中和工作的意见》（中发〔2021〕36 号）和《2030 年前碳达峰行动方案》（国发〔2021〕23 号），为我国实现"碳达峰、碳中和"目标制定了时间表和路线图，标志着"碳达峰、碳中和"的政策体系正式建立，也必将对我国城市轨道交通的发展和转型产生深刻的影响。

《中共中央 国务院关于完整准确全面贯彻新发展理念做好碳达峰碳中和工作的意见》中，明确要坚持"全国统筹、节约优先、双轮驱动、内外畅通、防范风险"原则。对于节约优先，要求把节约能源资源放在首位，实行全面节约战略，持续降低单位产出能源资源消耗和碳排放，提高投入产出效率，倡导简约适度、绿色低碳生活方式，从源头和入口形成有效的碳排放控制阀门。"同时，本文件还明确了"积极引导低碳出行，大力推动节能减排，加快城市轨道交通等大容量公共交通基础设施建设"，指明了城市轨道交通的发展方向，这是城市轨道交通发展的重大机遇。

城市轨道交通具有运量大、速度快、污染少、占用城市用地少、节省能耗、安全、准时与舒适的特点。多年来世界发达国家的实践表明，大力发展城市轨道交通，是解决城市交通问题的最佳途径。

1965 年，北京开始进行地铁建设，并于 1969 年建成了中国第一条地铁——北京地铁 1 号线，随后北京市又建成了地铁 2 号线（环线）、地铁复八线（1 号线的复兴门—八王坟段）等线路。经过 40 多年的发展，中国进入了城市轨道交通的蓬勃发展时期，已成为世界上城市轨道交通发展最迅速的国家。截至 2023 年底，我国 31 个省（自治区、直辖市）和新疆生产建设兵团共有 55 个城市开通运营城市轨道交通线路 306 条，运营里程 10165.7km。

据统计，交通运输行业的碳排放量占全国碳排放总量的比例在不断升高，2017—2019 年占比从 9% 升至 12%。全国城市轨道交通总能耗在 2018—2020 年期间也呈增长态势，三年能耗分别为 132.12 亿 $kW\cdot h$、152.6 亿 $kW\cdot h$、172.4 亿 $kW\cdot h$，平均人公里能耗分别为 $0.181kW\cdot h$、$0.155kW\cdot h$、$0.116kW\cdot h$，国内新开通城市轨道交通的城市由于客流处于培育期，平均人公里能耗高于国际平均水平。城市轨道交通全部采用电力驱动，其总耗电量巨大，以北京市为例，仅 2013 年北京地铁公司所承担的线路上，综合能耗就达 17.7 万 t 标准煤，而其中电能消耗占据了 50%，到"十二五"末期，北京地铁公司承担线路综合能耗达到约 21 万 t 标准煤，北京地铁公司成为北京市主要用能单位之一。其他城市的情况与北京相比，规律相同。由此可见，城市轨道交通是名副其实的"能耗大户"。但从另外一个角度比较，在同等运力情况下，城市轨道交通能耗相当于小汽车的 1/9、公交车的 1/2，而且与这两者相比，城市轨道交通具有占地小、成本低的特点。因此，妥善解决能耗问题，对于缓解城市交通压力、推进城市节能减排工作而言，不仅紧迫，而且具有重要的意义。

对于城市轨道交通企业而言，绿色能源管理、节能减排已逐渐成为一个战略性问题。城市轨道交通企业应用新技术引领高效节能的低碳发展模式，不仅可以更好地控制成本，而且能带来新的业务拓展与整合的机会。节能减排可以帮助企业实现低成本、高效率的运营，显著提升企业效益和价值，实现企业可持续发展。城市轨道交通的节能减排措施和解决方案的推广不仅可用于既有线路的节能改造，服务于新建城市轨道交通，而且还可以为其他行业提供绿色低碳发展参考，提供低碳替代产品，满足日益增长的消费需求，为企业带来新的利润增长点。

城市轨道交通中的主要用能为电能，主要的用能设备或系统包括：列车牵引、通风空调、照明、供电、弱电、电扶梯、站台门、给排水及消防、车辆段等。通过对城市轨道交通中各系统的用电分析，可得出内部系统能耗占比，能耗分类与占比如图 2.3-6 所示。

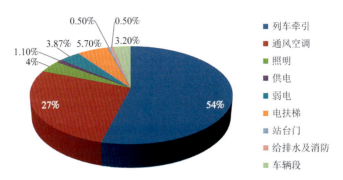

图 2.3-6　城市轨道交通能耗分类与占比示意图

从图 2.3-6 可以看出，列车牵引、通风空调是城市轨道交通中的能耗大户，分别占到城市轨道交通系统总能耗的 1/2 和 1/3，是节能减排的主要关注系统，且潜力巨大。

为了实现节能目标，各城市轨道交通企业均做了相应工作，如在每条城市轨道交通线路建设的工程可行性分析编制阶段，进行节能评估，即预测和分析线路用能情况、分析应采用的节能措施、预测可能达到的车公里和人公里指标等，以便从节能角度评判此条线路建设的可行性。在工程设计和实施阶段，城市轨道交通企业均采用了用能监测手段，如设置电表、水表等。但总体来说，城市轨道交通企业在节能管理方面仍然普遍存在节能管理手段单一、缺乏统一管理的机制和平台等问题。主要表现在：

（1）缺乏对用能数据的完整收集、统计、分析和展示。
（2）缺乏客观、完整的能耗评价体系，无法实现科学的量化管理。
（3）缺乏基于能耗评价的用能调节措施。

因此在智慧城轨的建设中，应运用智能化的手段加强企业的节能管理，应基于城市轨道交通能源管理需求和用能特征，实现线网、线路、车站层能耗数据的实时采集、展示；对用能按照统计，建立完善的能耗评价体系，优化用能结构，指导多专业协同精准调控。

2.3.7　维修管理智能化需求

城市轨道交通线路的维修管理模式是以人力投放型为主的传统运维模式，设备的日常巡视、维护、故障处理等维保工作由专业运营维护人员承担，因此运营维护人员在运营定员中的占比一直比较大，存在设备运营维护人员的数量居高不下、劳动强度大、运营维护质量偏低等情况。随着大规模城市轨道交通线网建设的开展，设备规模及问题复杂程度线性上升，传统运营维护遇到低效、成本高的瓶颈，已不能满足网络化背景下运营维护的需求，城市轨道交通运营对维修管理提出了设备监测智能化、维修数据可视化、故障维修高效化、设备健康状态评估、设备可靠性分析、设备巡检无人化、设备机房环境监测、设备和人员管理信息化等需求，由此实现维修管理智能化，如图 2.3-7 所示。

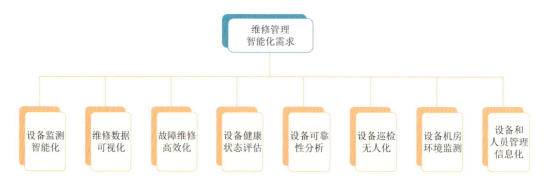

图 2.3-7　维修管理智能化需求示意图

（1）设备监测智能化需求

传统运营维护未进行设备监测或只对少数关键核心设备采用了一些设备监测技术，设备监测信息逐渐无法满足网络化的维修需求。城市轨道交通可利用大数据、智能传感设备、各类监测仪器、视频监控等手段，采取设备监测数据，为实现智能化运营维护管理提供设备基础数据和判断依据。

（2）维修数据可视化需求

传统运营维护主要是通过二维图纸和数据表格进行维修数据的管理，故障信息上报通过文字或表格方式，维修数据呈现不够立体，城市轨道交通可利用BIM（建筑信息模型）、智能视频等技术，搭建设备数字模型、显示设备图像信息，对维修数据实现模型化、可视化管理。

（3）故障维修高效化需求

传统运营维护的故障维修主要是通过文字报警信息，运营维护人员现场排查维修为主，城市轨道交通可通过搭建设备模型、智能视频、智能机器人、图像对比分析、大数据分析、故障专家系统等手段，满足故障信息及时推送、故障定位快速精准、故障维修策略调用等需求，提升维修效率和质量。

（4）设备健康状态评估需求

基于在线监测数据，城市轨道交通可通过智能算法全面分析设备的运行状态和演变规律，满足设备运行状态的评估、故障提前预警、设备寿命评估的需求。

（5）设备可靠性分析需求

城市轨道交通可建立线网行车可靠度评价体系，通过可靠性分析模型，形成可靠性模型算法库，实现可靠性预期指标与基于底层运维数据的可靠性评价结果的有效联动，指导系统持续演进，满足不同功能属性、技术参数的各系统间和具有不同运行条件的线路间的可靠性指标分配。

（6）设备巡检无人化需求

为解决传统运营维护人工巡检耗时长、工作量大、效率低、实时性差的情况，提升日常巡检的效率和质量，城市轨道交通可采用车载式巡检系统、智能巡检机器人、智能视频、图像对比分析等技术，对设备的运行状态、技术参数、仪表数据、指示灯显示进行自动化巡检。

（7）设备机房环境监测需求

设备机房的运行环境会影响设备的运行寿命、运营维护人员的维修环境，城市轨道交通可通过视频监控、各类传感设备、声光报警设备等手段，对设备机房的环境（包括温度、湿度、空气质量、气体组成等）进行监测，判断设备机房的运行环境是否满足需求，对环境参数超限进行报警及预警。

（8）设备和人员管理信息化需求

传统运营维护对设备和人员的信息只形成各自的管理数据，各专业的管理信息完全隔离，互不相通。维修管理信息化需要打破线路、专业的壁垒，实现全线网、全专业设备和人员管理信息化。包括智能排班、设备基本信息管理、智能出入库管理、备品备件及维修工器具共享管理等。

城市轨道交通企业基于降本增效、人工成本不断上升，以及城市轨道交通高质量发展的需求，为了有效减少运营维护人员的数量、降低运营维护人员的劳动强度、提升运营维护质量、降低运营维护成本，满足城市轨道交通网络化、智能化安全运营要求，各城市轨道交通企业开始探索并建设相关专业设备的智能运营维护系统，并从与行车安全相关的车辆、供电、信号、轨道等关键设备的智能运营维护开始着手，并取得了一定的成果。

随着智能运营维护技术逐步发展成熟，已具备技术推广应用可实施性，目前具备实施智能运营维护系统的专业主要包括车辆、供电、信号、轨道、通信、AFC（自动售检票系统）、电扶梯、站台门等。同时鉴于城市轨道交通专业的复杂性，结合各城市轨道交通线路智能运营维护的建设情况，城市轨道交通企业应加强智能运营维护的顶层规划，从搭建行车安全关键专业的智能运营维护系统开始，逐步深化智能运营维护的功能深度和拓宽智能运营维护的专业广度，最终形成涵盖整个线网全专业的综合型智能运营维护体系。

2.3.8 资源开发高效益需求

城市轨道交通商业资源可划分房产、媒体广告、物流、商业资源、文化产品等。在城市轨道交通运营区域内，城市轨道交通企业应合理利用城市轨道交通设施的空间和设备资源，为乘客提供公益、文化、便民等延伸服务。资源开发需求如图2.3-8所示。

图2.3-8 资源开发需求示意图

（1）文化资源渗透化传播的需求

随着智能技术的发展，视觉影像技术日益成熟，智能终端和APP的普及应用，5G时代的来临，产生了丰富多样的文化呈现形式，城市轨道交通作为具有超高乘客日吞吐量的公共交通工具，有责任和义务推进媒体共融，拓宽文化传播渠道，更好地向公众传播社会文化、公益文化、企业文化，从而推动企业发展，提升企业品牌、文化效益。

（2）房产物业高品质转型的需求

房产物业在夯实基础、锻造内功、精细管理的基础上，要向运营和品质要效益，推动地产物业资产增值保值，进入积极转型升级阶段。房产物业与互联网+、物联网等科学技术融合发展，通过高科技、多元化和个性化的应用提升房产的品牌价值，并反向推动智能产业向传统行业的迅速渗透，从而打造智能社区、智能环保、智能安防和智能家居的高品质房产和物业管理。

（3）媒体广告多元化创新的需求

广告媒体进入多元化时代，以互联网思维为出发点，传统媒体主动拥抱新兴媒体，积极推动各方面的深度融合与一体发展。通过裸眼3D、全息投影等新颖、独特的技术载体，实现媒体广告空间维度的创新，从平面的二维空间向三维空间延伸，广告呈现立体动态的视觉效果，提升受众感觉的真实性，为受众带来全新的视觉体验。城市轨道交通可采用AR/VR（增强现实/虚拟现实）、智能传感互动技术，改变媒体广告被动传播信息的局面，进行交互式体验创新，以双向沟通的方式达到信息传播的目的。

（4）商业开发个性化定制的需求

好的商业开发可以稳定整个地下地面商业的运作，如果商业开发得不好，无法满足用户需求，是吸引不了消费者的。因此，为了在市场竞争中保持一定地位，开发商一直在寻找新的技巧和技术来了解消费者的行为和模式。复杂算法的人工智能应用程序有助于企业确定消费者可能购买的产品，同时可以对需求进行预测，根据预测结果更好地管理库存，并向消费者推荐产品，对消费者数据进行分析，从而不仅了解卖掉了什么，同时了解"谁"买了什么，实现由消费者"拉"动营销。此外，人工智能应用程序以编程的聊天机器人为载体，显著增强了消费者体验，以最合适的响应和行动快速满足消费者的需求。

（5）城市物流降本增效的需求

物流的降本增效要求传统货运方式向"自动化"和"非道路"模式转变。我国超大、特大城市的物流园区与末端网点之间的货流量大、运距长、对交通出行影响大。城市物流可利用城市轨道交通实现客货联运，即利用城市轨道交通富余运力和高连通地下网络实现大范围自动化货运，相比于独立成网的地下物流系统，投资和建设难度显著降低。此外，城市轨道货运系统具有高效、高容量和技术储备的优势，使其在当前阶段具备可行性，被认为是实现未来城市配送智能化、自动化和标准化的重要载体，在缓解交通拥堵压力、减少交通安全问题、降低消耗能源、避免社会资源的浪费等方面都具有极大的发展空间，会让城市环境更加绿色、环保，为城市居民带来更具品质的城市生活。

2.4 智慧城轨的内涵和基本特征

智慧城轨的内涵在于融合云计算、大数据、物联网、人工智能、5G、卫星通信、区块链等新兴信息技术，实现乘客、设施、设备、环境等全要素的精准感知、深度互联与智能协同。通过技术的自主进化，创新服务模式、运营策略、建设管理模式，构建安全、便捷、高效、绿色、经济的中国新时代智慧型城市轨道交通。

新时代城市轨道交通的核心特征体现在"安全、可靠、便捷、精准、融合、协同、绿色、持续"八个方面，如图 2.4-1 所示。

图 2.4-1　新时代城市轨道交通核心特征示意图

安全是城市轨道交通良好运行的关键，城市轨道交通通过新技术的应用，创新风险治理模式，构筑智慧应急体系，强化事前风险防范，全面考量轨道交通关键要素，围绕人员、行车、设备、环境、数据等方面，提升运营安全管理水平和城市轨道交通安全生产整体预控能力，保障城市轨道交通安全运行以及提升安全运营水平和应急处置能力，提高运行效率，改善乘客的出行体验，确保乘客出行安全。

可靠是新时代城市轨道交通的关键保证，要求城市轨道交通在设计、建设以及运营等各个环节全面保障可靠性。设计阶段以行车可靠度为标准，建立系统可靠性分配方法；建设阶段从供应商选择、设备制造与安装质量保障、可靠性验证等方面建立严格的执行标准与流程，同时建立系统可靠性的常态化评价与反馈机制；运营阶段根据设备设施的历史表现及其对运营服务的影响程度，构建差异化的可靠性维修策略体系，以及利用大数据技术构建可靠性趋势预测模型，从而实现从计划性维修向智能的状态预防维修转变。

便捷是城市轨道交通良好运行节奏的体现。新时代的城市轨道交通以高质量发展和一体化区域网络体系为要求，以满足居民居住、就业和出行等覆盖面及出行时间为准则，打造便捷、选择多样的交通系统，实现线网通达，促进公交多制式一体化发展，简化出行过程环节，实现交通与城市、经济、生活的和谐共生。例如，利用无感支付技术、票务安检融合技术和区域票务信息关联技术，城市轨道交通可实现一站式通行便捷，彰显出行的便利与快捷，让轨道交通成为区域融合、城市提速的体现。

精准是城市轨道交通服务品质的体现。新时代城市轨道交通以提供高品质出行体验为出发点，融合 Wi-Fi、手机信令、视频分析、安检、城市规划、交通调查、线网客流、互联网等多源数据，基于城市轨道交通云平台和大数据平台，建立全时序多场景应用的客流预测体系及支撑网络化运营管理辅助决策，实现客流的精准预测、运营状态的实时感知、列车的灵活调度诱导，以期助力运能与运量的精准对接；同时实现智能微客服、智能机器人等服务，以及构建城市轨道交通生活服务圈，逐步实现车站信息咨询的智能应答、求助响应的智能服务，以及构建面向需求的自适应客流控制启动与引导机制，以促进乘客合理出行，提升乘客出行体验，实现城市轨道交通从"群体性服务"向"个体定制服务"的转变。

融合是以开放共享为原则，是区域一体化发展的基础。都市圈城市群之间应构建内畅外联的轨道交通网络，实现区域交通运输高水平互联互通，促进多层次轨道交通网络融合发展，实现多式联运、互联互通、轨道交通一体化；强化与周边城市交通融合，促进跨区域便捷出行和区域社会经济共同发展。

协同是区域轨道交通高质量发展的核心。城市轨道交通应加强安全保障，优化信息服务，实现多制式跨业务信息共享，完善线网调度、突发事件应急响应及内外协同联动机制，推动智能信息驱动的区域轨道交通协同运输服务体系建设，并积极探索"城轨+物业"发展模式，促进土地储备、物业开发、商业经营和物业管理的全链条高效协同。

绿色是城市轨道交通落实"双碳"行动的重要举措。城市轨道交通以全产业链各环节及全生命周期各阶段节能降碳、提效降耗、采用清洁能源作为主攻方向，积极探索推进光伏发电、光储直柔技术、储能等相关技术的研究及应用，与城市协调发展，优化绿色出行，推进绿色轨道交通行业节能创新发展，实现低碳运行、节能环保、降本增效的中国新时代绿色化城市轨道交通；同时，聚焦智慧城轨建设与绿色发展的有机融合，促进数字化技术赋能节能创新应用，构建"智慧+绿色"双轮驱动的可持续发展模式。

持续是经济、社会、企业、产业等多领域的可持续发展。在经济可持续方面，城市轨道交通应构建"轨道+生活"服务，创新城市轨道交通服务经济方式；在社会可持续方面，城市轨道交通应为乘客提供更多、更优质的服务，改善城市交通状况，促进乘客出行便利性和安全性，改善城市空气质量；在企业可持续方面，企业通过利用先进的技术，如智能化技术、大数据、人工智能等，提高运营效率，节省能源消耗；在产业可持续方面，促进产业结构调整和经济转型，提高产业竞争力。

2.5　智慧城轨建设的意义

智慧城轨建设的意义在于落实国家交通强国战略，优化城市交通运输结构，促进城市可持续发展，提升城市形象和品质。城市轨道交通通过采用先进技术和系统，实现列车运行、车站管理、客流服务等方面的智能化和信息化，提供更加便捷、舒适、个性化的出行服务，满足乘客的多样化出行需求，同时提高运营效率、降低运营成本，促进企业及产业的可持续发展。本节将从国家、社会、企业、产业等四个维度阐述智慧城轨建设的意义。

（1）国家战略落实、高质量发展

自党中央明确"交通强国、科技强国"的发展战略，国家发布《交通强国建设纲要》以来，城市轨道交通行业积极跟进，在中国城市轨道交通协会《中国城市轨道交通智慧城轨发展纲要》指导下，紧密围绕国家规划的"交通强国、科技强国"发展战略实施智慧城轨建设。

随着国家掀起"新型基础设施建设"序幕，要求轨道交通以技术创新为驱动，以信息网络为基础的高质量发展需求越来越迫切。顺应"新基建"指导思想，智慧城轨通过推动传统基础设施与新技术的融合，掀起从量向质的提升浪潮。智慧城轨建设是推动行业高质量发展的基石，是中国城市轨道交通发展从大国向强国迈进，进入世界先进行列的必然要求。

（2）社会低碳出行、便捷为民

城市轨道交通作为承载城市绿色、低碳出行的重要交通方式，在城市内通勤中承担着极为关键的角色。建设智慧低碳型城市轨道交通，打造绿色出行环境，缓解了城市出行的拥堵问题，让群众出行更顺畅，让更多的人能够参与到绿色低碳出行中来。

城市轨道交通建设的最终目的是服务于民，受惠于民。智慧城轨的建设目标坚持以人民为中心，通过悉心打磨乘客出行服务的每一个环节，将新兴信息技术与乘客服务全面融合，为乘客提供更加便捷、舒适、个性化的出行服务，将城市交通走廊转变为都市生活走廊，促进交通客流流畅转变为便捷有序的生活集散点。

（3）企业绿色发展、降本增效

"静以修身，俭以养德"古人视勤俭节约为修身养性之本，同时展现着节约的力量。效率是企业不变的追求，成本是企业安身立命的根本。为保障企业绿色、持续、稳健发展，降本增效始终是企业管理中的核心议题。在城市轨道交通行业，智慧城轨已经是保障企业绿色持续发展的核心支撑。

人工成本及运行能耗是轨道交通运营成本的主要组成部分。智慧城轨应最大可能地采用牵引节能技术及环控节能技术，采用节能新方案、新技术、新工艺、新设备及新材料达到低碳节能运行的效果，最大幅度地提升能效和资源利用率，最大限度地降低运营能耗，降低智慧城轨的运维成本；另外，智慧城轨着力打造基于无人或少人值守理念的智慧车站、智能客服、远程巡查、全自动运行等城市轨道交通应用场景，AI辅助或替代部分人工，减少每公里人力配员，实现运营人工成本的下降，助力企业可持续发展。

同时，智慧城轨运营管理围绕提高优质运营服务保障能力进行创新，构建智慧城轨智慧大脑，综合增强运营管理的多态场景应用能力，对运营设备设施进行全生命周期管理，满足数字化、网络化、智能化的运营品质要求，并不断适配线网发展需求，着力技术变革创新实践，与智慧城轨乘客服务的需求相协调，提升运营组织效率，构筑精准高效运营管理体系。

（4）产业结构迭代、持续升级

城市轨道交通产业具有行业关联性高、技术资金密集、市场潜力大的特点，市场规模与潜力是巨大的。智慧城轨推进云计算、大数据、物联网、人工智能、5G、卫星通信、区块链、元宇宙等新兴信息技术并和城市轨道交通业务深度融合，驱动城市轨道交通产业转型升级、迭代升级，增强自主品牌创优能力，不断研发新产品、新品牌。通过持续不断的智能化和自主化建设，打造一套集科研创新、场景应用、产品孵化、协同拓展于一体的全链条产业创新发展平台，培育新增长点，形成产业新动能，提高产业核心竞争力和持续生命力，培育更具国际竞争力的优质企业，提供更高质量、更智能化、更具性价比的产品和系统，助推城市轨道交通产业做大、做强、做优。这亦是智慧城轨建设的使命所在。

第 3 章

建设智慧城轨的关键技术

3.1 技术分类

伴随着城市轨道交通运营水平的不断精进和运营规模的急速扩张，智慧城轨的构建可谓是"新基建"中具有代表性的领域。智慧城轨将城市轨道交通各链路系统及多类型服务，与空间感知、移动互联、云计算等技术深度融合，集中实现城市空间、城市轨道交通分布与运行动态的数字化呈现，最终完成实景动态监测感知、指挥调度、事件联动等功能，打造全生命周期的数据治理体系。建设智慧城轨实际是同步实施多类多项关键支撑技术的融合，同时开展各类关键应用技术的研究，使得基础技术得以在城市轨道交通中施展。智慧城轨技术分类如图 3.1-1 所示。

图 3.1-1　智慧城轨关键技术分类示意图

3.2 关键支撑技术

自 20 世纪 90 年代以来，信息技术飞速发展，并不断地向各个行业渗透，有力推动生产力的发展，对国民经济和社会发展起到了重要作用。在对信息技术的依赖和应用方面，工业领域的信息化仍有极大的提升空间。在城市轨道交通自动化、智能化，并逐步向智慧化迈进的发展路径中，各类现代工业信息领域的通用技术的发展起到了关键的支撑作用，主要包括现代通信技术、现代计算机信息技术、工业控制技术、物联网技术、大数据技术和人工智能技术等。

3.2.1 现代通信技术

1）传输系统技术

传输系统是城市轨道交通通信信息系统的基础平台，它的质量直接决定了该条城市轨道交通线路的运营质量。近 20 年来，城市轨道交通线路传输系统经历了多次技术演进。国内城市轨道交通传输网先后采用的线路传输系统技术体制主要有同步数字体系（SDH）、多业务传送平台（MSTP）、分组传送网（PTN）、光传送网（OTN）以及切片分组网络（SPN）等。

（1）SDH

SDH 由网元和光纤组成的同步数字传输网络，进行信息的同步复用、传输、分插和交叉连接。SDH 具有国际统一的网络节点接口标准，具有信号互通、传输、复用、交叉连接的功能；具有标准化的同步复用方式、映射结构等级（STM-1、STM-4、STM-16……）和块状帧结构；具有统一的光接口，能够实现横向兼容，并且组网灵活、网络结构和设备简单、扩容能力强、接口丰富。

（2）MSTP

MSTP 又称为基于 SDH 的多业务传送平台。经过近几年的不断发展，MSTP 已经集 PDH（准同步数字系列）、SDH、POS（销售终端）、以太网、ATM（异步传输模式）、RPR（弹性分组环）等技术于一体，可通过多业务汇聚的方式实现业务的综合传送，通过自身对多类型业务的适配性实现业务的接入和处理，非常适应多业务和多种技术相融合的应用场合。PTN 具有面向连接的传送特征，主要定位于承载电信运营商的 TDM（时分复用技术）/ATM 业务、以太网专线等数据业务。

（3）PTN

PTN 是专为分组业务设计的网络架构，它位于 IP（网际互连协议）业务和底层光传输媒质之间，形成一个独特的层面。PTN 以分组业务为核心，支持多业务接入，使用成本更低。同时，PTN 延续光传输的高可靠性优势，融合高效带宽管理、流量工程、便捷的 OAM（操作、管理和维护）与网管功能，实现可扩展性与高安全性，能为用户提供 50ms 电信级网络保护。

（4）OTN

OTN 是以波分复用技术为基础，在光层组织网络的传输网。它遵循 G.872、G.709、G.798 等一系列 ITU-T（国际电信联盟电信标准化部门）的建议，被规范为新一代"数字传送体系"和"光传送体系"。OTN 综合了 SDH 的优点和 WDM（波分复用）的带宽可扩展性，集传输和交换能力于一体，是承载宽带 IP 业务的理想平台，代表了城市轨道交通传输网的发展方向。

（5）SPN

基于对 5G 传输承载网络需求的广泛分析，SPN 已被明确为构建下一代网络架构的理想技术。SPN 不仅适配带宽、流量模式、切片、延迟及时间同步等核心需求，还通过集成 Flex E（灵活以太网）及交叉功能，实现对超低时延业务和物理隔离切片的精准支持，确保了网络的高效与灵活性。

2）无线通信技术

（1）4G（第四代移动通信）

4G 主要有 TDD（时分双工）和 FDD（频分双工）两种主流模式，两种模式各具特色。其中，FDD-LTE（频分双工长期演进技术）国际应用广泛，而 TD-LTE（时分双工长期演进技术）国内较为常见。自 4G 时代起，中国技术跃居无线通信领域的前沿，成为推动行业进步不可或缺的重要力量。

（2）5G（第五代移动通信）

5G 是最新一代蜂窝移动通信技术，也是继 4G［LTE-A（长期演进技术升级版）、WiMax（全球微波接入互操作性）］、3G［UMTS（通用移动通信系统）、LTE（长期演进技术）］和 2G［GSM（全球移动通信系统）］系统之后的延伸。5G 的性能目标是高数据速率、减少延迟、节省能源、降低成本、提高系统容量和大规模设备连接，根据 IMT-2020（5G）推进组，5G 由标志性能力指标和一组关键技术来定义。其中，标志性能力指标指 "Gbps 用户体验速率"，一组关键技术包括大规模天线阵列、超密组网、新型多址、全频谱接入和新型网络架构。

国际电信联盟（ITU）定义了 5G 的三大应用场景，如图 3.2-1 所示。

图 3.2-1　5G 三大应用场景示意图

①增强移动宽带（eMBB）：3D、超高清视频等大流量移动宽带业务。

②海量机器通信（mMTC）：针对大规模、海量的物联网接入业务。

③超高可靠低时延通信（URLLC）：无人驾驶、移动医疗等业务。

5G 采用的关键技术主要有大规模天线技术、非正交多址接入技术、高频信号传输技术、频谱共享技术、新型传输波形技术、超密集组网技术、先进的编码调制技术等；同时，5G 技术在传输时延、移动性支持、系统能效、传输速率等多个关键性能指标上实现了显著飞跃。

3）Wi-Fi 技术

如今，Wi-Fi（移动热点）技术已遍布全球，为数十亿台设备搭建起互联互通的桥梁，是广大用户上网接入的首选途径，并且有逐步取代有线接入的趋势。为适应新的业务应用和减小与有线网络带宽的差距，每一代 Wi-Fi 技术在大幅度提升其速率，如图 3.2-2 所示。

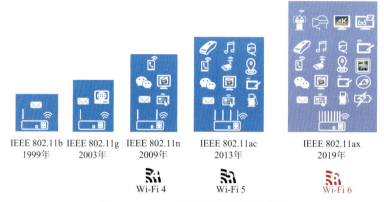

图 3.2-2　Wi-Fi 技术发展应用示意图

目前，全国城市轨道交通线路车地无线通信网络多采用基于 IEEE 802.11 标准的无线局域网技术，既有运营线路多采用基于 IEEE 802.11n 和 IEEE 802.11ac 标准的第 4 代、第 5 代 Wi-Fi 技术，部分在建线路采用基于 IEEE 802.11ax 标准的第 6 代 Wi-Fi 技术。

4）窄带物联网技术

窄带物联网（NB-IoT）是物联网（IoT）领域的一项前沿技术，支持低功耗设备在广域网的蜂窝数据连接，也被叫作低功耗广域网。

NB-IoT 具有四大优势：一是广覆盖，可显著增强室内及偏远地区的信号覆盖能力，相较于传统网络，在相同频段下增益高达 20dB，覆盖区域提升了 100 倍；二是海量连接，每个 NB-IoT 扇区能够稳定支持 10 万个设备连接；三是极低功耗，NB-IoT 终端模块的待机时间可长达 10 年；四是较低的模块成本，NB-IoT 聚焦低功耗广覆盖的物联网市场，是一种可在全球范围内广泛应用的新兴技术，模块成本更为经济。

在技术部署上，NB-IoT 使用 License（许可）频段，支持带内、保护带或独立载波等多种方式，与现有网络共存。

鉴于上述诸多优势，NB-IoT 在多个垂直行业展现出广阔的应用前景，包括但不限于远程抄表、资产跟踪、智能停车、智慧农业等，逐步成为推动社会智能化转型的关键力量。

3.2.2　现代计算机信息技术

（1）云计算技术

云计算是分布式计算的一种，指的是通过网络"云"将巨大的数据计算处理程序分解成无数个小程序，然后通过多部服务器组成的系统进行处理和分析这些小程序，得到结果并返回给用户。简单地说，云计算早期，就是简单的分布式计算，解决任务分发，并进行计算结果的合并，因而云计算又称为网格计算。这项技术可以在很短的时间内（几秒钟）完成数以万计的数据处理工作，具备强大的网络服务能力。

现阶段的云计算已不单单是一种分布式计算，而是分布式计算、效用计算、负载均衡、并行计算、网络存储、热备份冗杂和虚拟化等计算机技术混合演进并跃升的结果。云计算指通过计算机网络形成的计算能力极强的系统，可存储、集合相关资源并可按需配置，向用户提供个性化服务。

云计算作为一种高性能的服务计算模式，涉及许多先进的计算机技术，其核心技术主要包括虚拟化、数据存储技术、数据管理技术、大规模服务器串联技术和分布式的并行编程模型等。

容器技术：有效地将单个操作系统的资源划分到孤立的组中，以便更好地在孤立的组之间平衡有冲突的资源使用需求。

微服务架构：作为面向服务的体系结构（SOA）架构样式的一种变体，微服务架构提倡将单一应用程序划分成一组小的微服务，微服务之间互相协调、互相配合，为用户提供最终价值。每个微服务都运行在其独立的进程中，微服务之间采用轻量级的通信机制互相沟通［通常是基于HTTP（超文本传输协议）的RESTful API（表述性状态转移应用程序编程接口）］。每个微服务都围绕具体的业务进行构建，并且能够独立地部署到生产环境、类生产环境等。此外，对于一个具体的微服务而言，应根据上下文，选择合适的编程语言、框架及工具进行构建，尽量避免采用统一的、集中式的服务管理机制。

云计算技术作为城市轨道交通智慧运行平台（简称"轨交智慧运行平台"）的关键支撑技术，广泛应用于城市轨道交通系统，为系统提供物理基础设施、数据资源及应用服务的全面支持。

（2）中台技术

中台，一般指用于大型企业的一种技术框架，用以灵活应对快速变化的开发生产环境，可以减轻开发过程中的重复工作，提高工作效率，降低开发成本。

传统的开发业务可以分为前台和后台两部分。其中，前台指的是面对用户、与用户直接交互的界面，包括企业提供给用户的网站、客户端应用、手机应用等。而后台则对应着与内部运营维护人员密切相关的各种系统，包括数据库系统、服务器系统、网络系统等。前台对应的是业务需求，因此随着业务需求和市场环境的不断变化，需要快速响应。而后台对应的是一系列与业务关联程度不高的企业级的资源，通常为前台提供稳定的接口服务。

然而，经营环境和业务需求的快速变化，前台开发中常涌现出大量冗余且重复的开发任务。例如，在不同的业务前台中，都存在支付系统、用户系统、搜索推荐系统等。为了减少重复开发，加快业务迭代速度，提升企业管理效能，一些大型企业率先引入"中台"的概念，即将不同业务中复用的技术组件进行统一开发，将传统的前台和后台模式，改进为前台、中台和后台的三部分模式。后台专注于管理和维护企业的数字资产和底层资源，中台则负责对这些资源进行对接，形成一系列可以重复使用的开发组件，供前台按需调用和组合，从而为用户提供多样化的服务。

随着业务复杂性的不断升级，中台也可以根据所提供功能的不同，分为多种类型。其中，运用比较广泛的类型有业务中台、数据中台和技术中台。

业务中台主要负责为前台开发人员提供一套完整且可复用的业务解决方案。业务中台可以结合已有的其他中台组件和企业的通用业务流程，将一个简单但可用的业务代码方案包装为半成品。各个业务线的开发人员可以根据自身业务情况，在该方案的基础上对业务中台的方案进行二次开发，以满足自身业务线的特殊需求。

数据中台主要负责提供不同业务线在全生命周期中的数据管理组件。数据中台除了提供传统的数据库服务，也可以将业务线上不同生命周期中的数据进行存储和分析，以帮助各个业务线了解业务的发展状况并为企业做出业务决策，提供数据参考，用数据赋能企业的发展。同时，数据中台汇聚了不同业务线的数据资产，可以使不同业务线上的数据共享，打破原有的信息壁垒，通过对不同业务线上的数据进行聚合分析，提高数据的可靠性。

技术中台主要负责为各个业务的前台开发提供各个组件工具。技术中台会将各个业务线中已经成熟的技术进行模块化和接口封装，开发出通用的技术工具，如视频编解码模块、搜索模块等，方便后续其他业务线成员进行简单调用，降低后续业务开发的成本。

随着新技术的发展，也会出现其他类型的中台。例如，随着人工智能技术的发展，企业也可以考虑将图像识别、语音识别等功能进行整合开发，为各个业务线提供新的服务类型。这一类人工智能技术依赖于有效的模型，而模型的训练需要巨量的业务数据，只依靠单个业务线往往无法有效地将这类技术孵化为有价值的应用，因此需要人工智能中台进行企业级的统一开发。

中台技术为轨交智慧运行平台的构建提供了融合、沉淀、通用的解决方案，助力城市轨道交通系统的融合发展。

（3）区块链技术

区块链是一种分布式的数据库存储系统，区别于传统数据库的运作模式——权限通常掌握在一个中心化的系统中，区块链技术允许任意一个连接在这个系统中的节点与其他节点拥有相同的功能，任何进行存取数据的操作都可以在任意一个节点上进行。为了保证数据的一致性，即在任意一个节点上得到的数据都是一致的，区块链技术需要一定的技术手段来对系统上的所有节点进行数据同步。使用区块链技术搭建的数据库拥有去中心化、不可篡改、不可撤销等特点。

区块链通常采用共识算法同步网络上各节点的数据。由于网络环境复杂、存在时延等因素，各节点在某一个时刻所接收到的信息可能不同，但是在所有节点存储的区块链信息必须保持一致，因此，决定哪些数据可以被记录到链上是一个非常重要的问题。

区块链也通常采用共识算法来确认上链信息。例如，某些区块链协议可以规定，每一个上链的区块除了包含上一个区块的哈希值和本区块的数据信息外，还需要包含一串随机的比特数据流。将这三部分打包为一个区块之后，需对整个区块进行哈希计算。仅当哈希值的前固定的若干位比特为零时，该区块才被认为有效。由哈希函数的特性可知，无法由哈希值反推输入结果。因此，为了生成满足要求的哈希值，唯一有效的办法就是穷举区块中随机比特数据的值，直至哈希值满足条件为止。

这样做的结果是，网络上的所有节点为了确认新的区块内容，需要进行大量的穷举和哈希运算，一旦某一个节点找到了一个有效的区块内容，就对其他所有节点广播。其余节点对所广播的区块进行验证，将有效的区块写入链上。只要保证找到有效区块所需要的时间比网络的广播时延长，就能保证所有节点上链信息的一致性。

区块链技术在智慧城轨领域的应用广泛，包括支付和票务、用户身份管理、合同管理和智能合约、运营数据追溯与审计等。

（4）扩展现实技术

扩展现实（XR），是指通过计算机将真实与虚拟相结合，打造一个可人机交互的虚拟环境，是 VR、AR 及 MR（混合现实）等多种技术的统称。XR 通过将三者的视觉交互技术相融合，为体验者带来虚拟世界与现实世界之间无缝转换的"沉浸感"。

VR 技术又称灵境技术，是 20 世纪发展起来的一项全新的实用技术。VR 技术集计算机、电子信息、仿真技术于一体,通过计算机模拟虚拟环境从而给人以环境沉浸感。随着社会生产力和科学技术的不断发展,各行各业对VR技术的需求日益旺盛。VR技术也取得了巨大进步,并逐步成为一个新的科学技术领域。

AR技术是一项实时捕捉、计算摄影机影像的位置和角度并加上相应图像,将真实世界信息和虚拟世界信息"无缝"集成的新技术,这种技术的目标是在屏幕上把虚拟世界套在现实世界并进行互动。AR技术包含多媒体、三维建模、实时视频显示及控制、多传感器融合、实时跟踪及注册、场景融合等新技术与新手段。增强现实提供了在一般情况下,不同于人类可以感知的信息。

MR技术是VR技术的进一步发展,通过在现实场景呈现虚拟场景信息,在现实世界、虚拟世界和用户之间搭起一个交互反馈的信息回路,以增强用户体验的真实感。

扩展现实技术为城市轨道交通系统业务应用展示提供了丰富的呈现方式,如城市轨道交通模拟培训、车站信息展示等。

(5) BIM技术

BIM技术是以建筑工程项目的各项相关信息数据作为模型的基础,建立建筑模型,通过数字信息仿真模拟建筑物所具有的真实信息,包括三维几何形态及其内在属性,涵盖从材料种类、物理性能、成本预算、重量分布到精确位置、施工进度等关键要素。BIM技术极大提升了建筑工程全周期的运作效率,显著降低潜在风险,为项目的全生命周期管理——从设计、施工到运营维护——提供了强有力的支持。BIM技术具有可视化、协调性、模拟性、优化性和可出图性五大特点。

BIM技术的核心就是信息化。信息化就是利用计算机、人工智能、互联网、机器人等信息化技术及手段,在项目全生命周期的各阶段、各参与方、各流程间,通过对信息的调用、传递、互用、集成等来实现建设领域的智能化。

对于一个建设项目而言,项目全生命周期各阶段所有信息都可以被储存或调用,如在方案前期以及项目的设计阶段,可进行参数化设计、日照能耗分析、交通规划、管线优化、结构分析、风向分析、环境分析等。只有通过信息化,才能真正体现BIM的应用价值。

(6) 数字孪生技术

数字孪生技术深度融合物理模型、实时传感器数据、运行历史记录等多源信息,集成多学科、多物理量、多尺度、多概率的仿真过程,在虚拟空间中完成映射,从而反映相对应的实体装备的全生命周期过程。数字孪生是一种超越现实的概念,可以被视为一个或多个重要的、彼此依赖的装备系统的数字映射系统。应用感知技术、建模技术,构建出相应的机理模型,实现数化仿真;应用物联网、统计计算、大数据分析、知识图谱、计算机视觉等相关技术实现分析诊断;应用机器学习、自然语言处理、计算机视觉、人机交互等技术实现学习预测;应用云计算、大数据、机器学习、区块链、高级别隐私保护等技术实现决策自治。

数字孪生技术在城市轨道交通领域的应用主要包括基础设施虚拟模型、运行仿真、仿真培训等。

3.2.3 工业控制技术

(1) 感知技术

智慧城轨不仅是当前城市轨道交通行业的新理念,同时也是行业进一步发展所面临的重大技术课题。提升现代城市轨道交通系统的智慧水平，首先必须使城市轨道交通系统对自身和外部环境具有"更透彻的感知"能力，使系统内的"人、机、物"的信息具有更广泛的互联互通的能力，使系统具有更加深入的智能化的信息处理能力，从而达到系统的高度智能化，实现系统与行业运作的"智慧化"。智慧城轨需要从敏锐、快捷、可靠、高效、全面和智能多个角度来实现行业的运作和"更透彻的感知"。

感知技术同计算机技术、通信技术一起被称为信息技术的三大支柱。感知技术是从自然信源获取信息，并对之进行处理（变换）和识别的一门多学科交叉的现代科学与工程技术，其范畴广泛涵盖传感器（亦称换能器）的研发、信息处理的策略设计、识别技术的优化，以及从规划、开发、制/建造、测试到应用、评价反馈与持续改进的全过程。

感知技术就是传感器的技术，可以感知周围环境或者特殊物质及其活动状态，比如气体感知、光线感知、温湿度感知、人体感知等，将模拟信号转化成数字信号后，交给中央处理器处理，最终形成气体浓度参数、光线强度参数、温度湿度数据、范围内是否有人探测等。

智能感知技术在城市轨道交通中的应用可根据对象和目标的不同，分为以下几类：

第一类是基于人体及其行为分析的感知技术，包括人脸识别技术、人体特征提取技术、目标检测跟踪技术和异常行为分析技术。在智慧城轨中可用于多元化支付、客流分析、乘客行为安全分析等。

第二类是基于设备状态分析的感知技术，包括供电、信号、轨道、站台门等行车安全核心设备的运行状态分析与寿命监测，以及与乘客体验相关的自动扶梯/电梯、闸机、空调等设备设施的运行状态分析。这些分析可用于对设备的维护管理。

第三类是基于环境分析的感知技术，包括站外的气象感知和站内的光线强度、温湿度、气体构成等。可通过对感知数据的分析进而实现对环境的调节和灾害的预警。

随着物联网技术的发展，感知技术进一步延展，可实现对感知对象的属性识别，并集成采集、处理、传送其属性信息的完整流程。此技术集成了传感器、条码识别、无线射频识别（RFID）、智能化设备接口、多媒体信息采集、位置信息采集、执行器控制、传感网络构建、模数转换、网关、M2M（机器到机器）终端以及传感网中间件等技术。

（2）自动控制技术

自动控制技术，是20世纪发展最快、影响最广泛的技术之一，也是21世纪最重要的技术之一。如今，技术、生产、军事、管理、生活等各个领域，都离不开自动控制技术。就定义而言，自动控制技术是控制论的技术实现应用，是通过具有一定控制功能的自动控制系统，来完成某种控制任务，保证某个过程按照预想进行，或者实现某个预设的目标。

自动控制系统是指用一些自动控制装置，对生产中某些关键性参数进行自动控制，使它们在受到外界干扰（扰动）的影响而偏离正常状态时，能够被自动地调节（指不需要人的直接参与）而回到工艺所要求的数值范围内。生产过程中各种工艺条件不可能是一成不变的，大多数是连续性生产，各设备相互关联，当其中某一设备的工艺条件发生变化时，都可能引起其他设备中某些参数的波动，导致偏离正常的工艺条件。

自动控制技术支撑起各个复杂多样的城市轨道交通控制系统，包括变电所综合自动化系统、列车运行控制系统、通信系统、综合监控系统、环境与设备监控系统、火灾自动报警控制系统、门禁控制系统、站台门控制系统等。

3.2.4 物联网技术

物联网（IoT）是指通过信息传感器、射频识别、全球定位系统、红外传感器、激光扫描器等各种装置与技术，实时采集任何需要监控、连接、互动的物体或过程，采集其声、光、热、电、力学、化学、生物、位置等各种需要的信息，通过各类可能的网络接入，实现物与物、物与人的泛在连接，实现对物品和过程的智能化感知、识别和管理。该技术在车站、智慧建造等方面应用较为广泛。

物联网技术主要涉及感知、网络、应用和公共技术四个部分。感知技术详见 3.2.3 节，在此不再赘述。

（1）网络技术

网络技术，即为物联网提供通信支撑的技术。在物联网概念模型的域内和域间，均需依靠网络技术实现实体之间的通信连接和信息交换。不同网络技术可支持不同的域内和域间通信，如自组织网络技术、总线网络技术等短距离网络技术，主要应用于感知控制域，域间一般使用广域网络技术，各种局域网技术主要用于域内，移动通信技术在域间和域内都可以使用。

（2）应用技术

应用技术可实现对感知数据的深度处理，形成满足需求的各种物联网应用服务，通过人机交互平台提供给用户使用。应用技术分为应用设计、应用支撑、终端设计三个子类。

应用设计技术是一种进行行业或专业物联网应用系统分析和建模，构造行业或专业物联网应用系统框架的软件技术。

应用支撑技术是一种为物联网应用系统提供基础数据和业务服务的技术。使用海量存储、数据挖掘、分布式数据处理、云计算、人工智能、M2M 平台、媒体分析等技术，对感知数据进行数据深度处理，形成与应用业务需求相适应、实时更新、可共享的动态基础数据资源库。使用 SOA（面向服务的架构）中间件和微服务技术，形成规范、通用且可复用的业务服务。

终端设计技术是融合计算机、手机和专用终端，结合显示系统、人机工程学、输入/输出（I/O）技术，打造友好、高效且可靠的用户交互终端。

（3）公共技术

公共技术是管理和保障物联网整体性能的一项技术，涵盖标识、安全、QoS（服务质量）、网管等，全面支撑概念模型各域运行。

3.2.5 大数据技术

随着新一代信息技术的飞速发展，大数据（Big Data）一词越来越多地被提及，人们用它来描述和定义信息爆炸时代产生的海量数据，引领相关技术革新与发展潮流。大数据技术已成为现代建模仿真领域的重要支撑技术之一。城市轨道交通行业当前对数据的应用也愈加重视，大数据的兴起引发了城市轨道交通行业研究大数据、应用大数据的热潮。

实践中，大数据被定义为涵盖多类别、超大体量数据集，其规模已远非传统数据库工具所能驾驭，在数据捕捉、深度分析及高效处理上展现出前所未有的挑战。这一复杂而丰富的数据生态，可概括为四个核心"V"特性：

（1）Volume（海量）。数据规模空前庞大，实现了从 TB（太字节）到 PB（拍字节）乃至更高量级的飞跃。

（2）Variety（多样性）。数据类型繁多且复杂，涵盖工程数据、网络日志、视频、图片、位置信息等。

（3）Value（高价值）。数据蕴含的价值巨大，目前已远不局限于运营生产，而逐渐深入到决策支持、市场洞察、用户行为分析等多个维度。

（4）Velocity（高速性）。俗称"秒级定律"，即速度要求很高，一般要在秒级时间给出分析结果，时间太长就会失去价值。

大数据技术包含大数据采集技术、预处理技术、存储与计算技术、分析技术等。

大数据采集技术：随着信息技术的迅猛发展和多元化应用的广泛普及，数据来源渠道呈现出前所未有的多样性。除了经典的关系型数据库外，数据来源还包括众多非结构化数据库、互联网海量资源以及物联网设备实时生成的数据流等。数据类型也是越发丰富，不仅包括原有的结构化数据，还采集了大量的半结构化数据和非结构化数据。

大数据预处理技术：大数据分析与挖掘需要的数据往往是通过多个渠道采集的多种类型的数据，通过上述大数据采集技术采集到的数据往往存在冗余、缺值、冲突等数据质量问题，需要通过大数据预处理技术提高数据质量，使数据更符合分析挖掘需要，以保证大数据分析的正确性和有效性，最终获得高质量的分析挖掘结果。大数据预处理技术可以对采集到的原始数据进行清洗、填补、平滑、合并、规格化以及一致性检查等操作，将杂乱无章的原始数据转化为相对单一且便于处理的结构类型，为后期的大数据分析挖掘奠定基础。大数据预处理主要包括数据清理、数据集成、数据转换以及数据规约四大部分。

大数据存储与计算技术：大数据存储与计算是整个大数据系统的基础。当前的大数据系统架构主要包括 MPP（大规模并行处理）数据库架构和 Hadoop 体系的分层架构。这两类架构各具特色，分别适应于不同的数据处理需求与场景。另外，随着光纤网络通信技术的飞速发展，大数据系统架构正向存储与计算分离的架构和云架构方向发展。

大数据分析技术：大数据分析需要从纷繁复杂的数据中发现规律并提取新的知识，是大数据价值挖掘的关键。数据分析主要有两条技术路线，一是凭借先验知识人工建立数学模型来分析数据；二是通过建立人工智能系统，使用大量的样本数据进行训练，让机器代替人工获得从数据中提取知识的能力。传统数据挖掘对象多是结构化、单一对象的小数据集，挖掘更侧重根据先验知识预先人工建立模型，然后依据既定模型进行分析。但对于非结构化、多源异构的大数据集的分析，往往缺乏先验知识，很难建立显式的数学模型，这就需要发展更加智能的数据挖掘技术。

大数据技术在城市轨道交通规划、设计、运营、运维等方面应用较为广泛。

3.2.6 人工智能技术

人工智能（AI）是一门前沿的技术科学，专注于研究、开发、模拟、拓展人类智能的理论、技术、方法及应用系统。

作为计算机科学的重要分支，AI 旨在揭示智能的实质，并生产出一种新的能以人类相似的方式做出反应的智能机器，该领域的研究包括智能机器人、计算机视觉、自然语言处理、图像识别、专家系统、机器学习、深度学习及人工神经网络等。随着技术的不断演进，人工智能的理论和技术日益成熟，应用领域也在不断扩大。在城市轨道交通领域，计算机视觉（智能视频分析）、图像识别等技术主要应用在安防场景，智能机器人主要应用在智能客服、变电所巡检等场景，语音识别技术主要应用在调度指挥等场景。

智能机器人是一种自动化机器，具有一些与人类相似的智能能力，如感知能力、计划能力、推理能力、行动能力、决策能力和合作能力，是一种具有高度灵活性的智能化机器。

计算机视觉技术专注于探索如何让机器具备"视觉"能力，即利用摄像机和计算机模拟人眼功能，实现对目标的精准识别、持续跟踪与精确测量，并深入进行图形处理，将原始图像转化为更适合人眼观察或传送给仪器检测的图像。其核心在于构建智能系统，从图像及多维数据中高效提取"信息"。这些信息遵循 Shannon 信息论定义，可以辅助决策过程。计算机视觉技术不仅是一门技术，更是一门研究如何让人工系统从视觉数据中"感知"并理解世界的科学。通过将摄像头捕捉的原始数据，与边缘计算、云计算的强大处理能力，以及先进的软件算法和人工智能技术深度融合，计算机视觉技术赋予系统"看见"并即时识别的能力。计算机视觉技术的应用场景极为广泛，包括快速识别物体和人员、分析受众群体画像、检查制成品等。

自然语言处理（NLP）是计算机科学领域与人工智能领域中的核心与前沿方向，致力于探索并优化人机之间通过自然语言进行高效沟通的理论框架与技术实现方式，是一门深度融合语言学、计算机科学、数学于一体的科学，不仅深刻关联着对人类语言本质的探究，而且更侧重于开发能够高效执行自然语言交互任务的计算机系统，特别是软件层面的创新，因而它是计算机科学的一部分。自然语言处理应用场景包括机器翻译、舆情监测、自动摘要、观点提取、文本分类、问题回答、文本语义对比、语音识别、中文 OCR（光学字符识别）等方面。

图像识别是指利用计算机对图像进行处理、分析和理解，以识别各种不同模式的目标和对象的技术，是应用深度学习算法的一种实践应用。现阶段，图像识别技术一般分为人脸识别与商品识别，人脸识别主要运用在安全检查、身份核验与移动支付中；商品识别主要运用在商品流通过程中，特别是无人货架、智能零售柜等无人零售领域。图像的传统识别流程分为四个步骤：图像采集、图像预处理、特征提取、图像识别。

专家系统是一个智能计算机程序系统，其内部含有大量的某个领域专家的知识与经验，能够应用人工智能技术和计算机技术，根据系统中的知识与经验，进行推理和判断，模拟人类专家的决策过程，以便解决那些需要人类专家处理的复杂问题。简而言之，专家系统是一种模拟人类专家解决领域问题的计算机程序系统。

机器学习（ML）是一门多领域交叉学科，涉及概率论、统计学、逼近论、凸分析、算法复杂度理论等多门学科，专门研究计算机怎样模拟或实现人类的学习行为，获取新的知识或技能，重新组织已有的知识结构以提升性能。它是人工智能的核心，是使计算机具有智能的根本途径。

深度学习（DL）是机器学习领域中的一个研究方向，它被引入机器学习之中，使其更接近于实现最初的目标——人工智能。深度学习是学习样本数据的内在规律和表征层次，通过对文字、图像和声音等多样化数据的深度解析，赋予机器像人一样具有分析学习的能力，能够识别并解析文字、图像和声音等各类复杂数据。作为一种高度复杂的机器学习算法，深度学习在语音和图像识别方面取得了突破性进展，其性能远超以往技术，同时也在搜索优化、数据挖掘、机器翻译、自然语言处理、多媒体内容分析、个性化推荐系统等多个领域取得了显著成果。深度学习正引领着机器向更加接近人类视听与思考的方向迈进，有效解决众多复杂的模式识别难题，推动人工智能相关技术的整体进步。

人工神经网络（ANN）早在 20 世纪 80 年代便成为人工智能领域的研究热点。它从信息处理的角度对人脑神经元网络进行抽象处理，建立某种简单模型，按不同的连接方式组成不同的网络。这一领域在工程与学术界常被直接简称为神经网络或类神经网络。神经网络是一种运算模型，由大量的节点（或称神经元）相互连接构成，每个节点代表一种特定的输出函数，称为激励函数（Activation Function）。每两个节点间的连接都代表一个对于通过该连接信号的加权值，称之为权重，相当于人工神经网络的记忆。网络的输出则根据网络的连接方式、权重值和激励函数的不同而不同。而网络自身通常是对自然界某种算法或者函数的逼近，也可能是对一种逻辑策略的表达。随着研究工作的不断深入，近十几年人工神经网络更是取得了飞跃性的进展，在模式识别、智能机器人、自动控制、预测分析、生物医学、经济金融等领域成功解决了现代计算机难以攻克的复杂难题，表现出了良好的智能特性和广泛的应用前景。

3.3 智慧城轨关键应用技术

我国轨道交通关键应用技术遵循"引进、消化、吸收、再创新"的路线，从技术创新到制造体系，实现了由追赶到并跑以至部分超越的转变，目前我国我已经处于全球轨道交通领域的领先地位。近年来，智慧城轨的规划、发展和实施，进一步推动各类关键应用技术向多专业、深层次、更广泛的方向发展，共同构建智慧城轨技术体系。

随着智慧城轨的深入探索与实践，轨交智慧运行平台和应用体系的逐步建立和完善，以工业互联网、物联网为基础，以人工智能技术为核心，面向乘客和设备，数据驱动的技术体系也随之建立起来。智慧城轨主要应用技术涵盖了乘客服务、运营管控、安全保障、绿色能源管理、运营维护管理、、基于 BIM 的数字化等多个领域。

3.3.1 乘客服务类应用技术

随着"互联网+"技术的进步，广大乘客迫切需要城市轨道交通由传统服务向多元化发展。然而，服务水平的提升依赖于新型应用技术的发展。本节将围绕乘客服务系统中的关键应用技术进行阐述，并讨论如何创新服务场景，提供便利精准的服务响应，使其广泛应用于智慧乘客服务类功能场景中。

（1）AFC 系统体系架构扁平化技术

随着社会进入"互联网+"时代，"微信支付""支付宝支付"等第三方支付方式逐步普及，线网规模越来越大，传统"车票-终端-车站-线路-清分"的 5 层系统体系架构已不尽如人意，AFC 系统体系架构需逐步向"扁平化"演变。

随着"云计算"技术的成熟，IT 计算性能已不再是瓶颈，清分中心的系统规模及管理权限越来越大，将线路中央中心的功能整合进清分中心系统，由清分中心系统直接管理线网所有车站级系统，即"终端-车站-线网"3 层架构模式，线路新建延长线、调站、换乘站等操作不再影响整个系统架构，仅需对清分中心系统进行扩容即可。

鉴于互联网交易的强实时要求，票务交易数据采用透传的方式，车站层不再存储处理，即"终端-线网"2层架构，以减少数据传输时间，保障实时性。

（2）互联网二维码支付技术

二维码是一种数据编码技术，它通过按照特定规则在二维平面上分布的黑白图形来记录信息。与传统的 IC 卡和射频卡不同，二维码车票利用二维码作为存储车票信息的方式，是一种新型的票务形式。。二维码车票包括单程票、多日票和储值票等。二维码车票的载体可以是普通的纸质票，也可以是手机等移动互联介质。采用二维码作为车票，可以大大减少车票的制作和维护成本。当手机作为车票载体时，能够为乘客带来更便捷的使用体验。

（3）金融 ODA（脱机数据认证）支付技术

金融 ODA 支付方式是指以"延迟联机"为核心的金融 IC 卡技术，分两个阶段实现：第一阶段为进/出站检票机读卡器读取金融 IC 卡数据交互，验证卡片真伪以及其他相关检查，并交易数据打包上传处理；第二阶段为城市轨道交通向金融银行进行延迟联机请款，发起联机交易清算票款对账以及相关后台处理。

（4）移动 HCE-NFC 支付技术

NFC 是"近场通信"的简称，采用短距离 RF（射频）通信技术。NFC 工作频率为 13.56Hz，与城市轨道交通读卡器频段相同，有效范围为 500px。HCE 是基于主机的卡模拟技术，在主机卡模式下，不需要提供 SE（安全元件），而是由在手机中运行的一个应用或云端的服务器完成 SE 的功能，此时 NFC 芯片接收到的数据由操作系统或直接发送至手机应用，或通过移动网络发送至云端服务器来完成交互。两种方式的特点都是绕过了手机内置的 SE 的限制。这一技术的优势在于，它避免了行业内的"安全元件保护战"。

（5）金融 QPBOC3.0 电子钱包支付技术

金融 QPBOC3.0 电子钱包支付技术指采用符合银联 QPBOC3.0 标准的金融 IC 卡内电子钱包脱机小额支付技术。中国人民银行在 2013 年 2 月正式颁布的 QPBOC3.0 在《中国金融集成电路（IC）卡规范 第 14 部分：非接触式 IC 卡小额支付扩展应用规范》（JR/T 0025.14—2018）中新增加金融扩展应用，分配了扩展应用文件，从而满足了金融 IC 卡在城市轨道交通、公交、高速公路收费、停车收费、铁路（高铁）等领域的多种应用。金融 IC 卡为扩展实现小额消费多行业应用，需要针对各个行业实际应用在 IC 卡数据层面进行应用数据结构规划。在遵循 QPBOC3.0 金融扩展行业交易规范基础上，金融首先应采用金融扩展行业多应用产品数据模板规划金融扩展应用公共信息记录模板数据结构，金融 IC 卡主要记录发卡相关信息、行业标识、设备代码和存款金额等，其中在行业标识中为城市轨道交通领域规划出专门的识别代码。

（6）实名制无感支付过闸技术

实名制无感支付过闸技术是不刷卡或不出现有动作的支付方式，目前，这种技术在我国停车场和高速公路领域运用广泛。用户通过在手机端将银行卡和车牌号绑定，通过车牌号识别出车主的个人信息，直接从银行卡中扣除费用。

实名制无感支付过闸技术在城市轨道交通领域则呈现为人脸生物识别过闸技术，即通过获取面部特征，车站闸机运用计算机网络技术与本人比对，判断是本人后，用本人所绑定的支付账户来进行结算。乘客完成身份证与银行卡、微信、支付宝或数字人民币等在终端的绑定和识别后，便无须带卡或使用手机，只通过面部识别即可进站、乘车和自动扣费。

（7）智能聊天机器人

聊天机器人是通过对话或文字进行交谈的计算机程序。城市轨道交通将智能资讯整合至智能聊天机器人技术，部分机器人将配备自然语言处理系统，但大多简单的系统只会提取输入的关键字，再从数据库中找寻最合适的应答句。目前世界上最著名的智能聊天机器人是 ChatGPT（全名：Chat Generative Pre-trained Transformer），是美国 OpenAI 公司研发的聊天机器人程序，于 2022 年 11 月 30 日发布。ChatGPT 是人工智能技术驱动的自然语言处理工具，能够通过理解和学习人类的语言来进行对话，还能根据上下文进行互动，模拟人类的聊天交流，甚至能撰写邮件、创作视频脚本和文案、翻译、编写代码、撰写论文等。

（8）基于互联网的轨道交通乘客出行信息服务技术

随着乘客对出行服务的要求越来越多，城市轨道交通将乘客服务业务逐步上线至 APP 或小程序，满足乘客的出行服务需求。智慧出行相关 APP 一般由手机端页面交互应用、APP 应用和后台管理应用三部分组成。其中，车站的人性化设施、换乘路线规划、运营信息等因素直接影响着乘客的出行体验，乘车码、个性化推送服务、站内 AR 导航等服务可满足互联网背景下乘客的高品质出行要求。近年来，运营信息服务已延伸至微博、抖音等公众平台，与乘客实现更深入、更直接的交流。运营部门通过互联网发布出行服务信息，形成权威、畅通、有效的信息发布渠道，为乘客带来更多出行便利。

（9）基于多媒体终端的资讯发布技术

城市轨道交通的信息发布系统是一个集城市轨道交通运营信息服务、多媒体实时资讯发布、广播电视节目制作与播出、视频监控于一体的综合服务平台。智慧城轨引入了线网控制中心的概念，推出新一代乘客信息系统的管理框架、功能定义及总体框架。线网控制中心为线路的总控制中心，是线网级乘客导乘的中心，是公共信息制作、接收和发布的中心，是系统权限的管理中心，也是系统设备运行状态的管理和控制中心。线网控制中心可对车站各类多媒体终端进行统一发布和动态调整。为进一步提高资讯发布的针对性，系统可通过乘客属性预测，建立匹配的需求场景，根据多源数据得到车站类型并生成相关出行服务信息，将其与乘客需求场景进行匹配从而得到一体化资讯。

3.3.2 运营管理类应用技术

智慧城轨运营管理的关键应用可以概括为以下几个方面：线网客流实时监测及预测技术、基于客流的动态运能调节控制技术、基于线网融合通信语音调度指挥技术、车站自适应的客运组织控制技术、基于物联网的移动站务管理技术、基于智能视频的全景管控技术、基于大数据的调度指挥辅助决策技术、客运信息动态诱导技术、基于 5G 的城市轨道交通应用技术等。这些技术广泛应用于智能运输组织、车站站务管理、场段综合管理等场景中。

（1）线网客流实时监测及预测技术

智慧城轨可通过线网各个车站的视频监控、出入闸机、安检、Wi-Fi 探真等数据，获得重要的客流信息数据，实现实时客流监测、乘客密度分析、数据报表自动生成等功能，并能与其他来源的数据综合得出对某类大客流事件的判定结果，为运营和调度指挥管理人员提供不同场景情况下客流与乘客情况。

客流预测采用多源异构数据融合的精准客流预测分析技术，结合历史客流数据，通过贝叶斯模型、聚类算法等人工智能算法模型，获得车站微观客流数据，预测车站微观客流，对将要出现的潮汐客流、突发客流等进行预警，并为车站客运组织提供决策支持。客流预测主要作用是一方面指导前期线路精准合理规划设计，保障线路的整体运输能力；另一方面指导线路运营后期管理调整，精准调节运能匹配客流。

（2）基于客流的动态运能调节控制技术

结合精准动态的客流实时监测技术，以及各线路的配线设计条件，智慧城轨可通过行车间隔的实时调整、行车交路的动态调整和列车编组的灵活调整实现运力的精准动态分配。通过视频监控系统、列车载重系统的分析，智慧城轨可实时自动评估列车和车站的拥挤状况，结合客流情况自动增加或减少上线列车，灵活调整行车间隔，实现基于客流的运能动态调整和精准投放。通过线网实时监测客流的动态分布情况，智慧城轨可灵活采用不均衡运输、大小交路、Y形交路等方式自动调整列车运行交路匹配客流需求，实现在不同时段采用不同的交路、同一时段多个交路混合运行的灵活交路设置。

（3）基于线网融合通信语音调度指挥技术

通过SIP（会话发起协议）、PSIP（程序和系统信息协议）等标准协议以及各类接入网关，线网融合通信可实现与TETRA（泛欧集群无线电）数字集群通信系统、LTE宽带集群系统、公务电话、专用电话、PLMN（公共陆地移动网）移动公网和固定公网电话等不同通信系统之间的语音融合，从而将多个语音通信网络融合成一张语音通信网络，使得指挥调度人员通过多媒体进行指挥调度，此外，这张通信网络还能与各种业务系统高度集成，从而提升指挥调度的智能化和自动化水平。

（4）车站自适应的客运组织控制技术

通过对线网客流的实时监测和预测，智慧城轨可建立全时序、多场景应用的网络客流预测和预警平台。通过大数据分析和应用，车站自适应的客运组织控制技术建立起车站各客运设备、信息系统之间的智能联控模式，实现针对不同客流控制模式，快速启动相应的客运设备设施联动，模式化匹配客流控制场景。

根据单站、单线和线网拥挤度，结合运力、车站容纳能力、设备性能等因素，智慧城轨可生成点、线、面的分梯度客运管控模式，对乘客流动进行主动诱导，集中统一管理乘客接收的各类信息渠道。结合不同的车站管控场景需求，向乘客联动发布出行诱导信息，使乘客及时掌握运营情况，依此合理安排出行计划。

（5）基于物联网的移动站务管理技术

通过物联网、信息共融、移动集成、远程可视、适配自检、VR、AR、BIM、移动宽带网络等技术，智慧城轨构建了车站智能化、可视化、移动化的站务运作系统，实现站内各类设备系统的数据交互、智能分析以及联动运作。届时，智慧城轨可通过一体化设备管控平台预设车站不同的设备管控模式，并根据现场运作需求一键调整设备运作状态和功能，实现移动化、区域化管理，提升整体运作效率。为提高车站运作效率，站务员配备有移动工作终端，使他们能够在现场移动办理车站的日常事务，如执行视频监控、服务求助响应、设备开关与设备状态检测及报警接收、应急指令接收、移动票务处理、广播系统操作等远程操作。

（6）基于智能视频的全景管控技术

城市轨道交通在各区域广泛应用智能视频分析技术，实现安全防护、车站管理、乘客服务和设备管理多领域的综合功能。智能视频重点覆盖公共区、设备区、出入口、轨行区、车厢、场段边界等车站、车辆及场段区域重点区域。出入口、通道、换乘平台、站台、车厢内摄像机可应用人数统计分析、热力密度分析等功能；闸机、安检处、出入口部署人脸采集设备，实现人脸数据比对、结构化数据、安检数据关联等功能；段场边界、出入段洞口、站台门端门、设备区出入口通道门、楼扶梯、风井口等处摄像机可应用入侵检测分析、扶梯人员异常行为分析、物体/气体监测分析等功能；出入口、设备区通道、关键设备房等重要位置部署摄像机，实现自动巡站功能；智慧城轨通过视频分割、自动数字化、语音识别、镜头检测、关键帧抽取、内容自动关联、视频结构化等技术，实现视频智能检索功能；通过接口联动，实现多专业、多业务综合预警，对监控场景中的变化进行定位、识别、跟踪和判断，在异常情况发生时及时发出警报，有效进行事前预警、事中处理、事后及时取证。

（7）基于大数据的调度指挥辅助决策技术

传统调度指挥系统不能提供高效化、多样化、智能化的决策支持建议，现场调度与应急管理大多依靠调度员经验与相应处置规章制度，缺乏智能专家决策支持。基于应急预案库、专家顾问团队、全面动态的数据库、模型库、知识库、联机分析处理、先进数据挖掘、人工智能、自动化技术等建立城市轨道交通调度指挥辅助决策系统，依托数据中心，将路网中数量巨大、种类各异的信息综合管理起来，通过在各种信息之间建立层次索引关系，使它们彼此相互融合、相互关联，最终达到整合信息资源、方便调用、分析的目的。调度指挥辅助决策系统能够辅助决策者制定事故处置方案，并根据事故处理流程全程监控方案的执行情况和执行效果，最终实现涵盖方案生成、过程监控、信息反馈、方案调整、事后总结等全过程的实时指挥辅助决策功能。

（8）客运信息动态诱导技术

为最大限度地方便人民群众安全便捷出行，须依靠先进的信息发布控制引导技术，创新管理和服务手段，使得城市轨道交通客运管理更加智能化、协同化，信息服务器更加便捷化、个性化。通过各数据系统，客运信息动态诱导技术主动将收集挖掘的便民设施信息、换乘信息、交通接驳信息、车辆运行到站信息、车辆车厢承载信息、资讯信息、商业资源信息等按照系统设定的发布计划统一发布到站内的各类显示终端、广播终端或主动推送至乘客手机 APP 等，便于乘客准确、快捷地掌握动态、静态出行信息，实现客运的动态诱导。

（9）大规模线网数据可视化展示技术

通过三维可视化技术，智慧城轨可实现线网城市轨道交通设备、人员、业务的动态展示，充分发挥数据互通、数据融合、数据共享的优势，将业务和管理在统一的三维可视化平台上进行构建，实现对线网城市轨道交通管理模式的数字化升级。

通过数据采集和传感器、智慧感知设备集成框架实现不同系统和数字综合信息看板的对接，实现数据信息在系统中的统一管理和实时数据浏览。对数据中心的数据进行清洗、抽取、存储、计算、分析，通过可视化技术优化的数据，系统各种终端可流畅地展示线网运行模式、乘客流量、系统实时状态等信息。大规模线网数据可视化展示技术还可实现数据处理后的数据结合线网建模、线路建模、建筑物建模、建筑物内部格局建模、房间内部设备建模以及内部的采光、阴影等效果的建模展示。该技术从城市轨道交通各种应用场景考虑，提供多种先进的数据展示效果，满足线网调度、智能监控、运营任务的要求。通过大规模线网数据可视化展示，该技术可为运营管理人员提供一个能够满足各专业领域资源共享、互联互通、系统态势可视、可监、可控的综合管理平台。

（10）基于 5G 的城市轨道交通应用技术

以一张 5G 物理网络为基础，以网络切片、边缘计算等技术为依托，在满足不同应用系统业务性能、安全隔离、可靠性等基础上，智慧城轨可实现多网络、多业务系统在 5G 网络上的整合，打造 5G 智慧城轨应用模式。根据 5G 的三大应用场景，基于 5G 的城市轨道交通应用包括以下方面。

①eMBB 应用场景：各类监控视频、PIDS（乘客信息显示系统）视频、全自动驾驶车辆信息等方案的应用。

②mMTC 应用场景：智能照明、智能环控、智慧工地、智能运维、智慧安检、设备管理等方面的应用。

③uRLLC 应用场景：集群调度、CBTC（基于通信的列车自动控制系统）列控、车车通信等方面的应用。

3.3.3 安全保障类应用技术

城市轨道交通是城市重要交通工具之一，具有便利、快捷、舒适等优点，但城市轨道交通系统运营复杂，一旦发生安全事故，不仅可能造成乘客拥挤、混乱及恐慌，还可能对乘客和城市轨道交通设施造成损害，甚至造成极其恶劣的社会影响。因此，保障城市轨道交通运营安全尤为重要，除在人防、物防方面加强管理外，城市轨道交通还应利用新技术提升技防水平，保障乘客出行安全的同时，达到降本增效的目的。

（1）基于智能视频的人员安全管控技术

一直以来，在一些重要区域为了防止非授权人员非法入侵和各种破坏活动，如停车场和车辆段边界防止非相关人员侵入、车站轨行区非停运及非授权人员进入等，城市轨道交通采取了各种防护措施，如外围周界处设置铁栅栏、围墙、钢丝篱笆网等屏障或阻挡物，安排人员加强巡逻等，但效果一般。

基于智能视频的人员安全管控技术基于智能视频分析技术，通过安装在现场的各类监控装置，构建智能监控和防范体系，对监控区域进行 7×24h 全天候监控。识别当发现人员徘徊时，智能视频触发事前预警，发现人员侵入立即触发报警，有效协助管理人员处理，并最大限度地降低误报和漏报现象，变被动"监督"为主动"监控"。同时，工作人员还可以查看现场录像，方便事后管理查询。

（2）基于图像识别的智能安全检测技术

基于图像识别的智能安全检测技术可利用人工智能对 X 光机过机图片进行分析，能够实现对过机物品中管制器具及具有一定杀伤力的其他器具（刀具、枪支、子弹、剪刀、指扣、斧子、电击器、弹弓、甩棍、手铐）、爆炸物品（手雷、烟花爆竹）、易燃易爆类（压力容器罐、可疑液体瓶、打火机、充电宝、锂电池）等违禁物品的智能识别与检测报警，并在图像中标识其位置和种类，以供判图员参考。该技术可有效降低安检员的劳动强度，提高禁带物品的查禁效率。此外，人工智能系统还具备自我学习的能力，能够根据学习结果不断扩展其智能检测物品的种类，并对违禁品数据库进行更新和升级。

（3）太赫兹成像及智能检测技术

太赫兹成像及智能检测技术可获取太赫兹图像，并对其进行人工智能识别，从中提取出人体藏匿物品的位置、尺寸、形状、风险指数等信息；再利用高清光学摄像头获取光学图像,并通过智能识别提取出人体光学特征、光学可见物品信息等;再将太赫兹图像和光学图像进行双波段图像配准与图像融合,将太赫兹检测结果与光学图片中的人体相对应,直接实现在光学监控中显示检测结果;最终将上述太赫兹图像与光学图像,结合智能识别信息,建立结构化人体监控信息库,将人体光学特征以及太赫兹检测结果统一存储和显示,方便实时监控、事后追溯。

(4)自然灾害监测(台风、洪水、地震、滑坡、泥石流)及联控技术

为提高城市轨道交通对自然灾害的反应速度,降低自然灾害的影响和人员伤害,提升对自然灾害的应对能力,城市轨道交通必须进行灾害监测和联动控制。城市轨道交通可在前端布设风现场采集设备、洪水监测设备、雨现场采集设备、地震现场监测设备等设备,并将监测数据上传统一的管理平台,通过平台的数据统计、分析,进而对城市轨道交通沿线可能遭遇的台风、洪水、地震、滑坡、泥石流等自然灾害进行预警和报警,从而实现一定程度上的联动控制。

(5)全自动运行技术

全自动运行(Fully Automatic Operation,FAO)是基于现代计算机、通信、控制和系统集成等技术实现列车运行全过程自动化的新一代城市轨道交通系统。全自动运行旨在进一步提升城市轨道交通运行系统的安全与效率,是衡量城市轨道交通系统功能和性能先进水平的标尺。

城市轨道交通全自动运行应用了现代信息及自动化技术,以提高运营服务水平。该技术由设备替代司机和运营人员,为乘客提供更加安全的服务,同时增强城市轨道交通的安全性与效率。列车在统一控制下实现全自动运营,自动实现休眠、唤醒、准备、自检、自动运行、停车和开关车门等功能。此外,列车还能自动进行故障修复,甚至清洗工作也可以在设备控制下自动完成。

全自动运行技术能使列车整个运行过程实现全自动控制,使得列车按照优化的运行曲线行驶,以达到节能环保的目的。同时,全自动运行列车不设司机,节约人力成本。此外,全自动运行也避免了人为操作失误导致的运营故障。

全自动运行是形象地衡量城市轨道交通系统可靠性、安全性、可用性、可维护性先进水平的标尺,列车无须司机便可完全自动运行,是城市轨道交通技术的发展方向。其目的不是为了减少司机和运营人员,而是为了进一步丰富和增强城市轨道交通系统装备的功能和性能。

国内城市轨道交通发展迅速,全自动运行作为先进的列车运行控制技术,在未来轨道交通领域有广泛的发展和应用空间,其具有以下特点:

①全自动运行是一项系统工程,其涉及通信、信号、PIS(乘客信息系统)、车辆、综合监控、站台门、车辆基地配置等多个专业,各专业联系密切。

②传统司机的工作职能一部分由列车自动控制系统负责,另一部分则移交到控制中心去完成。列车运行由传统的司机、控制中心调度员和车站值班员共同参与控制的运营控制模式,转变为以控制中心调度员直接面向运行的运营控制模式。

③全自动运行控制系统具有更加完善的自动控制功能,以行车为核心,信号与车辆、综合监控、通信等多系统深度集成,提升了城市轨道交通运行系统的整体自动化水平。

④全自动运行可增强列车运行全过程的安全防护。增强运营人员防护功能:车站、车

辆段和停车场增设人员防护开关,对进入正线及场段自动化区域人员进行安全防护;增强乘客防护功能:对乘客上下车及车内安全进行防护。全自动运行技术扩大了信号 ATP(列车自动保护)子系统的防护范围,段场自动化区域内列车运行进行 ATP 防护;增加了轨道障碍物检测功能,车上加装脱轨/障碍物检测器实现轨道障碍物检测功能;增强应急情况下多个系统联动功能,如火灾情况下,通风、行车、供电、视频、广播的联动等。

⑤全自动运行技术具有丰富的控制中心功能。控制中心可实现列车全自动运行的全面监控,详细的各设备系统监测与维护调度,面向乘客的远程服务等。

⑥运营控制系统具有更为完善的综合维护辅助功能。

⑦针对全自动运行线路,运营单位需要制定全自动运行下的运营组织、运营维护和事故与灾害处理紧急预案。

(6)站台门防夹人技术

站台门缝隙设置探测装置,用来实现防止车门与站台门之间夹人或夹物的探测,确保列车安全、高效运行。站台门缝隙探测装置主要包括依靠人工判断的检测工具、机械式检测工具和完全自动的缝隙探测装置。依靠人工判断的检测工具主要为灯带,机械式检测工具主要包括防夹挡板、防爬斜坡、防踏空挡板等;而完全自动的缝隙探测装置包括红外线和激光缝隙探测装置。智慧城轨列车多采用全自动运行模式,一般都采用与站台门联动的全自动缝隙探测装置,保证列车在全自动运行模式下的安全发车和到达。

全自动缝隙探测装置对车门与站台门之间的异物进行探测,列车进站停稳后,正常开关门作业,站台门自动关闭后向异物检测系统发送异物检测指令,并将此判定结果传送至站台门系统;当异物检测系统判定有异物时,站台门执行开门动作并保持常开,将关闭且锁闭状态取消,列车此时无法离开站台。

(7)主动式列车障碍物探测技术

列车自主障碍物检测系统借鉴了汽车 ADAS(高级驾驶辅助系统)的感知原理,通过在列车上加装传感器,实现对车辆限界内障碍物的探测。通常采用的传感器类型包括激光雷达(Lidar)、毫米波雷达(Millimeter Wave Radar)和工业摄像机等。每种传感器因其工作原理的差异,适用范围略有不同。

激光雷达通过红外激光扫描成像,具有受环境光线影响小的特点,在强光、弱光和强逆光条件下仍能可靠探测。但其探测距离主要受到被探测物体反射率的影响,对低反射率的物体探测距离较近。同时,恶劣天气如雨雪及雾霾等,亦影响激光雷达的探测距离。

毫米波雷达具备有限的穿透雨雪(毫米波传播主要受雨衰和氧衰影响)和雾霾的能力,同时对金属物体敏感,在恶劣天气条件下,具备一定的探测能力。

工业摄像机通常基于机器视觉算法实现障碍物检测。受制于其工作原理,工业摄像机在强光、弱光、强逆光等场景下表现不佳,探测效果依赖于图像增强算法及摄像机本身的动态范围等因素。

因此,列车主动障碍物检测系统需要采用多传感器融合技术,以弥补单一传感器存在的缺陷。同时,多传感器融合可利用传感器相互校验,提高系统的安全性。

(8)专用与警用信息共享及联防联控技术

城市轨道交通通过线网指挥系统构建开放的运营生产大数据综合应用系统,与城市轨道交通公安系统建立接口,实现信息互通及数据资源共享,实现运营与公安的整体协同运作和统一管理。通过双方建立的接口，实现双方资源共享和信息互通，城市轨道交通线网指挥系统通过该接口向公安提供线网行车、客流监测信息、重大告警及安全保障相关的信息，并根据应急协同预案接收其下发的协同指令。城市轨道交通线网指挥平台、自动售检票系统、站台门系统、综合监控系统、通信专用视频监视系统与公安系统相关数据实现共享和融合，有效提升城市轨道交通场景下安全预警、客流管控以及紧急状态下的联动联控能力。

（9）智能火灾探测及消防联动控制技术

智能火灾探测及消防联动控制技术涵盖了火灾自动报警、烟雾探测、图像火灾预警、消防电源监测、电气火灾监测等智能火灾探测，具备火警定位、联动报警、报警管理、设备自动巡检、设备管理等功能，并基于火灾防控"自动化"、灭火救援指挥"智能化"的消防安全需求，实现消防联动控制和智能防控。

（10）基础设施智能化监测技术

在城市轨道交通重点基础设施如桥梁、隧道、边坡等的关键区域加装自动化监测装置，实现关键基础设施的自动化监测。基于数字化的城市轨道交通基础设施数据，融合智能防控和动态监测数据，集成构建针对城市轨道交通基础设施保护的全方位、全过程的监控、管理、预警与辅助决策子平台，构建全生命周期的动态监测体系。

（11）扶梯区域异常状况监测技术

为进一步加强扶梯运行和扶梯区域人员的安全性，并应对大线网运营环境下连续高强度客流、海量自动扶梯运维管理等诸多新挑战，城市轨道交通车站可依托线网云平台，借助智能视频、智能传感、大数据、网络、聚类分析等技术手段，对线网中每台设备的运行状态和人员状态进行实时在线监测，对扶梯关键零部件和人员的异常状况进行预警，实时更新线网内所有自动扶梯的运行状态信息、预警记录、运行工况、服役环境、人员状态等信息，进一步保障扶梯区域设备和人员的安全，确保车站稳定、高效的运营秩序。

（12）城市轨道交通信息安全保障技术

信息安全保障技术以"可管、可控、可信"为指导方针，以零信任技术、模糊测试、工业仿真、安全自主算法、机器学习、白名单库、深度包检测等安全技术为支撑，对监测审计、入侵监测、主机加固、工业防火墙、堡垒机、网闸等安全设备和软件功能进行集成，并提供平台化的集中管理模式，建设全局纵深防御体系，抵御各类网络威胁，全面落实安全防护措施，保障信息安全风险可控，为城市轨道交通系统的高效率运行奠定基础。

3.3.4 绿色能源管理类应用技术

良好的生态环境是人和社会持续发展的根本基础，自"十二五"规划将节约资源和保护环境确定为我国的基本国策以来，我国逐步形成以政府为主导、企业为主体、市场有效驱动、全社会共同参与的推进节能减排工作格局。

绿色能源管理是企业可持续发展的重要保证，也是提升企业技术水平、提高企业经济效益和企业履行社会责任的重要途径。为进一步推进绿色能源管理工作，寻找更多节能减排优化空间，应采取管理、技术"双轮驱动"，城市轨道交通行业应将目光投向有效运用新技术、新手段，以技术升级拥抱绿色发展。

（1）永磁牵引技术

永磁同步电机是依靠装在转子上的永久磁铁产生磁场的同步电动机。它由定子、转子等部件构成。定子与普通异步电动机基本相同,是由叠压硅钢片构成的定子铁心和嵌在定子铁心槽内的定子线圈组成。转子的基本结构分为转子铁芯、轴和永磁体3部分。有无转子永磁体结构是永磁同步电动机与其他电机的主要区别。

永磁同步电动机具有效率高、功率因数高、体积小,重量轻、噪声低、维护少、转矩过载能力强等优点。

(2) 再生制动能量回收技术

由于车站间距一般较短,列车在运行过程中应具有较大的启动加速度和制动减速度,即具有良好的启动和制动性能。城市轨道交通牵引供电系统一直采用二极管整流技术实现交流电源到直流牵引电源的转换,特别是采取24脉波整流技术后,电网的谐波兼容问题得到了较好的解决。该技术虽然可以较好地满足车辆牵引取流的需求,但也存在制动能量回收不充分、制动电阻发热造成严重二次能耗、牵引网压波动严重等问题,不利于列车平稳、可靠运行。

为解决以上问题,研究人员已研发出再生制动能量回收技术。其原理是将牵引电机的电动机工况转变为发电机工况,将列车的制动能量转化为电能,并将该电能输送至接触网供其他列车使用。再生制动能量循环利用主要包括电阻耗能型、电容储能型、飞轮储能型和逆变回馈型。

(3) 双向变流技术

双向变流技术通过由全控电力电子器件IGBT(绝缘栅双极型晶体管)组成的变流装置,其直流侧与牵引变电所中的整流器直流母线相连,其交流进线连接到35kV交流母线上。当再生制动使接触网电压升高并超过规定值时,逆变器启动并从直流母线吸收电流,将牵引供电系统中再生直流电逆变成工频交流电回馈至中压供电网络,保障列车电制动功能的发挥,同时起到降低并稳定直流牵引网电压的作用。当列车再生制动功率大于能馈装置逆变功率峰值时,装置能够保持额定功率恒功率逆变运行。由IGBT构成的变流装置本身具备四象限工作能力,其能量可自然双向流动,具备替代二极管整流机组的条件。

由于双向变流装置采用IGBT,过载能力有限,因此达到最大电流后可认为双向变流装置将处于恒电流运行状态。其优点如下:

①牵引网网压平稳。

②减少线路损耗。

③供电兼容得到改善。

④提高了安全性。

⑤使核心设备可控。

综上所述,双向变流技术可以优化解决传统整流技术存在的无法稳定电压、造成电网波动较大等问题,同时提高了设备的使用率,减少了牵引和回馈设备的中间环节。

(4) 太阳能光伏发电技术

太阳能光伏发电是根据光生伏特效应原理,利用太阳能电池将太阳能直接转化为电能的一种技术。无论是独立使用还是并网发电,光伏发电系统主要由太阳能电池板(组件)、控制器和逆变器三大部分组成,它们均由电子元器件构成,不涉及机械部件,所以光伏发电设备具有精练、可靠稳定寿命长、安装维护简便的优点。理论上讲,光伏发电技术可以用于任何需要电源的场合,其最基本的元件是太阳能电池(片),有单晶硅、多晶硅、非晶硅和铜铟镓硒薄膜电池等多种类型。

光伏发电技术具有以下特点和优势：

①减少煤炭、自然矿物资源、水资源等的开采利用，减少二氧化碳、二氧化硫、粉尘及煤灰等有害气体和杂质的排放量。

②节省传统电力系统中输配电设备的投资。

③不破坏土地植被，不受安装地点的限制，不受外部电源的限制。特别是一些容量小的照明负荷，可独立成系统，灵活实用。

综上所述，光伏发电系统具有节能环保、节省输电设备、保护和节约土地、灵活配置发电容量的优势和特点。

要实现光伏发电系统在城市轨道交通工程中的应用，必须同时满足以下2个条件：

①车站建筑在地面以上，且面积足够大，能够安装满足用电容量需求的太阳能电池板、蓄电池等发电设施。

②车站内用电负荷为三级负荷、一般机电负荷或一般照明负荷等，供电可靠性要求较低，不影响行车及消防。

（5）中水回用技术

中水也称为"再生水""循环水"或"回用水"。中水回用技术主要是指生产、生活废水经集中处理后，达到一定的水质标准，可在一定范围内重复使用，如用于绿化浇灌、车辆和道路冲洗、洁具冲洗等，是水资源有效利用的一种形式。城市轨道交通系统中，可利用中水回用技术的主要是车站和车辆段。

车站冲厕用水、地面冲洗用水等对水质要求不高的场景，可采用中水。结构渗水、高架站的屋面雨水均可作为中水。考虑到地下工程结构渗漏水量受工程埋深、施工工艺影响大，车站地下空间相对有限，中水设备运行容易出现气味和噪声影响等问题，而站外设置又受征地、敏感点的限制，因此这些地方是否采用中水回用技术宜结合车站具体情况确定。

车辆段是用水大户，在线路用水中占30%～40%。车辆段绿化灌溉、道路冲洗、洁具冲洗均可采用中水。中水的来源主要是雨水，经集中处理后重复使用。车辆也可以利用中水，但会采用单独的污水处理装置。

（6）基于变频驱动的扶梯节能技术

扶梯的变频驱动节能技术主要是应用变频调速装置实现运行速度调整，自动扶梯在有乘客的情况下可按设定速度运行，在无乘客的情况下则保持低速运行或设定关闭，进而可满足相应的节能需求。具体操作方式为：乘客搭乘自动扶梯，在入口处的感应装置能够自动感知，并向控制系统传输信号，使得系统控制变频器促使自动扶梯启动，满足设定速度后运行；若无乘客搭乘自动扶梯，一段时间的空载运行后，自动扶梯控制系统控制变频器实现降速运行，约为额定速度的20%；一旦感应系统感知到乘客，自动扶梯又会加速至设定速度实现正常运行，周而复始，在降低电能损耗的同时减少机械磨损，有效延长自动扶梯实际使用寿命。

变频器启动及调速较为平稳，可实现零速制动，所产生噪声较小。根据具体客流量，变频驱动节能方式可分时段完成速度设定，其主要方案分为：旁路变频驱动和全变频驱动。

（7）基于能耗评价的用能调节技术

为提高能源管理的技术水平,城市轨道交通企业应建立统一技术标准的能源管理平台。

此平台应基于城市轨道交通能源管理需求和用能特征，实现线网，线路，车站层电、水、气等各类能耗数据的实时采集、处理、存储、传输和展示。同时平台应建立完善的城市轨道交通能耗评价指标体系，依据各类能耗标准及定额对全网各线路、各站点用能系统进行考核。能耗评价指标体系覆盖电、水、气等各类能源系统，以及各车站、控制中心、车辆段与综合基地等，用能数据来自于平台收集的能耗数据。

平台应按照考核指标的相关内容生成报表，自动分析当前用能达标情况，并对能耗异常情况进行报警，及时排除异常或采取相应的节能改造措施；同时平台可下达控制指令至各底层系统或设备，通过调节工况、运行参数等操作，实现科学用能、降低能耗，提高节能效益。根据能耗发展趋势，平台还应能对能耗增长过快的部分进行预警。

3.3.5 运营维护管理类应用技术

伴随着设备车辆、供电、信号、轨道、通信、门梯等设备智能运维系统的发展与成熟，其应用技术也不断的进步，形成了相应的设备智能运维应用技术体系，实现各专业的设备智能运维功能和需求。

1）车辆智能运维技术

（1）车辆动力学及部件疲劳寿命研究技术

车辆动力学及部件疲劳寿命研究技术通过采集车辆各零部件参数，建立车辆动力学模型及部件疲劳寿命预测模型，对车辆的动力及车辆整车和各部件的情况进行数据分析统计，预测车辆的动力情况、疲劳损伤程度和安全寿命时间。

（2）车辆走行系统关键旋转部件故障特征提取技术

车辆走行系统关键旋转部件故障特征提取技术可对车辆走行部车辆轴承、车轮踏面和轮对位置状态进行提取，采用电磁超声表面波检测车轮和轮箍，采用电荷耦合器件图像传感器采集列车低速运行时车轮踏面图像，采用红外线测温技术对列车运行过程中轴承温度进行非接触式动态测量，采用图像采集系统获取轮对位置的图像。

（3）融合多传感器的转向架故障诊断技术

融合多传感器的转向架故障诊断技术通过安装在转向架各部位的多种传感器对转向架数据进行采集，对原始监测数据进行融合分析，获得转向架的运行状态情况，并对转向架的故障进行诊断，提高故障位置定位和等级报警精度。

2）信号智能运维技术

（1）道岔功率曲线人工智能识别技术

道岔功率曲线人工智能识别技术可建立道岔功率曲线人工智能模型，提取曲线特征，基于转辙机转换过程的电功率曲线、压力曲线、缺口日变化曲线等条件，结合振动加速度等信息，判定道岔的故障点或故障范围。

（2）基于运维数据的信号系统可靠性评估技术

基于运维数据的信号系统可靠性评估技术通过搭建信号系统设备可靠性评估模型，获取信号系统各类运维基础数据，基于多种算法，对信号系统设备可靠性状态和系统的可靠性指标进行分析预测，实现信号设备及系统的可靠性评估与预测。

3）供电智能运维技术

供电智能运维技术通过在运营列车、综合检测车、轨旁设置各类检测设备，对接触网

(轨)实现全方位地运行状态检测,搭建数字化仿真平台,结合检测数据,根据内嵌于平台中的接触网(轨)模型,以及各种材料属性、边界条件、环境参数、仿真参数,实现自动建模及模型可视化,实现接触网(轨)模态分析、静态分析、动态分析等功能。

4)轨道智能运维技术

(1)车载式轨道巡检技术

车载式轨道巡检技术通过将监测设备安装于电客车或专用检测车,在列车运行过程中对轨道的相关参数进行检测,主要包括:轨道几何检测、钢轨损伤、轨道状态巡检子系统等,可实现实时连续轨道几何参数测量、轨道几何偏差判别、钢轨垂直磨耗及侧面磨耗动态检测和轨道缺陷智能识别等。

(2)实时轨道与道岔状态监测技术

实时轨道与道岔状态监测技术通过在关键位置安装传感器实现轨道监测,主要包括轨道温度和道岔状态等,实现轨道温度的高精度和高可靠性监测、无缝线路在线健康预测、道岔设备状态监测及预警等功能。

(3)轨道服役状态及劣化趋势技术

轨道服役状态及劣化趋势技术采用实时在线采集与分析技术获取轨道振动等平顺度状态,通过多网络离散位置数据汇聚技术,获取轨道探伤检测、轮轨振动检测、轨道几何参数检测、轨道位移与轨道温度检测等数据,形成轨道安全状态综合检测模型、轨道安全度评估技术研究环境和测试评估条件,对轨道服役状态进程评估,对轨道劣化趋势进行预测,为轨道各部件维修策略的优化提供数据支持。

5)通信智能运维技术

通信智能运维技术是通过建设通信系统智能平台,将线网级设备状态信息聚集于一体,实现对线网级通信系统的运行状况进行24h不间断采集,汇集线路智能运维管理平台上传的数据信息并统一对告警和状态信息进行出局,联网实现移动终端实时监控查看所有设备状态信息的功能,从而对运维数据进行多维度分析。

6)门梯智能运维技术

(1)基于立体成像技术的站台门与车门区域安全与客流检测复合技术

立体成像技术可对站台门与车门之间区域的立体成像进行智能分析,判断站台门与车门之间区域是否安全,以及上下车客流的统计和分析,满足对站台门与车门之间区域的安全检测和客流检测的需求。

(2)站台门关键部件安全检测技术

站台门关键部件安全检测技术根据检测数据,精准判别站台门关键部件物理状态特征与失效状态特征,对其运行状态进行分析,构建站台门关键部件的故障诊断模型、健康评估模型、趋势分析模型和维修决策模型,判断站台门关键设备的服务状态是否满足设备安全运行的要求。

3.3.6 基于BIM的数字化类应用技术

基于BIM的智慧城轨应贯穿规划设计、建设管理、施工管理、运维阶段的工程全生命周期。

(1)基于BIM的高效规划设计

基于BIM的高效规划设计主要体现在协同设计、智能化设计、设计模型审查等方面。

BIM技术使城市轨道交通多专业协同设计模式更加完善,建立工程信息数据共享平台,建设单位、设计单位和施工方可在平台上共享设计信息,共同参与项目设计,实现设计信息数据化以及设计数据在项目全过程的传递。施工单位可利用设计模型建立的参数化构件,直接输出用料图;将工程量数据关联项目时间计划,得到项目各个施工时间节点所需的物料量,以便进行预制装配式构件的生产。BIM技术使设计、生产、施工在平台上协同工作,实现工程效率最大化。

在BIM技术的支持下,智能化设计成为可能。设计人员利用BIM建模软件进行设计,配合自主研发软件,可根据模型的参数化信息,实现城市轨道交通各专业的智能化出图,可自动生成计算书、图纸和工程量等。三维参数化建模技术减少了设计过程中各专业模型的碰撞问题,显著提升了模型精度。

设计模型智能审查是对设计过程所涉及规范的梳理和抽取,形成存储规范审查业务的知识图谱,定制开发针对BIM的审查算法引擎和三维可视化平台,实现业务规范化流程管理并记录过程数据形成闭环,使设计审查更为智能化。

(2)基于BIM的建设管理

BIM模型集成城市轨道交通工程的各类数字化信息,包含物理特性、功能特性及项目建设周期等,在城市轨道交通建设管理中主要用于成本预算、项目规划和周边环境分析等。

在建设项目施工过程中,企业的投资决策是一个非常关键的环节。建设单位运用BIM技术可以充分发挥其可视化和便于模拟的优点,可以直观反映施工的实际状况。在此基础上,建设单位可结合实际工程量进行测算,并依据各单项成本的具体评价结果,为施工项目的决策奠定了技术基础。

在项目规划阶段,通过对建筑空间进行分析,复杂空间的标准和规范可更易于理解。设计人员结合模型数据模拟分析验证进行方案比选,利用BIM信息的连贯性和可追溯性,有助于管理人员跟踪查看项目进程。

BIM模型结合地理信息系统(GIS)、周边建构筑物和市政管线等数据,可进行一体化管理,形成平台化城市信息模型(CIM),高效辅助设计和管理人员进行车站建筑的空间方位规划,建立车站与周边环境的联系。

(3)基于BIM的数字化施工

基于BIM的数字化施工应用包括虚拟调试、虚拟验收、虚拟漫游和可视化交底。

由于BIM模型涵盖了全面的数据信息和设备参数,机电系统的各个组成部分均通过系统接口有机地结合在一起,可以在BIM模型中进行由单机、单系统到多系统联调联试的虚拟化调试,便于及时发现问题,制定调试对策,反复调试系统工况,以实现系统的合理健康运行。

BIM模型构件能够关联验收标准数据模块,并关联构件所处的验收区域和验收流程标准;业主部门通过移动终端访问、选取与现场匹配的构件及其验收信息,输入验收数据,对待验构件的现场验收结果进行填写、存储,并生成验收结果,最终输出现场验收结果信息及判定验收合格与否。

利用BIM模型对工程施工实施过程中的重点、难点及关键工序通过虚拟与仿真等技术实现可视化交底,提前感受周围环境要素和内部空间等,在施工前解决不合理部位,最大限度降低项目实施风险。

（4）基于BIM的运维管理

对运营维护阶段而言，运用BIM技术可实现虚拟现实、资产设备、空间的管理、设备三维定位、系统的状态分析、节能管理和灾害应急模拟等。BIM模型可以提高运营和维护的效率，降低成本，提高城市轨道交通的使用寿命，规避运维风险。BIM模型可以供管理者查询、修改和调用，同步更新系统的信息，更好地对设备、设施、管线、隐蔽工程进行维护。

运用BIM技术可以对运营维护阶段存在的故障和隐患进行及时处理，从而减少不必要的损失，并且能对突发事件进行快速反应和处理，快速准确掌握各系统的运营情况。运维阶段的防灾救援可通过检索BIM数据库进行实时的数据访问，并在BIM虚拟环境下协助应急，确定风险源位置。能够在应急人员到达之前，获得详细的信息。

除此之外，运维人员运用BIM技术也可以将往期故障信息、既有线路工程存在的问题、遗留问题等汇总并建立问题库，通过大数据及云计算等技术进行"数据化"分析和"可视化"处理，输出基于BIM模型的可视化解决方案，结合应急预案等管理措施，为日常维护和突发事件提出快速、可视化、有针对性的方案及建议。

（5）基于BIM的数字孪生技术应用

得益于物联网、大数据、云计算、人工智能等新一代信息技术的发展，数字孪生在城市轨道交通的实施逐渐成为可能。

利用基于BIM的快速建模技术创建数字孪生模型，将城市轨道交通空间内的构件和系统信息以数字方式表达，并结合VR或AR技术，将数字孪生应用于虚拟场景中，获取线路各区域的环境反馈，便于运营人员的体验和优化，如逃生方案和逃生路径等。基于BIM的数据采集可实现数据驱动的数字孪生，通过传感器和现场采集器收集实时数据，并以此完善数字孪生模型，实现实体的复制、模拟和优化，运营人员可模拟车站设备设施的不同工作状态以及引入潜在故障后的各项应急措施。

基于技术的发展，BIM技术已成为数字孪生生态系统中的底层关键技术，为数字孪生生态系统的海量数据处理、系统自我优化方面提供了重要的技术支撑。通过AI智能计算模型和算法，并结合先进的可视化技术，数字孪生信息可实现智能化信息分析和辅助决策、对城市轨道交通实体的运行指标监测与可视化、对模型算法的自动化运行以及对实体未来发展的在线预演，从而优化实体运行。

3.4 小结

现代通信、现代计算机信息、工业控制、物联网等通用技术是智慧城轨应用技术的技术基础，应用技术又是智慧城轨功能实现的技术基础。智慧城轨功能越来越趋向于多元化、多维度化，综合应用多项技术，进行逻辑调用、协同组合共同实现智慧城轨一项或多项功能，从而达到城轨的智慧效果，因此技术进步是智慧城轨可持续发展的驱动力，将高新技术作为基础，开展城市轨道交通建设，才能够确保其发展更为稳定快速。

第 4 章

智慧城轨的整体规划

4.1 智慧城轨发展蓝图

城市轨道交通是建设交通强国和智慧城市的重要组成部分，城市轨道交通行业要充分利用当前发展的重大机遇，以新兴信息技术与城市轨道交通深度融合为主线，推进城市轨道交通信息化、发展智能系统、建设智慧城轨，实现城市轨道交通由高速度发展向高质量发展的跨越，为构建现代化交通体系、助推交通强国建设贡献力量。

2020年3月，中国城市轨道交通协会发布的《中国城市轨道交通智慧城轨发展纲要》（简称《发展纲要》）提出了"1-8-1-1"智慧城轨发展蓝图（图4.1-1），即在一张蓝图下，构建智慧乘客服务、智能运输组织、智能能源系统、智能列车运行、智能技术装备、智能基础设施、智能运维安全和智慧网络管理八大体系、一个城轨云与大数据平台和一套中国智慧城轨技术标准体系。智慧城轨坚持智能化和自主化"两手抓"的实施战略，准确把握智慧城轨的发展方向，统筹规划、顶层设计、自主创新、重点突破、分步实施。

图 4.1-1　智慧城轨建设蓝图示意图

4.2 迭代更新轨交智慧运行平台

以往采用的"竖井式"项目建设模式体系架构陈旧、信息孤岛严重、基础设施分散、网络资源浪费、安全管控不足、运维体系失衡，导致标准规范缺失、建管统筹吃力、业务发展无序。

（1）体系架构陈旧，信息孤岛严重。生产系统的建设按照线网、线路和车站的分级结构，层次复杂，建设和运维成本高。不同系统平台"各自为战"，功能开发需要依靠系统集成商针对前期需求进行定制开发，而后期开发对既有厂商的依赖性强，难以适应运营需求的变化。随着工业化和信息化"两化"融合，传统的"竖井式"系统架构已经无法满足快速增长的业务需求，同时也难以解决"信息共享"和"网络安全"之间的矛盾，并且还存在重复投资和资源浪费的问题。

（2）基础设施分散，网络资源浪费。在传统的系统架构下，每个车站都需要配置各自专用的车站级服务器和终端，这导致机房空间、电力、环控、消防等资源的占用过高。此外，将服务器和终端分散设置不仅带来了运行和维护的风险，也增加了管理的难度。由于地下车站环境较差且受列车运行的振动影响，导致设备故障率较高。这种分散的配置方式不仅浪费了网络资源，也增加了基础设施建设的成本。

（3）安全管控薄弱，运维体系失衡。城市轨道交通存在众多维护环节，包括但不限于标准不一的传感器、通信终端、网络、主机、中间件和数据库等。一旦出现故障或安全事件，既有系统通常只能捕捉到时点日志，难以快速定位问题和追溯历史。此外，应用系统的垂直化管理、每个系统的独立监控和管理问题，导致需要配置多套运维人员，缺乏集中监控、集中维护、统一管理和自动化运维体系，导致运维成本高。由于大数据、人工智能和边缘计算的大规模集群化部署，每个人需要维护上千台设备，使得传统的运维方式难以支持新技术的发展。

为深入贯彻落实《交通强国建设纲要》，大力发展智慧交通，推动云计算、大数据、人工智能等新技术与交通行业深度融合，智慧城轨建设呼之欲出，它是改善以往城市轨道交通各专业系统封闭、隔离、固化、信息孤岛化而导致升级困难、管理瓶颈突出的现状，实现新时代城市轨道交通从数据采集、数据融合到数据分析、场景控制的数字化智能化管理，推进数据资源赋能交通发展，践行智慧交通建设的重大举措。智慧城轨建设以《发展纲要》为行动纲领，深化城轨云平台与大数据平台的体系建设和应用落地，实现业务覆盖、数据共享，完善城市轨道交通信息化顶层规划，构建可迭代更新的轨交智慧运行平台，形成轨道交通工业互联网信息新生态，以数字化驱动城市轨道交通业务发展。智慧城轨建设包括以下几方面：

（1）构建便捷泛在的网络环境。通过有线与无线连接方式，智慧城轨可实现感知层设备至车站系统、车站至控制中心、控制中心至线网的数据传送和交换，为新时代城市轨道交通提供泛在、随需、极简且更为灵活的网络环境。

（2）构建安全绿色的 IT 基础设施环境。智慧城轨基于虚拟化、分布式存储、并行计算、负载调度等技术设置统一的基础设施资源池，通过共享资源池的方式统一管理资源，实现对业务应用的统一部署承载，提供资源动态分配，统一开发运营部署运行环境，为城市轨道交通各类信息系统应用提供服务，助力智能化、智慧化发展；建设城轨云综合运维管理平台，统一管理城轨信息系统的云服务、计算、网络、存储、安全等资源和 IT 服务，为新时代城市轨道交通各类业务提供弹性调度、按需分配的基础架构资源服务。

（3）构建融合发展的数据平台。智慧城轨在城轨云上构建数据平台，加大数据平台技术架构的自主化研究，通过融合各专业及各业务数据，突破数据共享的壁垒，提供快速灵活的数据分析应用扩展能力及精准的业务服务，重点解决共享数据的采集、传输、加工、存储、安全、分析、管理和服务等难题，为大数据应用奠定坚实基础，形成持续的数据整合与应用能力，以完整数据驱动新时代轨道交通业务的优化。

（4）构建基于 AI 技术的智能分析平台。智慧城轨应实现扩大的智能创新应用建设，助推大数据、人工智能在城市轨道交通的智能优质服务、智能运营指挥和智能运维管理等领域的深化应用，构建智能分析应用，提高服务的质量和效率，提高系统的智能化水平，提高系统的可靠性和可维护性，为城市轨道交通的高效运行提供有力的保障。

（5）构建持续迭代开发平台。智慧城轨通过开放的、标准化的开发架构，为各专业业务运行提供持续迭代应用开发能力和开发生态圈，满足未来对业务变化快速响应。

（6）构建协同的行业技术组件库。智慧城轨汇聚协同统一的交通行业通用技术组件和通用 AI 技术组件，驱动城市轨道交通技术、经验、知识的模型化、标准化、复用化，提供基于行业技术组件库、快速拼装业务能力，提高应用开发的交付速度。

（7）构建智能可信的网络安全体系。智慧城轨遵循"系统自保、平台统保、边界防护、等保达标、安全确保"的策略，系统地采用可信安全与智能协同等技术，与城轨云同步规划、同步建设网络安全纵深防护体系，保障城轨云网及其承载应用持续稳定运行。

4.3 以人为本智慧乘客服务

《发展纲要》明确了智慧乘客服务 2025 年和 2035 年的战略目标，从提升票务服务的智能化水平、提供智慧出行咨询服务、提升列车智能服务水平等维度提出具体建设目标。本章在《发展纲要》的基础上，从乘客全链条维度出发，围绕乘客服务的各项关键服务需求，对服务场景进行智能整合、提升。乘客服务规划包括客运服务、票务服务、资讯服务、生活服务 4 个方面。

4.3.1 精准灵活的客运服务

通过深化数据分析应用，智慧城轨应实现实时客流采集，精准预测、智能调整运力和启动客流控制，主动诱导乘客出行，改变以往经验化、被动式的车站客运组织，转变为车站各客运设备、信息系统之间智能联控的车站客运联控模式，如图 4.3-1 所示。

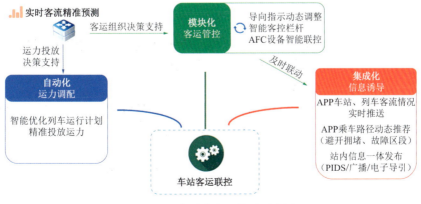

图 4.3-1　自适应客运体系示意图

（1）行车-客运的自适应联动

①实现全时序、多场景应用的网络客流预测与预警管理功能，对日常峰谷、节假日、重大活动的客流进行预测和监测，实现客流动态预警，为运营运输资源的合理配置及各线路运能的动态调整、自适应的客运组织和应急决策提供可知、可调、可控的大数据管理应急处置解决方案。

②引入智能技术实现对行车计划、客运组织的自动化、信息化的智能管控模式，使客运组织与行车计划调整之间实现动态匹配、深度联控。

③实时评估车站、列车拥挤度。结合实时客流预测技术，大客流预警监控技术，实时评估、分析车站及线路各列车的拥挤情况，为运力的合理配置和精准投放提供数据支持。

④灵活安排列车运力配置、车站客流管控。根据拥挤度等预警信息，预见性启动客流控制，动态调整列车运行计划，实现运输供给侧、需求侧的动态匹配和调整。

车站根据客流组织方案，预设不同的客运设备设施管控模式。当车站客流达到预警值时，车站值守人员可一键操作客控设备调整，包括导向指引内容自动调整、闸机自动开关以及客控栏杆自动升降等，实现车站客控模式下各类关键客控设备的模块化自适应调整，如图 4.3-2 所示。

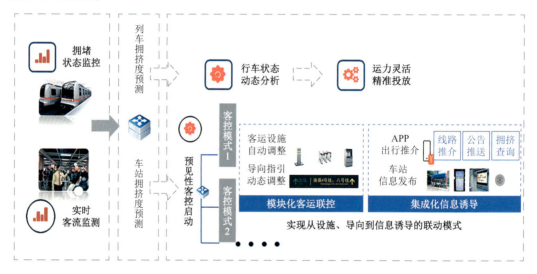

图 4.3-2　行车-客运的自适应联动示意图

智慧城轨通过对客运设施的联动控制，实现针对不同客流控制模式，快速启动相应的客运设备设施联动的功能，即模式化匹配客流控制场景。

（2）集成化的自适应信息诱导

①建立统一后台管理的乘客信息诱导系统，对乘客接收的各类信息渠道进行集中、统一的信息发布管理。当车站实施客流管控时，乘客信息诱导系统自动识别相应的管控模式，联动发布客流诱导信息。

②通过手机 APP 等线上媒介向乘客实时推介客控信息，诱导乘客安排合理出行线路；通过导向标识、PIDS、广播、电子导引系统等线下车站信息指引终端同步发布车站客控情况，让乘客及时掌握车站客控情况，如图 4.3-3 所示。

68

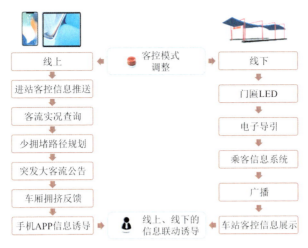

图 4.3-3 乘客出行信息诱导示意图

4.3.2 方便快捷的票务服务

票务服务旨在满足乘客多元化出行、信息及生活服务，智慧城轨背景下的票务服务规划主要体现在：提升系统智能化水平，建立"线上+线下"的便利服务模式，建设跨区域跨场景一票通服务等方面。

票务服务主要依托自动售检票专业牵头实现。

（1）提升票务的智能化水平

①升级电子票务收益管理系统，智能化实现个体、整体的实时收益精准支付、对账、报警，和整体现金、非现金收益自动核对，处理对账数据差异，并输出各类资金、票务收入报表，提升票务收益智能化水平，保障收益安全。

②对收益数据、客流数据、系统运行、乘客"画像"等数据进行智能化大数据分析，包括数据来源、数据分析、数据标签的建立、数据标签的更新等，为票务服务历史业务修正、新业务上线提供决策分析支持。

③在目前互联网+多元化过闸的基础上，通过引入生物特征过闸方式，应用人脸、眼纹、掌静脉、指静脉等多种或一种生物识别技术，推进基于实名制的信用支付的生物特征过闸，提升乘客服务水平。

（2）基于"线上+线下"的便利服务

随着乘客出行支付模式的转变，提供基于"线上+线下"的票务服务手段，为乘客提供便利、快捷、精准的票务查询、处理服务方式。

①线上手机 APP：开发完善手机 APP 线上票务处理功能，乘客可通过手机 APP 登录，方便地实现线上个性化各类票务的自助办理，如出行轨迹查询、平台支付核对、计费异常申诉等情况的自助办理等。

②线下自助票务客服：车站设置丰富的智能化自助票务客服设备，乘客可在车站内灵活地使用自助票务客服进行各类票务处理，当乘客需要人工服务时，可通过音视频与后台客服代表进行专项沟通票务服务。

（3）都市圈"一张票"服务

随着国内众多都市圈城市群生活圈的建设，城市群之间的交流日益密切，以"一张网、一张票、一串城"为理念，都市圈内轨道交通的互联互通、便捷换乘、一票通达的需求及趋势越来越明显，"一张票"正是票务服务范畴，需着重规划解决以下技术问题。

① 都市圈轨道交通清分中心研究：票务清分是票务系统上层系统规划，跨城乘客的票务交易数据共享是城际票款清分的支撑。结合技术发展的成熟度，都市圈轨道交通清分中心架构目前存在集中式及分布式两种模式，集中式即在都市圈各城市票务系统上层再规划建设一座统一的城际清分中心，用于集中处理城际票款清分工作；分布式即都市圈各城市票务系统之间采用分布式技术（或区块链等）进行互联互通，数据共享，互相对账，国内各都市圈可根据自己的特点进行规划。

② 都市圈轨道交通车票互联互通研究：车票业务直接面向乘客，一票通需实现各类票种城际铁路与城市轨道交通之间、跨区域城市轨道交通之间付费区互联互通。互联网票务方面，需实现个人信用体系的跨平台、跨区域乘车服务；实体票务方面，宜采用统一的密钥体系，并从实体密钥转向软密钥模式，支付方式由预充值逐步转向后付费模式。

③ 都市圈轨道交通票务政策及票价研究：一般城际铁路执行市场调节价，由运营企业自主制定，如广珠城际铁路，约按 0.60 元/人公里运价费率计价。而城市轨道交通票价需经相应政府部门听证审查，普遍采用递远递减费率的计程票制，相比较下，城际铁路票价远高于城市轨道交通票价。都市圈城际铁路与城市轨道交通贯通融合背景下，需整体规划统一的票制体系，既要保障运营企业票款收入，又要符合轨道交通公益性原则。

4.3.3 普适定制的资讯服务

资讯服务从对象维度分为大众式信息服务和定制化服务，分别面向普通乘客及个性化需求乘客，从空间维度分为线上及线下两类，分别对应互联网空间及站内外空间，其中线上资讯服务由自动售检票及智能客服专业牵头实现，信息基础平台、办公自动化专业配合实现；线下资讯由服务乘客信息专业牵头实现，自动售检票及智能客服、电子导向、装修专业配合实现。

（1）大众式资讯信息服务

大众式乘客资讯利用多媒体显示技术、互联网技术、物联网技术等构建乘客资讯发布平台，以车站、车载各类多媒体显示终端和手机 APP 为媒介，向乘客提供站内、站外无处不在的多元化信息服务。

车站、车载线下多媒体显示终端，提供乘车须知、服务时间、列车到发时间、列车时刻表、运营公告、天气预告、政府公告、出行参考、车站周边信息、金融信息、媒体新闻、赛事直播、互联网资讯等实时动态的多媒体信息；在火灾、阻塞及恐怖袭击等异常情况下，提供动态紧急疏散提示。在楼扶梯位置、便民设施区、售检票区、候车区、出入口周边、站外附近等处结合车站建筑装修融合设计丰富的智能导向设备，增强乘客视觉效果，主动感知车站拥挤度，为乘客提供实时导向信息，改善乘客体验。实时显示本站、邻站和换乘站客流动态、列车运行时刻，为乘客提供出行路径咨询及建议；

手机 APP 可为乘客提供线网图、乘车路径、出行资讯、购票信息、乘车码、客流实况、导航、Wi-Fi、站点信息、轻生活等服务。通过多元化的资讯信息有效地为乘客及市民提供信息增值服务，全面提升乘客满意度和数字化服务水平。

（2）定制化全时咨询平台

智慧城轨应搭建多元化、全维度的综合智能客服平台，使咨询服务深度融入乘客线上、线下全方位的服务渠道，实现乘客-客服之间的快速、精准的服务响应，为乘客提供更为智能、精准的品质专项服务。

①建设后台集中的乘客问询应答模式：建设后台集中客服平台，聚合智能语音应答、乘客信息的可视化、人工智能等多平台服务内容，利用丰富的客户服务载体，实现与乘客的远程音视频智能语音识别及自动应答交互、后台客服"一对一"的交谈互动。根据乘客的需要，解答客户的疑问，定制化提供多种出行解决方案。

②零距离丰富畅通沟通服务：除热线电话咨询服务外，乘客可使用手机APP、微信公众号、官网、邮件、互联网平台等网络化载体，在日常城市生活中，随时随地地与城轨客服之间保持畅通的沟通，实现面向对象的精准的乘客个性化服务。

③智能化的车站整体快捷服务：车站设置多种现场客服设备，主要包括智能客服终端、乘客自助终端、智能咨询终端等。乘客可灵活通过自助操作、智能语音及后台客服代表问询等方式，完成票务资讯、票务处理、线路查询、换乘指导、站内外导航、运营信息资讯、周边信息资讯等整体快捷乘客信息服务。

④车站人员快速响应服务：车站支持多渠道的乘客求助服务，建设快速客服响应服务体制，通过站务移动式客服终端，当设备及后台无法解决乘客服务需求时，后台客服可一键快速通知现场工作人员到场进行专项服务。

⑤完善的乘客服务质量监控：车站建立智能乘客服务质量监控系统，通过智能语音识别，对后台集中客服、车站值守人员的服务响应质量、效率进行实时监控；对乘客意见进行收集、分析，包括乘客咨询、投诉、回访等，对乘客意见进行动态监控；结合乘客数据分析，掌握乘客服务需求及趋势，及时提出服务改进措施，为服务创新发展提供数据支撑。

4.3.4 生态个性的生活服务

构建基于客流的生活增值服务的核心目标是打造一个基于城市轨道交通客流大数据的互联网生态平台，个性化服务实现乘客智慧出行，构建生活服务大商圈。

（1）打造城市轨道交通脉络，联合多种周边交通，无缝衔接周边交通服务，打造出站即换乘，一站式交通到家的便捷体验。

（2）通过线上网络平台及线下经营活动，实现广告业务的精准推送，引入周边商业，设置无人商铺，构建"一站式"城市轨道交通核心商圈。

（3）引入同城快递、物流、缴费代扣、线下充值、O2O（线上到线下）、即取服务等生活服务，形成城市轨道交通生活驿站，为乘客提供各项生活上的便利。

（4）提供通过手机APP完成线上线路查询、景点门票购买、酒店预订等文化旅游拓展服务。

（5）为乘客提供手机游戏、电影、电子书册等丰富的泛娱乐项目。

（6）结合车站情况设置关爱型母婴室、智能化卫生间等人性化便民设施，提升车站服务水平。

生活服务主要由城市轨道交通资源开发部门牵头组织实施，智能客服、办公自动化、轨交智慧运行平台、乘客信息等专业配合实现。

4.4 高效灵活智能运输组织

随着线网规模的不断扩张和网络通达性的增强，为匹配多样化的客流需求，线网行车组织方式日益复杂，突发情况下对调度的快速应变要求越来越高，调度指挥亟须实现"重点目标可视化、信息获取立体化、调度决策精准化"等功能，在前端感知、中间网络传输、智能决策、多渠道信息报送等方面实现向智慧指挥调度的演进。

智能运输组织功能由综合监控及轨交智慧运行平台专业牵头组织，信号、通信、乘客信息、办公自动化等专业配合完成功能。

4.4.1 精准的调度决策

智慧城轨应搭建线网各线路全局资源可视化系统，实时监控客流变化情况、列车运行情况和实时在线监测设备运行状态；构建信息智能收集系统，及时、准确获取现场信息，快速识别现场异常情况，实现快速发现和精准传递信息；建立多专业联合故障救援的综合调度指挥统。通过重点目标可视化、信息获取立体化、调度控制一体化等手段，实现"情况看得见""指令听得着""位置找得到"的可视化指挥调度。

4.4.2 高效的调度指挥

（1）实现通信指挥全融合。智慧城轨可通过多媒体融合调度、移动通信指挥，实现线网应急处置联络的安全、可靠、通畅，保障在应急情况下能够顺利开展调度指挥工作，实现现场情况的实时反馈和决策指令的快速下达。

（2）实现信息报送一体化。通过开发一体式信息报送系统，以线网平台为依托，城市轨道交通运营企业可增强与外单位的信息共享和协调联动，实现城市轨道交通动态运作、突发事件协调处置、乘客出行友好体验等功能需求。

（3）实现调度处置智能化。智慧城轨充分融合运营基础数据、调度处置案例等，实现故障的智能接警及判断，动态生成优化的处置流程管控方案；对调度指挥过程进行实时追踪，能实时纠偏并生成后续指挥方案。

（4）根据城市周边接入轨道交通站点的乘客出行、道路、公共交通等实时数据变化，以及城市轨道交通的客流变化，智慧城轨可基于城市道路公路数据、手机信令数据、互联网数据、GPS（全球定位系统）数据、IC卡（集成电路卡）数据等多维度大数据分析和挖掘，对轨道交通体系中的客流预测精准数据。

（5）根据客流预测数据智能生成计划运行图，在运行图中能够做到灵活设置交路，实现小交路、Y形交路、快慢车交路、双向不平衡运输等多种运营组织方式。同时在单条线路出现客流拥堵时，线网应能够调整其他相关线路的运营，并做好乘客诱导；同时线网应根据乘客OD（起讫点）出行路径，相关线路的运输能力进行相应的匹配，同时为线网生成新的计划运行图给予决策辅助支持，实现线网运输能力的精准投放，客流与运能的供需匹配联动。

（6）针对突发大客流的疏导，为线网智能调配线网运行交路提供数据支持。调节站内智能导向和照明，利用车站多媒体进行信息发布，辅助疏导车站客流，形成预警/告警信息，通知车站管理人员按应急预案进行现场处置。

4.4.3 灵活的应急处置

（1）智能感知的乘客事件处置

针对突发如安检、站台门夹人、乘客在扶梯上摔倒的乘客事件，智慧城轨系统通过视频分析、智能传感等感知手段，及时触发警报信息，提示站务人员进行处置。同时，系统根据事件类型触发相对应的应急预案，联动相关部门进行处置。

（2）协同联动的应急疏散与公交接驳

在各类极端气象或火灾灾害发生时，智慧城轨系统可通过先进的探测器或传感器，结合外部气象数据的接入，大数据平台的预测分析等手段进行及时预警。预警产生后，系统应启动相应的应急预案，各系统按预案自动执行相关联动，同时通知相应部门进行现场处置，如公交接驳时，将处置和现场情况及时准备上报上一级管理部门，如图4.4-1所示。

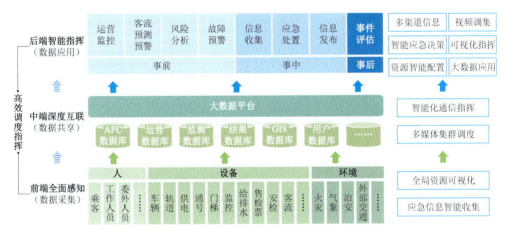

图 4.4-1　高效智慧调度指挥示意图

4.5　安全可靠智能列车运行

城市轨道交通全自动运行全面推广应用，全自动运行系统智能化、标准化、系列化水平进一步提升，实现列车运行关键设备的健康管理，并逐步实现自主知识产权。

结合都市圈、城市群的"多网融合"需求，智慧城轨应推进兼容不同信号制式、不同线路设备的跨制式通用列控系统研发和示范应用，实现与其他轨道交通的区域互联互通、跨线运行及网络统一调度。

4.5.1　全自动运行

相较于常规列车运行模式，全自动运行在提升系统安全性、提高线路运能、适应灵活调度、提升运营效率、降低劳动强度、降低运营成本等方面有显著优势，全自动运行在世界轨道交通领域发展迅速，越来越多的新建线路计划或已经采用全自动运行的标准进行建设，已经或陆续开通运营。全自动运行的关键技术，如列车控制、系统联动、应急指挥、故障处理、乘客监督、信息显示、诊断辅助等方面的建设和运营经验也会逐步丰富。

全自动运行通过新增和增强多重的安全保障策略，确保列车运行安全、设备运营安全、系统功能安全、应急保障安全以及运营环境安全等。全自动运行涉及的核心专业车辆、信号、站台门、通信等，应综合协调，采用各类安全保障措施，运用全生命周期安全风险管理体系，减少运行故障，提高系统可靠性、安全性和鲁棒性，共同确保全自动运行的安全。

全自动运行适应网络化运营的灵活调度组织管理，摆脱了有人驾驶系统司机配置和周转的制约，不受司乘人员的限制，可以实现不间断的运输服务。根据运输需求灵活地调整运营间隔，随时增、减列车，提高系统对突发大客流（大型活动，如体育比赛）的响应能力。

全自动运行可以缩短车站的停站时间，提高行车密度和全线的旅行速度，缩短行车间隔，提高运能。常规城市轨道交通实际最小运营间隔在现有技术条件下较难达到2min以下，要解决特大城市城轨客流，特别是早、晚高峰时期客流需求，必须切实研究新技术，全自动运行技术可以提高行车密度，实现最小运营间隔小于2min，提高运营能力，挖掘城轨运输潜能。

全自动运行自动化程度较高，节省了人力、物力。虽然初期建设成本较常规线路略高，但全自动运行后期可较大程度地降低运营维护成本。全自动运行比常规的有人驾驶系统减少了人为因素影响，提高了设备的可靠性，缩短车站的停站时间，提高行车密度和全线的旅行速度，缩短行车间隔，增加运能，节省在线运营车辆配置数量。全自动运行的列车有更高的牵引和制动控制精度，可以避免不必要的加速和减速，使列车运行趋于理想的运行曲线，同时也可根据运行工况有效地调节列车空调、照明的工况，从而减少能耗，降低运营成本。全自动运行可以减少司机数量，在系统稳定的情况下，甚至可以取消上线运行列车的司机配置，同时还减少了对于车场服务人员、车站服务人员等需求。

全自动运行提高了系统的自动化程度，增强设备的自诊断功能，运营维护功能得到加强，降低了运营人员劳动强度，特别是将司机从重复作业中解放出来，列车上可以配置乘务人员，监视列车运行状态，其劳动强度将显著减低。

1）概述

全自动运行工程是涉及土建和设备等多专业的系统性、综合性工程，应进行多专业顶层设计，使信号、车辆、综合监控、站台门、通信系统实现协同控制，从而满足全自动运行整体功能需求、全自动运行时的联动控制及应急处置要求。全自动运行系统具有更加完善的自动控制功能，以行车为核心，信号、车辆、综合监控、通信、站台门等多系统应深度互联，提升城市轨道交通运行系统的整体自动化水平，如图4.5-1所示。

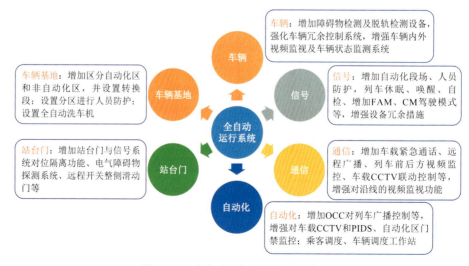

图4.5-1　全自动运行功能提升示意图

FAM-全自动运行；CM-编码列车驾驶；CCTV-视频监视系统；OCC-运行控制中心

2）信号系统

为了确保列车运行安全，满足运营及功能需求，提高运输效率、改善工作环境、促进管理的现代化。信号系统应采用一个完整、先进的列车自动控制（ATC）系统。信号系统按所在地域可划分为控制中心设备、车站及轨旁设备、车载设备、车辆段/停车场设备、试车线设备、维修和培训中心设备。

为实现全自动运行的相关要求，全自动运行下的信号系统相较于 GoA2 等级信号系统在设备配置方面有所增强，具体如下：

（1）车站及轨旁设备

人员防护开关（SPKS）可在列车全自动运行时，为工作人员提供可靠的安全防护，防止进入人工作业区域或者在人工作业区域启动。

信号系统在车控室 IBP 盘（综合后备盘）或站台区设置人员防护开关及相应表示灯，工作站具有 SPKS 相关表示灯，SPKS 的具体位置可根据运营需求进行设置。工作人员进入区间时需转动 SPKS，建立相应封锁区域。封锁区域外的列车不进入该区间。封锁区域内的列车制动停车或保持静止状态不发生移动。

站台关门按钮：为了实现站台人工关闭车门功能，信号系统在车站站台上设置站台关门按钮。站台值班员人工进行清客确认后或需要关闭车门时，按压站台关门按钮，关闭车门和站台门。

应答器：正线折返线、存车线增加设置用于休眠/唤醒和列车定位的应答器。

（2）车载设备

车载设备需设置辅助驾驶设备用于实现休眠和唤醒等相关控制功能（或通过其他车载设备实现此功能）。

为了提高车载设备可靠性和可用性，信号车载 ATO（列车自动驾驶）设备应采用冗余配置，车载信号设备增加与车辆的输入/输出接口，用于实现全自动运行的控制要求。

（3）车辆基地设备

同传统的人工驾驶车辆段方案相比，车辆段内需要增加轨旁 ATP/ATO 计算机设备，在车辆段咽喉区、洗车库、自动控制区域/非自动控制区域的转换轨、停车列检库内增加相应的应答器设备。

同 CBTC（ATP/ATO）车辆段方案相比（已配置轨旁 ATP/ATO 计算机设备），车辆段内需要在洗车库、自动区域/非自动区域的转换轨、停车列检库内增加相应的应答器设备。

车辆段停车列检库运转值班室或停车列检库内设置 SPKS 及相应表示灯的控制盘，ATS（列车自动监控系统）相关工作站具有 SPKS 相关表示灯。原则上车辆段自动控制区被划分成若干 SPKS 防护分区，停车列检库库内区域每一条停车列检线（2 个列位）设置 1 个 SPKS；洗车库区域设置 1 个 SPKS；车辆段咽喉区自动控制区域（停车列检库和洗车库区域除外）设置 1 个 SPKS。

（4）控制中心设备

控制中心需要增设车辆管理调度工作站和乘客调度工作站，用于实现车辆和乘客的相关监视、控制及调度功能。

3）车辆系统

全自动运行车辆新增配置包括代替司机操作的相关系统、提高系统可靠性增加的冗余、为实现车辆状态及运行环境跟踪增加相关系统。

(1)司机室

司机室布局应满足 FAO(全自动运行系统)的需求。列车宜设置开放式驾驶室,采用小型化驾驶台、内藏处理。司机操作台设可拆卸防护罩,并具有锁闭功能,以防止非专业人员的误动作。

(2)车辆控制系统

车辆采用具有冗余的列车总线控制方式,TCMS(列车控制与诊断系统)具备头尾设备冗余控制功能。车辆牵引/制动应快速响应,牵引力/制动力指令值的传输双通道冗余结构。

车辆控制回路增加自动唤醒模块、人工唤醒备用回路、增加唤醒继电器、列车供电接触器等模块。车辆控制电路应采用冗余设计,对关键安全电路进行可靠性分析,降低电路故障对列车运行的影响。

(3)障碍物及脱轨检测系统

障碍物及脱轨检测系统采用被动检测+主动检测方式。列车前端和末尾配有机械障碍物探测装置,这种压力敏感装置可探测列车两端的障碍物,实现被动检测。主动检测可采高清远距视频监控系统,并集成雷达、激光、红外等综合探测手段的非接触式障碍检测。

车辆转向架上应安装脱轨检测装置,检测到脱轨或构架失效时,报警并启用紧急停车。

(4)视频监控系统及广播

列车端部、每节车内部设置摄像头,确保列车内、外视频实时传送至 OCC,并确保监控是完全覆盖、清晰可辨的。

广播系统应采用内部总线控制的模块化冗余结构,内部总线也应冗余。每个模块均具备自检功能,单个模块故障不应造成广播系统的功能失效。

(5)蓄电池容量

列车蓄电池容量应满足列车连续休眠多天的供电时间。蓄电池应确保端电压足以满足列车正常唤醒和列车所有设备的正常启动,并能投入运营;同时应考虑运营中紧急情况下的用电需求。

(6)车辆故障诊断及故障集中管理系统

列车状态和故障情况应实时上传到 OCC,即 OCC 操作人员可获得现场司机可以看到的所有车辆信息。车辆故障诊断及故障集中管理系统增加车辆预判故障(成熟完善的 TCMS 系统、诊断以太网网络、状态和故障数据实时上传等)、冗余配置[双冗余的 MVB(多功能车辆总线)网络、牵引和辅助设备的冗余配置等]、故障复位和隔离(远程故障复位、转向架隔离等)系统。

4)车辆基地

自动化车辆基地根据驾驶模式的不同可分为全自动运行区和人工驾驶区,全自动运行区为无人区,建议由 OCC 进行管理控制(ATC 控制区域),人工驾驶区为有人区,建议由 DCC(段场控制中心)进行管理控制(非 ATC 控制区域)。其中双周/三月检线、定/临修线、大/架修线、吹扫线、静调线、镟轮线、试车线、工程车停放线等为有人区,停车列检线、洗车线、牵出线、咽喉区、出入线等为无人区。

(1)增设转换区

列车由全自动运行区运行至人工驾驶区时,须在转换区进行驾驶模式转换。转换区股道有效长不小于一列车+60m,并配套设置司机登车平台,用于驾驶模式转换。

(2)增设安全隔离、门禁系统

全自动运行区和人工驾驶区之间相互隔离,设置安全防护。全自动运行区应安全隔离带封闭,出入口处设置门禁系统,其安全防护要求与正线要求相同。

停车列检库为全自动运行区,停车列检库内每股道的长度需考虑列车因全自动运行后信号所需要的防护距离需要,A/B段两车车钩之间的间距按不小于20m考虑,B段长度按不小于1列车长+15m+车挡考虑,并宜设置消防通道;为保障作业人员安全,停车列检库按每2~3股道设置成1个防护分区,各个防护分区用铁栅栏形成物理隔离。库前或库中间(两列位之间)设置人行下穿通道,以方便司乘人员、检修人员通行,通道净空宽度不小于1.2m,高度不小于2.0m,通道在每个防护分区均有一个出入口,并在出入口设置门禁。

为减少调车作业,停车列检库均设置为列检列位,按100%柱式检查坑设置,末端车挡采用液压缓冲式车挡。

(3)洗车机采用无人值守、远程监控模式

洗车机的控制纳入信号联动系统,洗车实现自动控制及人工控制。

5)通信及乘客信息系统

(1)列车司机室及客室摄像机设置

在全自动运行模式下,列车应增加车载视频主机和车载视频监视网络交换设备的处理能力,以及增加或增强与相关系统的外接口,原则上在每个司机室增设高清数字摄像机,每个客室内增设高清数字摄像机。

(2)区间线路视频监视

全自动运行线路可结合周界防护在高架线路区间每隔一定距离设置摄像机,用于中心、车站监视线路情况,每个摄像机设置视频分析功能,报警时可自动弹出画面,并可将信息送至综合监控或行车综合自动化系统进行驾驶条件的综合判断。

(3)紧急对讲设置

利用无线通信语音通道,列车上的乘客可实现与控制中心的紧急通话。紧急对讲电话安装于客室内车门一侧,乘客操作后,可与控制中心乘客调度电话联系,同时触发CCTV联动,应急电话所在车门附近的视频上传到控制中心行调和车辆调度台上。

(4)乘客调、车辆调通信设备配置

专用电话系统在控制中心增加乘客服务调度台、车辆调度台,并在各相关位置相应增加调度分机。视频监视系统在控制中心增加乘客服务控制终端及监视器、增加车辆调度控制终端及监视器。

6)综合监控系统

全自动运行线路可单独设置综合监控系统,亦可采用综合监控与信号ATS子系统集成,建立统一的综合自动化平台,构建以行车指挥为核心的行车综合自动化系统。

采用互联方案时,综合监控系统集成的主要包括电力监控系统(PSCADA)、火灾自动报警系统(FAS)、环境与设备监控系统(BAS)、视频监视系统(CCTV)、广播系统(PA)、乘客信息系统(PIS),互联的主要包括列车监控系统(ATS)、自动售检票系统(AFC)、时钟系统(CLK)、门禁系统(ACS)等。

采用集成方案时,行车综合自动化系统可集成自动列车监控系统(ATS)、视频监视系统（CCTV）、广播系统（PA）、乘客信息系统（PIS）、电力监控系统（PSCADA）、火灾自动报警系统（FAS）、环境与设备监控系统（BAS）、互联的系统有自动售检票系统（AFC）、时钟系统（CLK）、门禁系统（ACS）等。采用集成方案时，应明确并优化与信号专业的设计接口，加强对列车运行、事故、乘客报警及异常、车辆故障、站台门状态等的联动和信息整合，并增加控制中心操作员对车厢乘客的广播、视频监视以及对讲、对车辆设备的管理、监控、联动等功能。

7）站台门系统

在全自动运行模式下，除了需要采用物理探测措施主动减少乘客或物品滞留站台门与列车之间的风险外，车站还需要增加其他电气间隙探测装置，提升安全性。根据探测介质不同，电气间隙探测装置主要分为视觉探测、激光对射探测、激光扫描探测、红外探测等。

（1）顶置式视觉探测装置

顶置式视觉探测装置由视觉识别仪、特征光带和监控主机等组成，每个滑动门单元作为一个保护区域。在列车进站后滑动门开门前建立背景模板，在滑动门关闭且紧锁后进行异物检测，探测信号接入站台门系统或者信号系统。当探测到障碍物时，断开站台门的安全回路或将障碍物信息传递给信号系统，列车无法驶离站台。该装置在城市轨道交通领域的应用处于研究阶段。

（2）激光对射

对于直线站台，站台两端分别安装发射装置、接收装置和主机；对于曲线站台，则需根据站台曲率，安装多套发射装置、接收装置和主机。当检测到障碍物之后，由主机将故障信息上传至站台门系统或信号系统，该方案在国内部分线路已有使用，但普遍反馈存在探测范围小（或需要侵限安装）、误报率高、故障率高等问题，目前已较少采用。

（3）顶置式激光扫描探测

顶置式激光扫描探测由激光扫描仪、PLC（可编程逻辑控制器）控制系统、嵌入式监视器及相关系统软件和应用软件等组成，每个滑动门单元作为一个保护单元。探测装置收到站台门及车门关闭且锁紧信息之后，开始工作。若探测到障碍物信息后，探测装置进行声光报警，并将信号并入站台安全回路，如探测到障碍物，站台门安全回路中断，站台门将无法向信号系统发送"关闭且锁紧"信号，站台列车将不能发车。该方案安装不受限界影响。

（4）红外探测装置

红外探测与激光对射方案类似，由红外发射端、红外接收端和主机组成。探测信息总集成在一起，上传至主机，接入站台门系统或者信号系统。当探测到障碍物时，断开站台门的安全回路或将障碍物信息传递给信号系统，列车无法驶离站台。红外发射端、红外接收端可以每节车厢设置一套，或者每道滑动门设置一套。该方案在国内部分线路已有使用，但也普遍存在与激光对射相同的问题，目前已较少采用。

4.5.2 同制式信号系统互联互通

城市轨道交通互联互通应针对线路的特点，以网络化资源共享为理念，从节约建设成本角度出发，制定资源共享的互联互通方案。城市轨道交通线路互联互通是一个系统性工程，涉及线路、限界、车辆、轨道、车辆基地、行车组织、供电、通信、信号、站台门等多个专业，应将各线路相关专业统一标准，实现互联互通。

同制式信号系统互联互通是指装备不同信号厂家车载设备的列车可以在装备不同信号厂家轨旁设备的一条线路内或多条线路上实现无缝互通安全可靠运营。互联互通应用需求有三个层面：一是统一技术标准，实现 CBTC 信号系统统一；二是满足共线运营和延伸线建设需求；三是满足跨线互联互通运营需求。三个层次需求逐步递进。

实现同制式信号系统互联互通可通过加装多套信号车载或地面设备、采用通用的信号车载设备、基于统一规范标准的信号系统互联互通接口等方式实现。为实现完全兼容的互联互通，信号系统应对需求、系统架构、通信方式与接口通信协议兼容技术进行统一标准；应满足互联互通需求的列车安全防护和精确控制技术、不同地面设备控制下的列车平稳切换技术；应统一共线、跨线运营组织与管理模式等。

互联互通信号系统工程设计应重点关注车载应答器天线安装位置、轨道区段划分原则、轨旁应答器/信号机/计轴布置原则、接近区段/触发区段设计原则、列车位置报告、移动授权生成原则、保护区段长度计算原则、保护区段解锁原则、地面重叠区及临时限速区段划分原则等，形成符合本地线网建设的设计原则。

互联互通信号系统的系统研发、设备制造、测试验证、功能调试、安全认证、开通运营等整个过程，应基于国内各城市用户需求以及其所采用不同的具体实现方法的系统技术，制定合理的、满足国内用户需求的主要功能统一、系统架构统一的互联互通系统技术要求。同时应制定 CBTC 系统车地连续通信协议规范、应答器报文规范、车载 ATP/ATO 与车辆的接口技术要求规范、区域控制器（ZC）间接口规范、计算机联锁（CI）间接口规范、车载电子地图技术规范、测试及验证技术规范等接口规范和标准。

同制式信号系统互联互通应由信号专业牵头，线路、限界、车辆、轨道、车辆基地、行车组织、供电、通信、信号、站台门等多个专业配合实施。

4.5.3 城市轨道交通与城际铁路信号系统互联互通

都市圈和城市群的跨制式轨道交通信号系统互联互通的实现，将推进市区城市轨道交通、市域快轨、城际铁路"三网融合"。跨线运营的车辆、列控、供电等系统技术逐步成熟，城市群区域内跨制式轨道交通信号系统互联互通的实现，将提高网络化调度管理水平。

跨制式互联互通信号系统主要应用于 CTCS（列车运行控制系统）与 CBTC 两种不同列控制式线路之间的跨线运营。为了实现跨线运营的无缝接驳，两种不同地面信号制式的接口区域或接口站装配跨制式地面信号系统，从而实现装配跨制式信号系统的列车可以实现跨线不降级贯通运营，也可实现装配跨制式信号系统的非载客列车跨线不降级、不停车转换制式进入目标线路区域管辖的车辆段/动车所。

跨制式互联互通信号系统应满足在 CBTC 列控系统控制线路范围内自动化等级达到 GoA4 级，在 CTCS 列控系统控制线路范围内自动化等级达到 GoA2 级，并在此基础上实现全自动折返（ATB）功能。

（1）自动化功能

跨制式互联互通信号系统应具备网络化统一调度、列车运行计划的自动调整、在线列车车次号的灵活调整、大小交路同时运营、无人及有人驾驶模式下列车的自动折返/跳停/扣车、调度命令编辑及下发到车站和列车、信号设备自动和人工控制、区间运营等级和停站时间的灵活调整、在站列车提前发车及列车节能运行等功能。

同时，跨制式互联互通信号系统应具备跨线路列车统一编图的功能，支持按照线路、线网、调度台管辖区等不同方式进行编图，多线间交界站列车间的接入和交出可实现自动勾连。统一编制后的线网列车运行图可以按照不同线路、不同调度台管辖范围自动拆分，并下达给对应的调度台。如对线网列车运行图进行修改，修改后的列车运行图将会及时通知并更新至每个相关的调度台，以实现线网列车运行图的实时同步更新。

（2）列车运行控制

跨制式互联互通列车运行控制系统车载设备可采用 CTCS-2 + ATO 与 CBTC 两种制式车载设备独立设置，通过增加双制式切换装置完成两种不同制式转换及与车辆接口；亦可采用 CTCS-2 + ATO 与 CBTC 两种制式融合的车载设备，综合实现制式选择与车辆接口。列车应具备 CBTC 及 CTCS-2 + ATO 两种不同制式下所有驾驶模式选择。

（3）计算机联锁

跨制式互联互通信号系统的计算机联锁宜在共线或跨线区域统设置一套，即合场设置方式，分别与调度管理系统、CBTC 列控系统及 CTCS-2 列控系统接口，对受控区域进路、道岔、信号机、计轴、轨道电路、紧急关闭按钮/取消紧急关闭、站台门控制器、IBP 盘等设备实施统一管理。

跨制式互联互通信号系统应由信号专业牵头，线路、限界、车辆、轨道、车辆基地、行车组织、供电、通信、信号、自动售检票、站台门等多个专业配合实施。

4.6 全景管控智慧车站管理

《发展纲要》在智慧乘客服务、智能运输组织等体系中，均提及智慧车站系统。新时代的城市轨道交通应借助各类先进的智能技术摆脱以往定时、定点、定岗的管理运作痛点，将车站管理模式从固定化、单站化向移动化、区域化转变，构建基于设备全息感知、系统集成联控、终端移动操控的高度自运转的全时全景车站管理模式，最终实现区域站点集中值守和远郊车站无人值守的管理模式。

4.6.1 全息感知的安全管理

（1）实现车站内外人员、设备等要素的全面监测、智能分析、预测和预警，并生成相应的安全策略。

（2）实现人员行为全方位监管。通过视频识别、智慧检查，监控车站、列车各区域乘客行为，快速识别危险信息并报警，经车站、控制中心及关键人员确认后联动相应设备模式切换。该功能宜由综合监控及轨交智慧运行平台专业牵头，通信、安防等专业配合实现。

（3）实现设备安全全要素监管。实现站内外各类机电设备及房建设施等运行状态全要素监控及报警，异常情况下，能够自动启动自修或切换后备运行措施，联动各方处理。该功能宜由综合监控及轨交智慧运行平台专业牵头，BAS、FAS、PSCADA、站台门、扶梯、环控、给排水等专业配合实现。

（4）实现施工安全数字化监管。自动辨识施工人员及与其对应的施工区域、时间、条件、防护、工/场清状态、配合人员等。检测施工过程中的安全状态，发现异常情况并报警，并联动远程、现场及时处理。该功能宜由综合监控及轨交智慧运行平台专业牵头,通信专业、办公自动化系统等专业配合实现。

(5)实现环境安全多维度监管。即时识别站内异常环境、外部侵入及恶劣天气情况并触发报警装置,经车站、控制中心监控界面确认后,联动相应设备应急模式及人员及时处理。该功能宜由综合监控及轨交智慧运行平台专业牵头,BAS等专业配合实现。

(6)实现突发事件智能化管控。建立车站智能公共突发事件应急响应管控体系,完善公共突发事件(含卫生安全等)应急预案,在线网应急指挥中心的组织协调下妥善应急处置;该功能宜由综合监控及轨交智慧运行平台专业牵头实现。

4.6.2 灵活适配的服务管理

随着新时代的到来,城市轨道交通的服务管理也将发生改变,从以往的固定、被动式的人员服务响应转向主动感知、适配调整的服务响应方式。人员与设备将相互配合,相辅相融,共同实现服务响应的最优化。

(1)设置适应需求的自助服务终端。实现自助购票、开具发票、办理异常事务等票务功能,并开放咨询、建议、预约、投诉等交互式功能和提供各种运营资讯信息的查询服务,助力乘客的出行更加便捷和高效。该功能由AFC专业实现。

(2)建立自适应的环控监测体系。实现环境参数的实时监测和自动调节。根据季节、温湿度、客流等变化自动调节温湿度,为乘客提供舒适环境。该功能宜由综合监控及轨交智慧运行平台、BAS、环控专业共同实现。

(3)全面实施电子导向指引。实现根据正常、大客流、应急等场景联动触发相应的导向指引模式。该功能宜由综合监控及轨交智慧运行平台专业牵头,通信专业配合实现。

(4)搭建客流实时监测与仿真系统。全方位实时监测车站的客流量,并通过精准的预测模型生成仿真流线模型,有助于对可能存在的拥堵和冲突点进行检测、识别和报警,并触发切换相应的流线优化模式从而缓解客流交叉以及局部拥堵等情况,联动车站内的广播、PIDS、电子导向、客运设施以及手机APP等各种服务,提供更加便捷高效的出行体验。该功能宜由综合监控及轨交智慧运行平台专业牵头,AFC、通信专业配合实现。

(5)实现线网客流拥堵精准诱导。融合线网精准客流和乘客定位技术,通过线上、线下等多种终端发布乘客诱导信息,引导乘客行走路径。该功能宜由综合监控及轨交智慧运行平台专业牵头,AFC、通信专业配合实现。

(6)实现车站一体化信息服务。实时提供车站多场景动态信息,实现车站的全息感知、自动运行、全景监控、自主服务及其与周边商业、公共服务设施的一体化信息共享及联动的应用。该功能宜由综合监控及轨交智慧运行平台专业牵头,AFC、通信、建筑专业配合实现。

4.6.3 移动便捷的内部管理

传统的车站运转模式,现场人工投入较多,随着系统化、集成化等手段逐渐成熟,集成车站内各类系统设备,强化联动运作,促进数据交互、智能分析,形成集成化、一体化、移动化、区域化设备管理模式,可定制不同设备管控场景,一键调整设备运作状态或功能,提升整体运作效率,如图4.6-1所示。

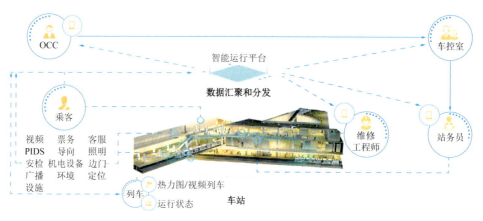

图 4.6-1　全景管控智慧车站管理示意图

（1）实现区域中心化管理。区域中心站管辖多个车站进行远程监控及设备操作，节约人力投入，实现区域值守、无人值守运作模式。该功能结合运营管理模式，宜由综合监控及轨交智慧运行平台专业牵头落实。

（2）实现移动站务。站务员通过移动工作终端移动办理车站运作事务；员工可通过移动终端进行远程视频监控、响应服务求助、控制设备开关、检测设备状态和接收报警、接收应急指令、处理移动票务以及操作广播系统等工作，从而可以更加便捷地完成各项工作任务，提高车站的服务水平和效率。该功能宜由综合监控及轨交智慧运行平台、AFC 专业牵头，机电专业配合落实。

（3）实现一键开关站。车站开站时，唤醒各类服务设备设施的自检，正常情况下及时开启运行；关站时，通过视频监控及视频分析车站乘客逗留情况，并有序调整关闭车站设备设施。该功能宜由综合监控及轨交智慧运行平台专业牵头，通信、AFC、机电专业配合落实。

（4）实现车站智能视频巡视。借助视频全方位监控及视频分析技术，车站可实现视频覆盖范围内的全时段、全景自动监测和报警功能，以确保车站的安全和秩序，及时发现和处理任何异常情况。该功能宜由综合监控及轨交智慧运行平台专业牵头，通信专业配合落实。

（5）实现门禁智能化管理。引入生物特征识别，便捷通行，在授权时段内，被授权人员可以进入指定区域。系统将自动记录进入、离开该区域的时间和地点，并对任何强制侵入或超时滞留情况进行报警，有效地保证指定区域的安全。该功能由门禁专业负责。

4.7　安全高效智能安防管理

城市轨道交通，特别是地下线路，环境相对封闭、人员密集、流量大，人员疏散受到很大限制，抗风险能力较弱。一旦发生突发事件，可能造成重大人员伤亡和财产损失，产生不良的社会影响。因此，智慧城轨需要建设与城市轨道交通客流相适应的智慧安检系统，探索票检、安检合一的新模式，采用视频监视、生物识别、人工智能等技术，实现"人""票""物"以及异常行为四合一核验，以提高效率、安全和服务品质。

4.7.1　智能辅助的精准监控

利用各种类型的高清网络摄像机，车站应实现全方位精准监控，结合智慧化运营管理需求，基于深度学习算法框架，研究多场景下的智能分析功能。提取车站出入口、闸机、站厅站台扶梯、楼梯等位置的视频图像，统计人数并建立客流定量化模型，用于评估区域客流密度，为运营部门及时准备预案，合理安排发车间隔，调配运力提供决策支持；提取车站出入口、安检口的视频监视图像，对区域拥挤度、排队长度进行分析，为运营部门对拥堵情况及时疏导和管理提供支持；对出入口、站内扶梯实时监测分析，针对乘客在扶梯上的危险行为（如逆行、跌倒、搬运大件行李、推婴儿车、轮椅上扶梯等）及时识别预警、到场干预，从而排除安全隐患；在出入口卷帘门、站台端门、高架站台非封闭屏蔽门、风亭、疏散通道、端门外轨行区、部分重要设备房等处进行布控，对非法入侵行为及时识别报警；依托实时视频监视图像，利用人工智能技术，对站内重点区域进行实时巡检，识别各类可能对运营安全造成影响的异常情况（如线缆掉落、设备移位、墙面变形/渗漏等）及时报警，提高运营维护效率。

4.7.2 集中快速的智能安检

（1）集中远程判图物检

随着智能识图技术性能的提升及在安检系统中的应用，必将极大地减少现场判图员的工作量，看图员不再需要逐片观察分析每张 X 光图像，仅需要人工审核并判断智能识图的结果即可，随着安检的网络化系统建设，也会促使一人对多机的工作模式成为可能，实现线网智能集中判图功能。

实施集中、实时、远程判图，通过跨站点、远程、动态的判图任务调度机制，将一个判图员固定检查一个安检点 X 光片的模式升级为多个判图员在智能 AI 辅助下动态检查多个安检点 X 光片的模式，提升安检判图员利用率。同时，远程判图后安检点不再设置判图员专用坐席，节约了安检空间，每台安检机增设一个安检门，提高乘客通行效率。应用图像识别、云计算、大数据技术，基于安检系统云存储和云计算的大数据处理功能，通过 AI 算法快速、智能识别被检物品的 X 光图像，有效地辅助判图员精准识别潜在危险品，在提升危险品识别准确率的同时降低判图员劳动强度。

（2）精准分级快速人检

随着安检系统的网络化设计建设、大数据应用、人脸识别技术的发展，构建精准人脸功能，使乘客分类快速安检方案应用成为可能。首先，安检系统收集进站乘客信息，结合公安数据、防疫数据等外部社会征信数据，以及猥亵行为、打架斗殴、乞讨卖艺、广告小贩、逃票漏票记录、历史携带违禁品/危险品记录、出行动态记录等内部征信数据，统筹建设安检乘客画像库。然后，通过设置在安检区域的视频分析及人脸识别前端设备，采集人员的相关视频或图片信息；可按照行为可疑人员判定标准对待检及安检过程中行为可疑人员进行甄别和预警；可快速对甄别出的乘客信息进行处理并进行等级划分，以实现正常乘客的无感、快速通过，亦可作出相应提示。分类安检的建设可大幅提高乘客安检通行速率，提升乘客服务质量，同时可以减少传统设备的数量，减少建设成本，相应节省运营人力成本及维护成本。

4.7.3 一体化的票检安检融合

票检安检一体设备是将安检设备和检票设备整合，集成人体生物特征识别技术、物品高精度属性及定位分析技术、拍打门技术、伺服控制技术、票卡识别技术、二维码技术等相关技术，实现人脸识别、金属物品智能检测、票卡识别及扣费、闸机联动的智慧安检票务终端。安检票务一体设备可在排除乘客身上安全物品（如手机、手表、皮带头等）的前提下精确识别金属违禁物品，同时精确定位违禁物位置及种类且以声光报警及图文的形式显示，实现与人脸识别布控系统、人证合一系统的联动，通过与云平台进行数据交换，识别公安系统黑名单、识别常旅客名单、实名注册乘客等，并通过指示灯及图像提醒的方式告知安检员，针对性实施安检。

票检安检一体设备是将安检技术、闸机技术进行组合，单就安检技术和闸机技术，两者已经相当成熟。安检票务一体设备实现了安检与票务业务的高度集成，简化了进站流程，提高安检效率，提高乘客通行效率，节约运营资源，是未来发展的趋势。

4.7.4 可靠专用的警企联动

运营侧是通过智慧城轨指挥管理平台将分立的安防各子系统有机地融为一个整体，将孤立的各类安防信息进行汇总、关联和解析，作为城市轨道交通内部安防调度指挥的基础数据。

城市轨道交通公安侧设置了城市轨道交通公安分局、派出所、警务室三级警务作战单元，保障城轨公安与公安各警种作战单元直接、可靠的通信。

在线网层面，运营侧与城市轨道交通公安侧进行对接，实现智慧城轨指挥管理平台处理后的安防信息与公安信息的有效传输和共享。

运营侧智慧城轨安防系统基于轨交智慧运行平台构建，是轨交智慧运行平台中智慧城轨综合指挥管理系统的安全管理部分的业务应用。

各类安防类的系统设备在车站对接综合监控系统或线网指挥系统，从而构建运营侧的综合安防体系，并实现相应的安防功能。同时，运营侧的视频监控信息以及一键报警信息会同步传给公安侧，并在线网层与公安分局实现安防信息互通。

结合重要社会安保、特殊时期工作需要，智慧城轨指挥管理平台可建立实施常态安保、III级安保防护、II级安保防护、I级安保防护等四级响应等级，与警方勤务响应等级逐一匹配，如图4.7-1所示。

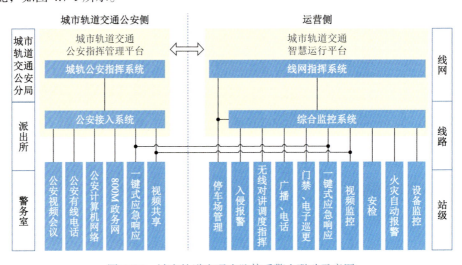

图 4.7-1　城市轨道交通安防体系警企联动示意图

4.8 节能环保智能能源管理

运行能耗是城市轨道交通运营成本的重要组成部分,降低系统能耗是城市轨道交通可持续发展的必然需求。根据城市轨道交通实际运行环境,智慧城轨应重点关注牵引节能技术及环控节能技术,采用新方案、新技术、新工艺、新设备及新材料达到低碳节能运行的效果,助力企业可持续发展。

《发展纲要》中统筹描绘了智慧城轨的发展蓝图,并将智能能源系统列为智慧城轨的八大系统之一,并提出 2025 年及 2035 年具体的建设目标。

为实现《发展纲要》中的发展蓝图,中国城市轨道交通协会在充分调研的基础上,结合行业特点和发展态势,推进碳达峰碳中和和绿色城轨发展,制订了《绿色城轨发展行动方案》(简称《行动方案》),用于指导城市轨道交通行业绿色转型工作。

《行动方案》中明确指出,建设绿色城轨,推进碳达峰碳中和,要坚持"统筹规划、因地制宜,节约优先、创新驱动,多链协同、整体推进,智慧赋能、绿智融合,示范引领,有序达标"五大工作原则。

以"绿色转型为主线,清洁能源为方向,节能降碳为重点,智慧赋能,创新驱动,开展六大绿色城轨行动,推进碳达峰碳中和,建设绿色城轨"为总体思路,在建设绿色城轨过程中推进碳达峰碳中和,在推进碳达峰碳中和过程中建设绿色城轨,统筹铺画设计"1-6-6-1-N"的绿色城轨发展的"一张蓝图",即:六大绿色城轨发展行动、六项实施保障措施、一批绿色城轨示范工程、N 个企业绿色城轨发展实施方案,如图 4.8-1 所示。

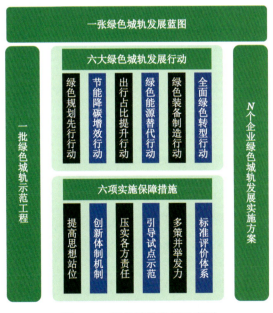

图 4.8-1 绿色城轨发展示意图

为实现《发展纲要》《行动方案》中对于智能能源管理的战略目标,需要城市轨道交通多个专业相互配合,包括供电、车辆、信号、监控、常规机电设备、综合监控及轨交智慧运行平台等;并且通过平台对多专业、多设备数据进行汇集、分析、融合、再利用,实现多专业、多设备的协同调控，最终达到节能目标。

4.9 降本增效智能运维保障

《发展纲要》对智能运维系统的建设目标和建设重点提出了规划和要求。近期主要是建立和推广各专业的智能运维系统，主要包括车辆、信号、供电、轨道、通信、AFC、电扶梯、站台门等专业，建立设备的基础模型；对设备、人员、维修工具进行实时动态监测；建立基于设备监测数据及维护关键参数评估体系，实现设备全生命周期管理；搭建智能化巡检系统，补齐单体设备+巡逻安检系统存在的短板，逐步降低人工巡检劳动强度；制定智能运维相关规范标准。远期形成智能运维的国内、国际标准体系，建成覆盖城市轨道交通全行业的智能运营安全和综合运维体系，从而实现全行业运营安全和设备保障等指标达到世界领先水平的目标。

针对传统运维中存在数据孤岛、信息离散、平台封闭、被动响应等问题，智慧城轨应全面构建基于状态感知及维修全过程数据的精准维护维修模式，结合设备设施全生命周期健康管理体系，实现面向线网运营场景需求的智能决策，采用技术先进的智能运维系统，提升企业的运维管理水平，借助科技的力量切实提升设备管理水平、提高产品质量、降本增效。

（1）基于深度维修的基地规划配置

为满足未来超大线网运营需求及后台深度维修能力的适配，配置深度维修综合管控平台，智慧城轨应具备智能调度管理、技术管理、数据传输中央级等集中功能，前台维护与后台深度维修数据的互联互通，满足设备全生命周期的管控需求；配置自动化、智能化、信息化为一体的高效、精准车辆架/大修生产设施，实现维修及输送自动化、工具、设备智能化、整备检查可视化及大数据分析应用；配置智能化综合型施工设备，实现在线施工大型作业自动化及在线专业智慧运维平台；配置机械电气智能化生产线、智能化电子维修工厂；配置以综合检测车与数据分析中心为核心的基础设施后台深度专家诊断评估平台，构建以"深度，精准，高效，安全可靠、绿色友好"为定位，维修精准化、业务信息化、生产自动化、大数据应用为决策的中/大修、架/大修持续发展的深度维修基地。

（2）设备维护与深度维修全景联动

基于在线监测前端的传感感知及边缘计算，结合设备初始基准、过程维护、深度维修的履历数据，智慧城轨应形成覆盖全生命周期的运维数据中枢，由云端集成状态评估系统进行设备运行实时评价，遵循集成通用型运维分析技术，统一形成基于大数据的智能分析、集群诊断的智能决策，综合构建基于可靠性的全寿命周期管理运维体系，即时推送维修信息及自适应生成设备维护及深度维修编排计划，并适配深度维修接口能力，配置实现设备维护与深度维修的无缝对接，满足数据融合、技术通用、决策自动的运维场景需求，为精准维修提供指导支撑，实现设备维护和深度维修的数据、技术、决策全景联动。

（3）运维管理与物资需求响应共建

智慧城轨基于设备状态感知及评估的自适应维修计划，所涉物资备件的更换须自动匹配线网库存量、在途信息、车辆配送资源，自动统筹物资备件配送计划，并生成物资备件需求采购计划，统筹构建采购需求、库存管理、物资配送、维修消耗的闭环反馈模式，为备件采购提供科学的数据支撑,实现资源物资的流转不停滞,提升资源需求的最大复用率。

(4)运维全生命周期共享机制

对于运维全生命周期内初始、过程、感知阶段产生的数据,智慧城轨应进行统筹融合,形成设施设备集群式信息共享知识库,以云端集成系统平台实现设备设施横向、纵向学习比对与分析应用,实现基于设备运行机理及状态感知的精准维修,自生产最优维修规程的科学维修,并对设计、制造、维护、深度维修、更新的全生命周期脉络指导分发,形成多方闭环的响应结构,引领全生命周期整体创新。

(5)运维设备安全准入及过程服役质量评价

针对城市轨道交通关键设施设备上线安全检测评估结果量化记录,智慧城轨对同类型设施设备周期内上线投运情况进行数据信息跟踪索引,建立基于初始基准的阈值参考系,为运营投入评价标准提供支撑依据。结合设施设备维护过程所产生的关键信息数据,形成元件级服役轨迹、缺陷跟踪情况等过程知识,为运营现状提供关键性风险点加以规避,构建集成云端设备评价系统,为制造厂家提供源头采购策略参考依据,引领制造商转型升级,实现生产价值最大化。

结合运营需求及技术发展,智慧城轨首先建设单专业的智能运维系统,实现线网多线路单专业的纵向智能运维的维修结构,按照面向运输、交互、配套的功能表征将关键设备设施智能运维系统分为行车运输类、信息交互类和车站设施类等,如图4.9-1所示。对运维的多个专业分类如下。

行车运输类:包括车辆、信号、供电、轨道,凸显运输需要。

信息交互类:包括通信、AFC,凸显交互需要。

车站设施类:包括电扶梯、站台门,凸显设施需要。

图 4.9-1 智能运维分类示意图

在单专业智能运维的基础上,各专业智能运维系统进行综合,建设综合性的智能运维系统,实现覆盖线网全线全专业的横向智能运维的维修结构。

单专业智能运维系统由各运维专业牵头实施,涉及车辆、信号、供电、轨道、通信、AFC、站台门、电扶梯、轨交智慧运行平台、办公自动化(OA)、PIS等专业。

综合智能运维系统由运营管理部门牵头实施,线网指挥中心、车辆、信号、供电、轨道、通信、AFC、站台门、电扶梯、综合监控、轨交智慧运行平台、办公自动化、PIS等专业实现。

4.10 先进精良智能装备工艺

轨道交通行业应以国家"四网融合"建设发展为契机,重点研究如何实现区域内城际铁路、市域铁路、城市轨道交通间的互联互通和协同组织，特别是"城市轨道交通 + 城际铁路"一体化运营，以智能装备为重点突破口，培育新产业、新动能，提高智慧城轨产业核心竞争力和持续生命力，助推智慧城轨产业做大、做强、做优。

（1）新一代列车系统

应用新一代现代化工业技术、通信技术和人工智能技术，研制适应不同运量和速度的城市轨道交通车辆及多种轨道交通制式车辆，研制具有虚拟连挂的多列车协同编组技术和协同编队功能的车辆。研制智能化列车全自动运行控制系统，突破车辆控制和信息集成的一体化平台技术瓶颈，实现列车多专业系统深度集成。列车控制采用智能车载设备自主控制，深度整合车载信号与车辆控制系统的功能，加强车辆各主要子系统与牵引、制动、空调、照明、广播及乘客信息等系统的信息交互，提升列车智能化水平，提升线路运能，降低系统能耗。

研制车辆实时状态地面监测系统、车辆健康管理系统，实现车辆的状态监视和故障预警，为维修决策和运维作业提供支撑。研制列车轨行区障碍物检测系统、车辆视频监控实时监视系统、车辆视频智能分析系统，提升列车运营的安全性。研制智能列车旅客信息系统、列车乘客密度分析系统、列车智能车窗显示系统、列车智能照明调节系统、列车智能空调调节系统，提升乘车服务水平和列车环境的舒适度。

此项智能装备工艺应由列车专业牵头，通信、信号、PIS、轨道、供电等专业配合实施。

（2）综合检测车

结合轨道交通检监测技术的发展及应用，研制将检测和巡检设备集成于一辆检测车上开展等速检测及低速巡检工作的综合检测车技术。针对城际铁路、市域铁路、城市轨道交通等研究不同制式轨道交通综合检测车功能需求及检测功能的实现形式，并从单独成列的综合检测车和搭载运营电客车式检测系统两方面开展深入研究。通过综合检测车对钢轨磨损、隧道管片状况、接触网悬挂状态、线路运行环境进行监控管理，通过前端检测系统、车载数据分析系统、通信网络和地面数据中心完成检测数据的综合管理、高效利用和深度挖掘，提高轨道交通基础设施的智能化运维管理水平，保证运营安全，提高检测效率，降低运维成本。

此项智能装备工艺应由列车专业牵头，轨道、结构、供电、通信等专业配合实施。

（3）供电节能

采用PMU（电源管理单元）同步高精度测量、域类保护技术及同期合闸、一次设备智能化等关键技术，研制构建了具有自愈功能的智能供电系统，提高系统自愈的供电系统可靠性、安全性。借助一键顺控、状态感知 + 无人巡检、专家决策系统等关键技术，研制数字化、智能化的供电运维系统，提升运维效率，降低运行成本。结合国家"双碳"目标要求，研制永磁牵引技术、再生制动能量回收技术、双向变流技术等，降低用电成本。

此项智能装备工艺主要由供电专业实施。

（4）站台门障碍物探测

研制站台门顶置式障碍物探测系统，通过在每个滑动门单元顶部设置激光探测装置和摄像机，在探测到人或异物时及时发出警报，联动摄像机进行现场图像监控，联动信号和列车控制系统，通过系统和人工进行双重确认，确保运营安全。

此项智能装备工艺主要由站台门专业牵头，通信、信号、列车等专业配合实施。

（5）扶梯节能技术

研制扶梯节能技术，对于并排安装的扶梯，运行方式为一上一下时，将两台扶梯变频器的直流母线并联，将下行扶梯产生的再生能量通过其他电动运行中的传动装置消耗掉，降低能耗。下行运行产生的再生能量可通过共直流母线有效分析，实现再生能源利用，达到扶梯节能效果。

此项智能装备工艺主要由电扶梯专业实施。

（6）新一代基础网络

研制超大容量、分布式组网、智能流量分配、综合网络管理的新一代有线承载网络。同时结合 5G 的技术发展，研究智慧城轨 5G+ 应用，推进非行车类信息车地无线网络向 5G+ 综合承载演进，推动智慧城轨 5G+ 产业发展。面向各系统各类应用，提供端到端接入覆盖，满足物联终端海量连接需求，实现有线无线融合发展的新一代通信网络系统。

此项智能装备工艺由通信专业实施。

（7）智能调度

通过语音融合通信技术、语音和多媒体一体化编播技术、图像可视化技术，研制集语音、图像、数据等信息为一体的新一代智能调度系统，在前端感知、中间网络传输、智能决策、多渠道信息报送等方面实现向智慧指挥调度的演进，赋能城市轨道交通智能调度，提升运输调度工作的质量和效率。

此项智能装备工艺由综合监控专业牵头，通信、信号、PIS 专业配合实施。

（8）信息防护

构建城市轨道交通信息网络安全防护系统，基于智慧城轨云平台架构从基础设施安全、网络安全、使用用户安全、数据安全、运营管理安全等综合统筹部署，确保对信息在收集、存储、传输、交换、处理的机密性、安全性和完整性。

此项智能装备工艺由轨交智慧运行平台专业牵头，通信、PIS、信号、供电、列车等专业配合实施。

4.11 集成智能基础设施监测

《发展纲要》中对智能基础设施的建设目标和建设重点提出了规划和要求。规划近期主要是搭建基于 BIM 的全线基础设施模型，覆盖隧道、桥梁、边坡等专业；运用各种类型传感、视频系统、周界防范系统、卫星遥感等检测监测技术，形成完整智能基础设施监测感知体系；基于实时采集的数据，实现对基础设施模型中各部位振动及变形、各区域噪声等状态参数进行评估，基本建立基础设施状态寿命及维护关键参数评估体系。远期建立完善基础设施状态寿命及维护关键参数评估体系；建成高度集成的接触网（轨）、轨道、桥隧及环境多元耦合的综合评价分析平台。

（1）搭建基于 BIM 的基础设施模型

BIM 能提供精细的基础设施信息模型。通过 BIM 和 GIS 技术，对城市轨道交通基础设施进行建模，作为智能基础设施的底层数据，应用于设计、建设、运营全过程。深度融合 BIM 模型、物联网、移动应用等技术赋能运维业务，提供基于实时数据的可视化监测与海量历史数据的劣化预警等基础设施健康度管理功能，形成集成化、移动化的运维业务管理，建立可视化应急预案，指导突发事件的应急处置，全面提升基础设施运维管理的效率与质量。

（2）融合一体化的基础设施自动化监测

随着城市轨道交通运营线路的快速增长，关键基础设施安全显得日益重要，目前城市轨道交通运营关键基础设施监测主要依靠人工监测手段，间隔周期长，数据即时性差，对关键基础设备差异性监测体现不足，建设期与运营期监测数据衔接差，无法提前预警可能影响隧道结构、线缆及关键基础设施的异常情况。

在线网一体化运营背景下，城市轨道交通线路不断延伸，基础设施尤其是隧道结构被外部施工破坏的风险进一步增大。城市轨道交通的结构形式、施工工艺、地质条件等均为影响结构稳定的关键要素。提前发现关键设施异常变形，降低异常变形对城市轨道交通运营造成的影响显得尤为重要，因此，在重点关键基础设施引入自动化监测装置必不可少。

智慧城轨应引入城市轨道交通关键基础设施自动化监测技术，建立建设运营全过程保护管理体系，构建全生命周期的动态监测体系。

（3）多技术基础设施巡检

根据基础设施控制保护区管理的要求，结合城轨控制保护区外环境特点将保护区类型进行划分，并结合不同巡检手段优势匹配与之对应的巡检方式是建立综合巡检模式的基础，充分利用智能视频、无人机、卫星遥感、人工智能和5G等技术，构建"空天地"一体化的基础设施智能巡检方案。

（4）基础设施监控综合管理

基于数字化的城市轨道交通基础设施数据，融合智能防控和动态监测数据，集成构建针对城市轨道交通基础设施保护的全方位、全过程监控、管理、预警与辅助决策子平台。该平台的数据与信息纳入综合监控及轨交智慧运行平台系统，应具备支撑线网应急、支撑行车安全、支撑线网运维、反馈优化设计的作用。基础设施监控综合管理平台逻辑见图4.11-1。

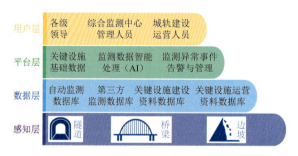

图 4.11-1　基础设施监控综合管理平台逻辑示意图

智能基础设施由运营地保部门牵头实施，主要涉及隧道、桥梁、路基、边坡、综合监控及轨交智慧运行平台、办公自动化等专业。

4.12　高效智慧企业网络化管理

高效智慧企业网络化管理是企业实现信息化转型的必要手段，有助于企业提高工作效率、降低管理成本、加强数据安全、提升形象。

（1）构建企业网络化资源管理体系，打造支撑集团管控、建设管理、运营管理、经营管理的智慧网络管理体系，全面提升集团目标计划、决策执行、预测与监控能力，培育三大核心业务的核心竞争力。

① 在集团管控层面，打造综合协同管理一体化、财务资产一体化、风控管理一体化等系统对企业管控业务进行支撑，并以大数据平台为赋能工具，实现对企业、三大核心业务的决策支持。

② 在建设业务层面，结合BIM、智慧工地、装备智能化、施工智能化等系列技术，规划设计一体化工程项目管理平台，实现项目工程项目从投资决策开始到项目结束的全生命周期的信息化管理，从而加强企业对项目的管控能力，便于项目目标的实现。利用图像识别和地理信息技术建设的施工质量远程控制、利用基于BIM技术的建设项目全生命周期管理。

③ 在运营业务层面，以运输生产为核心，构建智能网络生产体系，实现协同运行的网络生产管理，保障网络生产业务的精准执行，建立网络运营调度与应急指挥、网络客运服务管理，打造以维修维护与客运管控为核心，构建维护保障管理系统，实现对运营维修业务、车站票务管理的精细化支撑。

④ 在经营业务层面，为有效支撑商业资源、附属广通商资源、地产资源、物业资源等业务发展需要，规划设计资源经营类系统平台，实现经营业务模式优化、资源价值挖掘，提升资源价值增值能力。

（2）构建企业共享信息平台，为智慧企业网络化管理提供全面支撑。全面提升城市轨道交通企业目标计划能力、过程管理能力、资金控制能力、成本管控能力、执行监督能力、安全质量监控能力和管理决策能力和网络化管理能力。

（3）构建完备的网络基础保障体系，实现灵活共享的基础通信与信息支撑，保障企业网络化业务平台运行的安全高效。网络基础保障体系还应确保网络的安全和高效，包括数据加密、用户身份认证、漏洞扫描和防火墙等安全措施，同时健全安全管理机制，如安全培训、安全演练和安全审计等，以提高员工的安全意识和应对能力，使整个网络运营更加安全可靠。

第 5 章

智慧城轨的系统架构设计

5.1 概述

城市轨道交通系统（简称"城轨系统"）是为乘客服务和保障安全运作的设备系统的统称，也是智慧城轨的重要组成部分。城轨系统包括通风、空调与供暖、给水与排水、供电（动力与照明、电力监控、杂散电流监测）、通信、信号（含信号运维）、车辆（含车辆运维）、轨道运维、自动售检票、火灾自动报警及自动灭火控制、综合监控、环境与设备监控、乘客信息、门禁、安防、安检、电扶梯、站台屏蔽门、城轨保护系统等，如图 5.1-1 所示。

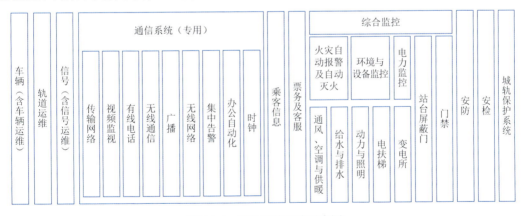

图 5.1-1 城轨系统组成示意图

5.2 通用系统架构

本节旨在从城轨系统通用架构技术演进和构建方式出发，重点介绍城轨系统各层及网络信息安全等适应智慧城轨多元化需求的发展。

5.2.1 整体架构发展

城轨系统涉及众多信息系统、控制系统等，其系统技术架构如图 5.2-1 所示，由五个层次、三大体系构成。五个层次即：接入层、网络层、基础设施层、数据平台层和应用层。

三大体系即：标准规范体系、网络信息安全体系和运维管理体系。

图 5.2-1　通用系统技术架构示意图

（1）各层次技术演进

随着物联网、5G、云计算、大数据、人工智能等新兴信息技术的深化应用和与工业控制系统的融合，城轨系统的总体技术架构各层级正在不断发展。

接入层的发展趋势是向通用性和标准化方向演进。城轨系统的接入设备和终端将采用更加通用的接入技术和标准，提高工程实施和运维的便利性。其中，物模型标准化也是接入层的一个重要发展方向，通过物模型来结构化、统一化、标准化接入层数据碎片，减少业务复制成本，促进业务高效开发和数据互通。

网络层的发展趋势是向大宽带和高可靠性方向演进。城轨系统的网络将采用更加高效和可靠的通信技术和网络架构，以促进互联互通，提高网络质量，提高运维效率，保障网络安全。

基础设施层的发展趋势是由专业设备物理分散向云化共建共享演进。城轨系统的基础设施将越来越多地采用云计算和虚拟化技术，发挥算力动态调配、灵活可回收分配、合理利用资源的作用。

数据平台层的发展趋势是由各自设置数据平台、通过系统接口有限信息共享逐步向共建统一数据平台演进，以实现数据的共享和融合，提高数据的价值和利用效率。

应用层的发展趋势是依托各自数据平台、应用迭代更新差，逐步向统一数据平台上构建，实现应用软件的快速开发、部署和迭代更新，驱动安全、效率、效益和服务的提升。

标准规范体系、网络信息安全体系、运维管理体系，提供贯穿于系统的建设、管理、维护、服务等各阶段要执行的标准规范、网络信息安全和运维管理的工作要求。

（2）系统构建方式

城轨系统构建方式主要有基于传统服务器架构、基于云平台的业务独立架构、基于云的统一数据平台架构等，见图 5.2-2。基于传统服务器架构指各系统独立建设，各层由各系统独立负责建设、维护；基于云平台的业务独立架构指除物理资源统一云化外，各层仍由各系统独立负责建设、维护；基于云的统一数据平台架构指基于云物理资源、统一数据平台构建业务应用。随着城轨云应用的不断深入，城轨系统初期由基于传统服务器架构向基于云平台的业务独立架构、基于云的统一数据平台架构演进，即独立烟囱式向平台融合式演进。

图 5.2-2　城轨系统构建示意图

5.2.2　接入层

接入层是专业系统本身与设备、其他系统间的信息交互的关键层级，实现信息采集、传输、预处理和命令下发的功能，为智慧城轨体系决策提供及时、准确的基础数据。

城轨系统接入技术的内涵丰富，可根据应用场合、所处位置、传输效率、信息安全、连通介质、连接方形态、信息传输并发性等方式进行分类，通常根据连通介质进行分类，分为硬接线接入和网络通信接入。

1）硬接线接入

硬接线接入是指通过电缆将信号端子点对点连接起来，通过该电缆电流或电压的变化传输数字量或模拟量状态和控制信号。硬接线接入具有稳定的信号传输质量、高速的传输速度、标准化的接口规格和接线方式等特点。

2）网络通信接入

网络通信接入可通过串行通信（RS-232、RS422、RS485、USB 等）、现场总线（RrofiBus、CANbus、CC-Link 等）、TCP/IP 通信、分布组件和服务等多种形式。以下将从接入协议的演进、接入层发展进行阐述。

（1）接入协议的演进

城轨系统接入协议从厂家的私有协议、行业标准协议向通用性协议演进，逐步提高工程实施和运维的便利性。

厂家的私有协议是指一些厂商为了满足自身业务需求而开发的专有协议。这些协议通常只针对某个特定的设备或系统，具有较高的专业性和定制性，如厂商 FAS 系统、扶梯、时钟、灯控系统等。

工控、电力等行业标准协议是指在特定行业中广泛使用的标准化协议，是为了保证不同设备之间的互通性和互操作性而制定的。这些协议具有较高的通用性和标准化程度，可以实现不同设备之间的数据共享和数据汇聚，但是由于不同行业存在特殊性，这些协议可能存在一些局限性。如智能建筑的通信协议 BACnet、OPC；ISCS（综合监控系统）与 PSCADA 之间接口协议采用 IEC 60870-5-104 规约，音频类接采用 UDP/IP、NTP、SIP 等协议。

通用性协议是指在不同行业中广泛使用的标准化协议，进一步促进不同设备之间的互通性和互操作性。这些协议具有更高的通用性和标准化程度。如 Modbus TCP/RTU 协议、物联网协议（MQTT、HTTP、NB-Iot、Lora 等）、视频类采用标准的 ONVIF、GB/T 28181 等协议。

（2）接入层发展

① 接入层特点

传统建设模式下，各专业系统根据自身业务需求设置前端设备和设置与其他系统的信息交互接口，以满足自身业务管理目的。各专业系统独立构建接入层，采用各自的通信协议及数据采集接口标准，适用于某条线路和某个系统。各专业分工清晰，容易实施。但也存在以下问题：

a. 专业系统间采用不同的数据采集标准，存在数据重复采集和共享数据更新不同步的问题。

b. 专业系统间的信息交互协议转换较多，导致出现数据不准确、数据共享不充分、信息沟通不畅等问题。

c. 系统间的协作性较差，不利于智能化管理。

② 接入层演进

为便于城轨系统工程实施和维护，接入层向通用性和标准化方向演进。

a. 标准化设备接口和通信可以简化接入过程，降低成本，提高接入速度。例如，在城市轨道交通新线建设中，选择具有以太网接口的标准化智能设备，通过单根网线实现物理连接。平台端可以批量配置同类型设备，节省人力物力，缩短周期。在线路开通后的运营中，通过设备管理快速定位故障，简化维修流程，提高维护效率。

b. 接入层采用数字映射技术，将物理设备映射到信息空间，实现标准化描述，消除不同厂家和型号设备的差异。开发应用时，使用统一的物模型，如图 5.2-3 所示，实现应用与设备的解耦，扩大设备选型范围，实现产品的无差别替换。

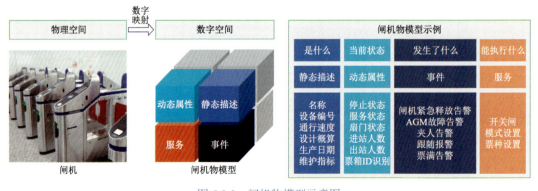

图 5.2-3　闸机物模型示意图

AGM-自动检票机

5.2.3　网络层

随着城市轨道交通生产业务应用规模逐步上升，以及业务端存在大带宽、高可靠性的需求，城轨系统对承载网络的需求由原有的各业务分别建设业务专网转为集约建设统一的、可弹性扩展的、多层级的综合数据承载网，实现业务数据的互联互通，提升数据监管能力，提高运营维护效率。对于云服务化的网络，承载技术由原有的二层组网转为数据承载网，网络趋向更灵活，易于扩展，同时对网络安全要求也越来越高，亟须从安全通信网络、安全区域边界以及安全计算环境对整个网络进行安全防护。

1）传统网络架构

传统架构下，线路以"一线一建"模式进行建设，综合监控、信号、门禁、安检、智能客服、自动售检票、乘客信息、安全防范、通信各子系统等采用烟囱式网络的布局，各专业系统在车站级设置接入层网络，利用通信专业提供的线路和骨干传输系统与控制中心级、线网中心级相应的系统进行连接，实现本系统的功能，如图 5.2-4 所示。

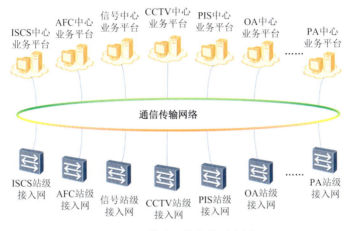

图 5.2-4 传统网络架构示意图

在传统架构下，各专业系统分别建设局域网，借助通信传输，实现站点与中央的信息互通。IP 地址各自实施，缺乏统筹，专业间通过系统接口，网络安全各自负责。

2）云网络架构

随着云平台技术的逐渐应用，部分线路开始进行了部分业务统一组网承载，如综合监控、门禁、安检、视频监控、乘客信息、智能客服、自动售检票、乘客信息等系统入生产云平台，生产云网延伸到车站，实现多条线路多个业务的统一承载。

（1）云网络架构设计原则

城轨云网络架构设计主要遵循简洁高效、智能管控、开放协同、统一安全四大原则。

①简洁高效

网络扁平化（横向一体化、纵向层次合理），降低建设投资和管理难度；业务级、设备级、链路级和网络级可靠性保障，网络具备自愈能力，健壮性强；满足多种方式随时随地接入。

②智能管控

自动化业务部署，包括可实现配置的自动下发、基于业务诉求的流量调度和性能满足等功能；智能化运维管理，包括可实现秒级的性能数据采集、实时拓扑收集和呈现，快速的故障定位和报告警分析功能。

③开放协同

网络可以通过 SDN（软件定义网络）控制器开放网络管控能力，向业务开放网络能力；

通过 SRv6 等技术满足业务的随选路径需求。

④统一安全

可通过 FlexE（灵活以太网）、MPLS VPN（多协议标记交换下的虚拟网络）等技术提供业务硬隔离和软隔离，部署统一的安全防护系统，保障网络安全和信息安全；构建统一的安全对接插座，满足不同安全级别的单位以及互联网出口的访问需求。

（2）云网络架构设计

云网络应通过 SDN 控制器实现业务的自动开通和网络的智能管控；通过基于 FlexE 的硬切片、基于 MPLS VPN 的软切片，满足不同业务差异化的隔离需求；全面引入 IPv6，在网络中部署 v4/v6 双栈等技术满足过渡期间的需求；基于 IPv6 网络部署 SRv6 技术，与 SDN 联动，实现动态的业务性能感知和实时的性能保障；部署成熟可靠的安全产品保障网络安全性，如图 5.2-5 所示。

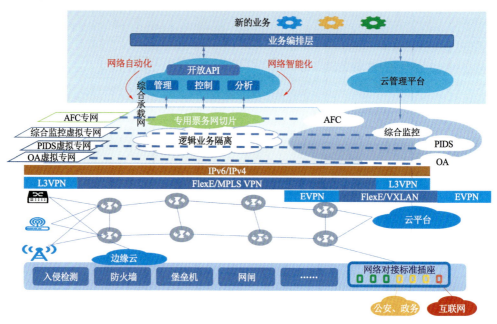

图 5.2-5　城轨云网络架构设计示意图

（3）IP 地址规划

城市轨道交通的业务系统各自组建业务专网，业务系统网络之间不存在联通需求，因此 IP 地址由各专业自行规划 IP 地址段进行使用，并未对线网 IP 地址进行统筹规划。随着智慧业务的快速发展，业务之间存在互联互通的需求；同时，随着云平台建设的推进，各类业务承载网络亦逐步融合。因此，为保证云网络的顺利搭建，以及各类业务终端设备的无缝接入，需对云网络整体进行 IP 地址规划，避免地址冲突。

IP 地址规划需与当前及未来线网建设适配，同时也需兼顾系统间互联互通等问题。此外，还需考虑城市轨道交通分线路建设、管理和运营的模式，以及线网结构和系统平台架构等因素。因此，IP 地址规划可以按照线网级和线路级系统进行规划分配。其中，线路级系统设备的 IP 地址按照"先线路，后专业"的方式进行规划；线网级系统设备的 IP 地址按照"先业务域，后专业"的方式进行规划。同时，IP 地址规划还需遵循如下原则：

①按需分配，避免浪费，无恰当理由不分配静态公有地址。

②网络地址的分配要充分考虑网络的层次及拓扑结构，能充分利用各地址段。

③应充分考虑网络中设备网络地址的唯一性，即同一网络中不能出现相同的网络地址。

④规划分配地址时应尽量保持地址的连续性。

⑤为了地址更好地聚合，可进行合理的地址预留。

⑥对于内部生产业务，优先考虑使用私有地址。

⑦充分利用无类别域间路由（CIDR）技术及可变长子网掩码（VLSM）等技术，合理、高效地规划分配 IP 地址。

⑧网络地址的分配应充分考虑运营、维护、管理的便利性，运维人员应能通过网络地址快速定位对应系统、线路、设备。

5.2.4 基础设施层

基础设施层的发展趋势是由专业设备物理分散向云化共建共享演进。早期城轨系统各专业独立配置物理分散的基础设施设备，导致出现资源利用率低、管理成本高等问题。云架构下采用虚拟化技术实现设备资源的共享和复用，如通过虚拟机在同一物理服务器上运行多个应用，提高了资源利用率和资源动态调度灵活性，简化了数据迁移、架构扩展和集群变更，具有规模效益和经济性。以下将从传统服务器架构和云平台架构进行阐述。

1）传统服务器架构

城轨系统在基于传统服务器架构进行构建，一般适用于系统整体规模较小的工程，如图 5.2-6 所示，各专业独立设置服务器等基础设施，具有以下特点。

专业设备物理分散，占用土建空间。在车站、段场、控制中心等处，各系统需独立配置服务器和终端，占用大量地下土建空间和资源，如用房、空调、配电和消防设施。

资源利用不充分。各专业独占硬件资源，服务器通常只运行单一应用程序，导致硬件资源未能充分利用。

运维不便。每个服务器需独立部署和维护，增加部署和运维复杂性。

工程分界清晰。在物理服务器架构中，专业系统各自建设硬件资源，工程分界清晰。

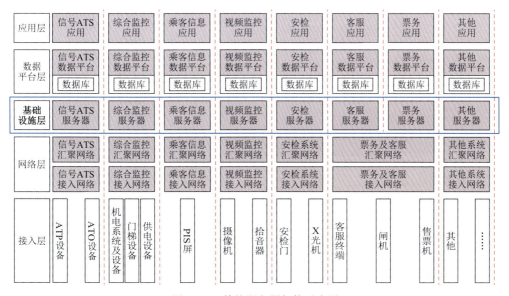

图 5.2-6 传统服务器架构示意图

2）云平台架构

国家政策推动云计算、大数据等新技术在交通领域的应用，促进信息化与自动化的融合，提升基础设施的数字化和智能化水平。城轨云的发展目标和路径已在《发展纲要》中明确，云计算技术的广泛应用为智慧城轨的建设提供了基础。

（1）云平台的价值体现

云平台是智慧城轨发展的核心基础底座，云平台全面承载城轨系统，实现资源的统一调度、集中管控、算力动态调配、灵活可回收分配、规模效益等。

①资源统一调度：云平台可以对城轨系统业务资源进行统一调度，实现资源的最优化配置和利用，提高资源利用率和效率。

②集中管控：云平台可以实现对城轨系统业务进行集中管控，包括资源管理、安全管理、性能管理、容量管理等，提高管理效率和稳定性。

③算力动态调配：云平台可以根据城轨系统的需求动态调整计算资源的数量和规模，实现弹性伸缩，提高计算资源的利用率和效率，从而合理利用资源。

④灵活可回收分配：云平台可以根据城轨系统对资源的使用情况，如部分准实时、离线数据处理，算力可暂时回收再分配，动态调整计算资源。

⑤规模效益：云平台可以充分发挥云计算技术适用于大规模部署的技术优势，集约利用有限的用房空间、电力、空调等资源，从而节约成本。从云技术的角度来看，越多线路上云，其基础资源节约的能力越强，所需投资越少。

⑥应用开发便捷：利用云平台，业务应用可以快速部署和上线，缩短了开发周期和上线时间，提高了业务效率。

（2）云平台的构建

随着云技术发展及国家政策的扶持，部分城市轨道交通已逐步从传统架构过渡到基于云平台架构下的信息化系统。云架构模式下，计算、存储等硬件资源均由云平台统一提供，如图5.2-7所示。

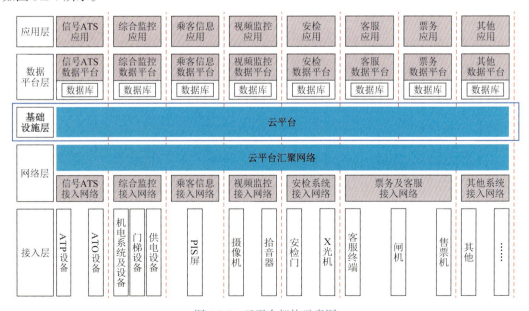

图 5.2-7 云平台架构示意图

① 城轨系统业务应用架构

城轨系统业务应用宜包括运营生产、运营管理、企业管理、资源管理、建设管理及乘客服务等业务领域的应用系统。

运营生产类业务应用宜包括信号 ATS 系统、乘客信息显示系统、票务及客服系统、综合监控系统、门禁系统、安防集成平台、安检系统、各专业智能运维系统及线网运营指挥中心系统等安全运营生产类业务应用,以及公务电话系统、视频监视系统等非安全运营生产类业务应用。

内部管理业务宜包括运营管理、企业管理、资源管理、建设管理类业务应用。

乘客服务类业务应用宜包括乘客服务管理系统、线网智慧客流组织系统、企业门户网站系统及互联网售检票系统等业务应用。

② 云平台逻辑架构

云平台逻辑架构包括 IaaS 层、PaaS 层和 SaaS 层,如图 5.2-8 所示。

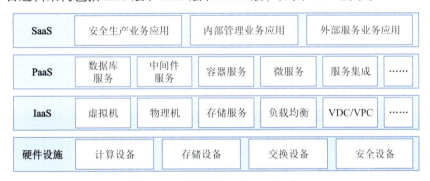

图 5.2-8 云平台逻辑架构示意图

IaaS 层由逻辑化/池化后的计算、存储、网络等硬件资源池及封装后的多种 IaaS 服务组成,供城轨系统直接使用或组合支撑复杂业务场景。城轨系统可在 IaaS 基础上部署操作系统和应用软件。

PaaS 层为城轨系统提供应用程序的部署、管理和运行环境,包括应用框架、中间件、代码管理、编译打包、发布部署等一体化服务。服务内容包括数据库、大数据、中间件、容器、微服务等。

SaaS 层涵盖安全生产、内部管理和外部服务等应用,云平台宜结合城市轨道交通云业务场景提供应用类服务。

③ 云平台网络架构

云平台计算机网络根据功能、应用、管理的不同定位划分为安全生产网、内部管理网、外部服务网,并构建独立的运维管理网,通过带外管理的方式实现对各层级、各网域云平台计算、存储、网络及安全资源的带外管理,如图 5.2-9 所示。

④ 云平台物理架构

云平台由中心云平台、站段云节点构成,如图 5.2-10 所示。云平台应近远期统筹规划,按安全生产网、内部管理网、外部服务网分别部署 IaaS 服务,根据应用需求适时部署 PaaS、SaaS 服务。

根据业务应用系统的容灾需求,中心级云平台可采用主用中心、灾备中心部署方案。

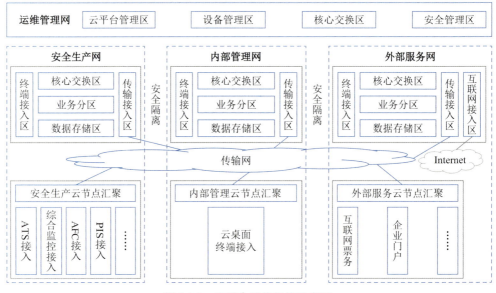

图 5.2-9　云平台网络架构示意图

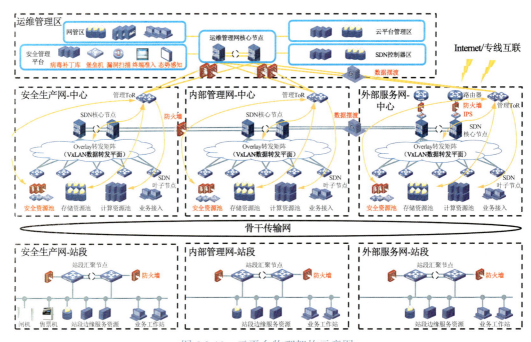

图 5.2-10　云平台物理架构示意图

通过云管理平台实现对主用中心、灾备中心云平台及站段云节点的统一管理,实现物理分散、逻辑集中的分布式云数据中心。由于历史和建设阶段差异,城市轨道交通企业可能存在多套独立云平台,如线路云、管理云、专业云等,导致数据割裂和资源浪费。因此,需建立统一的云管理平台,以实现多云环境下的集中调度、监控和运维。

⑤云管理平台

云管理平台通过运维管理网统一将服务器、交换机、存储、安全设备进行管理,并具备运营管理、运维管理功能,如图 5.2-11 所示。

图 5.2-11 云管理平台示意图

VDC-虚拟数据中心

5.2.5 数据平台层

数据平台层的发展趋势是由各专业分别设置数据平台、通过系统接口有限信息共享逐步向共建统一数据平台演进,以实现数据的共享和融合,提高数据的价值和利用效率。

在城轨系统的早期阶段,各系统独立构建专属数据平台,存在重复开发、多版本、低适配性、高数据冗余等问题,且需专业运维人员单独维护,难度较大。

随着云计算、大数据技术的发展,大数据平台和云技术内部众多组件几乎涵盖城轨系统各数据平台所需的数据库、中间件、运行环境等,为数据平台的共享和融合提供了技术支撑。数据的共享可以从有限共享向完整共享进行演进,显著提高了数据价值和利用率。通过开发合适的 API(应用程序编程接口)接口,上层应用能够更好地在统一的数据共享平台中实时处理自专业及跨专业的数据。

以下分别针对专用数据平台和共享数据平台进行阐述。

1)专用数据平台

城市轨道交通在不同的业务阶段基于不同的管理目的,在不同的业务领域建设了多个信息系统,各自设置数据开发平台,每套系统的业务逻辑、数据模型、后台选用的数据库都不尽相同,数据分散存储在异构的数据库里。

传统的数据共享融合方式是从多个不同数据库中实时抓取数据,经过转换、过滤等"数据清洗"步骤,整合到一个中央数据库中,以便于统一查询和综合分析。但不同数据库在 SQL(结构化查询语言)标准支持、数据类型、编码格式和访问方式上存在差异,使得数据整合过程复杂繁琐。

专用数据平台是由各系统建设各自专业数据平台,配置自专业基础数据或从其他系统获取并存储相关数据,承载于本系统数据库内,以支撑上层应用及展示软件使用。数据平台层包括设备状态数据、中处理数据、接口设备数据、接口系统数据等,如图 5.2-12 所示。

系统通过定制专用应用接口,实现接口系统、设备数据存储到本系统存储,并将本系统设备数据、运算结果数据传输到接口系统/设备,实现有限信息共享或联动控制。

2)共享数据平台

在信息化高速发展的背景下,需要一种新方式来融合差异性数据,实现数据标准化、清洁化,并保持数据的实时性、完整性和一致性。同时,这种方式应能快速适应系统结构变化，提供稳定的跨系统数据访问和存储服务，实现数据的"自由流动"。

图 5.2-12　传统的数据平台逻辑架构示意图

为此，城轨系统应构建统一的数据平台，合并功能相似的组件，并通过 API 接口实现 PaaS 层服务。将传统的数据直通模式转变为通过共享数据平台和 API 接口提供服务的模式，如图 5.2-13 所示。应用通过 API 调用数据平台进行数据处理，数据更新在平台同步，既保证了数据一致性，又提高了数据共享，促进了数据融合。

图 5.2-13　统一数据平台逻辑架构示意图

（1）数据集成

①数据采集方式

根据数据源的不同，数据采集方式可以分为 DPI（深度包检测）、网络爬虫、API 获取、数据库同步、数据推送；根据采集的时效性不同，数据采集方式分为实时采集和离线采集；根据数据的管理范畴不同，数据采集方式分为内部数据和外部数据。

②数据采集设计

数据采集包括内部数据采集、外部数据采集、数据缓存、数据处理和数据传输组件，支持数据的实时、批量等多种采集方式。数据采集应通过译码、数据格式化、数据清洗等组件完成采集阶段数据处理，并通过文件加载或传输的方式完成数据传输，如图 5.2-14 所示。

第 5 章 智慧城轨的系统架构设计

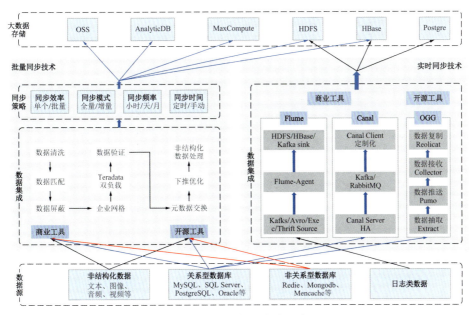

图 5.2-14 数据集成方式示意图

（2）数据存储

数据存储采用数据湖存储架构，根据不同数据类型设计对应的数据存储机制，如图 5.2-15 所示。

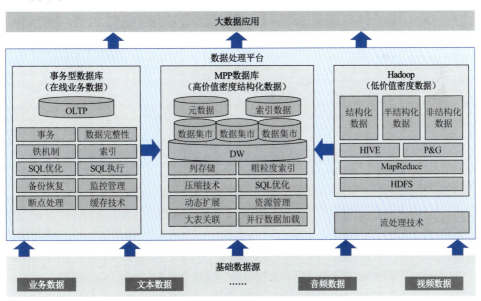

图 5.2-15 数据存储方式示意图

OLTP-联机事务处理过程；HDFS-分布式文件系统

①进行实时调度监控类、需要实时计算、显示、并反馈至现场的数据存入 OLTP 型数据库。

②需要进行统计分析，数据价值较高的数据，制表存入 MPP（大规模并行处理）数据库进行统计分析。

③图像、视频、音频、模型等非结构化数据，或数据价值不高的结构化数据如中间运

算结果、部分历史数据等存入 Hadoop 平台。

（3）数据处理

数据处理完成数据清洗、转换、入库、计算，提供高效的批处理计算，负责将数据从各系统/设备实时数据源整合到实时数据处理模块和近线处理模块，各系统非实时数据经过近线处理模块处理后整合到离线处理模块，包括数据抽取、整合、转发、转换、交换、加载、管理等流程，实现从系统采集数据，经过转换后装载到 OLTP、数据仓库 MPP、Hadoop 等。

（4）数智分析

①数据分析

根据不同应用的数据分析需求，MPP 数据仓库建立数据分析所需主题库、专题库。数据仓库将该业务系统所需的实时数据、历史数据统计分析结果、预测性结果等提前放置进主题仓库，提高对上层业务系统快速响应能力。主题库、专题库可通过建立临时缓冲层、基础数据资源层、数据沉淀层、数据综合关联层来实现业务主题的专题库。

②人工智能分析

大数据与人工智能在城市轨道交通行业的融合将推动新模式和新业态的发展。核心 AI 技术包括机器学习、知识图谱、逻辑规划等。常见的人工智能算法如决策树、支持向量机、神经网络、朴素贝叶斯、随机森林、卷积神经网络、循环神经网络、长短时记忆网络、遗传算法、粒子群算法、蚁群算法、贝叶斯网络算法、Q-learning、深度强化学习等，这些算法在不同场景下有不同的应用，可以被用于图像识别、语音识别、自然语言处理、推荐系统、智能控制等多个领域。智慧城轨将关注如何利用大数据构建和训练 AI 模型，提升算法性能，研究自我诊断、反馈、调节的智慧运营手段，处理分析数据，并对分析结果进行可视化呈现。

（5）应用支撑

城轨系统应为应用提供可开发的支撑工具，包括数据检索、高性能并行计算、OLAP 多维分析、数据挖掘、数据展现、知识图谱、规则引擎、微服务、数据订阅、API 等。

（6）数据管理

数据管理包括主数据管理、元数据管理、数据标注管理、数据质量管理、数据资产管理以及数据服务管理。

（7）数据应用

城市轨道交通大数据（简称"城轨大数据"）应用有助于提升城市轨道交通的整体运营水平，同时还将推动行业创新，完善智慧城轨建设，助力城市轨道交通可持续发展。城轨大数据涉及以下方面的应用：

①大数据辅助规划设计

为新线规划设计提供数据支撑：利用大数据挖掘分析技术，为城市轨道交通线网规划设计提供有效数据支撑。

为工程设计提供数据检测与优化：城轨大数据可以将工程设计中各个环节所需要的信息知识资源有机集成在一起，提升工程设计能力，保障工程质量。

②数据中心与决策支持

监控数据融合与共享：采集各线路控制中心及业务系统的信息，建立数据共享平台，汇总各类数据；根据业务需求建模导入数据仓库，将数据进行分类、存储、分析和挖掘，建立完整的元数据管理体系。

基于大数据与多媒体的集成应用：汇总对外发布信息，实现集通信工具、呼叫中心等一体化信息发布渠道，通过知识库及预测结果调用综合，将分析和反馈信息进一步收集，实现信息的收纳和共享。

③工程建设大数据应用

工程质量方面：利用信息技术采集关键监控点数据，归档至数据中心，通过分析形成重点监控部位，指导监控点部署，迭代监测以提升工程质量。

工程进度方面：以工程线（计划、任务、进度、物资、资料、质安）和资金线（合同、发票、收支、预算、费用、成本）双线并行管理，通过收款、付款和工程进度的交织相互受控，进行进度预判。

工程安全方面：应用大数据技术分析改善现场检查不足和安全信息传递难题，从被动监管转变为主动监控，确保监管有据可查，责任明确。

④智慧乘客服务

城轨系统通过对线网运营组织、行车调度数据、客流数据、环境数据、安全数据、客运服务信息、设备运行数据等相关数据进行采集、存储和处理，打通运营各环节之间的数据互联互通，实现运营全流程数据的集成与贯通，使运营能够更高效、更精准。

⑤智能运营安全

城市轨道交通企业在运营安全方面的工作重点主要围绕安检和应急事故等，通过应用大数据技术，在合理的时间内对城市轨道交通中的海量数据进行有效处理，为运营安全提供新的有效手段和保障。

⑥设施设备智能化运维

设施设备运维的智能化和精细化管理，是目前行业研究热点和重点应用领域。国内部分城市轨道交通企业经过多年的探索和验证，在建立大数据、智能化的实际应用方面已经积累了大量的经验和成效，如利用大数据技术建立故障处理专家库，对每台设备的每次故障现象和处理步骤等信息进行记录，当设备故障出现时，通过大数据技术进行分析从而得到较为准确的处理建议。

⑦智能能源管理

城市轨道交通企业可利用物联网数据和精细化统计，落实能源消耗统计方面的数据积累，以大数据技术为核心，采用BIM技术建立大数据中心，通过大数据分析既往行车与客流的关系，优化行车组织和节能运营图，建立运营综合场景的能耗关联指标体系，实现智能化能源管理。

⑧智能运输组织

城市轨道交通企业可使用智能设备、智能软件构建网络化运输组织平台，借助客流数据分析情况实现运输计划的智能化编制，通过科学合理的运输编排，实现运力与客流的精准匹配，最大限度提高城市轨道交通车辆的使用效率。

⑨绿色城轨建设

城市轨道交通行业积极倡导绿色城轨理念，通过大数据技术对城市轨道交通建设以及运营过程中产生的声环境影响、振动环境影响、地表水环境影响、电磁辐射影响以及环境空气影响等多种数据进行采集分析，从而发现绿色城轨建设中环保领域潜在的各种相关性，并在此基础上制定环境保护策略，及早预防和阻止新的环境破坏行为。

⑩客流分析与预测

客流量是城市轨道交通规划、设计、建设及运营的关键依据，客流预测对可行性研究、线网布局、建设规模等决策至关重要。城市轨道交通大数据对分析地理区块与客流关系具有重要参考价值，通过纳入更多数据来优化预测模型，是实现客流科学预测的基础。

⑪资源经营开发

城轨大数据在资源经营方面提供客流、房产、商业、地理、环境、人口等结构化数据，以及社交媒体等非结构化数据，为决策提供量化依据。

资源开发策划：利用数据支持用地规划、选址论证、房产开发；指导商业街、网点选址；分析消费者轨迹，辅助招商管理。

商业诱导：通过用户标签和画像，优化产品服务，快速满足需求，实现效益最大化。

商业资源优化：深入挖掘广告、通信、商铺等资源的商业价值，精确定位消费人群，打破传统限制，建立个性化营销，提高广告转化和收益。

⑫数据交易

在可见的未来，将城市轨道交通服务大数据平台接入政府的数据管理中心，获取与运输服务相关的信息，建立科学的模型，对相关数据分析，预测市民出行，以优化各城市交通方式的运营组织和其之间的衔接；对于企业的管理人员，可以通过分析相关有价值的数据进行优化和指导生产与经营；对于乘客，则可通过交通数据信息系统提供的交通服务信息，以实现便捷出行。

平台层可以根据各城市的差异化建设需求定制化构建和实施，它既可以是整个城轨系统一体化的大平台，提供基础数据平台、综合应用服务及管理等功能；也可以根据功能和场景的不同，划分为多个小平台的有机组合，每个小平台可以由一个系统或多个系统融合共享共建。这些小平台可以独立运作，同时也能够互相协作，形成一个协调一致的运行体系。

随着技术的发展和运营管理需求的变化，轨交智慧运行平台应能够便捷地添加新的功能或升级现有系统，不仅能够满足当前的需求，还能够适应未来的变化，为城市轨道交通的智能化和现代化提供坚实的基础；同时其维护和升级也应尽可能简便，以减少运营成本并提高效率。

5.2.6 应用层

在城市轨道交通领域，在不同的业务阶段基于不同的管理目的建设了多套信息系统。信息系统当前常见的架构模式包括单机应用系统、客户端（C）-服务器（S）架构（包括两层C/S、三层C/S、多层C/S、B/S）、分布式架构、面向服务（SOA）架构、微服务架构等。

单机应用系统是最简单的软件结构，是指运行在一台物理机器上的独立应用程序。

客户端-服务器（Client-Server）架构：客户端通过网络请求服务器端提供服务，服务器处理请求并返回结果，客户端负责展示结果。该架构模式适用于轻量级应用，如综合监控系统等。

分布式架构（Distributed Architecture）：将应用程序拆分成多个部分，分布在不同的计算机上，通过网络协议进行通信和协作，实现高可用性和可伸缩性。该架构模式适用于大型复杂系统，如列车运行控制系统等。

面向服务架构（Service-Oriented Architecture，SOA）：将应用程序拆分成多个服务，通过标准化的接口进行通信和交互，实现松耦合和复用性。该架构模式适用于多样化的业务需求，如列车调度系统等。

微服务架构（Microservice Architecture）：将应用程序拆分成多个小型服务，每个服务都可以独立部署、升级和扩展，通过轻量级通信机制进行协作。该架构模式适用于快速迭代和灵活部署的场景。

上述架构模式在传统架构业务应用开发、融合架构业务应用开发中均有应用。

1）传统架构业务应用开发

传统架构业务应用开发指线网指挥、综合监控、票务及客服、安检、视频监视、融合通信、广播、乘客信息、安防集成、城轨保护、各专业运维应用等，由各自基于自身数据开发平台定制化开发，后期更新迭代受限。业务应用常用采用单机应用系统、客户端-服务器架构、分布式架构、SOA架构等。

2）融合架构业务应用开发

融合架构业务应用开发指线网指挥、综合监控、票务及客服、安检、视频监视、融合通信、广播、乘客信息、安防集成、城轨保护、各专业运维应用等，按照统一数据平台的开发部署要求开发业务应用，驱动安全、效率、效益和服务的提升。融合架构业务应用主要采用客户端-服务器架构、分布式架构、微服务架构等。尤其随着微服务架构的不断应用，城轨系统应用架构实现了应用系统解耦，具有灵活性和可扩展性。

应用系统解耦是指将原本由一个应用程序负责的多个功能分解成多个小的服务单元，每个服务单元都是独立的，可以单独部署、单独更新、单独扩展，从而实现应用程序的模块化、解耦，同时具有灵活性。这种解耦方式可以带来以下好处：

（1）行业能力沉淀：将应用程序分解为专注特定功能的多个服务单元，实现行业能力的积累和复用。

（2）缩短开发周期：应用软件解耦允许并行开发、测试和部署，从而缩短开发周期，提高效率。

（3）灵活的开发方式：解耦支持敏捷开发、DevOps等先进开发模式，提升开发质量和响应速度。

（4）动态调整和迭代更新：允许应用程序的快速迭代和更新，如添加、更新或删除服务单元，结合容器技术实现应用系统的快速部署、扩展和迁移。

应用层还包括操作展示应用软件，对应不同的使用人员，如对站务人员、维修人员、调度人员、管理人员分别开发对应的操作应用软件。

5.2.7 网络信息安全

各系统的信息安全应符合《信息安全技术 网络安全等级保护基本要求》（GB/T 22239—2019）中符合各系统级别的信息安全保护要求。

1）传统架构下信息安全

各系统信息安全传统架构下，信息安全均为软硬件一体信息安全设备或部署在自专业服务器上的安全管理软件，各系统间存在明显的物理边界，边界处部署相应防护措施。

（1）站级部署

①审计设备：在网络关键节点部署传感器探针收集通信数据，上传至管理中心进行分析、统计，建立安全基线，并对异常行为进行告警。

②工业防火墙：网络边界部署工业防火墙，执行访问控制、边界完整性检查和入侵防范，根据数据包信息如源地址、协议等执行规则，允许合法业务数据通过，阻止非法连接，

保障系统安全。

（2）中心部署

①工业控制安全运维管理系统：监控和审计网络设备和服务器的访问行为，控制、追踪和判定用户行为，对运维和管理人员账号使用进行监视和记录。

②风险评估系统：定期进行风险评估和漏洞扫描，提供包括资产、漏洞、流量在内的分析报告。

③工业控制安全统一管理中心系统：集中管理工业控制网络中的安全设备和系统，进行策略配置、网络流量分析，实时监控网络状态，快速定位和响应安全问题。

（3）终端部署

城轨系统在各操作系统的工作站和服务器上部署主机安全防护软件，满足等级保护建设对工作站及服务器的恶意代码防范、入侵防范等基本安全要求。同时在中心部署主机防护系统集中监管平台，对部署在各主机上的主机安全防护软件实现统一管理。

2）云架构下信息安全

传统架构下各系统边界清晰，不存在合用的情况。当采用云架构时，因基础设施合用，存在系统边界融合的情况。云架构下，生产网、管理网、对外服务网统一管理，同时也增加了新的安全边界。

根据《城市轨道交通云平台网络安全技术规范》（TCAMET 11005—2020）要求，云架构下信息安全框架如图5.2-16所示。

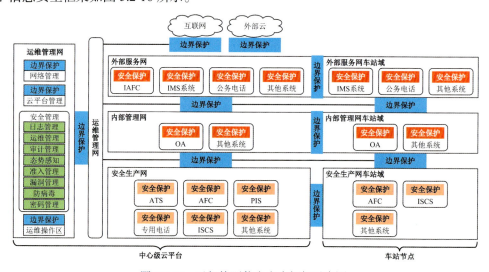

图5.2-16 云架构下信息安全框架示意图

IMS-IP多媒体子系统

在云架构下，安全分为云平台安全、云平台租户安全（承载应用系统安全）。云平台应满足信息安全等级保护三级要求设置。云平台租户应根据自身信息安全等级采取安全措施。

（1）云平台安全

云平台安全建设需求主要包括物理安全、云计算环境安全、应用安全、安全运营态势感知、安全管理体系等。

在充分满足合规要求的情况下，云安全管理平台可为云用户提供立体的、全面的安全防护能力,保护云计算用户在云上资产的访问、使用、数据的安全。安全资源池提供的云安全能力包括租户边界安全(虚拟下一代防火墙、虚拟入侵监测)、主机安全[主机防火墙、主机IPS(入侵防御系统)、主机基线加固、AV(防病毒)、防暴力破解、WebShell查杀]、应用安全WEB安全防护、云数据库审计、安全运维审计。

①站级:云外边界处设置下一代防火墙(集成入侵检测);不同网域间设置隔离网闸,实现物理隔离。

②中心:站级/线路分界处、核心区设防火墙,中心设置堡垒机、安全态势感知、未知威胁检测、日志审计、漏洞扫描、入侵防御、数据库审计、负载均衡、安全管理中心等。在互联网出口处设置抗DDOS(分布式拒绝服务攻击)、入侵防御设备、防火墙等。

③终端:设主机终端防护、杀毒软件等。

(2)云平台租户安全

应用系统位于云内的部分采用云安全资源池中的安全组件,复用云平台的安全能力。云平台为应用系统提供安全资源池内的组件应为各系统专用。

相关组件有云堡垒机组件、数据库设计组件、日志管理组件、虚拟化防火墙、漏洞扫描组件、安全管理平台组件、负载均衡组件等。

应用系统位于云外的部分,可按传统架构部署边界防护,并应将云外的安全管理相关信息接入本系统位于云内的安全管理中心。

5.3 各应用系统架构

智慧城轨系统的应用部分包括综合应用及专业应用,综合应用由线网指挥及综合监控负责,专业应用由其他各专业负责,综合应用通过与各专业的应用进行对接,共同实现乘客服务、行车组织管理、调度指挥管理、车站管理、运营维护管理、安全保障及应急处置各项功能,并且综合应用为用户使用规范统一界面呈现,为专业应用规范功能接口统一入口。

5.3.1 线网指挥

1)系统概述

线网指挥系统是以运营线网的行车、客流、车辆、设备等为对象,实现线网的协调指挥、应急处置、乘客服务、辅助决策分析等功能的综合应用系统,用于统一管理和协同各线路有序运行。

2)城市轨道交通线网指挥中心功能定位

城市轨道交通线网指挥中心是城市轨道交通实现网络化运营的协调指挥管理机构,管辖某一城市的城市轨道交通线网。线网指挥系统可实现全市城市轨道交通线网的统一协调、指挥、监督和管理。线网指挥中心系统具有线网监管、协调指挥、应急处置及信息共享等主要功能,线网指挥中心机构的总体职能定位为:

(1)线网运营数据中心:构建城市轨道交通线网生产大数据平台,处理包括数字格式、视频文件格式和文本事件格式的多种数据,向各外部系统及外部单位输送数据。

(2)线网日常行车协调指挥中心:通过线网布局形式监视各线路运行情况,实时展现各线路拥堵情况、信号系统设备状态、列车状态等信息,对比实际运行与计划的差别,并可配合视频手段了解换乘车站等跨线行车服务情况。

（3）线网电力调度与绿色能源管理中心：集中监控线网各主变电站、各线路变电所，实现能耗指标统计分析、重点能耗设备能效管理、碳资产管理、碳排放监测等智能管理及节能评估等。统筹城市轨道交通各线与地方电力调度的集中协调。

（4）线网机电设备调度及客服中心：对线网内各站及区间的机电设备（环控、给排水、屏蔽门、照明、电扶梯）、客服设备运行状态的进行监视。线网层集中进行客服服务。

（5）线网运营消防与安防中心：对线网车站视频、线网列车视频、线网车辆段安防集中监控；对线网火灾报警线网安检集中监视；对线网门禁的集中监控管理与授权；统一对外提供运营视频信息。

（6）线网运营信息集中发布中心：监视线网各站客流信息、车辆拥堵信息及换乘节点客流信息；发布运营实时信息和出行建议、乘车指引；根据客流分布规律为乘客提供出行建议。

（7）线网突发事件处置中心：搭建线网突发事件与信息报送系统，收集车站乘客突发事件报送，线网指挥系统分级、分类后传送给应急处置流程中的相关部门或人员。便于在紧急情况下快速指挥救援和疏散，并与运营预案联动。

（8）线网对外协同中心：构建开放的城市轨道交通运营生产大数据平台，与地震、气象、公安、交通运输、城际铁路、高铁、其他制式城轨等各外部企业系统及政府公务部门建立接口，实现信息互通及数据资源共享，实现城市轨道交通与外部单位的整体协同运作。

3）线网指挥系统发展

（1）扩大大数据和人工智能技术应用

大数据和人工智能技术的应用可以帮助城市轨道交通线网指挥系统更好地分析数据和进行预测，从而实现更精细化、高效化的调度和安全控制等工作，提升城市轨道交通线路的运行效率和稳定性。

（2）提升智能化水平

未来城市轨道交通线网指挥系统将会采用更加智能化、综合化的技术手段，完善数据采集、分析和应用等环节，从而实现精准化、实时化的指挥与控制。同时，还将注重对城市轨道交通线路运行的全方位监测，以保障乘客的舒适和安全。

（3）强化信息化系统建设

随着信息化技术的不断发展，未来的城市轨道交通线网指挥系统将更加注重信息与设备的整合，同时引入物联网技术，构建物物相连的运营体系，从而增强城轨系统的可靠性、安全性，并提升运行效率，助力城市轨道交通线路的管理和运营。

（4）多业态协同融合

随着城市交通不断发展，城市轨道交通、城际铁路、综合客运枢纽等多业态必须协同配合，实现无缝衔接，赋予线网指挥系统定位提升。城市轨道交通线网指挥系统将逐渐向"一体化"的方向发展，将各种交通方式进行统一规划与管理，打造一个整体化、高效、便捷的交通网络。通过线网统一对外协同，确保对外对接一致性，避免外部接口重复建设，降低投资；基于统一数字底座，使跨业态协同联动更便捷，提升内部管理效率，实现数据共享；跨业态形成新智慧应用，如各业态便民服务设施资源共享，乘客服务无缝衔接；统筹多业态视听资源，客流引导流线按需灵活调整；统一指挥、多方联动，应急协同、提升应急疏散效率；融合各业态安全管理信息，提升管辖业态安全联防共治能力。

（5）智慧城市的发展将为线网指挥系统的改善提供契机

随着智慧城市建设的推进，线网指挥系统的改善将成为城市智能交通体系的一个重要组成部分。未来，城市轨道交通在线网指挥系统的设计上，将更多地考虑到与其他交通模式之间的互联互通，以实现优质的出行服务。

总之，未来的城市轨道交通线网指挥系统的发展趋势，将是智能化、高效化、信息化和综合化。在这个过程中，技术和管理手段的不断创新将成为推动其不断发展的核心力量。

4）调度管理模式

线网指挥系统是指挥、协调、调度全市城市轨道交通网的信息系统，可以实现对全部线路进行实时、集中、透明指挥与协调，实现统一的应急抢险救援指挥。线网指挥系统应与其他交通指挥系统、气象信息系统部门信息系统进行信息交换，实现信息共享。

线路控制中心监控本线路所辖范围各车站级相关的环境、灾害、客流、供电及车站主要设备的运行情况；当设备故障或灾害发生时，系统自动报警，并提供列车位置、下达指挥中心的命令等，使各有关系统协调工作。

国内城市轨道交通架构如下：

（1）线网-线路-车站的三级管理三级控制架构

线网-线路-车站的三级管理三级控制架构是在各城市的线路成网后，在控制中心之上增加的线网运营指挥中心系统。三级控制架构保持现行模式，包括控制中心、车站控制层及子系统控制设备。为避免重复控制造成的混乱及权限问题，整个城市轨道交通线网不宜有过多层级的控制。因此，线网运营指挥中心定位为只负责监视，不参与控制。日常情况下线网运营指挥中心根据情况需要，通过与控制中心联络，要求控制中心给予配合。此架构为各大城市普遍采用的系统架构。

（2）线网线路融合-车站的两级架构

随着云计算、大数据等新技术与传统技术深度融合和网络化运营管理需求，各业务系统具备线网线路融合-车站两级架构的条件。两级架构系统适用于两级管理和三级管理模式，可根据运营管理需要设置二级或三级管理权限，灵活设置线网级终端和线路级终端，如图5.3-1所示。

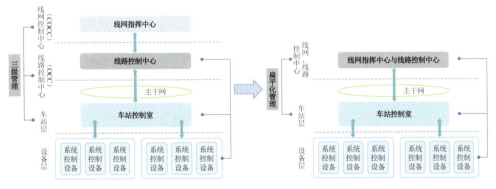

图5.3-1　两种调度控制模式

智慧城轨应构建融合线路控制中心功能的线网指挥系统，集成行车、电力、环境等调度所需软件及数据，与线网调度通信辅助系统配合，能满足线网运营调度及应急指挥等全部功能要求。

具备单线控制权的线路侧系统功能可整合进线网运营指挥中心系统，形成"又监又控的调度管理模式"。调度管理层级优化有利于减员增效，并从一定程度上节省建设投资。

（3）两种调度控制模式对比

在当前城市轨道交通建设中，两种调度模式均有应用，三级管理、三级调度的模式为常规城市轨道交通建设模式，适用于线网规模较大、对线网级控制功能要求不高的城市。在技术不断发展的当下，两级管理、三级调度具有一定先进性、创新性和可行性，适用于线网规模不大、线网建设时建设线路不多的城市。

5）线网指挥中心与线路控制中心职责划分

线网指挥中心与线路控制中心一般为上下两个管理层级；线网指挥中心管理着重于运输协调、线网计划编制、应急指挥等宏观管理，是偏向政策性、策划性和信息服务性的管理；而线路控制中心着重于微观管理。随着资源共享理念的不断提升和应急指挥流程的不断完善，线网指挥中心的功能定位从早期的"只监不控"发展到现阶段的"能监能控"。新一代线网指挥中心不仅能对跨线合用的设备设施（如跨线合用的主变电站 35kV 开关，换乘枢纽站内多线合用的区间风机等）进行控制和管理，而且还具备在应急等特殊工况下直接控制车站级广播系统、发布乘客信息及控制视频监控画面等功能。

6）线网指挥系统架构

线网指挥系统架构主要包括传统独立服务器架构和基于云平台的架构，随着云技术的应用深入，线网指挥系统由基于云平台的业务独立架构逐步向基于统一数据平台架构演进。

（1）传统独立服务器架构

在云计算技术还未发展成熟时，线网指挥系统独立采购自专业服务器、存储、信息安全等硬件设备，所有应用软件均基于服务器物理机运行，如图 5.3-2 所示。

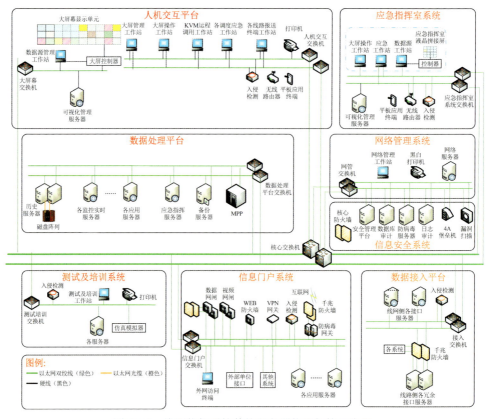

图 5.3-2　线网指挥系统传统服务器物理架构示意图

以下从接入层、网络层、基础设施层、数据平台层、应用层及展示层等方面介绍线网指挥系统传统服务器架构情况，如图 5.3-3 所示。

图 5.3-3　线网指挥系统传统独立服务器架构示意图

① 接入层

线网指挥系统在接入层主要根据自身管理需求，将线路信号 ATS、线路综合监控系统、清分中心系统、企业信息化系统、企业外部单位等采用通用开放工控协议接入。

② 网络层

线网指挥系统在网络层设置自己的区域控制中心局域网络，并利用传输网构建线网指挥系统骨干网络，并将接入层数据上传。

③ 基础设施层

线网指挥系统独立采购本系统服务器、存储、信息安全等硬件设备，形成本系统基础设施层，所有应用软件均基于此服务器物理机运行。

④ 数据平台层

线网指挥系统独立建设自专业数据平台，配置本系统基础数据或从其他系统获取并存储相关数据，承载于本系统数据库内，以支撑上层应用及展示软件使用。线网指挥系统数据平台层包括供电、UPS（不间断电源）、电能表计、照明、环控、机电设备、火灾报警、电气火灾、应急照明、疏散设备、防淹门、ATS 运行、广播、卫生间设备、乘客信息、安检、安防、门禁、视频管理、通信告警等多种设备数据，形成行车、供电、设备、客流等实时和历史数据域。

⑤ 应用及展示层

线网指挥系统根据本系统功能需求独立开发相应的应用软件承载于本系统服务器物理

机内，线网指挥系统应用软件按功能分为行车调度、电力调度、设备调度、车辆调度、维修调度、客运调度、信息调度等线网运营指挥功能，线网应急处置、乘客服务、线网辅助决策等功能。

（2）云平台架构

随着云计算技术的发展及成熟，云技术也在城市轨道交通行业得到了广泛的应用，国内城市轨道交通普遍建设了云平台，各系统也逐步在云平台上承载，如图5.3-4所示。

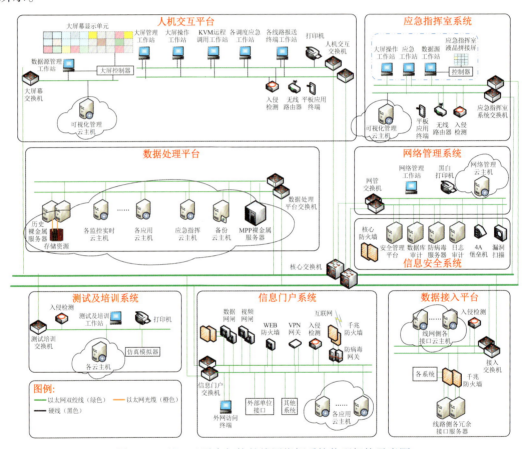

图5.3-4　基于云平台架构的线网指挥系统物理架构示意图

目前主要存在以下两种架构：第一种，业务独立部署架构，此架构应用技术成熟，在大多数城市得到应用；第二种，统一的数据平台架构，即基于PaaS及SaaS层的模块化应用部署，目前正在部分城市探索应用。

①基于云平台的业务独立架构

线网指挥系统可基于城市轨道交通云平台IaaS层进行搭建，云平台承载一个或多个系统，为各系统提供IaaS层服务，各应用系统独立开发应用软件，如图5.3-5所示。

a. 接入层

接入层接入方式与传统独立服务器架构无区别。

b. 网络层

线网指挥系统在网络层由城轨云提供区域控制中心局域网络，利用传输网构建云平台骨干网络，并将接入层数据上传。云平台汇总各个上云系统网络要求，统一向通信传输提资，并向各上云系统提供所需网络资源。

图 5.3-5 线网指挥系统基于云平台的系统应用软件独立架构示意图

c. 基础设施层

基础设施层的云平台根据线网指挥系统的需求提供计算、存储、网络、安全等服务，线网指挥系统通过云平台提供的基础设施支撑构建上层数据平台及应用。

云平台统一提供云平台内部的网络信息安全服务，线网指挥系统需满足控制中心等与接入层系统设备的边界防护（若需），并基于云平台提供的网络信息安全服务完成综合应用的网络信息安全等级保护内容的建设。

d. 数据平台层

线网指挥系统在数据平台层独立建设自专业数据平台，配置本系统基础数据或从其他系统获取并存储相关数据，承载于本系统或轨道交通云平台统一提供的数据库内，以支撑上层应用及展示软件使用。线网指挥系统数据平台层包括供电、UPS、电能表计、照明、环控、机电设备、火灾报警、电气火灾、应急照明、疏散设备、防淹门、ATS 运行、广播、卫生间设备、乘客信息、安检、安防、门禁、视频管理、通信告警等多种设备数据，形成行车、供电、设备、客流等实时和历史数据域。

e. 应用及展示层

线网指挥系统根据本系统功能需求独立开发相应的应用软件承载于云平台上，线网指挥系统应用软件按功能分为行车调度、电力调度、设备调度、车辆调度、维修调度、客运调度、信息调度等线网运营指挥功能，以及线网应急处置、乘客服务、线网辅助决策等功能。

②基于统一的数据平台架构

a. 接入层

线网指挥系统在接入层主要根据自身管理需求,将线路信号ATS、线路综合监控系统、清分中心系统、企业信息化系统、企业外部单位等采用通用开放工控协议接入。接入层接入方式与传统独立服务器架构无区别。

b. 网络层

线网指挥系统在网络层由城轨云提供区域控制中心局域网络,利用传输网构建云平台骨干网络,并将接入层数据上传。云平台汇总各上云系统网络要求,统一向通信传输提资,并向各上云系统提供所需网络资源。

c. 基础设施层

基础设施层的云平台根据线网指挥系统的需求提供计算、存储、网络、安全等服务,线网指挥系统通过云平台提供的基础设施支撑构建数据层、模块层及应用层的各项内容。

云平台统一提供云平台内部的网络信息安全服务,线网指挥系统需满足控制中心等与接入层系统设备的边界防护(若需),并基于云平台提供的网络信息安全服务完成综合应用的网络信息安全等级保护内容的建设。

d. 数据平台层

轨交智慧运行平台专业构建统一的信息系统平台,统筹提供通用数据库、数据开发标准、数据部署要求、开发工具和运行支撑环境等,具体内容详见5.2.5节。

线网指挥系统在数据平台层构建了包括操作员权限、预案、报警、进程、事件触发、数据、时间表控制、接口、时间同步、趋势管理、软件监视、备份文档、系统配置、报表统计、操作界面、模型、流程编排、遥测遥控、程控卡片、联动告警、组态维护、可视化、信息推送展示等应用模块。同时,它集成了供电、UPS、电能表计、照明、环控、机电设备、火灾报警等数据,形成行车、供电、设备、客流等数据域。算法平台则包括运力配置、运行图评估、客流疏导、统计分析、预测、运能分析、故障定位等算法,这些模块和算法具有开放性和可复用性,可供其他专业调用。

e. 应用层

线网指挥系统在应用层构建自身的各项应用软件,各项应用软件通过调用数据平台层的通用技术模块、专用应用模块以及算法模块、其他专业的相关模块、数据层的各项数据等实现应用层的相应功能。

线网指挥系统应用软件按功能分为行车调度、电力调度、设备调度、车辆调度、维修调度、客运调度、信息调度等线网运营指挥功能,线网应急处置、乘客服务、线网辅助决策等功能。

应用层还包括操作展示应用软件,轨交智慧运行平台提供统一人机界面开发要求,线网指挥系统按要求开发人机界面,并嵌入统一人机界面交互终端界面中,分别对应不同的使用人员,如按维修人员、调度人员、管理人员分别开发对应的操作应用软件,如图5.3-6所示。

图 5.3-6　线网指挥系统基于统一的数据平台架构示意图

5.3.2　综合监控

1）系统概述

综合监控系统（ISCS）是一个高度集成的综合自动化监控系统，其目的主要是通过集成城市轨道交通多个主要弱电系统，形成统一的监控层硬件平台和软件平台，实现对城市轨道交通主要弱电系统设备如列控设备、客控设备、电力设备、通信系统、机电设备的集中监控和管理功能，以及相关各系统之间的信息共享和协调互动功能。通过综合监控系统的统一用户界面，运营管理人员能够更加方便、有效地监控管理整条线路的运作情况，实现城市轨道交通高效率运营。

综合监控系统定位为线路信息管理层系统，包括中央级信息管理层和车站级信息管理层两部分。中央级信息管理层可以通过接口实现与线网指挥系统的连接，为实现线网级的监视和管理功能提供数据支持。车站级信息管理层主要实现对各底层监控对象的监控功能、各接入系统之间的信息互通和协调互动功能、监控信息的汇总统计功能以及系统的维护管理功能。

2）监控系统发展方向

（1）扩展各子系统的集成广度和深度

从系统集成的发展角度来看，综合监控系统的发展主要分为三个阶段，如图5.3-7所示。

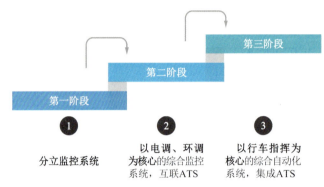

图 5.3-7　综合监控系统三个发展阶段示意图

① 20世纪90年代以前国外建设的城市轨道交通线路，以及国内2000年以前建设的城市轨道交通线路大多采用这种方式。各个专业间的控制系统无直接的数据交互，靠行调、电调的工作人员通过电话或面对面语言沟通实现系统间的信息交互。

② 行调系统独立构建，而其他的系统则可在一个统一的平台上进行集成，综合监控系统实现供电、环控、防灾系统的集成和中心、车站两级的综合管理。发达国家在1990—2000年之间建设的城市轨道交通线路大多采用这种方式，国内从2000年建设的北京地铁13号线开始引入综合监控系统，目前国内建成和正在建设的大多数综合监控系统都属于这种构成方式，是目前国内外采用得最多的一种方案。综合监控系统实现了与变电所综合自动化系统、环境与设备监控系统、火灾自动报警系统、站台门的集成，与广播系统、视频监视系统、乘客信息显示系统、无线通信系统、信号系统、自动售检票系统、时钟系统、供电运行安全管理系统等的互联。此模式下，ATS系统与综合监控系统分开，但通过通信接口与ATS进行双向信息交换，ATS的必要信息全部接入综合监控系统。综合监控系统可利用这类信息实现必要的联动功能，基本满足运营管理的需要。

③ 以行车指挥为核心的综合自动化系统是城市轨道交通自动化系统发展的第三个阶段。ATS与传统综合监控系统集成，各专业基于统一平台分类部署，ATS原有上位机监控功能由综合监控系统来实现，车站信号系统轨旁现场设备和ATP/ATO控制设备独立构成一个相对完整的系统，信号系统车站控制器通过通信接口接入车站综合监控系统。此时综合监控系统的监控管理范围加大，车站级和中央级综合监控系统成为车站和中央的全面管理中心，行调、车调、客调、环调、电调、值班调度等调度工作统一

工作界面。采用完全集成模式的综合监控系统在国内外城市轨道交通已有成功的范例,例如法国巴黎地铁、新加坡地铁、中国香港地铁和北京地铁等。

综合监控系统通过对车站各相关机电系统集成和互联,实现信息互通和协调互动。集成子系统:全部系统功能由综合监控系统实现的自动化系统,是综合监控系统的一部分。互联系统:具有自身完整的系统结构,并保持系统独立运行,与综合监控系统通过外部接口进行信息交互,实现信息互通、共享和联动控制功能的自动化系统。

(2)加大应用深度

随着时代的发展,智慧城市轨道交通、绿色城市轨道交通、全自动运行等对综合监控系统功能提出了更高要求;在云计算、大数据、人工智能等新兴技术趋势下,综合监控与轨交智慧运行平台进行结合,一方面进一步实现综合监控与多专业的数据交互及功能集成,另一方面提升综合监控系统的智能分析与辅助决策等,见图5.3-8。

图 5.3-8 综合监控系统功能提升示意图

(3)扩大平台开放性

随着云计算技术的发展,城市轨道交通机电系统硬件平台采用云计算技术已经成为行业主流,综合监控上云应用逐渐成熟,使得软件开发人员可以更加专注于业务逻辑的开发,而不需要过多关注底层的硬件和基础设施。同时支持区域化管理下的设备集中部署。在接入层面,更专注统一接入标准,在数据平台层面,对其平台的开放性要求更高,支撑和拓展更多业务应用。

3)综合监控系统架构

综合监控系统架构主要包括传统独立服务器架构和基于云平台的架构,随着云技术的应用深入,综合监控系统由基于云平台的业务独立架构逐步向基于统一数据平台架构演进。

(1)传统独立服务器架构

在云计算技术还未发展成熟时,综合监控系统独立采购自专业服务器、存储、信息安全等硬件设备,包括中央级冗余的实时服务器、冗余的历史服务器、外部磁盘阵列、磁带库、网管服务器、软件测试平台服务器,车站级冗余的车站级服务器,车辆段集中告警服务器、外部磁盘阵列、培训管理服务器、安全设备等,所有应用软件均基于服务器物理机运行,如图5.3-9所示。

以下从接入层、网络层、基础设施层、数据平台层、应用及展示层等方面介绍综合监控系统传统服务器架构情况,如图5.3-10所示。

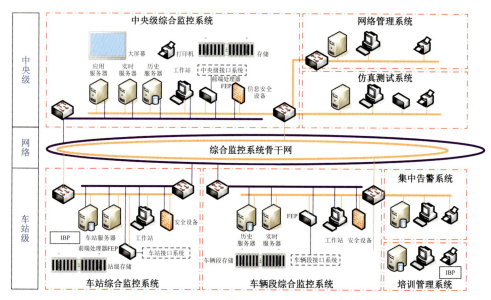

图 5.3-9　综合监控系统传统服务器物理架构示意图

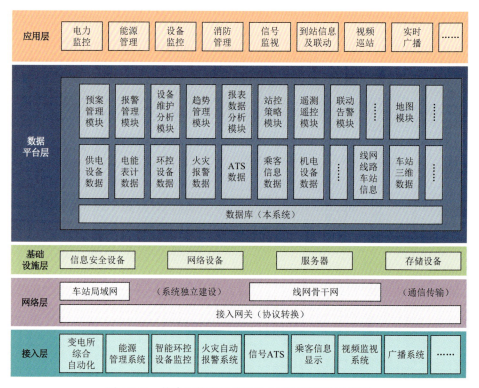

图 5.3-10　综合监控系统传统独立服务器架构示意图

a. 接入层

综合监控系统在接入层主要由各集成互联子系统构成，各个集成互联子系统采用通用开放工控协议接入。

b. 网络层

综合监控系统在车站网络层设置自己的车站局域网络，并利用传输网构建全线综合监控系统骨干网络,并将数据上传至上层系统。

c. 基础设施层

综合监控系统独立采购本系统服务器、存储、信息安全等硬件设备,形成本系统基础设施层,所有应用软件均基于此服务器物理机运行。

d. 数据平台层

综合监控系统独立建设自专业数据平台,配置本系统基础数据或从其他系统获取并存储相关数据,承载于本系统数据库内,以支撑上层应用及展示软件使用。综合监控系统数据平台层包括供电、UPS、电能表计、照明、环控、机电设备、火灾报警、电气火灾、应急照明、疏散设备、防淹门、ATS 运行、广播、卫生间设备、乘客信息、安检、安防、门禁、视频监控、通信告警及时钟对时等各类设备数据。

e. 应用及展示层

综合监控系统根据本系统功能需求独立开发相应的应用软件承载于本系统服务器物理机内,综合监控系统应用软件按功能分为电力监控、能源管理、环控、智能车站设备、消防管理、站台门、防淹门监控、信号 ATS 监视、AFC 设备监控、广播管理、PIS 预案联动管理、安防报警及联动管理、门禁监控、CCTV 显示及巡站、车站运营管理、移动站务管理、可视化应用等。

(2)云平台架构

综合监控系统中央级冗余的实时服务器、冗余的历史服务器、外部磁盘阵列、磁带库、网管服务器、软件测试平台服务器,车站级冗余的车站级服务器,车辆段集中告警服务器、外部磁盘阵列、培训管理服务器等均可云化,统一由云平台提供,如图 5.3-11 所示。

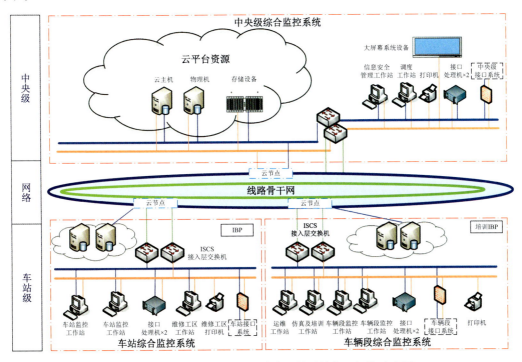

图 5.3-11　基于云平台架构的综合监控系统物理架构示意图

目前基于云平台架构的综合监控系统主要存在两种架构，其一，业务独立部署架构，此架构应用技术成熟，在广泛的城市得到应用；其二，统一的数据平台架构，该架构基于PaaS及SaaS层的模块化应用部署，目前正在部分城市探索应用。

①基于云平台的业务独立架构

综合监控系统可基于城轨云平台IaaS层进行搭建，车站计算机系统可基于车站边缘云IaaS层进行搭建，云平台承载一个或多个系统，为各系统提供IaaS层服务，各应用系统独立开发应用软件，如图5.3-12所示。

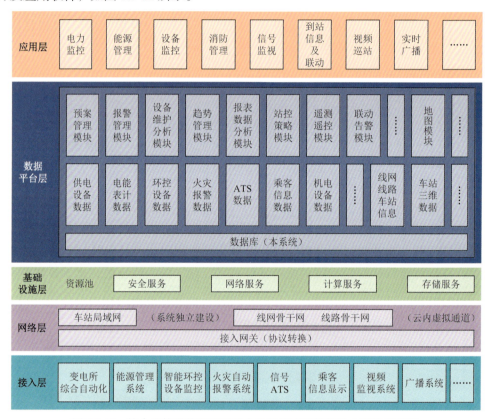

图5.3-12　综合监控系统基于云平台的系统应用软件独立架构示意图

a. 接入层

综合监控系统在接入层主要由各集成互联子系统构成，各个集成互联子系统采用通用开放工控协议接入。接入层接入方式与传统独立服务器架构无区别。

b. 网络层

综合监控系统在车站网络层设置自己的车站局域接入网络，接入车站云平台汇聚网络。车站层与线网层网络通道由云平台提供。云平台汇总各上云系统网络要求，统一向通信传输提资，并向各上云系统提供所需网络资源。

c. 基础设施层

在基础设施层，城轨云根据综合监控系统的需求提供计算、存储、网络、安全等服务，综合监控系统通过城轨云提供的基础设施支撑构建数据层、模块层及应用层的各项内容。

d. 数据平台层

综合监控系统在数据平台层独立建设自专业数据平台，配置本系统基础数据或从其他系统获取并存储相关数据,承载于本系统或城轨云统一提供的数据库内,以支撑上层应用及展示软件使用。综合监控系统数据平台层包括供电、UPS、电能表计、照明、环控、机电设备、火灾报警、电气火灾、应急照明、疏散设备、防淹门、ATS运行、广播、卫生间设备、乘客信息、安检、安防、门禁、视频监控、通信告警及时钟对时等各类设备数据。

e. 应用及展示层

综合监控系统根据本系统功能需求开发相应的应用软件承载,应用软件按功能分为电力监控、能源管理、环控、智能车站设备、消防管理、站台门、防淹门监控、信号ATS监视、AFC设备监控、广播管理、PIS预案联动管理、安防报警及联动管理、门禁监控、CCTV显示及巡站、车站运营管理、移动站务管理、可视化应用等。

② 基于统一的数据平台架构

a. 接入层

综合监控系统在接入层主要由各集成互联子系统构成,接入层接入设备与传统独立服务器架构、基于云平台的业务独立架构无区别,接入方式需按轨交智慧运行平台设置的接入网关及规定的标准接入规范接入平台车站汇聚交换机。

b. 网络层

综合监控系统在车站网络层设置自己的车站局域接入网络,接入车站云平台汇聚网络。车站层与线网层网络通道由云平台提供。云平台汇总各上云系统网络要求,统一向通信传输提资,并向各上云系统提供所需网络资源。

c. 基础设施层

基础设施层的云平台根据综合监控的需求提供计算、存储、网络、安全等服务,综合监控通过云平台提供的基础设施支撑构建数据层、模块层及应用层的各项内容。

云平台统一提供云平台内部的网络信息安全服务,综合监控系统需满足车站、段场、控制中心等处于接入层系统设备的边界防护,并基于云平台提供的网络信息安全服务完成综合应用的网络信息安全等级保护内容的建设。

d. 数据平台层

轨交智慧运行平台专业构建统一的信息系统平台,统筹提供通用数据库、数据开发标准、数据部署要求、开发工具和运行支撑环境等,具体内容详见5.2.5节。

综合监控系统在数据平台层需构建自身的应用模块和算法模块,各项功能主要由数据平台层自身的应用模块、算法模块以及通用技术模块经流程编排后实现,应用模块集主要包括操作员权限、预案、报警、进程管理、事件触发、数据管理、时间表控制、接口管理、时间同步、趋势管理、软件监视、备份文档、系统配置、报表统计、操作界面、站控策略、一键开关站、云台控制、遥测遥控、程控卡片、联动告警、组态维护、可视化、信息推送展示等;数据平台主要包括供电、UPS、电能表计、照明、环控、机电设备、火灾报警、电气火灾、应急照明、疏散设备、防淹门、ATS运行、广播、卫生间设备、乘客信息、安检、安防、门禁、视频监控、通信告警、时钟对时等数据;算法平台主要包括无功平衡、能耗分析评估、节能控制、疏散控制、轨排控制、客流预测、运力匹配、运能分析、客流流向、客运量分析、客运组织控制、视频摘要、内容检索、设备监控、烟火监测、入侵检测、行为监测、人群热力图分析、人流量分析、人脸识别、健康度评估、故障预测等算法。综合监控系统在模块层构建的应用模块和算法模块是具有开放性和可复用性的,其他专业应用也可按规定的权限调用该模块,实现相关的功能。

e. 应用层

综合监控系统在应用层构建自身的各项应用软件，各项应用软件通过调用数据平台层的通用技术模块、专用应用模块以及算法模块、其他专业的相关模块、数据层的各项数据等实现应用层相应功能。

综合监控系统在应用层按功能部署电力监控、能源管理、环控、智能车站设备、消防管理、站台门、防淹门监控、信号 ATS 监视、AFC 设备监控、广播管理、PIS 预案联动管理、安防报警及联动管理、门禁监控、CCTV 显示及巡站、车站运营管理、移动站务管理、可视化应用等应用。

应用层还包括操作展示应用软件，轨交智慧运行平台提供统一人机界面开发要求，综合监控系统按要求开发人机界面，并嵌入统一的人机界面交互终端界面中，分别对应不同的使用人员，如按站务人员、维修人员、调度人员、管理人员分别开发对应的操作应用软件，如图 5.3-13 所示。

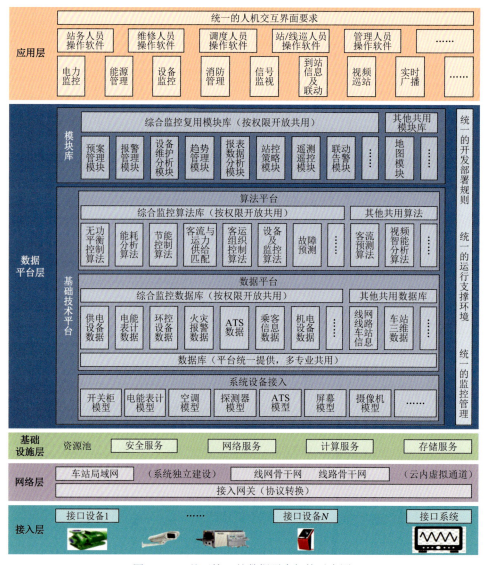

图 5.3-13　基于统一的数据平台架构示意图

5.3.3 票务及客服

2007年,建设部在颁布的业内规范《城市轨道交通自动售检票系统技术条件》(GB/T 20907—2007)提出自动售检票系统(AFC)组成定义,AFC系统采用标准的五层构架体系。随着网络技术及计算机技术的进步,传统五层架构体系不再适用于国内城市轨道交通的发展,特别是近年来,"互联网+"服务的理念在现代社会中逐步深入人心,系统架构逐步向扁平化发展,出现了各种适用不同时代及技术特点的架构体系。

1) 系统层次架构的演进

从2007年提出的AFC系统五层架构开始,AFC系统先后经历了多线路中央MLC(多线路共用中心)架构、四层架构、两层架构等多次变化过程,目前在国内各城市轨道交通都有应用,分别适应于不同城市的建设及运营特点。

(1) AFC系统五层架构

城市轨道交通AFC系统五层标准架构体系由系统清结算中心(ACC)、线路中心(LC)、车站中心(SC)、AFC设备(SLE)和票卡组成,五层构架体系是根据当时我国国情和城市发展现状考量的,各层次相对独立,对于系统的快速建设和部署有着很大的帮助。每一级系统都具有比较完整的独立系统,能在一定条件下独立完成下属系统、设备的运营管理和控制工作。每一级系统都能在自己管辖的范围内完成票务数据的处理、统计和分析,出具相应的客流及营收等统计报表,完成基本的票务运营管理工作。

传统五层架构适用于AFC系统建设初期,以太网技术尚不成熟,故必须依靠其他通信协议逐层转发。五层架构的网络带宽资源小,网络设备处理能力差,主机运算能力低下,不能对大规模数据进行集中处理。

(2) AFC系统多线路中央MLC架构

随着路网规模和业务功能的不断扩大,计算机技术的快速发展,行业内提出多线路中央MLC架构体系,对既有的体系结构进行适时改进,以更好地优化系统架构和组成,提高AFC系统的稳定性、通用性,并节约AFC系统建设、运营和维护成本,每个MLC管理3～6条线(或更多),主要基于以下几个方面的需求。

①区域化运营管理的需要:运营按区域或多线路进行运营管理,设置多个区域控制中心。

②提高资源利用率的需要:城市轨道交通采用MLC系统的集中设置方案后,可以将硬件资源进行整合,大幅节约初期建设的投入成本。

③降低维护成本的需要:减少系统数量,降低系统的维护难度和成本。

④降低新线建设难度的需要:保持线路中央软件版本的统一性和稳定性,新线接入时,相关调试工作涉及范围小,实施相对容易,也能把控路网运营的稳定性。

(3) AFC系统四层架构

随着计算机技术的继续发展,大数据运算已经不再是系统计算的瓶颈,部分中型城市,鉴于其城市轨道交通线网规划一般为6～10条线路,设置多线路中央MLC系统显得"画蛇添足",这些城市逐步开展AFC系统"简化架构+集中数据处理"的"四层架构"的研究及建设,如图5.3-14所示。

相较于五层架构,四层架构系统主要调整在线路中央计算机系统,线路中央计算机系统的功能需由清分中心系统进行集成,车站计算机系统需建立与清分中心的直传通道。

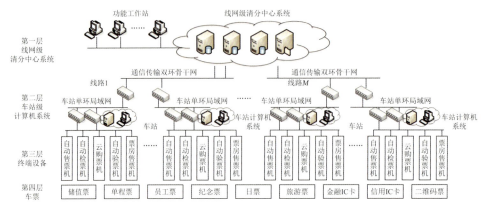

图 5.3-14　系统四层物理架构示意图

（4）AFC 系统两层架构

社会步入"互联网+"时代，"微信支付""支付宝支付"等第三方支付方式全面普及，基于手机 NFC 技术的 Apple Pay、Samsung Pay 等支付业务、二维码快捷闪付为人民群众提供了更便捷服务。但"快捷闪付"对系统实时性的需求更高，因而诞生了更扁平化的系统传输架构。

与传统系统五层或四层体系架构相比较，AFC 系统采用"终端-线网"两层架构，设备监控信息采用"终端-车站-线网"三层传输架构，如图 5.3-15 所示，系统交易数据传输减少了线路层和车站层的数据转发及处理时间，大大减少了交易时间，有效地保障了交易的实时性。

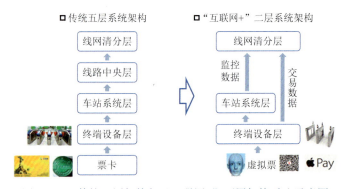

图 5.3-15　传统五层架构与"互联网+"两层架构对比示意图

（5）客服系统两层架构

社会步入"互联网+"时代，通信技术和互联网产品不断更迭，人民群众的沟通行为习惯也悄然改变，新的乘客服务载体——城市轨道交通主网页、手机 APP、微信号等孕育而生，这些新的服务载体满足了客户随时随地及时服务的需求。

城市轨道交通相应创建两层架构的客服系统，在原热线电话中心系统的基础上，搭建智能客服系统，车站现场推动自动售检票与咨询设备的智能化及功能融合，形成基于"线上＋线下"的，智能服务为主、人工服务为辅的资讯服务体系，使得乘客服务不再受到时间和空间的限制，让客户服务"触手可及"。

智能客服系统分为线网层、现场层两层，如图 5.3-16 所示。线网层实现与线网内所有客服现场设备的远程音视频交互、乘客信息的可视化、乘客问询数据收集挖掘功能及系管理等功能。现场层主要由智能客服终端、乘客自助终端、智能客服终端、移动式客服终端、客服机器人、手机 APP 构成。

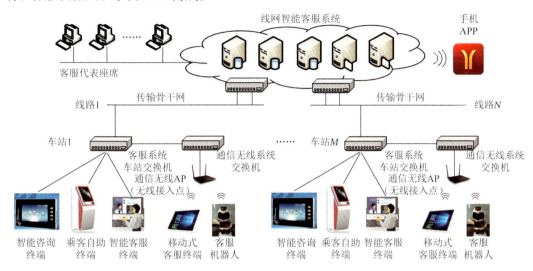

图 5.3-16 客服系统物理架构示意图

2）票务及客服系统架构

票务及客服系统随着计算机技术的发展，出现了传统独立服务器及基于云平台的两类架构，目前在国内均有呈现。

（1）传统独立服务器架构

在云计算技术还未发展成熟时，票务及客服系统独立采购自专业服务器、存储、信息安全等硬件设备，所有应用软件均基于服务器物理机运行，如图 5.3-17、图 5.3-18 所示。

①接入层

票务及客服系统在接入层包括自动检票机、自动售票机、自动验票机、票房售票机、客服咨询终端、乘客服务终端、智能客服中心、移动服务终端等终端设备。

②网络层

票务及客服系统在车站网络层通过终端交换机自建的光纤环网及车站 Wi-Fi 传输网，将车站层设备及系统数据汇聚至车站交换机，通过线路通信传输骨干网及线网通信传输骨干网，并将数据上传至上层系统。

③基础设施层

票务及客服系统独立采购本系统服务器、存储、信息安全等硬件设备，形成本系统基础设施层，所有应用软件均基于此服务器物理机运行。

④数据平台层

票务及客服系统独立建设自专业数据平台，配置本系统基础数据或从其他系统获取并存储相关数据，承载于本系统数据库内，以支撑上层应用及展示软件使用。自动售检票系统数据平台层包括票卡交易数据、票卡收益数据、乘客画像数据、进站客流数据、清分清算数据、设备监控数据、票卡票种数据等，客服系统数据平台包括城轨问题库、乘客画像数据、乘客历史咨询数据、客服质监数据、设备监控数据等。

⑤应用层

票务及客服系统根据本系统功能需求独立开发相应的应用软件承载于本系统服务器物

理机内，线网清分中心系统应用软件按功能分为票务管理、运营管理、清分管理和乘客服务等，线网客服系统应用软件按功能分为远程交互、智能应答、质监管理等，车站计算机系统应用软件按功能分为设备监控、收益管理、系统管理等。

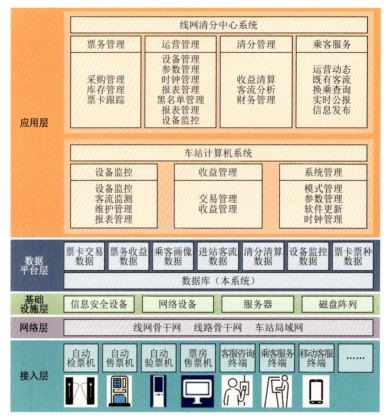

图 5.3-17　票务系统传统独立服务器架构示意图

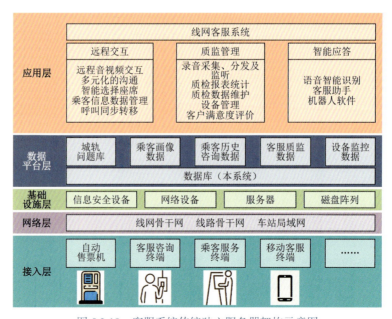

图 5.3-18　客服系统传统独立服务器架构示意图

(2)基于云平台的系统架构

①基于云平台的业务独立架构

线网清分中心系统及线网客服系统可基于线网云平台 IaaS 层进行搭建,车站计算机系统可基于车站边缘云 IaaS 层进行搭建,云平台承载一个或多个系统,为各系统提供 IaaS 层服务,各应用系统独立开发应用软件,如图 5.3-19、图 5.3-20 所示。

图 5.3-19　票务系统基于云平台的业务独立架构示意图

a. 接入层

接入层接入方式与传统独立服务器架构无区别。

b. 网络层

票务及客服系统在车站网络层通过终端交换机自建的光纤环网及车站 Wi-Fi 传输网,车站层设备及系统数据汇聚至车站交换机,接入车站边缘云。车站层与线网层网络通道由云平台提供。云平台汇总各上云系统网络要求,统一向通信传输提资,并向各上云系统提供所需网络资源。

c. 基础设施层

基础设施层的综合业务云平台根据票务及客服的需求提供计算、存储、网络、安全等服务，票务及客服系统通过综合业务云平台提供的基础设施支撑构建数据层及应用层的各项内容。

线网清分中心系统及线网客服系统由线网云平台提供基础设施层服务，车站计算机系统由边缘云提供基础设施层服务。

d. 数据平台层

票务及客服系统在数据平台层独立建设本系统数据平台，配置本系统基础数据或从其他系统获取并存储相关数据，承载于本系统或城轨云平台统一提供的数据库内，以支撑上层应用及展示软件使用。各数据与传统独立服务器架构一致，区别在于基于虚拟机及物理机的不同载体。

e. 应用层

票务及客服系统根据本系统功能需求开发相应的应用软件承载，各应用与传统独立服务器架构一致，按功能分为票务管理、运营管理、清分管理和乘客服务等，区别在于基于虚拟机及物理机的不同载体。

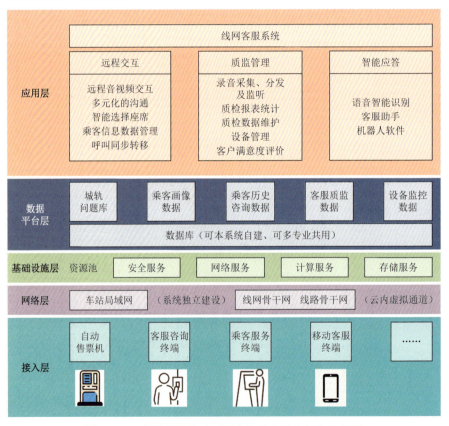

图 5.3-20 客服系统基于云平台的业务独立架构示意图

② 基于统一的数据平台架构

票务及客服系统应基于轨交智慧运行平台提供的平台部署环境、开发工具、平台规则，开放数据、进行模块化开发和部署，如图 5.3-21 所示。

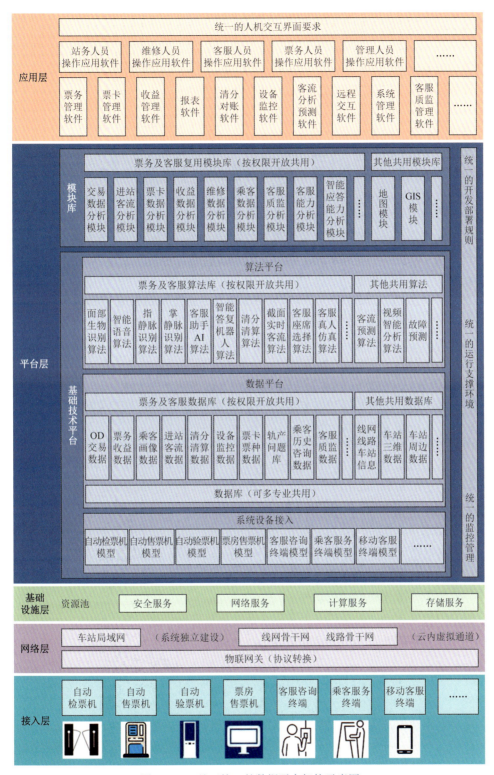

图 5.3-21 基于统一的数据平台架构示意图

a. 接入层

接入设备与基于云平台的业务独立架构一致，接入方式需按轨交智慧运行平台设置的接入网关及规定的标准接入规范接入平台车站汇聚交换机。

b. 网络层

网络层与基于云平台的业务独立架构一致，由云平台提供网络服务。

c. 基础设施层

基础设施层与基于云平台的业务独立架构一致，综合业务云平台根据需求提供计算、存储、网络、安全等服务。

d. 数据平台层

轨交智慧运行平台专业构建统一的信息系统平台，统筹提供通用数据库、数据开发标准、数据部署要求、开发工具和运行支撑环境等，具体内容详见 5.2.5 节。

票务及客服系统在平台层需构建自身的应用模块和算法模块，各项功能主要由平台层自身的应用模块、算法库以及通用技术模块经流程编排后实现，应用模块集主要包括交易数据分析模块、进站客流分析模块、票卡数据分析模块、收益数据分析模块、维修数据分析模块、乘客数据分析模块、客服质监分析模块、客服能力分析模块、智能应答能力分析模块等；数据平台主要包括 OD（起讫点）交易数据、票务收益数据、乘客画像数据、进站客流数据、清分清算数据、设备监控数据、票卡票种数据、轨产问题库、乘客历史咨询数据、客服质监数据等数据集；算法平台主要包括面部生物识别算法、智能语音算法、指静脉识别算法、掌静脉识别算法、客服助手 AI 算法、智能答复机器人算法、清分清算算法、截面实时客流算法、客服座席选择算法、客服真人仿真算法等。票务及客服在平台层构建的应用复用模块和算法模块是具有开放性和可复用性的，其他专业应用也可按规定的权限调用该模块，实现相关的功能。

e. 应用层

票务及客服在应用层构建自身的各项应用软件，各项应用软件通过调用平台层的通用技术模块、票务及客服的应用复用模块以及算法模块、其他专业的相关模块、数据层的各项数据等实现应用层的相应功能。

票务及客服在应用层按功能部署票务管理软件、票卡管理软件、收益管理软件、报表软件、清分对账软件、设备监控软件、客流分析预测软件、远程交互软件、系统管理软件、客服质监管理软件等。

应用层还包括操作展示应用软件，轨交智慧运行平台提供统一人机界面开发要求，票务及客服系统按要求开发人机界面，并嵌入统一人机界面交互终端界面中，分别对应不同的使用人员，如按站务人员、维修人员、客服人员、票务人员、管理人员分别开发对应的操作应用软件。

5.3.4 安检

为保障城市轨道交通乘客出行及运营的安全，同时出于对城市轨道交通治安管理和反恐形势严峻的考虑，确保城市轨道交通线路及站点治安稳定和防恐反恐工作的落实，北京地铁首先于 2008 年奥运会期间实施安检，国内其他城市轨道交通在 2008—2015 年期间逐步全面实施安检。

1）**系统层次架构的演进**

早期城市轨道交通安检仅在车站布置安检设备，各车站之间设备相互孤立，未设置网络化安检系统，安检管理以人工管理为主。

近几年来，随着国家相关政策的鼓励、行业规范的持续推动、公安对安全的更严格要求、城市轨道交通大客流下安检的不适应等多方面因素影响，传统安检设备之间相互孤立、以人工管理为主的旧式系统及运营模式已不适用。随着科学技术的发展，新的安检技术层出不穷，国内城市轨道交通安检设备全面由传统孤立设备向网络化系统转变，并结合大数据分析、生物/非生物识别、图像识别、互联网等前沿技术，升级安检设备，实现线网集中信息化管理、集中判图、智能识别、精准服务功能，打造智慧安检，方便乘客出行。

安检系统按控制中心与车站两级管理，线网、车站和现场三级控制的架构进行设计，如图 5.3-22 所示。

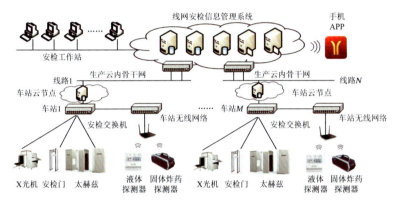

图 5.3-22　安检系统物理架构示意图

线网层安检信息管理系统实现对线网所有安检设备的监控和数据采集、状态管理、维修管理、安全管理、报警管理、数据管理及人力调度管理等功能。

车站层实现对本车站安检设备的监控，采集相应的系统事件数据，并进行统计分析，自动生成各种报表。终端实现对指定区域或出入口的安检出入控制。

车站现场安检设备主要由通道式 X 光行李检查机、智能安检门、台式液体探测仪、爆炸物探测仪、太赫兹通道门、手持式金属探测器、现场取证记录仪、防爆器材、开包查验站及安检辅助器材构成。

2）安检系统架构

随着计算机技术的发展，安检系统存在传统独立服务器及基于云平台的两类架构。

（1）传统独立服务器架构

在云计算技术还未成熟时，城市轨道交通安检系统独立采购硬件设备，如服务器、存储、信息安全等，本系统各类应用软件基于物理服务器运行，如图 5.3-23 所示。

①接入层

安检系统在接入层包括通道式 X 光行李检查机、安检门、复检台、爆炸物探测仪、液体探测仪，现场取证记录仪等终端设备。

②网络层

安检系统在车站网络层通过终端交换机自建的光纤环网及车站 Wi-Fi 传输网，将车站层设备及系统数据汇聚至车站交换机，通过线路通信传输骨干网及线网通信传输骨干网，并将数据上传至上层系统。

③基础设施层

安检系统独立采购本系统服务器、存储、信息安全等硬件设备，形成本系统基础设施层，所有应用软件均基于此服务器物理机运行。

④数据平台层

安检系统独立建设自专业数据平台，配置本系统基础数据或从其他系统获取并存储相关数据，承载于本系统数据库内，以支撑上层应用及展示软件使用。安检系统数据平台层包括设备监控数据、乘客历史安检数据、安检员人力数据、公安六类信息、X光机图片历史库、乘客历史违规数据、乘客属性数据等。

⑤应用层

安检系统根据本系统功能需求独立开发相应的应用软件承载于本系统服务器物理机内，安检系统应用软件按功能分为物检管理、人检管理、信息化管理、人力管理等，具体包括集中判图、任务分配、智能判图、分类安检、分级安检、重点安检、报警管理、联动管理、报表管理、维修管理、设备管理、视频巡查、工作量统计、人员调度、人力考勤、人力考评等。车站计算机系统应用软件按功能分为降级管理、智能判图、报警管理、联动管理、设备管理、数据传输、分类安检、分级安检、重点安检、人员调度、人力考勤等。

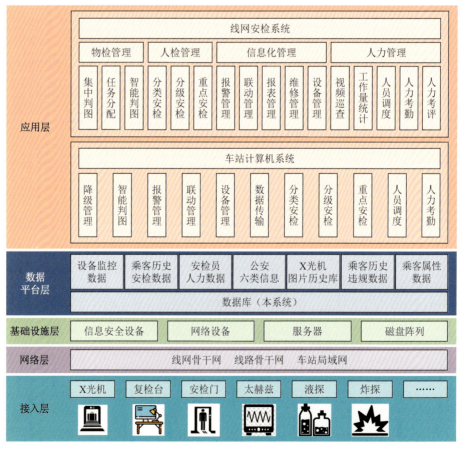

图 5.3-23 安检系统传统独立服务器架构示意图

（2）基于云平台的系统架构

①基于云平台的业务独立架构

线网安检系统基于线网云平台进行承载，车站计算机系统基于车站边缘云进行承载，云平台为安检系统提供所需虚拟机资源，如图 5.3-24 所示。

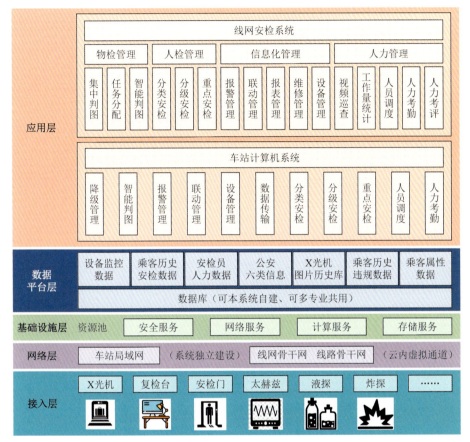

图 5.3-24　安检系统基于云平台的业务独立架构示意图

a. 接入层

接入层接入方式与传统独立服务器架构无区别。

b. 网络层

安检系统在车站网络层通过终端交换机自建的光纤环网及车站 Wi-Fi 传输网，车站层设备及系统数据汇聚至车站交换机，接入车站边缘云。车站层与线网层网络通道由云平台提供。云平台汇总各上云系统网络要求，统一向通信传输提资，并向各上云系统提供所需网络资源。

c. 基础设施层

基础设施层的综合业务云平台根据安检系统的需求提供计算、存储、网络、安全等服务，安检系统通过综合业务云平台提供的基础设施支撑构建数据层及应用层的各项内容。

线网安检系统由线网云平台提供基础设施层服务，安检车站计算机系统由边缘云提供基础设施层服务。

d. 数据平台层

安检系统在数据平台层独立建设本系统数据平台，承载于本系统或城轨云平台统一提供的数据库内，以支撑上层应用及展示软件使用。各数据与传统独立服务器架构一致，区别在于基于虚拟机及物理机的不同载体。

e. 应用层

安检根据本系统功能需求开发相应的应用软件承载，各应用与传统独立服务器架构一致，区别在于基于虚拟机及物理机的不同载体。

②基于统一的数据平台架构

安检系统应基于轨交智慧运行平台提供的平台部署环境、开发工具、平台规则，开放数据、进行模块化开发和部署，如图 5.3-25 所示。

a. 接入层

接入设备与基于云平台的业务独立架构一致，接入方式需按轨交智慧运行平台设置的接入网关及规定的标准接入规范接入平台车站汇聚交换机。

b. 网络层

网络层与基于云平台的业务独立架构一致，由云平台提供网络服务。

c. 基础设施层

基础设施层与基于云平台的业务独立架构一致，综合业务云平台根据需求提供计算、存储、网络、安全等服务。

d. 数据平台层

轨交智慧运行平台专业构建统一的信息系统平台，统筹提供通用数据库、数据开发标准、数据部署要求、开发工具和运行支撑环境等，具体内容详见 5.2.5 节。

接入层通过网络层接入网关的协议转换，轨交智慧运行平台在数据平台层生成接入设备的虚拟模型，虚拟模型与接入实体设备之间实时联动。安检专业模型有 X 光机模型、复检台模型、安检门模型、太赫兹模型、液探模型、炸探模型等。

安检系统在数据平台层需构建自身的应用复用模块和算法模块，各项功能主要由数据平台层自身的应用模块、算法模块以及通用技术模块经流程编排后实现。应用复用模块库主要包括判图数据分析模块、报警联动分析模块、设备维护分析模块、抽检复检反馈分析模块、报表数据分析模块、乘客属性分析模块、人力调度分析模块、工作量统计分析模块等；数据平台主要包括设备监控数据、乘客历史安检数据、安检员人力数据、公安六类信息（如有）、X 光机图片历史库、乘客历史违规数据、乘客属性数据等数据集；算法平台主要包括面部生物识别算法、智能判图算法、判图座席分配算法、乘客征信分级算法、视频巡检识别算法、隔栏递物算法、疲劳检测算法等。

安检系统在数据平台层构建的应用复用模块和算法模块具有开放性和可复用性，其他专业应用也可按规定的权限调用该模块实现相关的功能。

e. 应用层

安检系统在应用层构建自身的各项应用软件，各项应用软件通过调用数据平台层的通用技术模块、安检系统的应用复用模块以及算法模块、其他专业的相关模块、数据层的各项数据等实现应用层相应功能。

安检系统在应用层按功能部署集中判图管理软件、人检管理软件、报警联动管理软件、报表软件、维修管理、设备管理、人力调度管理软件、人力考评管理等。

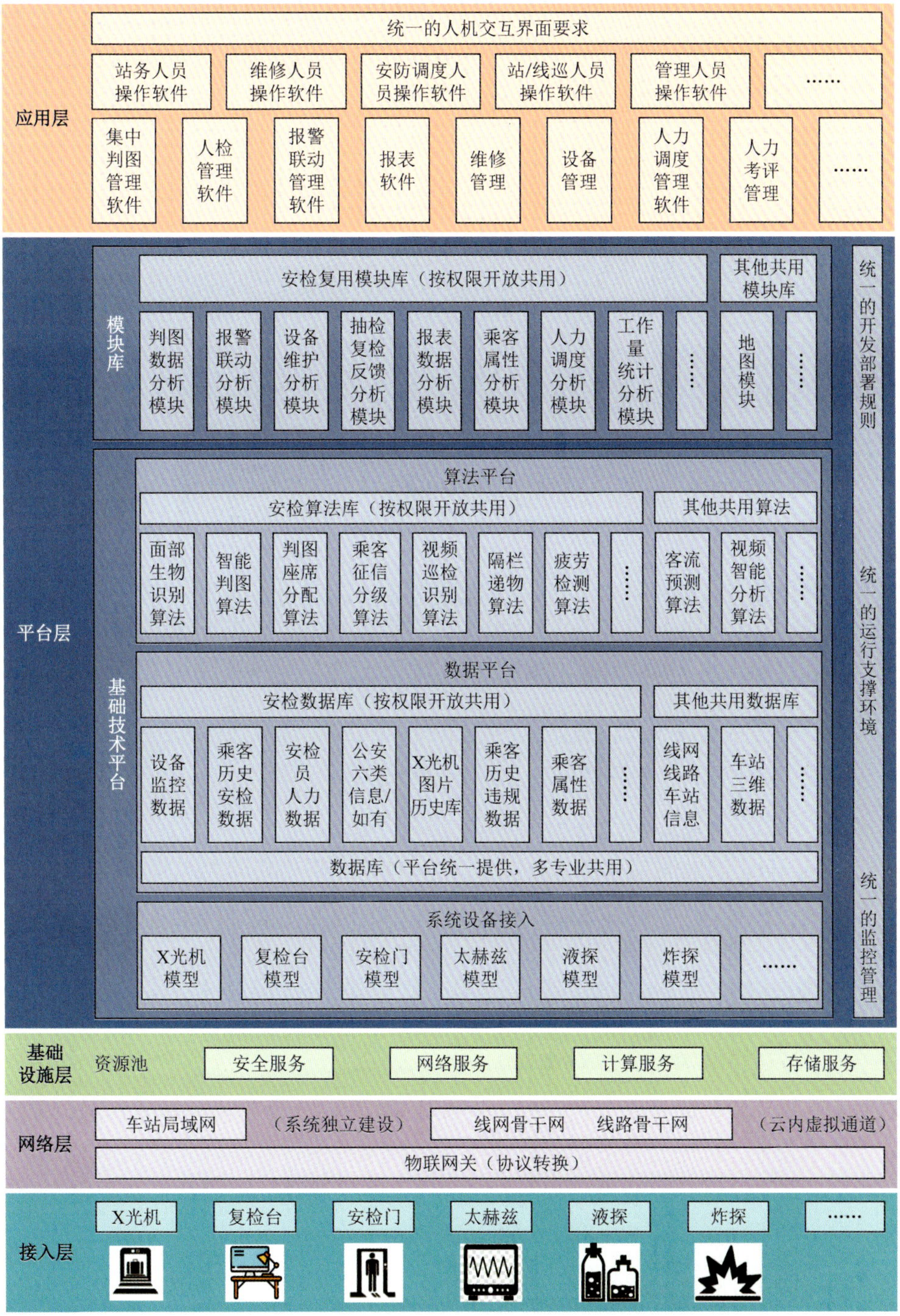

图 5.3-25 安检系统基于统一的数据平台架构示意图

应用层还包括操作展示应用软件,轨交智慧运行平台提供统一的人机界面开发要求,安检系统按要求开发人机界面,并嵌入统一的人机界面交互终端界面中,分别对应不同的使用人员,如按站务人员、维修人员、安防调度人员、站/线巡人员、管理人员分别开发对应的操作应用软件。

5.3.5 传输网络

传输网络作为城市轨道交通通信网络的基础设施，是通信系统的骨干，是最重要的通信子系统。传输系统不仅为其他通信子系统提供信息传输通道，同时还可为城轨轨道交通中的信号、自动售检票、综合监控、各类智慧化应用等提供可靠的、冗余的、可扩展的、可重构的和灵活的信息传输通道。

1）传输技术的演进

结合城市轨道交通应用需求和传输网络技术的发展，传输网络依次或并行出现了SDH、MSTP（多业务传送平台）、PTN、OTN、SPN和IPRAN（无线接入网IP化）技术，如图5.3-26所示。

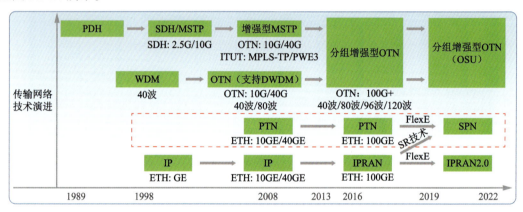

图 5.3-26　传输技术发展演进示意图

DWDM-密集波分复用

IPRAN是IP化的无线接入网，是基于IP/MPLS分组交换的无线接入网技术。该技术在转发和控制协议上以IP/MPLS为基础，基于BFD（双向转发侦测）等技术实现保护功能，基于SNMP（简单网络管理协议）等提供OAM能力，并采用了以太网的同步机制。IPRAN技术天然具备二三层专线、IPTV组播（基于Internet协议的电视广播传输技术）等业务的承载能力，同时吸收基站承载的必要需求，满足综合承载的需要。

2）传输网络需求演进

传输系统作为城市轨道交通通信网络的基础设施，是各系统的传送骨干网，在安全性、可靠性、网络管理、低时延等方面相比传统以太网技术一直有较高的要求。近年来随着智慧城轨的建设需求，城市轨道交通业务的需求也在不断变化，也促进了城市轨道交通行业传输技术应用的不断演进，主要包括以下几个方面变化：

（1）高速率、大容量需求

智慧城轨带来业务种类和数据流量大幅度提升，智慧城轨云化带来业务流向集中化，视频的高清、云化、运营数据采集视频化等，使网络带宽呈爆炸增长。线路传输网单站节点传输能力倍数上升，由10G上升至200G，骨干网络节点传输能力也基本同比提升。

在TDM业务需求不断减少，IP数据业务需求不断提升的环境下，MSTP技术借助SDH的虚容器进行以太网信号的传输，MSTP传输以太网业务时带宽应为虚容器的整数倍，MSTP的带宽调整能力较差，在承载数据业务时，带宽利用率不高。传统光电标准的成熟

SDH 线路接口板卡最大至 STM-64（10Gbit/s），网络线路侧的传输容量也受到了限制。

因此，高速率、大带宽的 OTN 技术和 SPN 技术逐步在轨道交通行业应用，其将 WDM 技术应用，单线路侧板卡速率可达 100G～200G，甚至更高。

（2）高弹性，带宽灵活调整需求

随着城市轨道交通各专业智慧技术应用，物联网业务的不断引进，小颗粒 IP 业务与大颗粒 IP 业务在城市轨道交通的需求均日趋增加，在提供物理隔离通道、重要业务单独隔离的基础上，还需针对不同颗粒业务灵活定制带宽。

下一代新型 OTN 技术设备定义了灵活弹性的新容器 OSUflex，提供更灵活的硬管道带宽定义（N×2.4Mbit/s），更高效地承载小颗粒信号，消除了时隙限制，支持 2～100Gbit/s 业务无中断无损带宽线性调整。SPN2.0 阶段也采用 SPN 小颗粒技术（FGU）对 SPN 通道层的 5Gbit/s 颗粒做进一步时隙划分及复用，形成带宽颗粒度为 10Mbit/s 的小颗粒通道，以满足具有小带宽、高隔离性、高安全性承载需求的业务场景。

3）传输网络系统架构

传输网络一般包括线路传输网络和线网骨干网络两层架构，未来面对多网融合需求，实现城市群的轨道交通互联，将增加城际骨干网络层。传输网络系统架构图如图 5.3-27 所示。

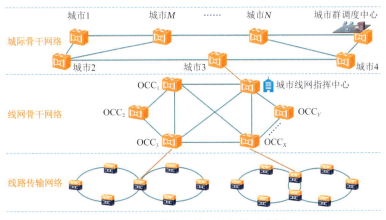

图 5.3-27　传输网络系统架构示意图

（1）城际骨干网络

各城市线网指挥中心设置城际骨干传输节点，并提供接入各城市线网指挥中心骨干节点的接口。根据各城市间的带宽容量需求灵活配置 mesh 结构、波道数量和单波带宽。

（2）线网骨干网络

各区域控制中心设置骨干传输节点，并提供接入各线路中心传输节点的接口。根据各传输节点间的带宽容量需求灵活配置 mesh 结构、波道数量和单波带宽。

（3）线路传输网络

车站、车辆段、停车场及区域中心设置传输节点，以控制中心节点为切点或以控制中心和车辆段节点为交点组成若干相切环或相交环。

5.3.6　视频监视

视频监视系统是城市轨道交通维护和保证运输安全的重要手段。城市轨道交通内视频监视系统主要包括专用视频监视系统、公安视频监视系统、车辆视频监视系统及车辆段安防视频监视系统。

1）视频技术演进

视频监视系统经历了模拟视频阶段、数字和模拟混合应用阶段，并逐渐向纯数字系统过渡。

传统模拟视频系统方案的视频传输利用成对的频分复用视频光端机实现点对点的模拟光通道。对于较大的系统，每站需要占用较多的光纤资源，资源利用率低，且系统一旦设定，便存在扩容困难等问题。

数字视频传输方式充分利用专用通信系统的网络资源，享有专用网络传输通道的复用保护机制，安全性高，传输通道网络化，便于系统管理、维护和扩展。

2）系统层次架构的演进

（1）专用与公安视频建设模式

由于城市轨道交通视频监视系统分别由运营人员和公安人员使用，专用视频系统和公安视频系统所完成的功能基本类似，只是使用人员和侧重点不同，一方是运营管理人员，通过专用视频监视系统了解列车到发状况，客流大小等有关管理的画面；另一方是警务人员，通过公安视频监视系统，确保整个城市轨道交通区域处于安全状态，维护区域安全稳定。在初期城市轨道交通建设过程中，多采用专用与公安视频独立建设方案。但在后期运营过程中，双方系统在功能上有所重叠，基于资源共享角度，专用和公安视频趋于共享方案演进，如图5.3-28所示。

图5.3-28 专用与公安视频监视系统建设模式示意图

（2）系统层次架构的演进

运营视频监视系统可按功能划分为三个层级，包括车站级、线路中心级和线网中心级系统。传统的视频监视系统架构一般为三层架构，车站级、线路中心级和线网中心级分别建设视频平台，各自具备相应管理功能。当线网初成规模，需要建设统一的线网视频监视平台，对线网的视频资源进行统一管理和规划。在城市轨道交通线网密集的城市，可能对线路中心的管理功能弱化，线路和车站的视频图像管理功能在线网控制中心实现，逐渐演变成车站级和线网中心级两层架构，见表5.3-1。

视频监视系统各层级功能　　　　　　　　表5.3-1

系统架构	三层架构的视频监视系统	两层架构的视频监视系统
线网中心	实时监控、智能分析，并与外部系统进行交互	实时监控、智能分析，并与外部系统进行交互，线路间协调管理和安全管理
线路中心	实时监控、线路安全管理	实时监控
车站	实时监控、视频分析和流媒体转发	实时监控、视频分析和流媒体转发

3）视频监视系统架构

近年来由于基于视频监视系统的应用逐渐多样化，个别城市轨道交通线路将视频非结构化数据和服务部署在云平台上，目前城市轨道交通视频监视系统存在传统独立服务器部署和基于云平台部署两种系统架构。

（1）传统独立服务器架构

传统的视频监视系统为独立构建的系统，视频监视系统所有计算、存储、信息安全等应用均基于自行搭建的服务器物理机上运行，如图5.3-29所示。

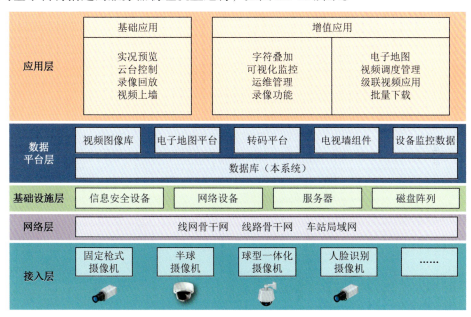

图 5.3-29　视频监视系统传统独立服务器架构示意图

a. 接入层

视频监视系统在接入层主要包括各类型的摄像机，其按视频监视标准的流媒体协议通过接入交换机接入视频监视网络。

b. 网络层

视频监视系统在网络层主要包括视频监视站级接入交换机，以及传输系统提供的承载网络连接中心服务器设备。

c. 基础设施层

视频监视系统独立采购本系统服务器、存储、信息安全等硬件设备，形成本系统基础设施层，所有应用软件均基于此服务器物理机运行。

d. 数据平台层

视频监视系统独立建设自专业数据平台，配置本系统基础数据或从其他系统获取并存储相关数据，承载于本系统数据库内，以支撑上层应用及展示软件使用。视频监视系统数据平台层包括视频图像库、电子地图平台、转码平台、电视墙组件、设备监控数据等。

e. 应用层

视频监视根据本系统功能需求独立开发相应的应用软件承载于本系统服务器物理机内，系统应用软件按功能分为视频基础应用和系统增值应用。

（2）基于云平台的系统架构

基于运营日益增长的视频应用需求，构建基于云计算的线网视频平台，除实现传统运营管理下的功能外，同时也为未来视频监控应用的开发提供了基础平台，满足新时代城市轨道交通视频监控系统的发展需要。

①基于云平台的业务独立架构

视频监视系统可基于线网云平台 IaaS 层进行搭建，各站点视频监视系统可基于各站点边缘云 IaaS 层进行搭建，云平台承载一个或多个系统，为各系统提供 IaaS 层服务，各应用系统独立开发应用软件，如图 5.3-30 所示。

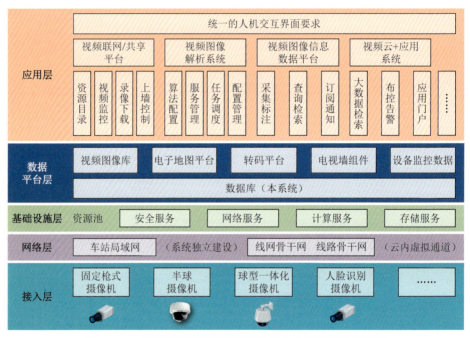

图 5.3-30　视频监视系统基于云平台的业务独立架构示意图

a. 接入层

视频监视系统在接入层包括各类摄像机、工作站等终端设备，其按轨交智慧运行平台规定的标准接入规范接入视频交换机。接入层接入方式与传统独立服务器架构无区别。

b. 网络层

视频监视系统在网络层主要包括接入交换机、汇聚交换机以及由传输系统提供的传输通道，其负责对接入层的设备汇聚并接入平台汇聚网络。

c. 基础设施层

基础设施层的综合业务云平台根据视频监视系统需求提供计算、存储、网络、安全等服务，视频监视系统通过综合业务云平台提供的基础设施支撑构建数据层、组件层及应用层的各项内容。

综合业务云平台统一提供云平台内部的网络信息安全服务，视频监视系统需考虑车站、段场、控制中心等处的边界防护，并基于云平台提供的网络信息安全服务完成综合应用的网络信息安全等级保护内容的建设。

d. 数据平台层

视频监视系统在数据平台层独立建设自专业数据平台，配置本系统基础数据或从其他系统获取并存储相关数据，承载于本系统或城轨云平台统一提供的数据库内，以支撑上层应用及展示软件使用。视频监视系统在数据平台层独立配置本系统，包括 3Dmax 地图和视图库等数据库。

e. 应用及展示层

视频监视系统在应用层构建自身的各项应用功能，各项功能基于组件层的通用技术组件、视频监视的应用组件以及算法组件、其他专业的相关组件、数据层的各项数据等实现。

视频监视系统的各项功能通过展示层的统一人机交互终端提供给使用人员。轨交智慧运行平台将提供统一的人机界面开发要求，视频监视专业按要求开发人机界面，并嵌入统一的人机界面交互终端界面中。

② 基于统一的数据平台架构

a. 接入层

视频监视系统在接入层包括各类摄像机、拾音器、工作站等终端设备，其按轨交智慧运行平台规定的标准接入规范接入视频交换机。

b. 网络层

视频监视系统在网络层主要包括接入交换机、汇聚交换机以及由传输系统提供的传输通道，其负责对接入层的设备汇聚并接入平台汇聚网络。

c. 基础设施层

基础设施层的综合业务云平台根据视频监视的需求提供计算、存储、网络、安全等服务，视频监视系统通过综合业务云平台提供的基础设施支撑构建数据层、组件层及应用层的各项内容。

综合业务云平台统一提供云平台内部的网络信息安全服务，视频监视需考虑车站、段场、控制中心等处的边界防护，并基于云平台提供的网络信息安全服务完成综合应用的网络信息安全等级保护内容的建设。

d. 数据平台层

轨交智慧运行平台专业构建统一的信息系统平台，统筹提供通用数据库、数据开发标准、数据部署要求、开发工具和运行支撑环境等，具体内容详见 5.2.5 节。

视频监视专业在数据平台层需构建自身的应用组件和算法组件，包括视频联网平台（融合安防平台）、视频图像信息数据库、视频图像资源解析系统、视频云应用支撑平台和"视频云+应用"各项算法组件，构建包括基础平台软件、视频浓缩及摘要软件、行为分析软件、网管软件、视频诊断软件、大数据分析平台软件、人脸分析比对软件和视频结构化软件等各项应用组件。各项功能主要由数据平台层自身的应用组件、算法组件以及通用技术组件经流程编排后实现。视频监视系统在组件层构建的应用组件和算法组件是具有开放性和可复用性的，其他专业应用也可调用该组件实现相关的功能。

e. 应用层

视频监视系统在应用层构建自身的各项应用功能，各项功能基于组件层的通用技术组件、视频监视的应用组件以及算法组件、其他专业的相关组件、数据层的各项数据等实现。视频监视的各项功能通过展示层的统一人机交互终端提供给使用人员。轨交智慧运行平台将提供统一的人机界面开发要求，视频监视专业按要求开发人机界面，并嵌入统一的人机界面交互终端界面中。

视频监视系统基于统一的数据平台架构如图 5.3-31 所示。

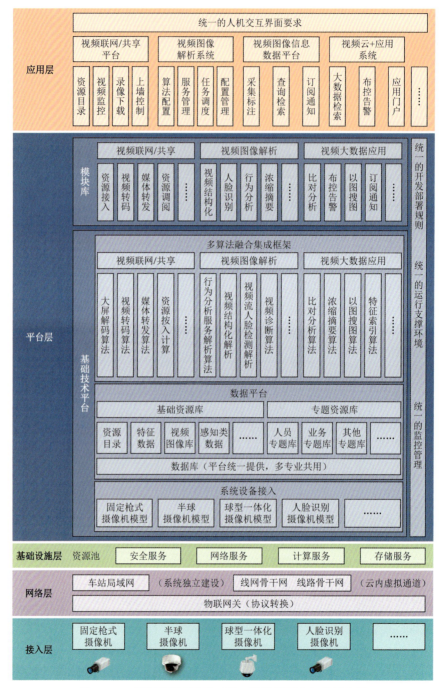

图 5.3-31　视频监视系统基于统一的数据平台架构示意图

5.3.7　有线电话

有线电话系统一般包括专用电话系统、公务电话系统两部分。

专用电话系统是调度员和车站、控制中心、车辆段值班员指挥列车运行和下达调度命令的重要通信工具，是为列车运营、电力供应、日常维修、防灾救护提供指挥手段的专用通信系统。

公务电话系统主要用于本线运营管理部门、维修单位之间的一般公务联络，如实现电话交换、非话业务交换，实现新业务功能等，另外还应具备统一通信的功能，并能与本地公用电话网联网，实现本地城市轨道交通用户之间及与公网用户间的通信。

1）电话交换技术演进

电话交换技术先后经历了人工交换、步进制交换、纵横制交换、程控交换、软交换几个技术阶段。人工交换、步进制交换、纵横制交换属于模拟的空分交换技术，而程控交换技术也经过了模拟（空分）交换和数字（时分）交换的发展历程。

软交换技术是NGN（下一代网络）的实现方式之一，是指以软交换设备为呼叫控制核心，采用多种接入手段，在分组交换网上为用户提供语音和多媒体业务等多种类型的实时业务网络，实现了呼叫与控制分离、呼叫与承载分离。

2）系统架构演进

传统的有线电话系统跟随线路的建设主要采用一线一建的方式，新旧线路通过互联互通实现不同线路有线电话系统之间的通信功能。但随着线网规模不断扩大，线路之间互联互通需求越来越频繁，并且各城市轨道交通也陆续建立起线网指挥中心，使得线网指挥有线调度通信的需求变得越来越重要，这也使得传统的有线电话架构发生了较大的改变。在城市轨道交通线网密集的城市，对线路层统一调度的管理功能要求更为强烈，有线电话系统逐渐演变为线网融合建设模式，见表5.3-2。

有线电话系统建设架构演进表 表 5.3-2

建设模式	各线有线电话独立建设	各线有线电话融合建设
线网中心	—	建设线网软交换中心，由线网统一集中设置调度台
线路中心	各线路独立设置软交换中心，分设线路调度台	只作为线路调度用户
车站	车站调度分机	车站调度分机

3）系统架构

（1）传统独立服务器架构

传统电话系统主要由软交换设备、接入网关、调度服务器、录音服务器等硬件设备组成，所应用软件基于其适配的硬件独立运行，如图5.3-32所示。

①接入层

有线电话系统在接入层主要由接入网关、IP电话、站间电话、站内电话、轨旁电话、求助电话等组成。

②网络层

有线电话系统在车站网络层通过交换机接入传输网络，与中心软交换中心连接。

③基础设施层

有线电话系统在基础设施层主要由软交换中心、调度服务器、录音服务器等硬件设备组成，形成本系统基础设施层，所应用软件均基于此硬件设施运行。

④数据平台层

有线电话系统独立建设自专业数据平台，配置本系统基础数据，以支撑上层应用及展示软件使用。有线电话系统数据平台层包括用户通信录属性数据、历史通信日志、多媒体信息数据、计费数据、语言库数据等。

⑤应用及展示层

有线电话系统应用软件按功能分为公务电话功能、专用电话功能。公务电话功能包括通话功能、热线功能、求助功能、会议功能、中英文显示功能等；专用电话功能包括通话功能，保持、转移、强插、强拆功能，状态显示功能，会议功能，中英文显示功能等。

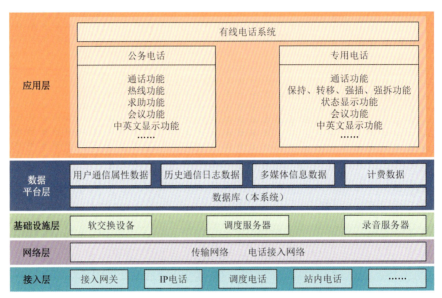

图 5.3-32　有线电话系统传统独立服务器架构示意图

（2）基于云平台的系统架构

①基于云平台的业务独立架构

有线电话系统可基于线网云平台 IaaS 层进行搭建，如图 5.3-33 所示。

a. 接入层

有线电话系统在接入层包括接入网关、IP 电话、站间电话、站内电话、轨旁电话、求助电话等设备。接入层接入方式与传统架构无区别。

b. 网络层

有线电话系统车站网络层可通过交换机接入站级云汇聚交换机，与中心设备连接。

c. 基础设施层

基础设施层的综合业务云平台根据有线电话系统需求提供计算、存储、网络、安全等服务，有线电话系统通过综合业务云平台提供的基础设施支撑构建数据层、模块层及应用层的各项内容。

d. 数据平台层

有线电话系统在数据平台层独立建设自专业数据平台，配置本系统基础数据或从其他系统获取并存储相关数据，承载于本系统或城轨云平台统一提供的数据库内，以支撑上层应用及展示软件使用。有线电话系统数据平台层包括用户通信录属性数据、历史通信日志、多媒体信息数据、计费数据、语言库数据等。

e. 应用及展示层

有线电话系统功能需求开发相应的应用软件承载，系统应用软件按功能分为公务电话功能、专用电话功能，公务电话功能包括通话功能、热线功能、求助功能、会议功能、中英文显示功能等；专用电话功能包括通话功能，保持、转移、强插、强拆功能，状态显示功能，会议功能，中英文显示功能等。

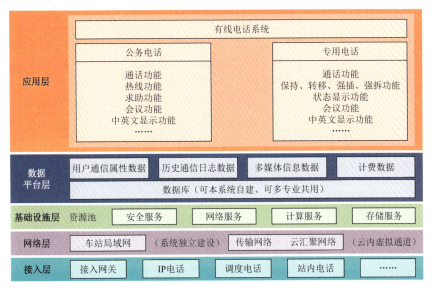

图 5.3-33　有线电话系统基于云平台的系统架构示意图

② 基于统一的数据平台架构

a. 接入层

有线电话系统在接入层包括接入网关、IP电话、站间电话、站内电话、轨旁电话、求助电话等设备。接入设备与基于云平台的业务独立架构一致，接入方式需按轨交智慧运行平台设置的物联网关及规定的标准接入规范接入平台车站汇聚交换机。

b. 网络层

有线电话系统车站网络层可通过交换机站级云汇聚交换机，与中心设备连接。

c. 基础设施层

基础设施层的综合业务云平台根据有线电话系统需求提供计算、存储、网络、安全等服务，有线电话系统通过综合业务云平台提供的基础设施支撑构建数据层、模块层及应用层的各项内容。

综合业务云平台统一提供云平台内部的网络信息安全服务，有线电话系统需配置防火墙等满足车站、段场、控制中心等处的边界防护，并基于云平台提供的网络信息安全服务完成综合应用的网络信息安全等级保护内容的建设。

d. 数据平台层

轨交智慧运行平台专业构建统一的信息系统平台，统筹提供通用数据库、数据开发标准、数据部署要求、开发工具和运行支撑环境等，具体内容详见 5.2.5 节。

有线电话系统在数据平台层需构建自身的应用模块，各项功能主要由数据平台层自身的应用模块以及通用技术模块经流程编排后实现，应用模块集主要包括通话模块、求助模块、调度模块、会议模块、网管模块、队列模块等；数据平台主要包括通信录属性数据、历史通信日志、多媒体信息数据、计费数据、语言库数据等数据集。有线电话系统在模块层构建的应用模块是具有开放性和可复用性的，其他专业应用也可按规定的权限调用该模块实现相关的功能。

e. 应用层

有线电话系统在应用层构建自身的各项应用软件，各项应用软件通过调用数据平台层的通用技术模块、有线电话系统的应用模块、其他专业的相关模块、数据层的各项数据等实现应用层相应功能。

应用层还包括操作展示应用软件，轨交智慧运行平台提供统一的人机界面开发要求。除传统的各类型电话终端外，有线电话系统还可按要求开发相应的人机界面，并嵌入统一的人机界面交互终端界面中，分别对应不同的使用人员，如按中心调度人员、车站调度人员、运营维护人员、办公人员等分别开发对应的操作应用软件。

有线电话系统基于统一的数据平台架构如图 5.3-34 所示。

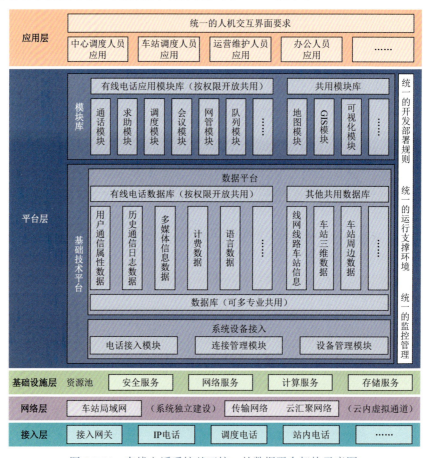

图 5.3-34 有线电话系统基于统一的数据平台架构示意图

5.3.8 无线通信

无线通信系统为城市轨道交通内部固定工作人员与流动工作人员之间以及流动工作人员之间提供移动语音和数据通信服务。系统既要满足正线列车运行指挥以及沿线工作人员移动语音及短数据通信要求，还应满足车辆段/停车场值班员、段/场内列车司机、段/场内作业人员等用户之间实施调车通信等需要。

1）无线通信系统技术演进

城市轨道交通无线通信系统主要从窄带数字集群调度通信系统往宽带数字集群调度通信系统演进，当前使用的主要有 TETRA 和 LTE-M 两种技术体制，未来还要往 5G 方向演进。

（1）TETRA 窄带数字集群通信系统

TETRA 窄带数字集群通信系统是基于数字时分多址（TDMA）技术的专业移动通信系统。TETRA 窄带数字集群通信系统可在同一技术平台上提供指挥调度、数据传输和电话服务，它不仅提供多群组的调度功能，而且还可以提供短数据信息服务、分组数据服务以及数字化的全双工移动电话服务。

（2）LTE-M 宽带数字集群通信系统

LTE-M 是针对城市轨道交通综合业务承载需求的通信系统，核心是基于 IP 分组交换，提供可靠、大容量、高带宽的集群语音和数据服务，其设备组网灵活，可以组建 MINI 集群调度网，也可构建大型的集语音调度和多种高带宽数据服务一体的大型调度网络。

（3）5G 宽带数字集群通信系统

第五代移动通信技术（5G）在网络时延、系统吞吐量、设备链接、移动性等方面都有了大幅度提升。随着 5G 技术的不断成熟商用，一张网承载城市轨道交通所有车地通信业务（信号 CBTC、集群调度、视频调度、紧急呼叫、紧急文本、车载 CCTV 实时上传、车载 PIS 直播、列车状态监测等）成为可能。目前，工业和信息化部尚未批复可用于建设城市轨道交通车地无线通信网的专用频谱资源，当前若采用基于 5G 技术的车地无线通信系统，必须与运营商合作，而且 5G 网络切片技术、专网集群产品尚不成熟。

2）系统组网架构的演进

传统的无线通信系统跟随线路的建设主要采用一线一建的方式，一线一建下各线路考虑到建设的方便性、招标的竞争性，以及系统调试的可控性，核心集群交换机一般采用独立设置方案。可是线路之间资源共享、列车跨线运行、手持台跨网漫游、终端互联互通等实际需求，使得一线一建也逐渐往区域中心合建、线网合建等方式转变，在城市轨道交通线网密集的城市，互联互通需求更为强烈，无线通信系统也逐渐演变为线网合设方式，见表 5.3-3。

无线通信系统建设架构演进表　　　　　　表 5.3-3

建设模式	各线无线通信核心交换中心独立建设	线网无线通信核心交换中心合设建设
线网中心	—	建设线网核心网，由线网统一设置无线调度
线路中心	各线路独立设置核心网，分设线路无线调度台	只作为线路无线调度用户
车站	车站固定台、手持台	车站固定台、手持台
列车	车载台	车载台

3）系统架构

（1）传统独立服务器架构

传统无线通信系统主要由核心网设备、调度服务器、接口服务器、录音录像服务器等硬件设备组成，所应用软件基于其适配的硬件独立运行，如图 5.3-35 所示。

①接入层

无线通信系统在接入层主要由 BBU（室内基带处理单元）、RRU（射频拉远单元）、手持台、固定台、车载台等组成。

②网络层

无线通信系统在 BBU 通过交换机接入传输网络，与中心核心网、调度服务器、接口服务器、录音录像服务器等连接。

③基础设施层

无线通信系统在基础设施层主要由核心网、调度服务器、接口服务器、媒体服务器、录音服务器等硬件设备组成，形成本系统基础设施层，所应用软件均基于此硬件设施运行。

④数据平台层

无线通信系统独立建设自专业数据平台，配置本系统基础数据，以支撑上层应用及展示软件使用。无线通信系统数据平台层包括用户识别码数据、通信群组数据、录音录像数据、日志数据等。

⑤应用及展示层

无线通信系统应用软件按功能分为语音呼叫、视频调度、编组编号、语音辅助、短数据、状态信息、乘客列车广播、脱网直通、彩信、ATS 信息管理等。

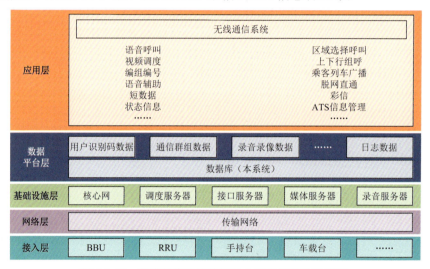

图 5.3-35　无线通信系统传统独立服务器架构示意图

（2）基于云平台的系统架构

①基于云平台的业务独立架构

无线通信系统可基于线网云平台进行搭建，如图 5.3-36 所示。

a. 接入层

无线通信系统在接入层包括 BBU、RRU、手持台、固定台、车载台等设备。接入层接入方式与传统架构无区别。

b. 网络层

无线通信系统车站网络层通过 BBU 接入传输网络，与核心网、调度服务器、接口服务器、媒体服务器、录音服务器等连接。网络层架构与传统架构无区别。

c. 基础设施层

基础设施层的综合业务云平台根据无线通信系统需求提供计算、存储、网络、安全等服务，无线通信系统通过综合业务云平台提供的基础设施支撑构建数据层、模块层及应用层的各项内容。

d. 数据平台层

无线通信系统在数据平台层独立建设自专业数据平台,配置本系统基础数据或从其他系统获取并存储相关数据,承载于本系统或城轨云平台统一提供的数据库内,以支撑上层应用及展示软件使用。无线通信系统数据平台层包括用户识别码数据、通信群组数据、录音录像数据、日志数据等。

e. 应用及展示层

无线通信系统应用软件按功能分为语音呼叫、视频调度、编组编号、语音辅助、短数据、状态信息、乘客列车广播、脱网直通、彩信、ATS 信息管理等。

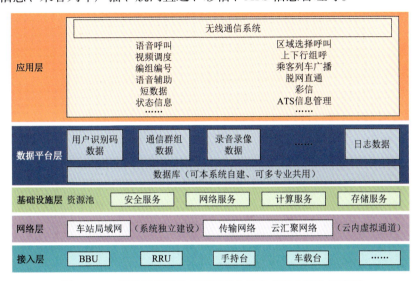

图 5.3-36　无线通信系统基于云平台的业务独立架构示意图

② 基于统一的数据平台架构

a. 接入层

无线通信系统在接入层包括 BBU、RRU、手持台、固定台、车载台等设备。接入层接入方式与传统架构无区别。

b. 网络层

无线通信系统车站网络层通过 BBU 接入传输网络,与核心网、调度服务器、接口服务器、媒体服务器、录音服务器等连接。网层架构与传统架构无区别。

c. 基础设施层

基础设施层的综合业务云平台根据无线通信系统需求提供计算、存储、网络、安全等服务,无线通信系统通过综合业务云平台提供的基础设施支撑构建数据层、模块层及应用层的各项内容。

综合业务云平台统一提供云平台内部的网络信息安全服务,无线通信系统需配置防火墙等满足车站、段场、控制中心等处的边界防护,并基于云平台提供的网络信息安全服务完成综合应用的网络信息安全等级保护内容的建设。

d. 数据平台层

轨交智慧运行平台专业构建统一的信息系统平台,统筹提供通用数据库、数据开发标准、数据部署要求、开发工具和运行支撑环境等,具体内容详见 5.2.5 节。

无线通信系统在数据平台层需构建自身的应用模块,各项功能主要由数据平台层自身的应用模块以及通用技术模块经流程编排后实现,应用模块集主要包括语音调度模块、编组编号模块、语音辅助功能模块、数据传输业务模块、二次开发功能模块、日志管理模块等;数据平台主要包括用户识别码数据、通信群组数据、录音录像数据、日志数据等数据集。无线通信系统在模块层构建的应用模块具有开放性和可复用性,其他专业应用也可按规定的权限调用该模块实现相关的功能。

e. 应用层

无线通信系统在应用层构建自身的各项应用软件,各项应用软件通过调用数据平台层的通用技术模块、无线通信系统的应用模块、其他专业的相关模块、数据层的各项数据等实现应用层相应功能。

应用层还包括操作展示应用软件,轨交智慧运行平台提供统一的人机界面开发要求。除传统的无线通信电话终端外,无线通信系统还可按要求开发相应的人机界面,并嵌入统一的人机界面交互终端界面中,分别对应不同的使用人员,如按中心调度人员、车站值班人员、运营维护人员、列车司机等分别开发对应的操作应用软件。

无线通信系统基于统一的数据平台架构如图 5.3-37 所示。

图 5.3-37　无线通信系统基于统一的数据平台架构示意图

5.3.9 广播

广播系统主要由正线广播系统、车辆段/停车场广播系统和列车广播系统三部分组成。

正线广播系统主要用于城市轨道交通运营时对乘客进行公告信息广播，向车站办公区工作人员发布作业通知，发生灾害时兼做应急广播，从而保证城市轨道交通运营的服务管理质量，为运营管理及维护人员提供更灵活、快捷的管理手段。

车辆段/停车场广播系统为一套独立的广播系统，包括车辆段/停车场库内广播、安防广播及防灾公共广播，通过设定不同分区，实现不同广播功能。

列车广播系统主要用于向乘客播报各种公告信息，包括列车运营信息、乘客服务信息等，同时兼做发生灾害事故时的应急广播。

1）广播技术演进

广播系统主要从模拟广播系统往数字广播系统方面演进。传统的模拟广播系统处理的都是模拟语音信号，功率放大器一般采用模拟定压功放，中心到各个车站的语音和数据分路传输，广播语音信道一般为总线式 15kHz，控制信道一般为 RS422/485 等低速数据信道。数字广播系统控制设备处理的都是数字信号，经数字功放放大后通过广播线缆传输至各扬声器，控制中心至各车站的语音及控制信号通过压缩编码变成 IP 信号经以太网通道传输。数字广播系统还逐渐往 IP 化、无线化、终端多样化、控制设备通用化、智能化等方向发展。

2）系统层次架构的演进

传统的广播系统随着各线路的建设主要采用一线一建的方式，在城市轨道交通网络未成较大规模时，广播语音播报也是采用按线分别播报的方式。但是随着城市轨道交通线网呈较大规模时，线网指挥中心也随着建立了起来，跨线广播播报、全线网应急播报等需求也越来越迫切，使得传统单线建设的二级广播系统逐渐往线网三级广播系统演进，见表 5.3-4。

广播系统建设架构演进表　　表 5.3-4

建设模式	传统二级广播架构	线网三级广播架构
线网中心	—	建设线网广播管理服务器，由线网统一设置广播播控
线路中心	各线路独立设置广播服务器，分设线路广播播控	只作为线路广播播控用户
车站	车站广播播控	车站广播播控

3）系统架构

（1）传统独立服务器架构

传统广播系统主要由广播应用服务器、录音服务器、交换机、功放设备等硬件设备组成，所应用软件基于其适配的硬件独立运行，如图 5.3-38 所示。

①接入层

广播系统在接入层主要由各类型扬声器、功放设备等组成。

②网络层

广播系统在车站网络层通过交换机接入传输网络，与广播应用服务器、录音服务器等连接。

③基础设施层

广播系统在基础设施层主要由广播应用服务器、录音服务器等硬件设备组成，形成本系统基础设施层，所应用软件均基于此硬件设施运行。

④ 数据平台层

广播系统独立建设自专业数据平台，配置本系统基础数据库，以支撑上层应用及展示软件使用。广播系统数据平台层包括录制音源数据、语言数据、设备配置数据、日志数据等。

⑤ 应用及展示层

广播系统应用软件按功能分为定时背景音、预到站、到站广播、人工广播、火灾报警、文本转语音、语音合成、预录音配置、分组配置、运维配置、噪声检测、设备报警等。

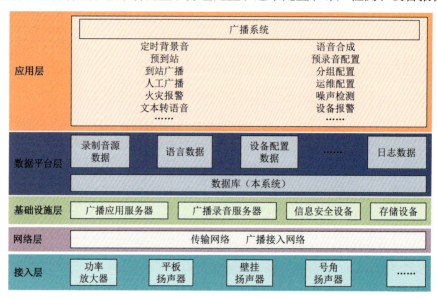

图 5.3-38　广播系统传统独立服务器架构示意图

（2）基于云平台的系统架构

① 基于云平台的业务独立架构

广播系统可基于线网云平台进行搭建，如图 5.3-39 所示。

a. 接入层

广播系统在接入层主要由各类型扬声器、功放设备等组成。接入层接入方式与传统架构无区别。

b. 网络层

广播系统在车站层设置接入交换机，将广播车站设备及系统数据汇聚至车站交换机，接入车站边缘云。车站至线路中心网络通道由云平台专业提供。云平台汇总各上云系统网络要求，统一向通信传输提资，并向各上云系统提供所需网络资源。

c. 基础设施层

基础设施层的综合业务云平台根据广播系统需求提供计算、存储、网络、安全等服务，广播系统通过综合业务云平台提供的基础设施支撑构建数据层、模块层及应用层的各项内容。

线路中心广播系统由线路中心云平台提供基础设施层服务，车站广播系统由边缘云提供基础设施层服务。

d. 数据平台层

广播系统在数据平台层独立建设自专业数据平台，配置本系统基础数据或从其他系统获取并存储相关数据，承载于本系统或城轨云平台统一提供的数据库内，以支撑上层应用及展示软件使用。广播系统数据平台层包括录制音源数据、语言数据、设备配置数据、日志数据等。

e. 应用及展示层

广播系统功能需求开发相应的应用软件承载，系统应用软件按功能分为定时背景音、预到站、到站广播、人工广播、火灾报警、文本转语音、语音合成、预录音配置、分组配置、运维配置、噪声检测、设备报警等。

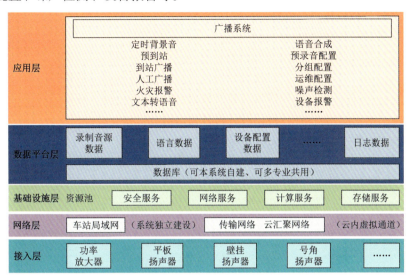

图 5.3-39　广播系统基于云平台的业务独立架构示意图

② 基于统一的数据平台架构

a. 接入层

广播系统在接入层主要由各类型扬声器、功放设备等组成。接入层接入方式与传统架构无区别。

b. 网络层

广播系统在车站层设置接入交换机，将广播车站设备及系统数据汇聚至车站交换机，接入车站边缘云。车站至线路中心网络通道由云平台专业提供。云平台汇总各上云系统网络要求，统一向通信传输提资，并向各上云系统提供所需网络资源。

c. 基础设施层

基础设施层的综合业务云平台根据广播系统的需求提供计算、存储、网络、安全等服务，广播系统通过综合业务云平台提供的基础设施支撑构建数据层、模块层及应用层的各项内容。

综合业务云平台统一提供云平台内部的网络信息安全服务，广播系统需配置防火墙等满足车站、段场、控制中心等处的边界防护，并基于云平台提供的网络信息安全服务完成综合应用的网络信息安全等级保护内容的建设。

d. 数据平台层

轨交智慧运行平台专业构建统一的信息系统平台，统筹提供通用数据库、数据开发标准、数据部署要求、开发工具和运行支撑环境等，具体内容详见 5.2.5 节。

广播系统在数据平台层需构建自身的应用模块，各项功能主要由数据平台层自身的应用模块以及通用技术模块经流程编排后实现，应用模块集主要包括预录音管理模块、数字播放模块、文本转语音模块、流媒体分析模块、噪检分析模块、日志管理模块等；数据平台主要包括录制音源数据、语言数据、设备配置数据、日志数据等数据集。广播系统在模块层构建的应用模块具有开放性和可复用性，其他专业应用也可按规定的权限调用该模块实现相关的功能。

e. 应用层

广播通信系统在应用层构建自身的各项应用软件，各项应用软件通过调用数据平台层的通用技术模块、广播系统的应用模块、其他专业的相关模块、数据层的各项数据等实现应用层相应功能。

应用层还包括操作展示应用软件，轨交智慧运行平台提供统一的人机界面开发要求。除传统的广播盒外，广播系统还可按要求开发相应的人机界面，并嵌入统一的人机界面交互终端界面中，分别对应不同的使用人员，如按线网调度人员、线路中心调度人员、车站值班人员、运营维护人员等分别开发对应的操作。

广播系统基于统一的数据平台架构如图 5.3-40 所示。

图 5.3-40　广播系统基于统一的数据平台架构示意图

5.3.10 乘客信息显示

乘客信息显示系统是提高城市轨道交通运营管理及经营开发水平，扩大对乘客服务范围的有效工具。在正常情况下，乘客信息显示系统应提供乘车须知、服务时间、列车到发时间、列车时刻表、管理者公告、政府公告、出行参考、股票信息、媒体新闻、赛事直播、广告等实时动态的多媒体信息；在火灾、阻塞及恐怖袭击等非正常情况下，乘客信息显示系统应提供动态紧急疏散提示，使乘客通过正确的服务信息引导，安全、便捷地乘坐城市轨道交通。

1）系统层次架构的演进

传统乘客信息显示系统分为三层结构：第一层是总编播中心，负责全网播控及管理。第二层是各线控制中心，第三层是车站设备子系统和车辆段/停车场设备以及车载设备子系统，网络承载部分包括有线网络和无线网络。随着城市轨道交通线网的延伸，传统架构管理上的不便日益明显。编播中心扩容能力差，发布内容、发布权限无法有效统一管理，随着云计算技术发展，乘客信息显示系统架构逐步趋于扁平化。

精简架构后的乘客信息显示系统主要分为两层结构：第一层是总控制中心；第二层是车站显示及车载显示。线路控制中心仅作为线路范围内的相关系统数据对接、处理及转发节点、运营紧急信息发布、无线系统管理等，不再具备日常信息发布功能。总控制中心建设包括线网乘客导乘信息、公共信息的制作、接收和发布平台，全系统权限管理平台，设备管理平台。车站系统主要设备包括车站交换机及各类显示屏。车站交换机通过传输网络与总控制中心连接，车站媒体和信息播放内容由总控制中心统一下发。另外，对车站播放控制器进一步压缩，使显示终端具备播放控制功能，由总编播中心直控，可精准到单个显示媒介的播放内容，见表 5.3-5。

乘客信息显示系统各层级功能示意 表 5.3-5

系统架构	三层架构的乘客信息显示系统	两层架构的乘客信息显示系统
总编播中心	负责所有线路的乘客导乘信息和公共信息的制作、接收和发布	负责所有线路的乘客导乘信息和公共信息的制作、接收和发布，全系统权限管理，设备管理
线路控制中心	从总编播中心接收本线乘客导乘及公共信息的播放列表及媒体文件素材信息，下发至本线路车站或车载设备，以及运营紧急信息发布的功能	仅作为线路范围内的相关系统数据对接、处理及转发节点
车站	从线路控制中心接收发布的内容信息，通过播放控制器对本车站所有显示终端播放信息	车站媒体和信息播放内容由总控制中心统一下发

2）乘客信息显示系统架构

（1）传统独立服务器架构

传统的乘客信息显示系统为独立构建的系统，乘客信息显示系统所有计算、存储、信息安全等应用均基于自行搭建的服务器物理机上运行，如图 5.3-41 所示。

①接入层

乘客信息显示系统在接入层包括主要各类型的显示屏，其按显示标准的流媒体协议通过接入交换机接入乘客信息网络。

②网络层

乘客信息显示系统在网络层主要包括乘客信息站级接入交换机、区间车地无线传输网络以及专用传输系统提供的承载网络连接中心服务器设备。

③基础设施层

乘客信息显示系统独立采购本系统服务器、存储、信息安全等硬件设备,形成本系统基础设施层,所有应用软件均基于此服务器物理机运行。

④数据平台层

乘客信息显示系统独立建设自专业数据平台,配置本系统基础数据或从其他系统获取并存储相关数据,承载于本系统数据库内,以支撑上层应用及展示软件使用。乘客信息显示系统数据平台层包括播放列表、播放规则、媒体素材库、版式信息库等。

⑤应用层

乘客信息显示系统根据本系统功能需求独立开发相应的应用软件承载于本系统服务器物理机内,系统应用软件按功能分为播放控制、系统管理、流媒体服务、FTP(文件传输协议)服务、Web 服务、接口服务等相关应用。

图 5.3-41　乘客信息显示系统传统独立服务器架构示意图

LCD-液晶显示器;LED-发光二极管

(2)基于云平台的系统架构

基于云平台的乘客信息显示系统从架构上来看,起到对信息发布人员和发布信息集中管理的作用,与新时代智慧城轨的线网控制和管理的模式是相符的。线网云编播中心可以实行统一建设方式,未来开通线路做接入处理,是未来乘客信息显示系统架构发展方向之一。

①基于云平台的业务独立架构

乘客信息显示系统可基于线网云平台 IaaS 层进行搭建,各站点乘客信息显示系统可基于各站点边缘云 IaaS 层进行搭建，云平台承载一个或多个系统，为各系统提供 IaaS 层服务，各应用系统独立开发应用软件，如图 5.3-42 所示。

图 5.3-42　乘客信息显示系统基于云平台的业务独立架构示意图

a. 接入层

乘客信息显示在接入层包括 LCD 显示屏、LED 显示屏等终端设备，其按轨交智慧运行平台规定的标准接入规范接入乘客信息显示接入交换机。接入层接入方式与传统独立服务器架构无区别。

b. 网络层

乘客信息显示系统在网络层主要包括接入交换机，其负责将接入层的设备接入平台汇聚网络。

c. 基础设施层

基础设施层的综合业务云平台根据乘客信息显示的需求提供计算、存储、网络、安全等服务，乘客信息显示系统通过综合业务云平台提供的基础设施支撑构建数据层、组件层及应用层的各项内容。

综合业务云平台统一提供云平台内部的网络信息安全服务，乘客信息显示系统需考虑车站、段场、控制中心等处的边界防护，并基于云平台提供的网络信息安全服务完成乘客信息显示系统的网络信息安全等级保护内容的建设。

d. 数据平台层

乘客信息显示系统在数据平台层独立建设自专业数据平台，配置本系统基础数据或从其他系统获取并存储相关数据，承载于本系统或城轨云平台统一提供的数据库内，以支撑上层应用及展示软件使用。乘客信息显示系统在数据平台层独立配置本系统包括播表数据库、管理数据等数据库。

e. 应用层

乘客信息显示系统在应用层构建自身的各项应用功能，各项功能基于组件层的通用技术组件、乘客信息显示系统的应用组件以及算法组件、其他专业的相关组件、数据层的各项数据等实现。乘客信息显示系统的各项功能通过展示层的统一人机交互终端提供给使用人员。轨交智慧运行平台将提供统一的人机界面开发要求，乘客信息显示系统按要求开发人机界面，并嵌入统一的人机界面交互终端界面中。

② 基于统一的数据平台架构

a. 接入层

乘客信息显示系统在接入层包括 LCD 显示屏、LED 显示屏等终端设备，其按轨交智慧运行平台规定的标准接入规范接入乘客信息显示系统接入交换机。

b. 网络层

乘客信息显示系统在网络层主要包括接入交换机，其负责将接入层的设备接入平台汇聚网络。

c. 基础设施层

基础设施层的综合业务云平台根据乘客信息显示系统的需求提供计算、存储、网络、安全等服务，乘客信息显示系统通过综合业务云平台提供的基础设施支撑构建数据层、组件层及应用层的各项内容。

综合业务云平台统一提供云平台内部的网络信息安全服务，乘客信息显示需考虑车站、段场、控制中心等处的边界防护，并基于云平台提供的网络信息安全服务完成乘客信息显示系统的网络信息安全等级保护内容的建设。

d. 数据平台层

轨交智慧运行平台专业构建统一的信息系统平台，统筹提供通用数据库、数据开发标准、数据部署要求、开发工具和运行支撑环境等，具体详见"5.2.5 数据平台层"内容。

乘客信息显示专业在数据平台层需构建自身的应用组件和算法组件，包括播放控制算法、车辆数据分析算法、信号数据分析算法、客流数据分析算法、智能发布算法、非线性编辑算法、模板文件管理算法等各项算法和应用。各项功能主要由数据平台层自身的应用组件、算法组件以及通用技术组件经流程编排后实现。乘客信息显示系统在组件层构建的应用组件和算法组件具有开放性和可复用性，其他专业应用也可调用该组件实现相关的功能。

e. 应用层

乘客信息显示系统在应用层构建自身的各项应用功能，各项功能基于组件层的通用技术组件、乘客信息显示系统的应用组件以及算法组件、其他专业的相关组件、数据层的各项数据等实现。乘客信息显示系统的各项功能通过展示层的统一人机交互终端提供给使用人员。轨交智慧运行平台将提供统一的人机界面开发要求，乘客信息显示专业按要求开发人机界面，并嵌入统一的人机界面交互终端界面中。

乘客信息显示系统基于统一的数据平台架构如图 5.3-43 所示。

第 5 章 智慧城轨的系统架构设计

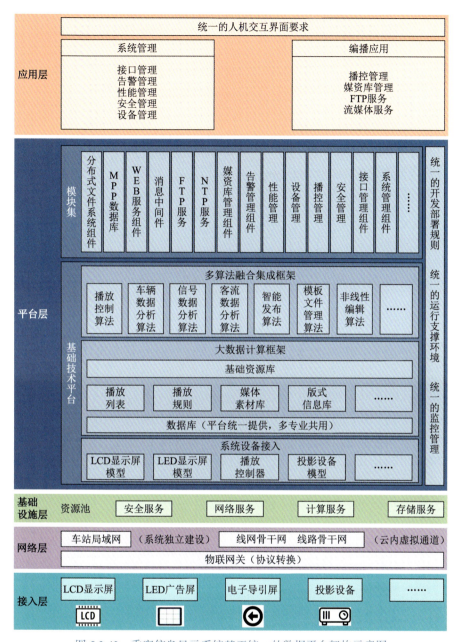

图 5.3-43 乘客信息显示系统基于统一的数据平台架构示意图

5.3.11 无线网络

城市轨道交通业务已经逐步迈入物联时代，无线接入业务的需求逐渐增多，车站无线接入业务主要包括移动客服、智能机器人、移动安检、移动摄像机、单兵设备、定位设备、移动办公、低速物联设备等。因此，面向车站场景，城市轨道交通需要构建可高带宽、广接入、经济适用的无线网络，实现网络在各场景的覆盖，满足各类智能终端、物联设备的泛在接入。

1）无线网络技术和需求演进

当前城市轨道交通无线技术的应用，主要以蜂窝移动通信技术和无线局域网技术两个技术方向为代表。

（1）蜂窝移动通信技术

蜂窝移动通信技术在早期线路主要用于承载窄带数字集群调度语音和少量数据信息。在 4G 时代，数据传输速率、频谱利用率都有了质的飞跃，同时 4G 技术具有更高的通信质量、多元化的增值服务、更高的智能性和兼容性。2015 年 2 月，工业和信息化部发布《关于重新发布 1785～1805MHz 频段无线接入系统频率使用事宜的通知》（工信部〔2015〕65 号），明确指出 1785～1805MHz 频段使用 TD-LTE 技术可用于城市轨道交通行业专业通信，随着中国城市轨道交通协会颁布《城市轨道交通车地综合通信系统（LTE-M）规范》（T/CAMET 04009.1—2018）等 11 项团体标准，也宣告了基于 TD-LTE 技术，针对城市轨道交通业务需求设计的车地综合无线通信系统（LTE-M）正式应用于专网领域，但由于带宽有限，还是主要应用于与行车调度紧密相关的列车控制（CBTC）数据信息，宽带集群调度的语音、视频和数据信息的综合承载，仍不足以满足当前各种移动智慧终端的接入需求，限制了城市轨道交通无线系统的智能化发展。

相比 4G 技术，5G 技术在传输时延、移动性支持、系统能效、传输速率等方面均有较大幅度的提升，见表 5.3-6。

4G、5G 关键指标对比　　　　　　　　　　　　　　　　　　　表 5.3-6

指标名称	每平方公里流量密度	连接数密度	时延	移动性	能效	用户体验速率	频谱效率	峰值速率
4G 参考值	0.1Tbit/s	10 万/km²	10ms	350km/h	1 倍	10Mbit/s	1 倍	1Gbit/s
5G 参考值	10Tbit/s	100 万/km²	1ms	500km/h	100 倍	0.1～1Gbit/s	3 倍，特定场景 5 倍	20Gbit/s

5G 技术所特有的大带宽、低时延、广覆盖等特性能够完美地解决 4G 技术的各种限制问题，使得 5G 技术成为解决目前城市轨道交通无线通信系统中网络性能无法满足业务需求问题的关键技术之一。

但无城市轨道交通行业专用 5G 频谱资源是当前城市轨道交通自建 5G 专网的最大障碍，因此，目前在城市轨道交通专网领域应用 5G 技术，还依靠与移动运营商合作，采用核心网下沉、网络切片技术或流量租用方式，实现城市轨道交通的各种 5G 应用场景。

（2）无线局域网技术

无线局域网技术几代 Wi-Fi 技术各项参数指标对比见表 5.3-7。

Wi-Fi 技术各项参数指标对比　　　　　　　　　　　　　　　　表 5.3-7

名称	IEEE 802.11a	IEEE 802.11b	IEEE 802.11g	Wi-Fi4	Wi-Fi5	Wi-Fi6
频率	5.8GHz	2.4GHz	2.4GHz	2.4GHz/5GHz	5GHz	2.4GHz/5GHz
调制方式	OFDM 技术	DSSS/FHSS 技术	CCK/OFDM 技术	MIMO + OFDM 技术	MIMO + OFDM 技术	MIMO + OFDM 技术
最高速率	54Mbit/s	11Mbit/s	54Mbit/s	600Mbit/s	3.5Gbit/s	9.6Gbit/s
兼容性	差	差	好	好	好	好

注：OFDM 为正交频分复用技术，DSSS 为直接序列展频技术，FHSS 为跳频技术，CCK 为补码键控技术，MIMO 为多进多出技术。

Wi-Fi6 技术目前在轨道交通领域已开始大规模投入应用。

在城市轨道交通行业，Wi-Fi 技术前期主要应用于车地无线移动宽带通信场景，用于传送车辆多媒体发布信息、车辆视频监控信息、列车控制信息、车辆状态信息等。4G 技术应用后，列车控制信息从无线局域网技术领域剥离，但随着城市轨道交通对多媒体发布信息和视频监控信息的数量和清晰度需求，列车状态监控需求及与司机和乘客的互动需求直线上升，城市轨道交通行业紧跟无线局域网技术的发展进程不断更新建设方案。

目前，随着城市轨道交通智慧应用业务的不断发展，除轨行区域外，站内区域也需要进行 Wi-Fi 专网覆盖，使得 Wi-Fi 技术与 5G 技术在大流量移动宽带业务和大规模物联网业务两个应用场景趋于重合，未来蜂窝移动通信技术和无线局域网技术在各应用场景的相互竞争中不断融合，将是技术不断发展的趋势。

2）无线网络系统架构

（1）5G 技术系统架构

系统主要由中心级（自建）、5G 网络（由运营商建设）、车载级等组成。5G 技术系统架构见图 5.3-44。

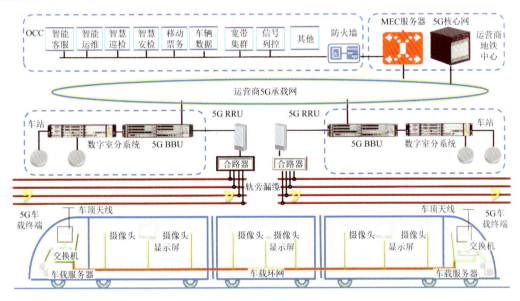

图 5.3-44　5G 技术系统架构示意图

MEC-移动边缘运算

① 中心级

中心级由防火墙/网闸、核心交换机、中心服务器等设备组成。主要功能为对接运营商设置的 MEC 服务器，并与各智能业务系统进行数据交换。

② 5G 网络

5G 承载网由运营商统一建设，包括车站/车辆段/停车场室分系统和区间内的网络覆盖，区间设备包含漏缆、合路器及 RRU 等轨旁设备。

③ 车载级

车载级包括车头和车尾的 5G 车载 TAU（车载接入单元）及天线，与 5G 承载网通过空中接口对接。

（2）Wi-Fi 技术系统架构

系统从结构上分为中心级、车站/车辆段/停车场级和车载级三层结构。Wi-Fi 技术系统架构见图 5.3-45。

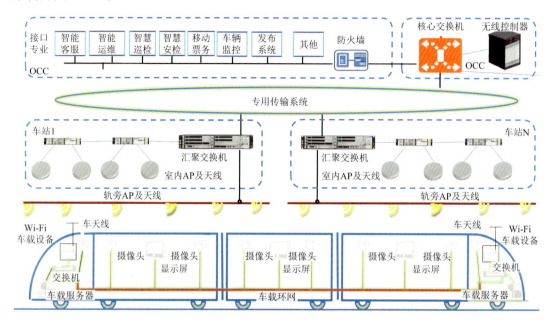

图 5.3-45　Wi-Fi 技术系统架构示意图

5.3.12　信号

信号系统是城市轨道交通工程系统中的重要组成部分，是城市轨道交通开通运营必须装备的系统。信号系统是保证列车安全、有序、快速、舒适地运行，提高运输效率、实现自动控制列车运行的关键系统设备。

1）信号技术演进

城市轨道交通信号系统经历了从固定闭塞-准移动闭塞-移动闭塞的发展历程。其中应用较为广泛的主要是准移动闭塞（TBTC）和移动闭塞（CBTC），移动闭塞是目前国内应用最多、最主流的一种闭塞方式。

（1）固定闭塞制式的 ATC 系统，通常以轨道电路按预先设定的长度，检测列车位置和列车间距。线路条件和列车参数等均在闭塞设计过程中加以考虑，并体现在地面闭塞分区的划分中。ATP 根据每个闭塞分区的限速指令，监控列车的速度。由于列车定位以固定区段为单位，所以固定闭塞系统的速度控制模式一般都是分级方式，即阶梯方式。

（2）基于轨道电路的准移动闭塞制式的 ATC 系统采用目标距离控制方式,需进行闭塞分区的划分，以前方列车所占用的闭塞分区边界为目标点，而后行追踪列车按测量位置实时定位，ATP 根据前方目标距离、线路状态、列车性能等因素确定的速度-距离控制曲线对列车的速度进行监控。当列车速度超过速度-距离控制曲线限定的速度值时，对列车实施安全制动控制。

由于该方式的 ATC 系统同时采用列车移动和固定分区的定位方式，其速度控制模式既具有连续的特点，又具有分级的性质。后续列车能够根据自身的定位，通过地对车的单向安全数据通信，获取前方线路的各种参数及前行列车所处闭塞分区等信息，生成其速度-距离控制曲线，其最大允许速度表现为按速度-距离控制曲线连续变化。当前行列车尾部驶过固定闭塞分区的分界点时，后续列车的允许速度曲线将产生跳变。

（3）基于通信的移动闭塞制式的 ATC 系统包括基于车地通信的移动闭塞系统（CBTC）和基于车车通信的移动闭塞系统（TACS）。

CBTC 信号系统采用车-地双向通信，并将前方列车的移动定位信息，经由车地通信环节传给后续列车，控制信息随前方列车的行进而连续地或周期性做出响应。移动闭塞信号系统按移动的前车尾部轮廓线作为速度-距离控制的追踪目标点，当列车速度超过允许速度-距离控制曲线时，对列车实施安全制动控制。

TACS 信号系统采用列车自主计算移动授权以及主动的资源管理方式，无须再由地面设备为列车排列进路，列车根据运行任务直接向地面设备申请线路资源，由地面资源管理设备承担联锁的轨旁控制功能；车载设备具备区域控制器的移动授权计算功能，基于车车通信获取的前车位置进行列车运行间隔防护。车载设备根据 ATS 设备下发的运行任务向地面设备申请资源，地面设备响应车载设备的资源申请控制轨旁设备。

在闭塞制式方面，TACS 信号系统和 CBTC 信号系统均属于移动闭塞制式。相比 CBTC 信号系统的控制方式，TACS 信号系统由于车载设备功能增强，减少了地面处理环节，使系统在整体控制流程上更为精简，而车载设备计算移动授权相对地面计算移动授权的方式具有更高的实时性，有利于精确控制。

2）系统架构

信号系统的核心是列车自动控制（ATC）系统，主要包括列车自动监控（ATS）子系统、列车自动防护（ATP）子系统及计算机联锁设备、列车自动驾驶（ATO）子系统等，各子系统通过信息交换网络构成闭环系统。

（1）准移动闭塞信号系统架构

准移动闭塞信号系统主要有控制中心设备、车站设备、轨旁设备、车载设备及网络通信设备，系统架构如图 5.3-46 所示。

（2）CBTC 信号系统架构

CBTC 信号系统架构与准移动闭塞信号系统基本一致，也是由控制中心设备、车站设备、轨旁设备、车载设备及网络通信设备，主要区别在于增加了实现车地双向通信的车地无线通信设备、实现列车定位的应答器设备，同时将准移动闭塞的数字轨道电路调整为计轴轨道电路，系统架构如图 5.3-47 所示。

（3）TACS 信号系统架构

TACS 信号系统和 CBTC 信号系统在 ATC 系统组成上基本一致，包括控制中心设备、车站设备、轨旁设备、车载设备及网络通信设备，主要区别在于地面 ATP/ATO 设备和车载 ATP/ATO 功能的变化，移动授权由 CBTC 的地面 ATP/ATO 设备进行计算变为由车载 ATP/ATO 自主进行计算，CBTC 的地面联锁设备变为目标控制设备，实现对轨旁道岔的控制功能，系统可考虑取消计轴的室内外设备。

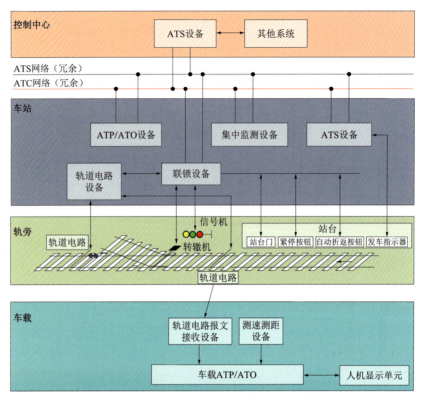

图 5.3-46　准移动闭塞信号系统架构示意图

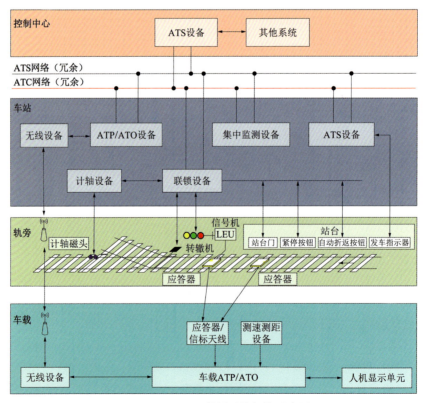

图 5.3-47　CBTC 信号系统架构示意图

TACS信号系统与CBTC信号系统在系统构成、功能等方面的区别表现在以下方面：

①CBTC信号系统以地面设备为核心通过进路控制管理列车运行授权，TACS信号系统以车载设备为核心通过自主定位、资源申请、车车通信自主管理运行授权。

②TACS信号在CBTC信号系统基础上增强了车载设备功能，弱化轨旁控制、减少轨旁设备，地面设备主要为列车分配线路资源。

③TACS信号系统获取列车位置依靠列车自主定位，资源管理方式取消了对轨旁次级检测设备的依赖。

④CBTC信号系统故障情况下可降级为联锁模式，TACS信号系统降级后须由人工指挥行车或另行配备降级系统。

（4）互联互通信号系统

为解决网络化运营条件下线路资源供需不均衡的问题，应对区域轨道交通共线、跨线运营需求，我国在重庆开展互联互通CBTC信号设备的示范性研究，实现路网内跨线或共线运行，并形成了一系列规范及标准。

互联互通线路的系统架构与既有线路主要区别是增加了不同线路间ATS与ATS、区域控制器（ZC）与区域控制器、联锁与联锁的接口，以及车载通过LTE车地通信与不同线路ATS、ZC、联锁的接口，整体系统架构未发生变化。同时对轨旁设备（计轴、应答器、信号机等）设置原则、车载设备的电子地图、系统的结构和功能实现、车地通信的信息传输、接口的实现、ATS的界面显示进行了统一，从而实现互联互通的信号系统。

5.3.13 安防集成管理

结合《城市轨道交通公共安全防范系统工程技术规范》（GB 51151—2016），城市轨道交通的安防系统主要涉及视频监控系统、入侵报警系统、安检系统、门禁系统、电子巡查系统、停车场管理系统和安防集成管理系统等安全防范相关系统。

1）系统层次架构的演进

（1）安防子系统各自独立架构

起初，城市轨道交通不存在安防集成平台，与安全防范相关的各子系统各自独立建设、监控、管理、维护，部分设备甚至未实现网络化管理，如早期城市轨道交通安检仅在车站布置安检设备，车站之间的设备相互孤立，未设置网络化安检系统，安检管理以人工管理为主。但随着技术迭代更新和需求的不断增加，各系统在所属领域发展壮大。

（2）安防子系统综合集成架构

随着城市轨道交通综合监控系统出现，部分安防相关子系统，如视频监控、门禁等子系统集成/互联入综合监控系统，安防系统集成平台初具雏形，并随着安防IT化的连续增进和运营管理人员对安防系统综合集成运用的迫切需要，集成越来越多的安防设施和系统，集成内容正在向安防子系统之间的整合、安防与业务整合发展，集成广度和深度不断扩展。《城市轨道交通公共安全防范系统工程技术规范》（GB 51151—2016）对城市轨道交通安防集成管理平台需求的补充和强调，进一步推动了综合安防集成平台的发展。

2）安防集成管理系统的发展方向

安防集成管理系统未来的发展目标将是从集成化逐步向智能化、物联化发展。

（1）集成化

安防系统不断开拓改革，增强自身功能，兼容所有相关系统平台，着重信息共享。系统集成需求主要表现为以下方面：

①功能集成：将分散的安防子系统有机互联和综合，实现各安防子系统在同一系统上集成化统一管理，提高整体智能化程度，增强综合管理和防灾能力，实现优化节能管理，降低运营成本。

②数据集成：采用统一的数据库，将各种设备的增删、电子地图的编辑、信息点的定义等都集中在一个数据库中完成，并通过对多系统数据的采集和数据分析，实现子系统间的关联和统计。

③管理集成：通过统一管理平台实现对各子系统的管理，包括对设备和软件模块的注册、配置、维护和更新。

④应用集成：基于网络平台架构、以电子地图为导航的综合集成管理平台，实现集成子系统之间的信息交换和共享，并对集成信息进行综合应用。

（2）智能化

安防系统已开始智能化开发和应用，如人脸抓拍识别、客流统计分析、排队长度分析、扶梯异常分析、区域入侵分析、AI辅助巡检、生物/非生物识别分析、安检图像识别分析等智能分析功能应用。

（3）物联化

随着物联网技术的飞速发展，安防行业中的众多设施逐渐展现出与物联网技术的显著共性。未来，在安防集成管理平台的研究上也会深度融合物联网技术，从而提升安防管理的智能化、集成化水平。

3）系统架构

安防集成管理系统架构主要包括传统独立服务器架构和基于云平台架构。

（1）传统独立服务器架构

安防集成管理系统由中央级和车站级两级结构构成。设置在控制中心的中央级系统主要由各类服务器、网络交换机、各种工作站和维护管理终端构成。设置在各车站、车辆段、停车场的车站/车辆段/停车场级系统主要由网络交换机、本地服务器和监控管理终端构成。所应用软件基于其适配的硬件独立运行，如图5.3-48所示。

a. 接入层

安防集成管理系统在接入层主要由视频监控系统、入侵报警系统、安检系统、门禁系统、电子巡查系统、停车场管理系统等子系统设备组成。

b. 网络层

安防集成管理系统的站/段/场级的汇聚交换机与各安防子系统设备连接，通过传输系统提供的传输通道与中心级系统连接。

c. 基础设施层

安防集成管理系统在基础设施层主要由中央管理服务器、安防策略管理服务器、安全管理认证服务器、子系统集成联动服务器、站级本地降级服务器等硬件设备组成，形成本系统的基础设施层，所应用软件均基于此硬件设施运行。

d. 数据平台层

安防集成管理系统独立建设自专业数据平台，配置本系统基础数据，以支撑上层应用及展示软件使用。安防集成管理系统数据平台层包括录音录像数据、网络管理数据、数据库管理数据、运作授权数据、运作模式、日志数据等。

e. 应用及展示层

安防集成管理系统应用软件按功能分为配置管理、性能管理、故障管理、安全管理、数据存储管理、集成控制管理、服务器管理、电子地图展示等。

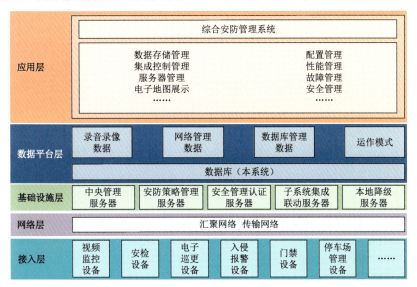

图 5.3-48　安防集成管理系统传统独立服务器架构示意图

（2）基于云平台的系统架构

随着云技术应用的不断深入，安防集成管理系统由基于云平台的业务独立架构逐步向基于统一数据平台架构演进。

①基于云平台的业务独立架构

安防集成管理系统可基于线网云平台 IaaS 层进行搭建，如图 5.3-49 所示。

a. 接入层

安防集成管理系统在接入层主要由视频监控系统、入侵报警系统、安检系统、门禁系统、电子巡查系统、停车场管理系统等子系统设备组成，但在安防各接入子系统均基于线网云平台 IaaS 层进行搭建的基础上，安防集成管理系统与各子系统设备可不建立直接的物理连接。

b. 网络层

安防集中管理系统利用云系统网络实现车站/停车场/车辆段级与中央级的连接及安防各子系统设备的信息互通。

c. 基础设施层

基础设施层的综合业务云平台根据安防集成管理系统需求提供计算、存储、网络、安全等服务，安防集成管理系统通过综合业务云平台提供的基础设施支撑构建数据层及应用层的各项内容。

中心级安防集成管理系统由线路中心云平台提供基础设施层服务，车站级安防集成管理系统由边缘云提供基础设施层服务。

d. 数据平台层

安防集成管理系统在数据平台层独立建设自专业数据平台，配置本系统基础数据或从其他系统获取并存储相关数据，承载于本系统或城轨云平台统一提供的数据库内，以支撑上层应用及展示软件使用。安防集成管理系统数据平台层包括录音录像数据、网络管理数据、数据库管理数据、运作授权数据、运作模式、日志数据等。

e. 应用及展示层

安防集成管理系统功能需求开发相应的应用软件承载，系统应用软件按功能分为配置管理、性能管理、故障管理、安全管理、数据存储管理、集成控制管理、服务器管理、电子地图展示等。

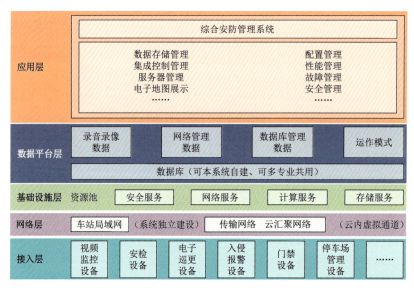

图 5.3-49　安防集成管理系统基于云平台的业务独立架构示意图

② 基于统一的数据平台架构

安防集成管理系统应基于轨交智慧运行平台提供的平台部署环境、开发工具、平台规则，开放数据，进行模块化开发和部署，如图 5.3-50 所示。

a. 接入层

安防集成管理系统在接入层主要由视频监控系统、入侵报警系统、安检系统、门禁系统、电子巡查系统、停车场管理系统等子系统设备组成，但在安防各接入子系统均基于云平台进行搭建的基础上，安防集成管理系统与各子系统设备可不建立直接的物理连接。

b. 网络层

安防集中管理系统利用云系统网络实现车站/停车场/车辆段级与中央级的连接及安防各子系统设备的信息互通。

c. 基础设施层

基础设施层的综合业务云平台根据安防集成管理系统需求提供计算、存储、网络、安全等服务，安防集成管理系统通过综合业务云平台提供的基础设施支撑构建数据层及应用层的各项内容。

综合业务云平台统一提供云平台内部的网络信息安全服务，安防集成管理系统需配置防火墙等满足车站、段场、控制中心等处的边界防护，并基于云平台提供的网络信息安全服务完成综合应用的网络信息安全等级保护内容的建设。

d. 数据平台层

轨交智慧运行平台专业构建统一的信息系统平台，统筹提供通用数据库、数据开发标准、数据部署要求、开发工具和运行支撑环境等，具体内容详见5.2.5节。

安防集成管理系统在数据平台层需构建自身的应用模块，各项功能主要由数据平台层自身的应用模块以及通用技术模块经流程编排后实现，安防集成管理系统平台可以根据功能需求和权限设置直接调用各安防子系统模块以实现相关功能。安防集成管理系统在模块库构建的应用模块是具有开放性和可复用性的，其他专业应用也可按规定的权限调用该模块实现相关的功能。

e. 应用层

安防集成管理系统在应用层构建自身的各项应用软件，各项应用软件通过调用数据平台层的通用技术模块、安防集成管理系统的复用模块、各安防子系统模块以及其他专业的相关模块、数据层的各项数据等实现应用层相应功能。

图 5.3-50　安防集成管理系统基于统一的数据平台架构示意图

应用层还包括操作展示应用软件，轨交智慧运行平台提供统一人机界面开发要求。安防集成管理系统还可按要求开发相应的人机界面，并嵌入统一人机界面交互终端界面中，分别对应不同的使用人员，如按调度人员、办公人员、运营维护人员等分别开发对应的操作。

5.3.14 火灾自动报警

火灾自动报警系统是探测火灾早期特征、发出火灾报警信号，为人员疏散、防止火灾蔓延和启动自动灭火设备提供控制与指示的消防系统。

1）系统技术的演进

①智能化。火灾自动报警及自动灭火控制系统采用智能传感、网络通信、信息融合、先进算法和软件技术，实现动态监测、数据处理、通信服务、集中管理与分布控制，提高系统智能化水平，降低误报率。

②多样化。随着技术进步和需求提升，系统适应性增强，火灾自动报警及自动灭火产品日趋多样化和专用化。针对特殊场所和防火对象，城市轨道交通可采用不同的火灾探测技术，如双鉴式线型光束感烟探测器和吸气式感烟探测器。

③简易化。为降低对系统工程调试和维护人员技术水平的要求，火灾自动报警系统配置更灵活，人机界面更直观，接口调试更简易。

④开发性。火灾探测器及系统将逐步实现通信标准的统一化和协议的开放化，解决火灾自动报警系统产品系列间的兼容性问题，确保产品使用的连续性。

2）系统架构

城市轨道交通车站、区间隧道、区间变电所及系统设备用房、控制中心、车辆基地、主变电所、集中冷站等场所应设置火灾自动报警系统。

线路火灾自动报警系统采用两级管理、三级监控模式，两级管理分别是中央级和站级，三级监控分别是中央级、站级和就地级。中央级设置在控制中心中央控制室，站级设置在各车站控制室（兼消防控制室）、段场主消防控制室等，现场级为设置在现场的FAS设备。其中，区间变电所及系统设备用房等处设置的区域火灾报警控制器，应就近接入车站消防控制室的集中火灾报警控制器；车辆基地设置的区域火灾报警控制器，应接入车辆基地消防控制室的集中火灾报警控制器。

在当前城市轨道交通工程中，中央级和站级火灾自动报警系统与综合监控系统存在互联与集成设计方案。

（1）集成互联方式

①综合监控系统互联火灾自动报警系统。火灾自动报警系统作为一个独立系统，车站级与综合监控系统互联，向其提供火灾报警信息、必要的设备状态及故障信息等，如图5.3-51所示。

②综合监控系统集成火灾自动报警系统。火灾自动报警系统作为综合监控系统的子系统，车站级集成在轨交智慧运行平台中，其车站级和中央级功能由轨交智慧运行平台实现，就地级功能由火灾自动报警系统自身实现，具备独立运行，如图5.3-52所示。

从系统特点来看，火灾自动报警系统与综合监控系统同属实时监控系统，火灾自动报警系统集成在轨交智慧运行平台中，方便调度员及值班人员使用，可以简化系统、节省投资，提高弱电系统的自动化水平。但是，城市轨道交通火灾自动报警系统是一个消防行业严格管理的系统，火灾自动报警系统集成方式还是互联须按照当地消防管理部门的规定做出决策。

第 5 章 智慧城轨的系统架构设计

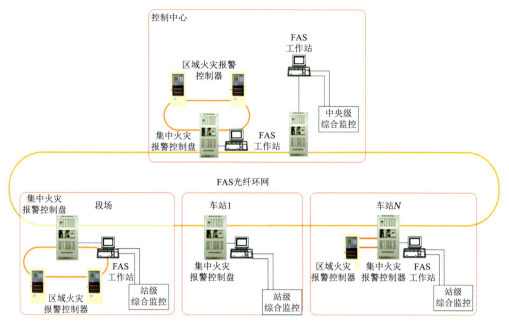

图 5.3-51 综合监控系统互联火灾自动报警系统示意图

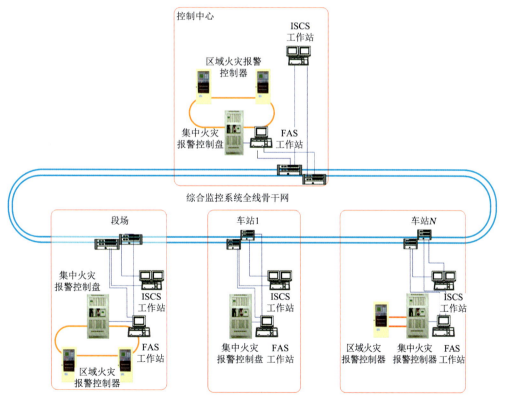

图 5.3-52 综合监控系统集成火灾自动报警系统示意图

（2）就地级构成

就地级火灾自动报警系统主要由火灾报警控制盘（FACP）、FAS 图形工作站、智能光电感烟探测器、智能光电感温探测器、红外对射感烟探测器、手动报警按钮、消火栓启泵按钮、输入模块、输出模块等组成，如图5.3-53所示。

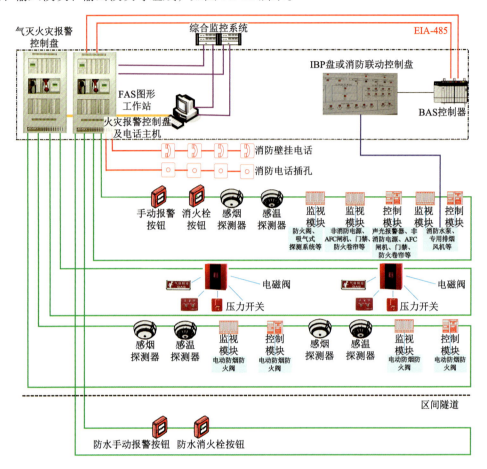

图5.3-53 典型车站火灾自动报警系统示意图

3）系统功能

（1）监控管理功能

中心级火灾自动报警系统具备与上一级系统实现信息交互，与车站级火灾自动报警系统进行通信联络，发布火灾报警信息，显示全线火灾报警信息、消防设备设施的工作状态信息等，系统信息、状态的存储、查询、打印等功能。

车站级火灾自动报警系统具备与中心级火灾自动报警系统、就地级自动报警系统进行通信联络，发布消防控制指令，控制消防设备的启、停，显示火灾报警信息、消防设备设施的工作状态信息等，系统信息、状态的存储、查询、打印等功能。

就地级火灾自动报警系统应具备采集火灾信息，上传车站级火灾自动报警系统，监视消防设备的工作状态等功能。

当列车采用GoA4级运行时，列车车厢应设火灾自动报警系统，并应将火灾报警信息实时传至运营控制中心。

（2）消防联动控制

对于车站公共区、车站设备区、车辆段/停车场（带、不带上盖）、地下区间隧道、高架区间、主变电站/集中冷站等不同站点或区域，由于机电设备系统设置不同，因此相关的消防联动控制也相应不同。总体上，消防联动控制由火灾自动报警、环境与设备监控和综合监控系统共同完成。火灾自动报警系统实现对不同站点或区域火灾的探测及报警，向环境与设备监控系统发送火灾模式命令，并实现对专用消防设备的联动控制。环境与设备监控系统实现对火灾、平时兼用的机电设备进行联动。综合监控系统实现对控制火灾需联动的通信设备如广播系统、视频监视系统、乘客信息显示系统等的联动控制。

5.3.15 门禁

城市轨道交通设置的门禁系统是实现员工进出管理的自动化系统，在重要设备管理用房和重点区域设置门禁点，可实现自动识别员工身份；自动根据系统设定开启门锁；自动记录交易；自动采集数据，自动统计、产生报表；并可通过系统设定，实现人员权限、区域管理和时间控制、考勤等功能。

1）系统层次架构的演进

门禁系统的架构层次在不断演进，整体思路是简化架构层次，完善系统功能，在强调安全性的前提下提升数据的共享性和系统的开放性，分别适应不同需求的城市轨道交通线路，见表5.3-8。

门禁系统层次架构 表5.3-8

架构层次	四层架构	三层架构	二层架构
线网中央	线网门禁管理服务器、存储设备、监控管理工作站、管理工作站、授权读卡器、网络设备、管理软件等	门禁中央服务器、存储设备、中央授权管理工作站、台式读卡器、UPS、网络设备等（线网中央与线路中央融合）	门禁管理服务器、视频分析服务器、监控管理工作站、授权工作站、授权读卡器、授权软件、管理软件等（线网中央、线路中央与车站融合）
线路中央	门禁中央服务器、存储设备、中央授权管理工作站、台式读卡器、UPS、网络设备等		
车站	门禁工作站、主控制器等	门禁工作站、主控制器等	
现场设备	门禁就地控制器、读卡器、磁力锁、紧急开门按钮、出门按钮、门禁卡以及传输网络等	门禁就地控制器、读卡器、磁力锁、紧急开门按钮、出门按钮、门禁卡以及传输网络等	门禁接口和视频识别设备、交换机、网络控制器、就地控制器、普通读卡器、人脸识别和指纹识别读卡器、密码键盘读卡器、磁力锁、一体化边门、场段大门闸机、紧急开门按钮、出门按钮、考勤机、门禁卡等

2）系统架构

（1）传统独立服务器架构

在云计算技术还未发展成熟时，城市轨道交通门禁系统独立采购自专业服务器、存储、信息安全等硬件设备，所有应用软件均基于服务器物理机运行，如图5.3-54所示。

（2）基于云平台的系统架构

随着城市轨道交通云平台、大数据技术的发展和逐步推广，门禁系统也随之产生了基于云平台的体系架构。考虑门禁系统对安全性的要求，建设基于云平台的业务独立部署架构更为合理。

门禁系统可基于线网云平台IaaS层进行搭建，现场级系统可基于车站边缘云IaaS层进行搭建，云平台为本系统提供IaaS层服务，应用系统独立开发应用软件，如图5.3-55所示。

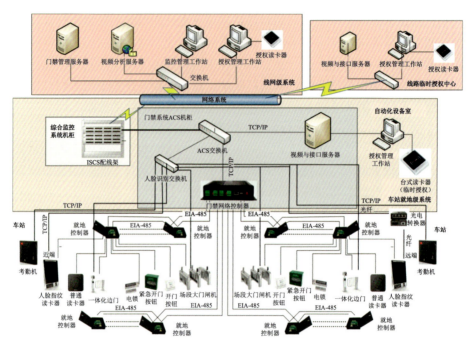

图 5.3-54 门禁系统传统独立服务器网络拓扑示意图

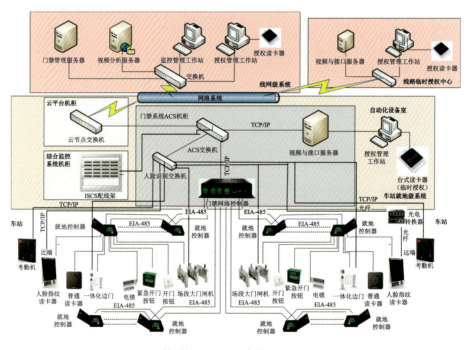

图 5.3-55 门禁系统基于云平台的系统网络拓扑示意图

5.3.16 办公自动化

办公自动化系统以有效支持各项业务和管理工作正常开展为目标,通过企业应用集成软件,对财务管理信息系统、设备维护管理信息系统、人力资源管理信息系统、客户关系管理信息系统、办公系统及企业信息门户系统进行整合,建立一个开放、弹性、兼容、灵活和统一平台的信息系统,为企业的经营管理提供重要的支撑和手段,实现信息的高度集成与共享,实现企业经营、管理与决策的信息化、数字化、规范化,保证企业经营目标的实现,并创造重要的战略价值,提升企业核心竞争力。

城市轨道交通集团化的大物业、大线网带来了业务的快速扩展,随着信息化向一线生产支持的延伸,与业务领域的深度融合持续扩大。传统的服务器+应用的办公自动化业务系统面对城市轨道交通建设的不断发展,已无法满足城市轨道交通集团乃至区域化的办公生产需求。在信息化规划设计定位中,云计算数据中心将会是支持城市轨道交通集团未来信息化应用的核心数据中心。办公自动化系统架构如下。

a. 网络层

办公自动化系统在网络层主要包括交换机、传输系统的承载网络或无线网络,负责将各终端接入信息中心,如图 5.3-56 所示。

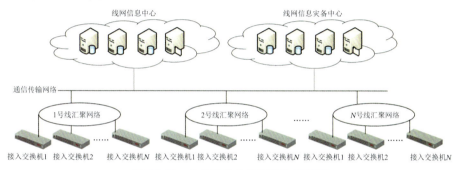

图 5.3-56　办公自动化物理架构示意图

b. 基础设施层

基础设施层的综合业务云平台根据办公自动化系统的需求提供计算、存储、网络、安全等服务,办公自动化系统通过综合业务云平台提供的基础设施支撑构建数据层、组件层及应用层的各项内容。

综合业务云平台统一提供云平台内部的网络信息安全服务,办公自动化系统需考虑控制中心接入侧的边界防护,并基于云平台提供的网络信息安全服务完成办公自动化系统的网络信息安全等级保护内容的建设。

c. 数据平台层

办公自动化系统基于综合业务云平台的基础设施独立配置本系统包括集成开放平台、低代码开发平台、视频图像平台等数据平台。

d. 应用层

应用层设计中应充分考虑新一代信息技术的成熟性和普及性,明确公司未来各项业务应全面推进从信息化向智能化的跃升,以机器换人力,以智能增效能,打造更先进的更智能的城市轨道交通建设和运营模式。

5.3.17　环境与设备监控

环境与设备监控系统采用分层分布式架构,由 PLC 控制器、通信接口模块、远程 I/O(输入输出)(RI/RO,环入环出)、各类变送器、现场网络、24V 电源等设备组成。环境与设备监控系统在车站(段场)集成到综合监控系统或上一级平台中,如图 5.3-57 所示。

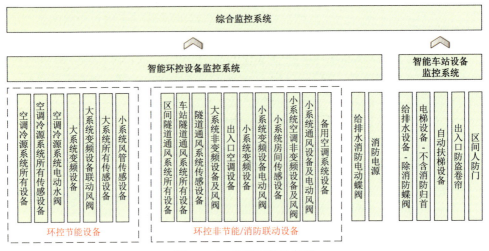

图 5.3-57 监控对象示意图

环境与设备监控系统监控通风空调、给排水、电扶梯、人防门、防盗卷帘等常规机电设备,同时完成防汛等灾害监测。

根据监控对象的不同和实现功能的不同,环境与设备监控系统可细分为智能机电设备监控系统和智能环控设备监控系统。

智能机电设备监控系统监控给排水、人防门、电扶梯、防盗卷帘等设备。智能环控设备监控系统监控通风空调设备。

两个系统均采用类似的架构,即:PLC 控制器通过以太网络环网与远传 I/O、通信接口模块、各类变送器等连接,通过以太网接口接入站级综合监控系统或上一级平台。以太网环网可供两个系统共用,如图 5.3-58 所示。

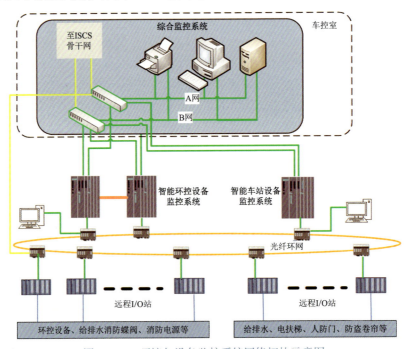

图 5.3-58 环境与设备监控系统网络拓扑示意图

5.3.18 通风空调

为保证城市轨道交通内空气环境的空气质量、温度、湿度、气流组织、气流速度、压力变化和噪声等满足人员的生理、心理和设备正常运作的需要，城市轨道交通内设置通风空调系统。通风空调系统按服务区域及主要功能可分为隧道通风系统、车站公共区通风空调系统（大系统）、设备管理用房通风空调系统（小系统）、空调水系统，如图5.3-59所示。

图 5.3-59 通风空调系统组成示意图

5.3.19 给排水及消防（含气灭）

为满足车站及附属建筑的工作人员生活用水、冲洗用水及环控系统循环冷却补充用水等生产用水、消防用水的要求，及时排除生活污水、生产和消防废水、结构渗水及敞口风亭和出入口的雨水等，城市轨道交通内设置给排水系统。为保证乘客和工作人员的人身安全，保护柜中精密仪器设备的安全，及时扑灭火灾，城市轨道交通内设置给排水及消防、灭火系统。给排水系统由生产和生活给水系统、排水系统（含雨水系统）组成，灭火系统由消防给水系统、自动灭火系统和手提灭火器装置组成。

5.3.20 供电

为向各机电设备系统提供安全、可靠、优质的电力供应，满足各系统的用电要求，城市轨道交通内设置供电系统。供电系统由外部电源、主变电所或电源开闭所、牵引供电系统、动力照明系统、电力监控系统、杂散电流防护系统、防雷设施与接地系统等组成，如图5.3-60所示。

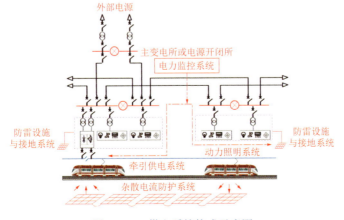

图 5.3-60 供电系统构成示意图

5.3.21 电扶梯

（1）自动扶梯

自动扶梯主要由梯级和梯级辅轮、梯级链和梯级主轮、梯路导轨系统、驱动装置、张紧装置、扶手装置、金属结构、电气设备、安全装置等构成。

自动扶梯设置在车站内和出入口，将地面上需要乘坐列车的乘客自动送入站台或将下车的乘客自动送到地面，自动扶梯的设置改善了乘客出入车站时的舒适度，充分体现以人为本的精神。

（2）电梯

电梯主要由曳引系统、导向系统、门系统、重量平衡系统、电力拖动系统、电气控制系统以及安全保护系统构成。

车站电梯主要为残障人士及其他行动不便的乘客服务，也兼顾设备更换维修时运输设备零部件。为提高电梯的利用率，携带大行李的乘客也可乘坐电梯，既保护了自动扶梯，也提高了车站的疏散能力。电梯为残障人士出入城市轨道交通提供了一条无障碍通道。

5.3.22 站台门

站台门系统主要由门体、门机、电源与控制等四个部分组成。门体包括顶箱结构（侧盒）、支撑结构、门槛、滑动门、固定门、应急门、端门等，控制系统主要由中央控制盘（PSC）、就地控制盘（PSL）和门控单元（DCU）以及通信介质和通信接口构成。

1）门体

站台门门体包括滑动门、固定门、应急门、端门、梁柱结构、门槛等，属于站台门系统机械结构部分。其上端与站厅的结构底梁相连，下端与站台板的结构层相接，这些部件的组合将站台公共区与隧道行车区域隔离开来。

2）控制系统

控制系统主要由控制系统的网络、通信设备 PSC、PSL、DCU、监视装置以及网间通信协议、通信介质和通信接口组成。

站台门控制系统将至少实现以下功能。

（1）系统级控制

在系统级控制方式下，信号系统向站台门发送开/关门命令，控制命令经信号系统（SIG）发送至相应侧单元控制器（PEDC），再由 PEDC 通过 DCU 对门体进行实时控制，实现系统级控制模式。

（2）站台级控制

当系统级控制不能正常实现时，如 SIG 故障、单元控制器对 DCU 控制失败等故障状态下，司机或站务人员应可在 PSL 上进行开/关门操作，实现站台门的站台级控制操作。

（3）手动操作

当控制系统电源故障或个别站台门操作机构发生故障时，站务人员在站台侧用钥匙或乘客在轨道侧用开门把手打开滑动门。

（4）远程监视及报警

站台门系统通过综合监控系统的车站级工作站，对站台门系统的自身状态进行监视及故障报警。

5.3.23 城轨保护

1）城轨保护模式的演进

为保障城市轨道交通安全运营，严格管控城市轨道交通沿线一定区域内的施工作业活动，交通运输部、住房和城乡建设部等主管部门颁发了一系列管理办法及规章制度，如《城市轨道交通运营管理规定》（交通运输部令2018年第8号）、《城市轨道交通结构安全保护技术规范》（CJJ/T 202）等，对城市轨道交通保护区的定义、保护范围、管理内容、沿线施工行为等均做出明确阐述。

各城市轨道交通应结合本地特点，制定相应的城市轨道交通控制保护区，控制保护区的具体范围，由城市轨道交通经营单位提出方案经规划行政管理部门审核后，报市人民政府批准并公布。在城市轨道交通控制保护区内进行下列活动的，有关行政管理部门依照法律、法规进行行政许可时，应当书面征求城市轨道交通经营单位的意见。同时，应制定城市轨道交通设施保护监督执法的相应条例。

城市轨道交通控制保护区的巡查目前以人工巡视为主。城市轨道交通经营单位通过组建成立巡查大队，定人、定段、定时，组织好对控制保护区的巡查监管工作。巡查大队按照相应的标准，配备相应巡视人员。巡查大队应统一服装，统一标识，重点对保护区内违章建筑物、构筑物和树木等异物侵界、违章施工作业、私设广告牌、堆存易燃易爆危险品、违章经商、人为引火、乱停车等非法违法行为，以及地下敷设的水、气、雨、电等各种管井的安全隐患进行巡查。当发现有安全隐患或事件时，可先拍摄照片、手写记录事件详情等，随后向主管人员汇报，确定是否立案处理等。巡视人员的主要工作内容为：

（1）遵照巡查计划，对城市轨道交通沿线保护区进行巡查，及时发现影响城市轨道交通运营及设施安全的隐患。

（2）定期对保护区内各项隐患进行跟踪检查。

（3）配合隐患权属单位对隐患进行处置。

（4）实施监管项目的城市轨道交通监测配合工作。

传统的人工巡检工作主要是在纸上进行手工记录，存在上报不及时、事件记录不规范、地理位置不精确等问题，巡查效率和有效性均比较低。随着各类通信技术、网络技术、计算机技术的发展，针对人工巡检存在的不足，巡检技术逐步演进，城市轨道交通控制保护区的自动化及智能化巡检已成为可能，城市轨道交通行业可探索一些新的巡检模式，包括智能终端APP巡检、车载移动实景巡检、无人机辅助巡检、智能视频实时监控、卫星遥感定期巡检、光纤振动传感入侵检测等，实现数据采集从"人工"向"自动化"转变，建立保护区巡检的新模式。城市轨道交通运营单位可选取其中一些新型巡检技术开展试点应用，如图5.3-61所示。

提升基础设施的感知能力和可靠性是减少基础设施故障的有效措施，城市轨道交通运营单位可以通过更先进的技术手段、更为广泛的覆盖面检测基础设施状态的异常信息，减少安全隐患；通过分析故障定位，提高检修和处置速度，提升应急效率和运行质量；还可以通过海量数据的分析判断设备状态的趋势变化，预警隐患，保障运营安全。

2）城轨保护系统架构

随着城市轨道交通云技术的飞速发展及广泛应用，其在生产系统和管理系统的应用逐步推广，城轨保护正在摆脱人工巡视、单机记录、延迟回报等状况，向网络化、系统化方向发展，并可基于线网云平台 IaaS 层进行系统搭建，云平台承载线网城轨保护系统，为城轨保护系统提供 IaaS 层服务，城轨保护系业务独立部署，应用系统独立开发应用软件，如图 5.3-62 所示。

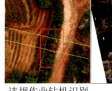

图 5.3-61　新型巡检方式

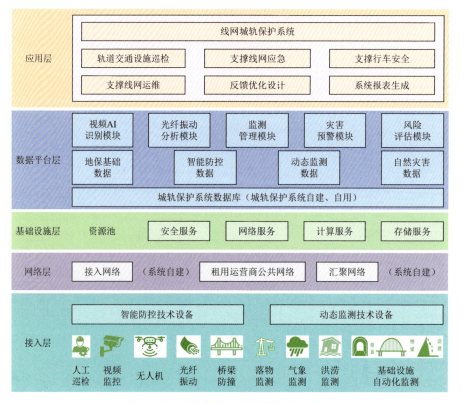

图 5.3-62　城轨保护系统逻辑架构示意图

a. 接入层

城轨保护系统在接入层主要是智能防控类技术设备和动态监测类技术设备，包括人工巡检设备、视频监控设备、无人机巡检设备、光纤振动检测设备、桥梁防撞设备、落物监测设备，以及气象监测设备、洪涝监测设备、基础设施自动化监测设备等。

b. 网络层

城轨保护系统的控制保护区基本在车站之外的空间，因此在网络层主要租用移动运营商的公共网络，传输城轨保护系统的数据，并在综合业务云平台所在地设置接入交换机，连接至综合业务云平台。

c. 基础设施层

基础设施层的综合业务云平台根据城轨保护系统的需求提供计算、存储、网络、安全等服务，城轨保护系统根据综合业务云平台提供的基础设施支撑构建数据层及应用层的各项内容。

d. 数据平台层

城轨保护系统在数据平台层建设自专业数据平台，配置本系统基础数据或从其他系统获取并存储相关数据，承载于本系统或轨交智慧运行平台统一提供的数据库内，以支撑上层应用及展示软件使用。城轨保护系统数据平台层包括地保基础数据、智能防控数据、动态监测数据、自然灾害数据等。

e. 应用及展示层

城轨保护系统根据本系统功能需求开发相应的应用软件承载，线网城轨保护系统的应用软件分为城市轨道交通设施巡检、支撑线网应急、支撑行车安全、支撑线网运维、反馈优化设计、系统报表生成、系统对外展示等。

5.3.24 运维

1) 运维技术的演进

根据运维发展历程，按照设备的智能化程度，城市轨道交通运维分为传统运维、自动化运维、敏捷型运维、智能运维。

（1）传统运维

传统运维以人力投放型运维模式为主，设备的日常巡视、维护、故障处理等维保工作由专业运维人员承担，随着设备规模及问题复杂程度的线性上升，人力投放型运维出现低效、成本高的瓶颈。

（2）自动化运维

在自动化运维阶段，人机具备浅层交互，设备设施具有一定的自动化检测能力，运维人员可通过常规报警、阈值超限、事件记录等基本信息做出相应的维修判断。自动化装置的辅助降低了人为因素的经验误差，运维模式以计划修、故障修为主，较之传统运维，设备自检能力有所提升，人力投放力度有所降低。

（3）敏捷型运维

常规的运维体系中实践应用与设计阶段有着隔离脱层现象，设计仅负责设备的研发，运维负责设备的日常维护，当设备处于此种开环的成型方式，就会导致终端运维人员使用需求不足以匹配现状发展，源头设计也很难提炼出设备关键性优化方向，而频繁处于已成型产品的再更新改造阶段。因而将运维实践融于早期的产品设计阶段，使得研发充分考虑实践需求实现以用为引导的闭环反馈体系。

（4）智能运维

随着人工智能技术的发展及各类数据的海量产生，运用集成化算法策略处理分析复杂问题，结合宽、深度学习给出引导决策，同时将处理流程以应用分发的方式向横、纵维度的设备层迁移学习，设备运维整体有了自学习、引导决策的概念，实现更高维度的设备群智慧运维。结合城市轨道交通网络化、智能化运营管理需求，智能运维的发展包括单专业智能运维、综合智能运维两个阶段。

单专业智能运维阶段是指各专业独立搭建自专业的智能运维系统，首先从涉及行车安全的关键的专业设备开始，逐步涵盖城市轨道交通全部设备系统专业，从而形成各专业线网-线路-现场的智能运维系统架构。

综合智能运维阶段是指在既有单专业智能运维的基础上，打破线路和专业的壁垒，首先从线网的可靠性着手，将可靠性的定量要求合理分配到线网、线路、系统和子系统等单元，打通了不同功能子系统之间可靠性分析的壁垒，实现"线网-线路-系统-子系统"可靠性指标分配，逐步涵盖线网所有线路全部专业的人、机、物的智能运维系统。

2）各专业智能运维系统架构

（1）综合智能运维系统

综合智能运维系统分为数据层、服务层、应用层及系统、用户管理模块。

a. 数据层

数据层的功能主要面向底层数据管理，包括数据集成和数据存储。其中，数据集成主要针对不同类型的检测设备，研发对应的数据传输、数据解析接口，将原始检测数据转化为可读写、可结构化存储的数值数据。

b. 服务层

服务层主要为用户提供数据治理、数据资源目录、数据检索、数据分析等服务。

c. 应用层

应用层主要通过数据共享接口、数据报表生成等技术将综合数据及数据分析结果以服务的方式提供给系统，为系统数据的综合分析与利用提供支持。

d. 系统及用户管理模块

系统及用户管理模块主要负责系统菜单管理，用户权限管理，保证数据和系统的安全。

（2）车辆运维

① 车载系统

车载系统由现地控制单元（LCU）子系统、走行部状态监测子系统、车门监测子系统、蓄电池监测子系统、动力学监测子系统、受电弓监测子系统、多功能车辆总线（MVB）数据采集子系统、车载数据集成采集系统、车载故障预警报警子系统、车地数据传输子系统组成。

各子系统通过车载以太网将数据传输至车载集成采集系统，故障预警报警子系统与列车人机接口（HMI）连接，将分析出的报警信息在界面上进行展示，车地数据传输子系统将原始数据通过无线网络/有线网络/存储盘转存的方式将数据传输到地面服务器。

② 地面系统

a. 地面感知系统

地面感知系统包括轨旁集成监测、辅助设备状态感知、检修设备状态感知、业务进度/质量/过程安全状态感知。

轨旁集成监测系统包括列车受电弓状态及车顶图像监测、车底及两侧图像识别监测、轮对尺寸检测、轴温及电机温度检测、车底及两侧图像检测等。

所有的感知系统通过以太网将信息传输至地面服务器，其结果通过LED大屏、计算机进行展示。

b. 地面数据管理系统

地面数据管理系统主要由服务器、地面数据管理计算机构成，满足数据管理要求，对智能运维的所有数据进行管理，提供分布式存储、增删改、查询、统计、分析、挖掘、打印功能；提供消息队列（MQ）服务、ETL（数据抽取、转换和加载）服务、消息服务、表单服务、报表服务、日志服务、身份认证、用户与授权。

c. 地面分析系统

地面分析系统主要由服务器、计算机、LED大屏、VR工作站组成，这些设备均通过以太网与服务器连接，提供故障识别、故障实时预警报警、部件状态跟踪、运行安全评估、检修业务计划辅助决策、用车业务计划辅助决策、资源管理业务计划辅助决策、部件性能及业务模拟仿真等。

d. 地面业务系统

地面业务系统主要包括用车业务、检修业务、资源管理业务、智能控制业务、监管业务。其组成主要由业务服务器、操控平台、监管平台、计算机、LED大屏组成，提供业务计划、执行、监管、变更等功能。

各业务系统协同工作，其中监管业务和智能控制业务对其他业务进行集成监管控。

e. 辅助设备及系统

辅助设备及系统主要包括轨旁辅助设备与系统和检修设备与系统，各设备通过以太网与数据中心连接。其中，辅助设备与系统包括车号识别系统、安全作业平台系统、智能立体仓库、周界防护系统、列车/人/工装/仪器/定位系统、手持/固定终端、调车/检修联锁自动控制系统等，检修设备与系统包括不落轮镟床、洗车机、牵引车、探伤设备等。

③ 传输接口

列车在运行过程中，通过无线网络将车载数据传输至地面服务器。

列车进入车辆段或停车场，通过无线网络或以太网将数据传输至地面服务器。

地面数据采用以太网通信进行传输。

手持终端、手机等移动设备采用段内无线或第三方服务进行数据传输。

（3）轨道运维

① 道岔伤损监测系统

道岔伤损监控系统主要由传感器、监测分机、监测主机、各级用户终端、网络传输通道等部分组成（可根据具体监测规模配置相应的设备）。各传感器实时监测道岔状态数据，通过有线方式传至监测分机，由监测分机经过预处理后转发至监测主机，由监测主机中相应的处理模块对监测数据进行处理，并将处理后的结果及相关信息发送至监测平台，保存至数据库。

②车载式轨道巡检系统

车载式轨道巡检系统采用高分辨率线阵相机完成轨道图像采集，将设备挂载在电客车上对轨道进行可见光成像，同时将数据与线路里程信息关联，获得完整的轨道数据记录。通过控制模块和图像采集软件实现对轨道设施的等间距扫描，具有对钢轨、扣件、轨道板表面、轨枕和道床表面、感应板进行图像动态采集、图像浏览和分析管理功能，并可对钢轨表面伤损、扣件异常、感应板移位病害进行智能识别和打印缺陷报表等功能，以达到提高线路巡检效率、节约成本的目的。

③车载式轨道几何尺寸监测系统

车载式轨道几何尺寸监测系统采用高精度激光测量和惯性基准模型，由车载设备、车地传输网络、地面分析设备及相应的软件组成。通过在日常运营的电客车上安装激光传感器、惯导单元、诊断处理主机等设备，车载式轨道几何尺寸监测系统对轨道几何尺寸和轨道波磨状态进行实时监测，实现异常位置的定位和轨道状态趋势变化分析预测，为轨道状态监测和养护提供准确可靠的基于电客车运行状态下的测量数据和基于趋势分析的预测与养护支持。

通过在电客车上安装本系统，电客车在上线运营时，系统即可对线路轨道主要参数的状态进行检查和评判，无须动用轨检车等专用作业设备。系统可在不增加作业量的情况下，有效提高运营单位对轨道状态的检查力度。

④车挡监控报警系统

车挡监控报警系统是由挡车器冲撞记录管理系统和挡车器冲撞记录器组成，可远程监测液压挡车器的设备状态，以便发现故障及时报警，提醒维修人员维修。

当发生机车、车辆冲撞挡车器的事故时，车挡监控报警系统可记录和存储冲撞时的车速、时间等数据，并在现场以及监控室发出声光报警信号。

⑤道岔尖轨位移监测系统

道岔尖轨位移监测系统主要监测道岔尖轨扳动时起始状态位置随时间的变化规律，采用基于PSD（位置敏感器件）的激光位移测量技术，应用尖轨侧面扫描、等厚基准的测试计算方法，实现尖轨的位置测量、记录过程位移变化。根据测量数据，计算机绘制出位置及随时间变化的位移曲线，对于不符合要求的曲线，计算机给出报警处理。该系统还可获取道岔在操作过程中尖轨起始状态位置精准度和尖轨在动作过程中的位置随时间的变化规律，以检测尖轨密贴程度、获取尖轨动作过程数据，并应用数据判断道岔尖轨使用状态，指导编制道岔的维修保养计划，保障道岔的正常状态。

该系统建成后，可对岔尖轨转动过程进行实时同步监测，及时报警提醒异物和卡滞，掌握道岔尖轨工作状态变化趋势，为更换道岔关键部件提供决策依据。

⑥无缝线路轨温及位移监测系统

无缝线路轨温及位移监测系统通过在线路的特定位置安装监控装置，定点监控钢轨温度及位移变化。这些监测数据借助移动数据无线网络传输至监控中心，确保运维团队及时掌握钢轨状态，保障运行安全。

轨道温度测量采用磁吸式Pt100温度传感器，固定在钢轨底面，实现对钢轨温度的测量。钢轨位移测量采用磁致伸缩位移传感器，对钢轨位移实现非接触式测量。

（4）信号运维

信号运维保障系统立足城市轨道交通信号系统运营维护的实际需求，以数据挖掘为手段，以信息技术为依托，实现全线网信号系统的信息共享、分析和诊断，形成基于数据驱动的信号系统运维保障体系。

信号运维保障系统实现的主要功能包括：对信号系统设备状态全生命周期进行动态监测、故障报警；对车载/地面信号系统设备的服役状态进行检测、评估、诊断及预警；建立信号系统设备 RAMS 分析数据库，为信号系统设备的 RAMS 定量和定性分析提供基础；采集信号网络和维护网络系统状态信息，实现网络系统集中监测。

结合维修管理体制，信号运维保障系统可分为中心级设备（维护中心），车站级设备（各设备集中站、车辆段、停车场、控制中心和沿线各信号工区），各正线车站、车辆段、停车场、维修中心、控制中心、沿线各信号工区之间自建的两路带宽 1000Mbit/s 的数据通道三部分。

①中心级设备

中心级设备由生产云资源池、决策分析（冗余配置）、平台展示、维护终端、管理终端、交换机等组成。

生产云资源池实现与云端数据接入，决策分析系统采用热备工作方式，利用人工智能对现场实时采集的数据进行分析，提供故障分级报警以及趋势预测。

平台展示：将分析后的数据以图形、报表、分级报警等形式进行展示。

维护中心服务器机房配一台维护终端和一台管理终端，管理终端用于运维保障系统本身的管理和维护，维护终端用于信号设备的维护和管理。

交换机满足服务器双机热备的需求，同时预留与车站机/工区的网络接口。

②主要车站级设备

a. 控制中心

控制中心的运维保障系统设备，主要完成与列车自动监控系统（ATS）的数据接口、与数据传输系统（DCS）中心服务器的接口。控制中心车站设备还采集电源屏、外电网以及环境温湿度信息。控制中心设一台维护终端。

b. 设备集中站

信号智能运维系统设备集中站的车站设备通过采集机采集外电网、信号机、道岔、线缆、环境温湿度等的模拟量，按钮、继电器状态等开关量信息；通过通信接口机接收 ATS、DCS、道岔缺口车站设备的工作状态及报警信息；通过串口接收智能灯丝、电源屏的工作状态及报警信息。每个设备集中站设一台维护终端。

c. 车辆段/停车场

信号智能运维系统车辆段/停车场车站设备的结构与设备集中站基本一致。

d. 数据通道

正线车站、车辆段、停车场、维修中心、控制中心之间由信号系统自建两路带宽 1000Mbit/s 的信号维护支持系统通信网络。

（5）供电运维

①供电智能运维系统构成

供电智能运维系统由中央级主站、智能变电所监控系统（子站）以及通信传输通道等构成。

供电智能运维系统中央级主站部署于车辆基地供电车间。供电智能运维系统采用云平台架构方案，承载于轨交智慧运行平台上，在统一的模型及服务接口标准的基础上，开展各类业务功能建设。通过统一的支撑平台集成中央级各系统的功能模块，实现中央级系统间的业务互联、中央级与子站级的相关业务互联，实现整个系统的信息共享、协调控制。在车辆基地DCC（车辆段指挥中心）、变电工班、接触网工班设置供电运维终端。

a.供电智能运维系统中央级主站

根据供电智能运维系统与轨交智慧运行平台的接口划分，供电智能运维系统中央级主站硬件资源及通信网络由轨交智慧运行平台统一考虑，供电智能运维系统负责提供软件功能设计。

b.智能变电所监控系统子站

智能变电所监控系统采用集中管理、分散分布式结构，由站控层、间隔层和过程层构成。站控层部署城际电力智能监控单元。电力智能监控单元应能集成变电所与中央级主站之间的通信功能，实现变电所远动数据的采集上送，能代替原常规二次系统，如变电所综自系统、供电运行安全管理系统、供电在线监测系统、无人巡检系统等站控层的后台功能。

电力智能监控单元与轨交智慧运行平台的通信通道采用冗余以太网方式，主备通道互为热备。

传输媒介采用光纤，采用双机双网架构，并配置信息安全防护系统，实现信息安全等级保护三级。

智能变电所监控系统站控层为安装在智能控制屏上的电力智能监控单元、交换机、数据存储及计算单元、视频存储及处理单元、一体机和信息安全防护设备等；间隔层包括综合保护测控单元、监测装置、在线监测设备、移动巡检设备、摄像机、地线等；过程层包括站间GOOSE（面向通用对象的变电站事件）保护组网交换机。站级管理层与间隔层之间通过所内通信网络实现数据交换。

所内主干通信网络优先采用以太网，网络节点数不小于64，10/100M自适应以太网数据传输模式，遵从TCP/IP协议；网络传输媒介优先选用光纤，对于个别不支持以太网的间隔层设备，考虑采用现场总线与以太网转换接口；对于部分节点量的传送，可以采用屏蔽电缆。

c.通信传输通道

智能变电所监控系统与轨交智慧运行平台外部通信网络采用以太网，符合TCP/IP协议，数据类型分为控制类、非控制类、管理类和视频类。采用双网冗余方式，主备通道互为热备，在正常情况下只有主用通道处于工作状态，备用通道处于热备用状态，当主用通道发生异常或故障时，系统自动切换到备用通道，并发出主通道故障报警信息。

在智能变电所监控系统内部网络结构中，电力智能监控单元、以太网交换机采用双机双网冗余结构。视频服务器与摄像机采用单网通信。

②间隔层设备状态在线监测

在线监测装置主要包括对110kV油式变压器、110kV GIS（气体绝缘开关设备）、中压开关柜、配电变压器、低压开关柜等设备的局放、温度等状态监测需要配置的高频传感器、光纤测温传感器以及对交流断路器的开关特性监测装置。同时，对接触网进行在线监测。

（6）站台门运维

通过在站台门系统内布局传感器,实现对包括电机、DCU（门控单元）、CPU（中央处理器）、电磁锁、应急门门锁、皮带等关键部件的各种运行状态的预警感知,将相关检测数据发送至控制单元,由控制单元进行状态分析评价,提升站台门系统的服役能力,形成一套完整的站台门智能运维系统。

站台门智能运维系统组成示意如图 5.3-63 所示。

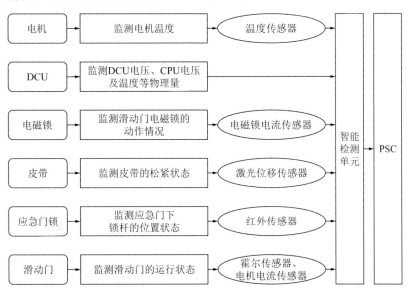

图 5.3-63 站台门智能运维系统组成示意图

智能运维内容及功能包括但不限于以下内容：

①通过传感器获取电机的工作状态信息传送至智能监测单元,分析电机的响应、工作电流、脉冲等信息；

②DCU 监测运行过程中的电流、电压、温度等数据,并传送至智能监测单元,分析相关参数的变化范围；

③通过传感器监测电磁锁的工作状态信息传,并送至智能监测单元,分析电磁锁动作的实时状态；

④通过传感器获取皮带的运行状态信息,并传送至智能监测单元,分析皮带的张紧度、电机输出功率、皮带运动位置等信息；

⑤在应急门锁内部设置传感器,获取应急门锁的工作状态,并传送至智能监测单元,分析应急门锁内部零件的位置信息及动作过程的实时状态；

⑥智能监测单元实时监测上述关键部件的状态信息,建立设备故障模型,分析确定各关键部件及整个门单元的服役状态,做出预判,并将相关信息传送至 PSC 进行告警。

（7）电扶梯运维

自动扶梯、电梯系统是面向乘客的车站客运设备,其核心技术要求是安全、可靠、耐用,在构建智慧城轨方面,电扶梯系统主要从提高设备安全性、可靠性、降低运营维护的人工和时间成本等方面考虑,主要包括增设电扶梯现场无线维修诊断工具等,提高安全性、运营维护便利性及效率。

目前,常规的电扶梯维修,需要维修人员打开机房盖板和检修柜,找到相关物理接口,并将其与现场控制柜连接,才能实现故障信息、状态信息的查询、分析、导出等功能。而采用无线技术(如蓝牙、商用通信等),开发无线专用维修工具或手机 APP、网页等方式,可以方便运营人员的使用和管理,提高运营效率。该系统自成系统,独立运行,不需要改变电扶梯与相关专业接口。

(8)通信运维

通信智能运维系统对各子系统进行结构化和标准化设计,通过系统间的各种联动方式将其整合成一个有机的整体,使之成为一套整体的、全方位的智能化管理系统,达到人防、物防和技防充分融合的目的。通信智能运维系统网络示意图如图 5.3-64 所示。

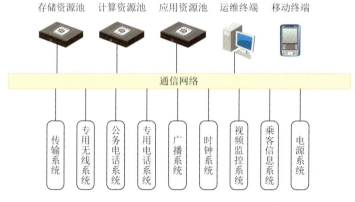

图 5.3-64　通信智能运维系统网络示意图

(9)票务及客服运维

票务及客服智能运维系统主要负责线网清分中心系统、线网客服系统、线路中央计算机系统、车站计算机及终端设备等的运维工作。

从设备维修维度,系统可分为故障修、计划修(状态修)、大中修;从物资管理维度,系统可分为定额物资管理、备件物资管理。

当车站人员发现设备故障并上报(如设备卡票、夹人等)或系统自身检测到有故障、报警信号时,系统启动故障诊断功能,协助维护人员分析故障原因,定位故障点,生成维修管理流程图。当出现异常趋势时,系统及时给出预警和维护建议;系统可为设备的预防修、状态修和计划修等维护计划提供科学的依据。针对各类故障情况分析及预警、报警,系统可根据权限推送至相关人员的移动设备,并对关键设备以图形化动态展示。维修人员接报故障后,应立即响应并到场处理,设备恢复后将故障处理信息录入运维管理系统。

同时,系统还可以利用大数据分析技术深度挖掘运维数据,以便完善维修体系,并可对新线设备招标给予参考性建议。

5.3.25　全自动运行

1)城轨自动化等级的演进

根据《城市轨道交通运输管理和指令控制系统》(GB/T 32590.1—2016),按照人工驾驶运行模式、非自动化驾驶运行模式、半自动化驾驶运行模式、无人驾驶运行模式和无干预运行模式，分别定义为 GoA0、GoA1、GoA2、GoA3 和 GoA4。全自动运行（FAO）包含自动化等级 GoA3 和 GoA4，即全自动运行模式包括有人值守的列车自动运行（DTO）和无人值守的自动运行（UTO）。

（1）GoA0：目视下列车运行

在自动化等级 GoA0 下，列车运行由司机全部负责，系统无法实现自动监控和防护。线路上的道岔和轨道区段则由系统控制。

（2）GoA1：非自动列车运行（NTO）

在自动化等级 GoA1 下，司机在列车驾驶室内，观察线路轨道情况，并在紧急情况下停车。司机遵循轨旁信号或车载信号来控制列车的牵引和制动。信号系统监督司机的操作，这种非连续或连续的监督只能在特定位置实现，特别是信号显示和速度控制。列车关闭车门，从站台安全出发，均由司机操作。

（3）GoA2：半自动列车运行（STO）

在自动化等级 GoA2 下，司机在列车驾驶室内，观察线路轨道情况，并在紧急情况下停车。系统自动监控列车的牵引和制动，提供连续的速度距离曲线。列车从站台安全出发，由司机操作，列车车门可自动关闭。

（4）GoA3：有人值守下列车自动运行（DTO）

在自动化等级 GoA3 下，由于没有司机在列车驾驶室内观察线路轨道情况和在紧急情况下停车，因此相较于 GoA2 级，系统必须增加辅助的检测装置。

在自动化等级 GoA3 下，需要一名运营人员在列车上。列车关闭车门，从站台安全出发，可自动控制，也可人工控制。

（5）GoA4：无人值守下的列车自动运行（UTO）

在自动化等级 GoA4 下，由于没有运营人员在列车上，因此相较于 GoA3 级，系统必须增加辅助的检测装置。

列车关闭车门，从站台安全出发，均为自动控制。更具体地说，系统支持危险情况和紧急情况的检测和处理，例如乘客疏散等。其他的危险情况和紧急情况，例如列车脱轨或检测到烟雾或者火灾，则需要运营人员介入处理。

2）全自动运行系统架构

全自动运行系统架构示意图如图 5.3-65 所示。

全自动运行系统基于连续车地双向数据通信技术，融合信号、车辆、综合监控、通信、站台门等系统功能，按中心、车站、车辆基地、列车进行配置，协同联动完成列车运行全过程的全自动运行控制。

全自动运行系统配置大容量的车地双向通信系统，采用 LTE-M 技术构建专用车地通信网络，列车运行控制业务、列车运行状态监测业务、列车远程控制业务等与列车运行直接相关的关键业务应由该网络承载，其余业务可由该网络承载。

全自动运行系统配置列车内及列车运行前后方的视频监视功能，并能上传至控制中心。

全自动运行列车设置障碍物检测、紧急呼叫装置，以及紧急操作、脱轨检测装置，提高系统的安全性及应急处置能力。

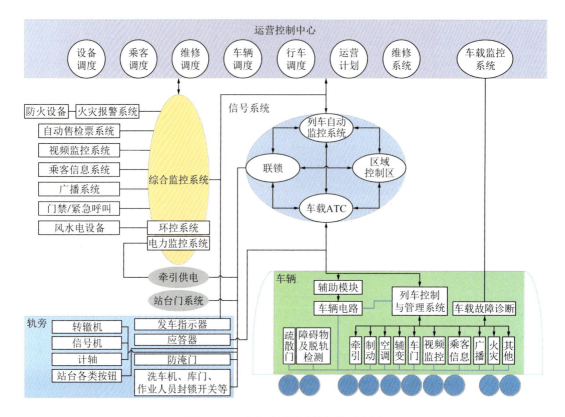

图 5.3-65　全自动运行系统架构示意图

全自动运行线应为全封闭式线路，全自动运行区域与非全自动运行区域应有隔离，车辆基地对全自动防护分区进行划分，并在库内设置地下通道。信号系统为各防护分区设置人员防护设备，对分区内的人员进行防护，同时设置门禁设备，对人员进出防护分区的安全进行防护。

全自动运行系统设置休眠唤醒设备、站台各类按钮设备，实现列车的休眠唤醒，以及各类场景下的人工处置功能。

全自动运行系统在控制中心增加车辆调度、乘客调度设备，实现对全自动运行车辆的监控、乘客事宜的应急处理。

全自动运行系统应增加或增强车辆、信号、综合监控、通信、站台门等系统的联动功能，实现各类全自动运营场景下的列车运行、设备操作、设备监测、故障处理、应急处置等功能，从而在自动化运行的基础上，进一步提升运营的安全性、可靠性。

5.4　各专业的接口和分工

城市轨道交通是一项高度综合的系统工程，专业技术接口具有复杂性和多样性的特点，需要在各专业子系统划分的基础上，根据城市轨道交通工程的技术标准、各子系统的功能要求及技术条件，促进各专业子系统之间的数据交互，进而提升城市轨道交通系统的可靠性和运行效率。以下简要列举各专业的接口和分工，见表 5.4-1。

第5章 智慧城轨的系统架构设计

各专业的接口和分工表 表 5.4-1

序号	接口专业	接口类别	接口内容
1	综合监控系统↔轨交智慧运行平台	数据接口	轨交智慧运行平台统筹提供物理资源和应用资源，综合监控系统提供资源需求
2	自动售检票系统↔轨交智慧运行平台	数据接口	轨交智慧运行平台统筹提供物理资源和应用资源，自动售检票系统提供资源需求
3	智能客服系统↔轨交智慧运行平台	数据接口	轨交智慧运行平台统筹提供物理资源和应用资源，智能客服系统提供资源需求
4	视频监视系统↔轨交智慧运行平台	数据接口	轨交智慧运行平台统筹提供物理资源和应用资源，视频监视系统提供资源需求
5	乘客信息显示系统↔轨交智慧运行平台	数据接口	轨交智慧运行平台统筹提供物理资源和应用资源，乘客信息显示系统提供资源需求
6	广播系统↔轨交智慧运行平台	数据接口	轨交智慧运行平台统筹提供物理资源和应用资源，广播系统提供资源需求
7	通信集中告警系统↔轨交智慧运行平台	数据接口	轨交智慧运行平台统筹提供物理资源和应用资源，通信集中告警系统提供资源需求
8	车辆运维系统↔轨交智慧运行平台	数据接口	轨交智慧运行平台统筹提供物理资源和应用资源，车辆运维系统提供资源需求
9	轨道运维系统↔轨交智慧运行平台	数据接口	轨交智慧运行平台统筹提供物理资源和应用资源，轨道运维系统提供资源需求
10	信号运维系统↔轨交智慧运行平台	数据接口	轨交智慧运行平台统筹提供物理资源和应用资源，信号运维系统提供资源需求
11	供电运维系统↔轨交智慧运行平台	数据接口	轨交智慧运行平台统筹提供物理资源和应用资源，供电运维系统提供资源需求
12	扶梯运维系统↔轨交智慧运行平台	数据接口	轨交智慧运行平台统筹提供物理资源和应用资源，扶梯运维系统提供资源需求
13	综合监控系统↔变电所综合自动化系统（PSCADA）	数据接口	综合监控系统通过接口或轨交智慧运行平台实现对主变电所、牵引降压混合所和降压所、跟随变电所的供电系统的监控
14	综合监控系统↔供电安全运行管理系统（WF）	数据接口	综合监控系统通过接口或轨交智慧运行平台实现对全线供电运行安全管理系统的监视；综合监控系统根据供电安全管理系统的校验结果对开关进行控制操作；综合监控系统预留不经校验通过双口令输入仍具备控制操作的功能
15	综合监控系统↔供电设备在线监测系统（GDJC）	数据接口	综合监控系统通过接口或轨交智慧运行平台实现对在线监测系统的监视
16	综合监控系统↔能源管理系统（EMS）	数据接口	综合监控系统通过接口或轨交智慧运行平台实现对主变电所、牵引降压混合所和降压所的能源管理系统的监控
17	综合监控系统↔智能照明系统（ZNZM）	数据接口	综合监控系统通过接口或轨交智慧运行平台接收智能照明系统状态信息、报警信息、通道状态信息，向智能照明系统提供网络时间同步信息
18	综合监控系统↔区间智能疏散系统（ZNSS）	数据接口	综合监控系统通过接口或轨交智慧运行平台接收区间智能疏散系统状态信息、报警信息、通道状态信息，向区间智能疏散系统提供网络时间同步信息及所需列车位置和隧道通风模式信息
19	综合监控系统↔电气火灾监控系统（DQHZ）	数据接口	综合监控系统通过接口或轨交智慧运行平台接收电气火灾监控系统状态信息、报警信息、通道状态信息，向电气火灾监控系统提供网络时间同步信息
20	综合监控系统↔集中UPS专业（UPS）	数据接口	综合监控系统通过接口或轨交智慧运行平台显示UPS系统工作状态信息、电池逆变信息，实现故障报警及蓄电池在线均衡系统采集等

续上表

序号	接口专业	接口类别	接口内容
21	综合监控系统↔应急照明系统（EPS）	数据接口	综合监控系统通过接口或轨交智慧运行平台显示 EPS 工作状态信息、电池逆变信息、故障报警信息等
22	综合监控系统↔环境与设备监控系统（BAS）	数据接口、IBP 硬线接口	综合监控系统通过接口或轨交智慧运行平台采集设备状态信息、设备故障信息、设备操作位置信息，对监控设备进行模式控制、时间表控制、单体设备点动控制及参数下载
23	综合监控系统↔火灾自动报警系统（FAS）	数据接口、IBP 硬线接口	综合监控系统通过接口或轨交智慧运行平台采集 FAS 设备故障信息、FAS 探测火灾报警信息及相关设备状态，包括自动灭火状态、防火阀状态、AFC 闸机释放手/自动状态、防火卷帘、消防水泵、喷淋水泵、消防水池、高压细水雾泵、储水箱、消防电源等，接收 FAS 的火灾模式
24	综合监控系统↔站台门系统（ZTM）	数据接口、IBP 硬线接口	综合监控系统通过接口或轨交智慧运行平台接收站台门状态信息、报警信息、通道状态信息，向站台门系统提供网络时间同步信息
25	综合监控系统↔防淹防护密闭门系统（FY）	数据接口、IBP 硬线接口	综合监控系统通过接口或轨交智慧运行平台接收防淹防护密闭门系统状态信息、报警信息、通道状态信息，向防淹防护密闭门系统提供网络时间同步信息
26	综合监控系统↔信号系统（SIG）	数据接口、IBP 硬线接口	综合监控系统通过接口或轨交智慧运行平台接收列车实时运行信息、运营计划时刻表等非实时信息，通过 IBP 实现手动控制功能
27	综合监控系统↔自动售检票系统（AFC）	数据接口、IBP 硬线接口	综合监控系统通过接口或轨交智慧运行平台接收车站客流统计信息、终端设备信息（整机状态信息，票箱钱满/空信息等）、报警信息、故障信息，并实现对车站及设备运营模式的监视
28	综合监控系统↔安检系统（AJ）	数据接口	综合监控系统通过接口或轨交智慧运行平台接收安检复检报警确认信息、客流计数信息
29	综合监控系统↔门禁系统（ACS）	数据接口、IBP 硬线接口	综合监控系统通过接口或轨交智慧运行平台接收门禁设备状态信息、设备报警信息监视信息以及车站临时授权人员信息
30	综合监控系统↔广播系统（PA）	数据接口	综合监控系统通过接口或轨交智慧运行平台实现对广播主要设备状态、广播区状态、当前各区广播内容、后备控制台手动/自动状态等的监视，按约定格式发送广播控制命令及下发音频文件
31	综合监控系统↔视频监视系统（CCTV）	数据接口	综合监控系统通过接口或轨交智慧运行平台实现对 CCTV 编码器、视频服务器、CCTV 交换机等设备运行状态的监视以及 CCTV 画面切换控制功能
32	综合监控系统↔乘客信息显示系统（PIS）	数据接口	综合监控系统通过接口或轨交智慧运行平台实现编辑如下信息并向 PIS 发送：列车显示的部分文本信息，车站显示的部分文本信息，信息显示方式信息，并转发列车运行信息（ATS 信息）
33	综合监控系统↔通信智能检测管理平台	数据接口	综合监控系统通过接口或轨交智慧运行平台接收通信各子系统维护管理终端故障报警信息
34	综合监控系统↔时钟系统（CLK）	串口	综合监控系统通过接口或轨交智慧运行平台每隔一定时间接收一次毫秒级的标准时间信息
35	综合监控系统↔安防系统（AF）	数据接口	综合监控系统通过接口或轨交智慧运行平台接收 AF 状态信息、报警信息，实现周界报警、视频监视、广播系统联动功能
36	综合监控↔智能公共卫生间智能管理系统	数据接口	综合监控系统通过接口或轨交智慧运行平台接收和存储车站公共卫生间智能管理系统上传的车站厕位监测、臭气检测（含温湿度检测）、人流量监测、吸烟监测等信息，并实现车站公共卫生间智能管理系统各类状态显示、故障报警和报表等功能
37	综合监控系统↔通信骨干传输专业（TS）	数据接口	通信骨干传输专业为综合监控系统提供综合监控系统骨干网络所需的光纤介质
38	综合监控系统↔轨道专业	数据接口	综合监控系统通过接口或轨交智慧运行平台接收轨道各子系统维护管理信息，并负责转发至线网指挥平台

续上表

序号	接口专业	接口类别	接口内容
39	综合监控系统↔电动客车全寿命周期智能运维系统（CLYW）	数据接口	综合监控系统通过接口或轨交智慧运行平台接收和存储电动客车全寿命周期智能运维系统上传的信息
40	综合监控系统↔线网指挥平台	数据接口	线路综合监控系统应将系统实时数据、历史数据和统分数据全部上传至线网指挥系统，并接受国家运营协调中心（NOCC）对线路综合监控系统的监控
41	综合监控系统↔办公自动化系统（OA）	数据接口	综合监控系统提供需要通过OA为Web页面发布的信息
42	综合监控系统↔低压配电和接地专业	配合接口	综合监控系统提出电源容量、电源回路数量、照明回路的要求，由低压配电和接地专业进行统一设计
43	综合监控系统↔环控专业	配合接口	环控专业提供本系统设备所需的设备室环境条件
44	综合监控系统↔自动灭火专业	配合接口	自动灭火专业提供本系统设备房的自动灭火系统
45	智能车站设备监控系统↔低压配电专业	配合接口	智能车站设备监控系统提出电源容量、电源回路数量、照明回路的要求，由低压配电专业进行统一设计
46	智能车站设备监控系统↔自动扶梯、电梯专业	数据接口	智能车站设备监控系统实现对自动扶梯、电梯的监视
47	智能车站设备监控系统↔给排水专业	数据接口	智能车站设备监控系统实现对给排水的监控
48	智能车站设备监控系统↔智能环控设备监控系统	数据接口	智能车站设备监控系统与智能环控设备监控系统信息交互
49	智能环控设备监控系统↔低压配电专业	配合接口	智能环控设备监控系统提出电源容量、电源回路数量、照明回路的要求，由低压配电专业进行统一设计
50	智能环控设备监控系统↔能管系统	数据接口	智能环控设备监控系统接收能管系统电能表统计数据
51	智能环控设备监控系统↔通信专业	数据接口	通信专业提供冷源站与供冷站传输通道，智能环控设备监控系统利用通信传输通道，实现冷源站和供冷站智能环控设备监控系统之间的信息互通
52	智能环控设备监控系统↔节能控制柜	数据接口	智能环控设备监控系统实现对节能变频设备的监控、对节能变频设备的能耗统计，实现对电动蝶阀、二通阀、风阀的监控
53	智能环控设备监控系统↔通风与空调	数据接口	智能环控设备监控系统实现对通风与空调的监控
54	火灾自动报警系统↔智能车站设备监控系统（ZNJD）	数据接口	火灾自动报警系统发送给智能车站设备监控系统火灾模式指令
55	火灾自动报警系统↔智能环控设备监控系统（ZNHK）	数据接口	火灾自动报警系统发送给智能环控设备监控系统火灾模式指令
56	火灾自动报警系统↔自动灭火系统（控制）	数据接口	火灾自动报警系统实现与自动灭火系统的联动控制
57	火灾自动报警系统↔防火卷帘	硬线接口	火灾自动报警系统实现与防火卷帘的联动控制
58	火灾自动报警系统↔非消防电源切除	硬线接口	火灾自动报警系统实现对非消防电源的切除控制

续上表

序号	接口专业	接口类别	接口内容
59	火灾自动报警系统↔应急照明强启	硬线接口	火灾自动报警系统实现对应急照明的强启控制
60	火灾自动报警系统↔消防水系统	硬线接口	火灾自动报警系统实现对消防水系统的监控
61	火灾自动报警系统↔防火阀	硬线接口	火灾自动报警系统实现对防火阀的监视
62	火灾自动报警系统↔自动售检票系统	数据接口	火灾自动报警系统实现与自动售检票系统的联动开启及反馈
63	火灾自动报警系统↔门禁系统	数据接口	火灾自动报警系统实现与门禁系统的联动开启及反馈
64	火灾自动报警系统↔专用消防专用风机、风阀、电动排烟口	数据接口	火灾自动报警系统实现对专用消防风机、风阀、电动排烟口的监控
65	火灾自动报警系统↔电梯	数据接口	火灾自动报警系统实现电梯归首及反馈
66	火灾自动报警系统↔防火门	数据接口	火灾自动报警系统监视区间联络通道处的防火门状态,通过防火门监控系统对疏散通道上的常开防火门进行监视。火灾时,联动常开防火门关闭
67	火灾自动报警系统↔段场消防水炮系统	数据接口	火灾自动报警系统监视消防水炮系统、智能红外探测器、报警信号、信号阀、水流指示器、电磁阀等状态信号
68	火灾自动报警系统↔物业FAS	数据接口	火灾自动报警系统与物业FAS火灾信息互通
69	火灾自动报警系统↔换乘站FAS	数据接口	火灾自动报警系统与换乘站FAS信息互通
70	门禁系统↔乘客画像信息数据库	数据接口	门禁系统将数据上传至乘客画像信息数据库
71	自动售检票系统↔低压配电专业	配合接口	自动售检票系统提出电源容量、电源回路数量的要求,由低压配电专业进行统一设计
72	自动售检票系统↔城轨APP	数据接口	自动售检票系统向城轨APP开放乘客票务界面,与城轨APP乘客窗口实现数据交互
73	自动售检票系统↔线网指挥系统	数据接口	自动售检票系统(清分中心)向线网指挥系统按规定的数据格式及传输机制提供乘客、客流、设备等相关信息,同时从线网指挥系统获取所需的信息
74	自动售检票系统↔智能客服系统	数据接口	智能客服系统按规定的数据格式及传输机制向AFC系统发出密钥验证、查询请求等信息,AFC系统查询、验证后向智能客服系统反馈相关信息
75	自动售检票系统↔安检系统	数据接口	安检系统按规定的数据格式及传输机制向AFC系统发出验证、查询请求等信息,AFC系统查询、验证后向安检系统反馈相关信息
76	自动售检票系统↔乘客画像信息数据库	数据接口	AFC系统应能根据相关权限读写乘客画像信息数据库数据,AFC系统可向乘客画像信息数据库提供数据支持并使用数据,实现数据层及应用层双向读写
77	智能客服系统↔计算机综合信息系统	数据接口	根据智能客服系统功能要求实现客服系统工单转派功能,并根据规定的数据格式标准,与智能客服系统实现数据交互
78	智能客服系统↔城轨APP	数据接口	智能客服系统按城轨APP数据格式标准开发插件,向城轨APP开放乘客服务功能,与城轨APP乘客窗口实现数据交互

续上表

序号	接口专业	接口类别	接口内容
79	智能客服系统↔互联网	数据接口	实现智能客服系统与互联网之间的数据接口
80	变电所综合自动化系统↔时钟系统	串口	变电所综合自动化系统对中央时钟提出接口类型要求,时钟系统提供时钟信号
81	变电所综合自动化系统（PSCADA）↔动力照明专业	数据接口	PSCADA可以控制和监视全线车站降压所/牵引混合所（含跟随所）、区间牵混所、停车场变电所及车辆段0.4kV开关柜,并上传控制中心电调
82	变电所综合自动化系统↔供电运行安全生产管理系统	数据接口	WF校验、视频联动、数据交互
83	变电所综合自动化系统↔供电设备在线监测系统	数据接口	数据交互
84	变电所综合自动化系统↔变电所内设备	数据接口	PSCADA可以控制和监视全线车站降压所/牵引混合所（含跟随所）、区间牵混所、停车场变电所及车辆段变电所设备,并上传控制中心电调
85	信号系统↔无线通信系统	数据接口	信号系统向无线通信系统提供列车位置、列车识别号、车体号、乘务组号、列车进/出正线、列车运行方向（上/下行）等数据信息,以便控制中心调度员、车站值班员用车次号呼叫列车
86	信号系统↔时钟系统	串口	信号系统对中央时钟提出接口类型要求,时钟系统提供时钟信号
87	信号系统↔站台门系统	数据接口	信号系统与站台门系统建立联锁关系、信息接口
88	信号系统↔综合无线通信系统	数据接口	信号系统经由DCS有线网络后,通过冗余的LTE核心网交换机接入综合无线通信系统; 通过综合无线通信系统提供的无线透明传输通道实现CBTC车-地数据的实时、双向传输; 完成信号CBTC系统的列车控制上传功能
89	信号系统↔信号设备智能运维综合管理平台	数据接口	信号系统向信号设备智能运维综合管理平台提供平台系统所需的实时、非实时及故障报警、报警恢复等信息,信号系统与平台系统按约定好的数据格式、通信协议和数据交换方式进行信息传输; 信号设备智能运维综合管理平台所需的实时车载信息、运行信息等通过PIS提供的传输通道（每列车2M带宽）实时上传至中央。信号系统与平台系统按约定好的数据格式、通信协议和数据交换方式进行信息传输
90	乘客信息显示系统↔车辆专业	数据接口	乘客信息显示系统提供车地无线传输通道,车辆专业提供传输业务带宽需求
91	传输系统↔电力监控系统	数据接口	电力监控系统对通信信道提出接口类型及带宽需求,传输系统提供传输通道
92	传输系统↔信号系统	数据接口	信号系统对通信信道提出接口类型及带宽需求,传输系统提供传输通道
93	传输系统↔自动售检票系统	数据接口	自动售检票系统对通信信道提出接口类型及带宽需求,传输系统提供传输通道
94	传输系统↔门禁系统	数据接口	门禁系统对通信信道提出接口类型及带宽需求,传输系统提供传输通道
95	传输系统↔安检系统	数据接口	安检系统对通信信道提出接口类型及带宽需求,传输系统提供传输通道
96	传输系统↔智能客服系统	数据接口	智能客服系统对通信信道提出接口类型及带宽需求,传输系统提供传输通道
97	传输系统↔安防系统	数据接口	安防系统对通信信道提出接口类型及带宽需求,传输系统提供传输通道

续上表

序号	接口专业	接口类别	接口内容
98	传输系统↔轨交智慧运行平台	数据接口	轨交智慧运行平台对通信信道提出接口类型及带宽需求，传输系统提供传输通道
99	时钟系统↔自动售检票系统	串口	自动售检票系统对中央时钟提出接口类型要求，时钟系统提供时钟信号
100	时钟系统↔门禁系统	串口	门禁系统对中央时钟提出接口类型要求，时钟系统提供时钟信号
101	时钟系统↔安防系统	串口	安防系统对中央时钟提出接口类型要求，时钟系统提供时钟信号
102	广播系统↔安防系统	数据接口	安防系统对所需通信广播及接口类型提出要求，广播系统提供接入端口
103	视频监视系统↔自动扶梯	数据接口	自动扶梯提供电梯轿厢视频监视接口形式及内容，视频监视系统提供接入端口
104	有线电话系统↔自动扶梯	数据接口	自动扶梯提供电梯多方通话接口形式及内容，有线电话系统提供接入端口

第 6 章

基于场景的智慧城轨功能设计

城市轨道交通系统传统功能往往基于专业维度进行规划，更多地强调本专业的功能实施，较少规划跨专业的功能。智慧城轨背景下的系统功能设计以"用户"为中心，即从乘客、站务、调度、维修等不同角色出发设计功能场景，整体统筹多专业、多系统、多功能协同实现，打破单专业架构及功能烟囱，此时功能越来越多元化，往往不再是单专业能够独立完成，而是需要依靠多专业在同一场景功能下协同来合作实现。功能场景的规划设计，从使用者需求出发，与使用情景对应，有助于使用者快速对应且容易理解、判断和操作，有效防止误操作，有助于不同角色获得更好的功能体验，同时也是检验智慧城轨成效、持续迭代更新功能的有效途径，从而有序推进智慧城轨发展。

结合《发展纲要》规划，本章将根据智慧城轨功能进行分类，分别介绍智慧城轨的功能设计，如图 6.0-1 所示。

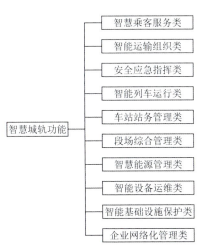

图 6.0-1　智慧城轨功能分类示意图

随着技术的发展，全国各地都在加快建设轨交智慧运行平台。该平台能够提供统一的数据平台，实现内外部系统数据交换，方便各系统数据协同，因此本章功能场景描述基于平台化架构展示。若个别城市未规划轨交智慧运行平台，则需要各系统之间通过增设接口、数据互通共享的方式，按同样的模式来实现以下功能场景。

6.1 智慧乘客服务类功能

智慧乘客服务类功能通过引入智能化的服务手段，构建智能化的服务模式，扭转了传统服务模式中被动响应、滞后处理及协同不足的局面，实现对乘客服务需求的主动感知以及精准分析。智慧乘客服务将辅以智能客服、无感支付技术等智能化技术，对乘客出行全过程、全链条的服务环节进行智能整合、提升，打造智能化的服务场景。

智慧乘客服务类重点场景包括出行准备、站内问询、购票、进闸、候车、乘车、出站等，如图 6.1-1 所示。

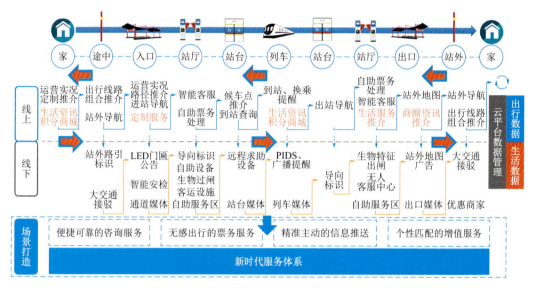

图 6.1-1 乘客出行全过程、全链服务示意图

6.1.1 出行准备场景

出行准备场景指乘客从出发地准备出发至进入车站前的空间及时间范围内乘客的操作行为，城市轨道交通为乘客提供的服务、各系统操作及使用场景，系统功能见表 6.1-1。

出行准备场景系统功能表　　　　　　　　　　　表 6.1-1

序号	专业	场景需求	功能描述
1	AFC	信息查询环节	提供线网拥挤数据、票价、多换乘路径推荐、换乘时间估算等信息至轨交智慧运行平台
2	安检		将安检门进站客流统计数据推送至轨交智慧运行平台
3	CCTV		将客流统计及客流密度数据推送至轨交智慧运行平台
4	综合监控系统	信息查询环节	以平台数据为基础，分析客流整体拥挤度、各车站安检预估排队时间，估算车站客流组织进站预计时间，将数据推送至轨交智慧运行平台
5	轨交智慧运行平台		搭建基于 BIM 的三维车站基础模型，接收汇总 AFC、安检、CCTV 等专业提供的以上信息，并按权限开放数据

续上表

序号	专业	场景需求	功能描述
6	信息系统（APP）	信息查询环节	从轨交智慧运行平台获取客流整体拥挤度、预估进站时间、安检预估排队时间等信息，基于开放的车站基础模型展示或查询反馈；根据乘客的目的地，APP 智能推荐时间最短、换乘最少、宽敞舒适的出行路径；按乘客定制要求提供主动信息推送服务
7	客服（APP）	信息咨询环节	将在线客服窗口以插件形式集成在 APP，调用在线客服咨询 APP 实现在线沟通
8	轨交智慧运行平台		搭建乘客画像信息数据库，并存储经乘客授权的相关信息
9	客服		开发在线客服咨询应用（人工智能及人工模式），客服与乘客在线互动沟通，基于乘客画像信息数据库，获取乘客信息以辅助客服人员更好的服务，信息反馈至轨交智慧运行平台
10	信息系统（APP）	乘客行走过程环节	乘客通过城轨 APP 自动调用手机 GPS、传感器及摄像头，结合出行实景环境指示方位，引导乘客向车站出入口行进，实现乘客站外导航

（1）信息查询环节，即乘客在出发地在线查询车站开关站时间、列车间隔、客流拥挤度等信息，也可根据乘客的定制要求主动推送信息，以方便乘客精确评估个人出行方式及时间。

（2）信息咨询环节，即乘客在出发地通过语音、文字、表情等方式与城市轨道交通系统后台进行人工智能或人工沟通。

（3）乘客行走过程环节，即乘客从出发地行至出发车站的过程。若乘客迷路，则可利用城轨 APP 提供的室外导航功能，引导乘客出行。

6.1.2 站内问询场景

站内问询场景是指在车站内空间及时间范围内，乘客对各类疑问寻求答案的过程，包括常用信息展示、自助查询、主动问询等行为，功能见表 6.1-2。

站内问询场景系统功能表　　表 6.1-2

序号	专业	场景需求	功能描述
1	PIDS（导向）	常用信息展示环节	基于三维车站基础模型开发信息展示应用，乘客可通过动态电子屏和静态导向牌直观地了解车站内和车站周边的资讯
2	PA	常用信息展示环节	语音播报停运、跳站等重要运营动态信息和紧急信息
3	信息系统（APP）		调用轨交智慧运行平台的线网拥挤数据、票价、多换乘路径推荐、换乘时间估算等信息，并基于共用的车站基础模型进行承载，根据乘客查询需求，展示给乘客
4	客服		自助查询智能客服机内已经设置的资讯信息
5	AFC	自助查询环节	提供线网拥挤数据、票价、多换乘路径推荐、换乘时间估算等信息至轨交智慧运行平台
6	轨交智慧运行平台		从 AFC 系统接收线网拥挤数据、票价、多换乘路径推荐、换乘时间估算等信息，基于共用的车站基础模型承载运营基本信息和 PIDS 推送的信息，并接受有权限的系统调用，如客服系统、信息系统（APP）

续上表

序号	专业	场景需求	功能描述
7	信息系统（APP）	主动问询环节	提供在线客服窗口问询功能
8	客服	主动问询环节	提供智能服务及人工服务两类在线服务模式，通过用语音语义分析及知识模糊推理技术，虚拟客服机器人实现智能服务，通过乘客与客服代表之间的音视频通话实现后台人工服务；当后台服务遇到无法解决的问题时，客服系统将呼叫转移至车站现场服务，站长客服/站务移动终端调用综合监控系统提供的定位数据，向站长提出就近建议服务人员，由站长通知相应人员提供现场服务
9	Wi-Fi	主动问询环节	为移动客服/站务终端提供 Wi-Fi 无线网络支撑
10	无线网络（定位）	主动问询环节	对移动客服/站务设备进行定位，并把定位数据提交至轨交智慧运行平台
11	轨交智慧运行平台	主动问询环节	接收无线网络（定位）反馈的定位数据，并开放给有权限的应用，如综合监控系统
12	综合监控系统	主动问询环节	从轨交智慧运行平台调用无线网络（定位）获取移动客服/站务设备的实时定位数据，负责对移动客服/站务终端的设备及定位管理；站长客服/站务终端接收客服系统推送的现场服务信息，根据定位管理数据，推送最近的几名站务人员供站长参考；站长根据实际情况指派特定人员至乘客位置进行定点服务
13	CCTV	主动问询环节	对现场乘客与站务人员的互动环节现场录制音视频，用于后期争议纠纷时取证
14	门禁（边门）	应急/紧急求助环节	边门设置招援按钮，人员通行遇阻时，可通过招援按钮与车控室在线音视频沟通，车控室视情况远程控制边门开关
15	求助对讲	应急/紧急求助环节	利用求助对讲设备向车控室站务人员进行对讲求助。系统对求助过程全程记录，并向 CCTV 系统发送联动信号
16	CCTV	视频监管环节	根据求助对讲联动信号在车控室自动弹出求助现场的监控画面，并对求助现场的监控全程记录

（1）常用信息展示环节，即常用信息如线网线路图、乘车须知、服务时间、列车间隔时间、列车时刻表等可通过车站丰富的多媒体显示终端、广播直接获得。

（2）自助查询环节，即乘客通过在各类客服设备或城轨 APP 上自助操作，精准查询所需信息。

（3）主动问询环节，即乘客使用客服设备、城轨 APP 或热线电话问询，系统提供智能服务及后台人工服务两类在线服务模式。当设备及后台仍无法满足乘客服务需求时，提供快速现场人工响应服务。

（4）应急/紧急求助环节，当在公共区边门通行遇阻时，乘客可通过一键呼叫按钮联系车控室寻求帮助；当在站厅、站台、卫生间等遇到困难时，乘客可使用紧急求助按钮与车控室通话寻求帮助。

（5）视频监管环节，对乘客使用现场自助设施的过程和乘客与站务人员的互动环节进行现场实时监控，用于后期争议纠纷时取证。车控室按需调取远程监控，辅助车控室全面准确地了解现场情况。

6.1.3 购票场景

购票场景是指乘客在车站内，在购票区域（自动售票机前）或使用城轨 APP 或设备开通互联网票务支付的时间段内，乘客的操作及各系统的功能描述，系统功能见表6.1-3。

购票场景系统功能表 表 6.1-3

序号	专业	场景需求	功能描述
1	AFC	线下设备购票及开通互联网票务支付环节	设置智能的售票设备，满足乘客购票及部分客服功能；提供多元化购检票支付手段，支持乘客体验无感支付服务；接收现场客服设备发送的乘客个人注册信息，在乘客画像信息数据库存储，开通互联网（乘车码、人脸等）支付功能
2	客服		通过现场客服设备自助操作开通互联网票务支付功能。有困难需寻求帮助时，可接受客服或现场站务服务指导
3	PIDS（导向）		乘客通过动态电子屏和静态导向牌获取购票指引
4	轨交智慧运行平台		基于乘客画像信息数据库建设基于信用支付的票务支付乘客信息库，存储乘客注册的互联网票务信息
5	CCTV		对乘客线下设备购票的全过程进行监控，人员密度分析，购票区物品遗留分析，并将相关信息推送给综合监控系统
6	无线网络（定位）		乘客实时位置数据采集，并将相关数据提供给综合监控系统
7	综合监控系统		接收CCTV的分析推送，完成日常监控、客流密度告警、物品遗留告警等功能
8	信息系统（APP）	线上APP购票及开通互联网票务支付环节	开发城轨APP在线购票功能，包括乘车码、人脸票，AFC将购票窗口以插件形式集成在APP，APP调用AFC后台数据
9	AFC		根据APP发送的乘客注册信息，在票务支付乘客信息库存储，并开通互联网支付功能
10	轨交智慧运行平台		搭建乘客画像信息数据库，并基于此建设信用支付的票务支付乘客信息库，存储乘客注册的互联网票务信息

（1）线下设备购票及开通互联网票务支付环节，即乘客可使用自动售票机购买实体票，车站提供多元化支付方式，同时乘客可注册开通互联网支付及刷脸无感支付服务。

（2）线上APP购票及开通互联网票务支付环节，即乘客可使用城轨APP在线购买虚拟票种，同时也可以使用城轨APP在线注册开通互联网支付及刷脸无感支付服务。

6.1.4 进/出闸场景

进/出闸场景是指乘客在车站内，在进/出站检票区域使用各类票卡检票进/出站、进/出站检票异常处理的时间段内，乘客刷卡的操作、票务异常处理操作及各系统的功能描述，系统功能见表6.1-4。

进/出闸场景系统功能表 表 6.1-4

序号	专业	场景需求	功能描述
1	信息系统（APP）	乘客检票进/出站环节	乘客通过城轨APP实现实名信息注册，根据需求开通人脸无感检票、乘车码功能
2	AFC	乘客检票进/出站环节	闸机及系统具备车票（含人脸识别、乘车码）处理功能，对乘客进/出行实时监控，并将交易数据上传

续上表

序号	专业	场景需求	功能描述
3	CCTV	乘客检票进/出站环节	对乘客检票的全过程进/出行实时监控，避免票务纠纷；抓拍乘客面部，提供给综合监控系统并接受调用指令
4	综合监控系统		发送CCTV调用指令，获取进/出闸区域的视频监控图像；人像分析，挖掘应用，如与逃票黑名单乘客的比对分析并报警，制定适应乘客个人属性的精准定位服务等
5	门禁	边门进/出站环节	站务人员及日常事务人员按权限通行边门，授权人员相关实名制及人脸生物特征信息须录入乘客画像信息数据库
6	信息系统（APP）	进站检票异常处理环节	乘客可通过城轨APP自行更新乘车码后重新刷码进站
7	AFC		线下客服设备自助操作解决进站检票异常问题，包括现金兑零、无出站码更新、退票、二维码进站票打印、已有进站码更新、现金及非现金支付充值等
8	客服		若乘客自助操作有困难需寻求帮助时，可接受远程客服座席指导或现场站务人员响应式服务指导
9	CCTV		CCTV对进站检票异常处理的全过程进行实时监控，用于后期票务纠纷时取证
10	信息系统（APP）	出站检票异常处理环节	通过城轨APP在线异常处理虚拟票种，调用AFC应用
11	AFC		后台系统及前端客服设备协同支持线下检票异常处理，包括现金及非现金补款功能、无进站码更新功能、二维码出站票打印功能、票卡回收功能、超时更新功能、有出站码更新功能，后台系统支持APP调用线上处理
12	客服		若自助操作有困难需帮助时，可接受远程客服座席指导或现场站务人员响应式服务指导
13	CCTV		对出站检票异常处理的全过程进行实时监控，用于票务纠纷时取证
14	信息系统（APP）	后续票务服务环节	乘客通过城轨APP发起电子发票申请，发票信息发送至轨交智慧运行平台，接收开票反馈，展示给乘客
15	AFC		乘客通过客服自助设备申请电子发票，发票信息发送至轨交智慧运行平台，开发电子发票应用，读取电子发票数据库并开票
16	轨交智慧运行平台		搭建电子发票数据库，对已开发票、未开发票、常用发票信息等进行数据存储，关联电子发票应用
17	客服		对客户满意度进行评价，对乘客信息数据进行管理及数据挖掘

（1）乘客检票进/出站环节，即支持乘客多元化的进/出闸支付体验，同时对乘客检票全程进行视频监控，以避免可能的票务纠纷。

（2）边门进/出站环节，即在公共区付费区与非付费连接通道处设置智能边门，实现授权人员的智能化边门管理，满足相关人员（保洁、保安、施工及特殊乘客等）的便捷出入。

（3）进/出站检票异常处理环节，当乘客刷卡无法进站时，提供线下客服设备及线上APP两种异常票务处理手段。

6.1.5 候车场景

候车场景是指车站进入站台候车区域后至上车前这段时间，在车站的空间及时间内，乘客接收的信息资讯、接受的服务及各系统的功能描述，系统功能见表6.1-5。

候车场景系统功能表　　　　　　　　　　　　　　　　表6.1-5

序号	专业	场景需求	功能描述
1	信号	站台信息发布环节	将列车运行信息提供给轨交智慧运行平台，平台将信息开放给综合监控系统
2	车辆		通过LTE通道将列车车厢承重数据、车厢空调强弱数据提供给轨交智慧运行平台，平台将数据开放给综合监控系统
3	PIDS（车载CCTV）		车载CCTV通过PIDS通道将车厢的客流密度分析数据提供给轨交智慧运行平台，平台将数据开放给综合监控系统
4	综合监控系统		获取列车运行信息，并推送给PIDS和PA；获取列车车厢承重数据、CCTV客流密度分析数据，进一步整合分析每节车厢的客流密度数据，推送给PIDS；获取车厢空调的强弱数据，并推送给PIDS
5	PIDS		接收综合监控系统提供的列车运行信息、车厢的客流密度数据和车厢空调的强弱数据等，并在站台PIDS显示屏上展示给乘客，同时发布公益广告、新闻及生活小常识等多媒体信息
6	PA		接收综合监控系统提供的列车运行信息，联动触发播报
7	轨交智慧运行平台		接收信号系统提供的列车运行信息、车载CCTV车厢的客流密度分析数据，并开放给有权限的系统应用，如提供给综合监控系统
8	CCTV	客流密度及乘客行为监视环节	对乘客候车场景全程进行实时监控，对人员密度进行统计分析，对候车室内和候车座椅处遗留物品进行视频分析，对站台端门处入侵进行分析，对扶梯异常行为事件进行分析，并将分析结果推送给综合监控系统，执行调用指令
9	无线网络（定位）		采集站台候车区乘客实时位置数据，并将相关数据提供给综合监控系统
10	综合监控系统		实现日常全程监控、客流密度阈值告警、物品遗留告警、站台端门入侵告警、扶梯异常行为事件告警等功能
11	客服	信息查询问询环节	在车站站台配置乘客咨询终端，乘客可方便地查询及在线咨询所需信息
12	导向	服务设施引导环节	设置导向，指引站台乘客找寻所需设施
13	无线网络（定位）		通过定位导航查询现场服务设施，实现站内导航环节功能
14	综合监控系统		平台搭建导航引擎，定制定位插件，为乘客进行路径规划和导航
15	信息系统（APP）		乘客通过城轨APP可实现站内服务设施引导功能

（1）站台信息发布环节，乘客在站台候车时，可观阅各类资讯信息载体发布或播报的列车信息，如车厢拥挤度、强弱冷车厢等，以便选择宽松、适温的车厢位置，舒适出行。

（2）客流密度及乘客行为监视环节，即识别候车乘客分布的密集程度，当密度超过设定值一定时间或增加过快时报警，及时进行乘客疏导或导流；针对异常行为和事件进行及时告警并联动处置预案。

（3）信息查询问询环节，即乘客可在站台客服设备上查询城市轨道交通运营相关信息，如换乘路径图、开关站时间、早晚班车时间等，同时也可与客服后台进行在线问询。

（4）服务设施引导环节，即乘客可通过城轨APP导航功能，找寻车站设施，例如厕所、母婴室、无障碍设施等。

6.1.6 乘车场景

乘车场景是指列车进站乘客上车后、列车到站乘客下车前的空间及时间内，乘客接收的信息资讯、接受的服务及各系统的功能描述，系统功能见表6.1-6。

乘车场景系统功能表　　　　　　　　　　　　　　　表6.1-6

序号	专业	场景需求	功能描述
1	信号	车载信息发布环节	将列车运行信息提供给车辆车载系统
2	车辆	车载信息发布环节	获取和转发列车运行信息给车辆和PIDS的车载显示系统
3	车辆（车载显示）	车载信息发布环节	发布车辆自身系统获取的列车运行信息、下一站信息、到站提醒等
4	PIDS（车载显示屏）	车载信息发布环节	接收车辆车载系统提供的列车运行信息，并在PIDS车载显示屏发布，同时发布公益广告、新闻等多媒体信息
5	专用无线	车载信息发布环节	专用无线车载台与车载广播接口，实现中心调度员对列车车厢的人工广播功能
6	车辆（PA）	车载信息发布环节	车载广播系统接收车辆自身系统获取的列车运行信息和车门打开关闭信息，语音自动播报；并可接收司机室司机和调度大厅调度员的人工语音播报
7	车辆（乘客求助对讲）	乘客应急/紧急求助环节（非全自动）	实现车厢乘客与列车司机的语音对讲，并向车载CCTV发送联动信号
8	车载CCTV	乘客应急/紧急求助环节（非全自动）	车载CCTV收到求助对讲的联动信号后，在司机室弹出求助现场的监控画面，辅助司机了解现场情况；对求助现场的监控信息进行全程录音、录像
9	专用无线	乘客应急/紧急求助环节（全自动）	与车载乘客对讲接口，实现中心调度员与车厢求助乘客的对讲功能
10	车辆（乘客求助对讲）	乘客应急/紧急求助环节（全自动）	与专用无线车载台接口，实现车厢乘客与中心调度员的语音对讲。乘客求助发起后，向车载CCTV发送联动信号
11	PIDS（车地无线通信）	乘客应急/紧急求助环节（全自动）	车地无线通信与地面CCTV和车载CCTV接口，为车载CCTV和地面CCTV间提供传输通道
12	车载CCTV	乘客应急/紧急求助环节（全自动）	收到求助对讲发送的联动信号后，自动将对应摄像机的监控画面通过PIDS提供的传输通道推送给地面CCTV。
13	地面CCTV	乘客应急/紧急求助环节（全自动）	地面CCTV与车载CCTV通过PIDS传输通道连接，自动弹出车载CCTV求助现场监控画面，辅助调度员全面了解现场情况
14	信息系统（APP）	乘客Wi-Fi上网服务	乘客连接Wi-Fi后，通过城轨APP认证登录，在城轨APP中输入目的站、换乘站等信息，设置中途换乘站到站提醒推送、目的站到站提醒推送等，以免过站
15	无线网络	乘客Wi-Fi上网服务	为乘客提供互联网服务
16	车载CCTV	乘车全程监管环节	与PIDS接口，获取车地传输通道。实现司机对车厢乘客情况的全程监控；通过车地传输通道实现与地面CCTV系统的间接互联，并执行地面CCTV的调用指令。进行人员密度统计分析，通过车地传输通道将数据推送给综合监控系统。进行终点站车厢人员滞留分析，联动车载广播，无滞留，则发送信息给综合监控系统
17	地面CCTV	乘车全程监管环节	与车载CCTV通过PIDS传输通道连接，发送调用指令，并获取车辆视频监控图像，辅助中心调度员监管
18	车辆（PA）	乘车全程监管环节	终点站接受车载CCTV的车厢乘客滞留联动，自动播报提醒

（1）车载信息发布环节，即乘客可观阅车载显示屏发布的行车信息及下一站信息，或常规广播报站，了解下一站情况，避免乘客下错站或坐过站。

（2）乘客应急/紧急求助环节，当在车厢遇到困难时，乘客可通过车厢的乘客求助按钮呼叫司机或调度中心寻求帮助。

（3）乘客 Wi-Fi 上网服务，为了让乘客有更好的乘车体验，车站在站厅、站台及车厢内搭建公共 Wi-Fi 网络，为广大乘客提供上网服务。

（4）乘车全程监管环节，即通过车厢的监控摄像机对车厢实施全程监控，便于司机和调度中心远程实时了解车厢情况，具备车厢客流密度分析、终点站清客提醒等功能。

6.1.7 出站场景

出站场景指乘客到达目的车站出站检票后，直至离开车站的空间及时间内，乘客的操作行为。为乘客提供的服务、各系统运行等功能描述，系统功能见表 6.1-7。

出站场景系统功能表　　　　　　　　　　　表 6.1-7

序号	专业	场景需求	功能描述
1	客服	出站信息展示及查询环节	使用城轨各类客服设备查询及在线咨询所需信息
2	PIDS（导向）		提供丰富的站内及站外引导资讯信息屏和静态指引导向，方便在出站行程中查询或观阅
3	信息系统（APP）	站外生活服务环节	出站后，乘客可通过城轨 APP 获取城轨周边信息及"城轨+"服务平台信息，如交通接驳信息、周边地图信息、"城轨+"物业信息、"城轨+"商业信息等
4	客服	城轨服务反馈环节	乘客若对城轨服务有改进建议、投诉和不满意，可通过客服设备、城轨 APP、热线电话等方式反馈留言，运营单位将会限时处理，为乘客提供更好的服务

（1）出站信息展示及查询环节，即提供丰富的站内及站外引导资讯信息设备、智能客服设备，乘客可方便地观阅显示的信息或使用客服设备查询相关信息。

（2）站外生活服务环节，即乘客通过城轨 APP 获取城轨周边信息及"城轨+"服务平台信息。

（3）城轨服务反馈环节，即乘客通过多种渠道反馈问题或建议，并得到限时处理。

6.2 智能运输组织类功能

6.2.1 智能编制运输计划场景

智能编制运输计划场景是指基于城市轨道交通网络多源客流数据融合的精准化计算、智能化分析、网络化运营的列车运行计划编制系统，实现网络客流的监测预警、网络运力资源的优化配置、运能运量的精准匹配和全自动列车运行的行车组织，系统功能见表 6.2-1。

智能编制运输计划场景系统功能表　　　　　　　　　　　表 6.2-1

序号	专业	功能描述
1	轨交智慧运行平台	接收微观、中观、宏观客流监测和预测； 加载预测客流数据、线网历史同类型客流数据、实时客流数据、预知大客流数据； 加载线路基础数据

续上表

序号	专业	功能描述
2	线网指挥系统	调用轨交智慧运行平台的数据； 根据线路条件和客流需求进行运力配置计划编制、调整与管理； 线网计划运行图的编制、调整与管理； 线网计划运行图的导出
3	AFC（清分）	将各线路车站实时的客流信息发送给轨交智慧运行平台
4	CCTV（客流）	实时监测客流，将各线路、车站实时的客流发送给轨交智慧运行平台
5	信号系统	接收线网信号下发的计划运行图，并在线路运行中执行

6.2.2 智能运输监控和管理场景

随着线网规模的不断扩张和网络通达性的增强，为匹配多样化的客流需求，线网行车组织方式日益复杂，突发情况下对调度的快速应变要求越来越高，调度指挥亟须实现"重点目标可视化、信息获取立体化、调度决策精准化"等功能，在前端感知、中间网络传输、智能决策、多渠道信息报送等方面向智慧指挥调度演进，实现精准调度决策和高效调度指挥，系统功能见表 6.2-2。

智能运输监控和管理场景系统功能表　　　　　　表 6.2-2

序号	专业	功能描述
1	线网指挥系统	线网行车监控、线网电力监控、机电设备运行监控、乘客服务设施状态监控、客流状态监视、线网门禁授权
2	综合监控系统	行车监控、线网电力监控、机电设备运行监控、乘客服务设施状态监控、客流状态监视
3	轨交智慧运行平台	接收 ATS、AFC、CCTV、BAS、FAS、低压、供电、站台门、ACS 等上传的数据信息
4	ATS	提供 ATS 数据、主要设备状态及故障
5	AFC（清分）	提供实时客流数据，提供闸机、售票机、客服终端等主要设备状态和故障告警
6	通信	提供 CCTV 画面，提供各子系统设备状态及故障告警
7	BAS、FAS	提供监控系统自身设备状态及监控对象的设备状态信息及故障
8	低压	提供智能照明执行模式及设备状态、提供能耗采集数据等
9	供电	提供设备状态信息及故障告警，并接收综合监控系统的控制命令
10	ACS	提供设备状态信息及故障告警，接受线网授权管理
11	站台门	提供设备状态信息及故障告警

6.2.3 智能运输计划调整场景

智能运输计划调整场景是指因大型活动或赛事、异常天气、设备故障等因素出现乘客滞留、突发大客流等异常客流需求时，基于客流实时预测结果，触发运行图自动调整与快速生成，通过对行车间隔、交路、编组的实时动态、智能化调整，疏解现场客流运输需求，实现"按图行车"到"按需行车"的转变。

针对拥堵站段，智慧城轨可结合线网运力和线路条件，采取不均衡运输、空车投放、大站多停等解决方案建议，实现运力精准投放，缓解客流隐患风险。调度员可通过运营信息报送手段，向隐患线路、换乘衔接线路下发行车组织调整指令，缓解风险隐患区域压力，系统功能见表 6.2-3。

智能运输计划调整场景系统功能表 表 6.2-3

序号	专业	功能描述
1	轨交智慧运行平台	接收外部应急信息； 接收车站客流风险预警信息、预测进站/换入人数（客流预测）、乘客画像等信息
2	线网指挥系统	调用轨交智慧运行平台的信息； 预测隐患线路运能提升需求，提供线路行车组织调整措施建议，如缩小间隔、大小交路、跳停、灵活编组、加车等不同级别调整措施，供调度员下发； 调整后的运输计划下发线路 ATS 执行
3	外部应急信息	给轨交智慧运行平台发送大型活动或赛事、异常天气、设备故障等因素出现乘客滞留、突发大客流等异常客流信息
4	线路 ATS	接收调整后的运输计划，调整列车运行

6.2.4 智能客流组织预案场景

智能客流组织预案场景是指借助智能客流数据，从乘客出门、到达和进入车站、到达售票区、进入站厅、站台候车、列车上、出站这一完整的过程中，获取用户完整轨迹信息，实现运营客流组织和引导。

智慧城轨可利用客流数据辅助现场人员进行客控启动评估，匹配启动相适应的客控方案，对客流进行持续监控，对应调整客控方案等级。实现客流安全预警、数据化运营、实时客流引导、客流态势分析以及应急预案制定，系统功能见表 6.2-4。

智能客流组织场景系统功能表 表 6.2-4

序号	专业	功能描述
1	轨交智慧运行平台	接收外部应急信息； 接收车站客流风险预警信息、预测进站/换入人数（客流预测）、乘客画像等信息
2	线网指挥系统	调用轨交智慧运行平台的信息； 根据不同类型突发事件展示相关受影响客流信息，智能形成客流组织预案，支撑调度员辅助决策； 下发客流组织预案给路综合监控系统
3	外部应急信息	给轨交智慧运行平台发送大型活动或赛事、异常天气、设备故障等因素出现乘客滞留、突发大客流等异常客流信息
4	综合监控系统	接收本线路客流组织预案； 启动客流引导场景，向相关系统/设备发送执行该场景的指令，接收相关设备执行情况

6.2.5 线网对外协同场景

线网对外协同场景是指通过开放的轨交智慧运行平台，城市轨道交通运营单位与地震、气象、公安、交通运输、城际铁路、客运高铁、公交等各外部企业系统及政府公务部门建立接口，实现信息互通及数据资源共享，实现轨道交通与外部单位的整体协同运作；实现重要交通枢纽的客流态势演变、客流协同管控以及综合交通协同调度，提高运输效率，保障行车安全；实现市区城市轨道交通、市域快轨、城际铁路"三网"运输功能定位及与铁路、民航、公交等多种运输方式之间的协调衔接，实现在城市主管部门协调组织下的公共交通资源的信息共享和协同运用，系统功能见表 6.2-5。

线网对外协同场景系统功能表　　　　　　　　　　　　　　　　　表 6.2-5

序号	专业	对外协同场景	功能描述
1	轨交智慧运行平台	公安部门	向公安部门上传城市轨道交通重大告警及安全保障相关信息，并获取政务部门的预警预告，与政务相关部门配合协同； 从公安部门接收运营从业人员背景信息、乘客 Wi-Fi 数据分析反馈、社会重大安全预警事件和信息、防疫信息、治安联防信息，获取公安部门统一发布的预警预告信息
2	轨交智慧运行平台	交通运输部门	向交通运输部门上传轨道交通重大告警及安全保障相关信息，并获取政务部门的预警预告，与政务相关部门配合协同； 从交通运输部门接收地面实时路况、联动协调指令、其他交通方式的运力分布情况及重大告警和安全保障相关信息等
3	轨交智慧运行平台	应急办	向应急办上传城市轨道交通重大告警及安全保障相关信息等
4	轨交智慧运行平台	城市消防指挥中心	向城市消防指挥中心上传各车站、区间、车辆段、控制中心等的火灾报警信息汇总，以及主要设备运行状态和设备故障
5	轨交智慧运行平台	供电局	接收电网相关数据及预报告警，并实现相应的应急处置等相关功能
6	轨交智慧运行平台	气象局	从气象局接收气象及灾害信息的社会资源和预报告警，并实现相应的应急处置等相关功能； 从线路接收高架区段周边环境的气象局台风监测信息
7	轨交智慧运行平台	地震局	从地震局接收地质灾害信息的社会资源及预报告警，并实现相应的应急处置等相关功能
8	轨交智慧运行平台	汽车客运枢纽	接收汽车客运枢纽上传的行车、客流的监测信息，重大告警及安全保障相关信息等，并实现双方资源共享和信息互通，实现应急情况下相应的配合协同功能
9	轨交智慧运行平台	铁路客运枢纽	接收铁路枢纽上传的行车、客流的监测信息，重大告警及安全保障相关信息等，并实现双方资源共享和信息互通，实现应急情况下相应的配合协同功能
10	线网指挥系统	对外协同场景应急预案下发	根据轨交智慧运行平台的各类外部协同信息，触发线网各类应急情况下的预案，包括运行计划调整预案、客流组织预案、乘客信息发布预案； 将各类应急情况下的预案下发到各线路综合监控系统执行

6.2.6 综合管理类场景

线网指挥系统应实现生产综合管理指标统计分析、运营信息报送及发布等综合管理相关功能，系统功能见表 6.2-6。

综合管理类场景系统功能表　　　　　　　　　　　　　　　　　表 6.2-6

序号	专业	场景需求	功能描述
1	线网指挥系统	生产管理指标统分	利用实时数据和历史数据的支持，对与设备安全、服务水平、节能降耗等相关数据进行统计分析，计算各类指标

续上表

序号	专业	场景需求	功能描述
2	线网指挥系统	运营信息报送及发布	运营信息报送及发布内容可以分为四类： 发送给乘客的信息，包括日常宣传和客流诱导类信息以及突发事件应急处置类信息； 发送至各线路控制中心、应急救援队的信息； 发送给企业内相关部门或管理层的信息； 报送给上级监管部门、外部应急协同单位的信息

6.3 安全应急指挥类功能

6.3.1 消防安全类

城市轨道交通可通过智能感知、物联网、射频识别、视频智能分析、大数据分析应用等技术，拓展火灾自动报警、烟雾探测、图像火灾预警、智能疏散、电气火灾等消防系统，具备火警定位、联动报警、报警管理、设备自动巡检、设备管理等功能，形成智慧消防系统；实现消防设施自主运行、自我诊断、智能控制，立足于火灾防控"自动化"、灭火救援指挥"智能化"的立体化消防安全需求，创新消防管理模式，实施智能防控、智慧管理。

消防安全类场景主要涉及火灾探测、火灾报警确认、消防联动、灾后恢复等环节，在车站公共区、车站设备区、车辆段/停车场、地下区间隧道等站点或区域，如图6.3-1所示，由于探测、消防设备设置等不同，相应的场景也存在不同。以下主要选取车站公共区、地下区间隧道、车辆段/停车场等火灾场景展开介绍。

图6.3-1 消防安全场景示意图

1）车站公共区火灾场景

（1）火灾探测

根据车站公共区保护场所，火灾自动报警系统配置适用的火灾探测器进行火灾探测，如点型感烟火灾探测器、高大空间（若有）对射式火灾探测器、站台层管线密集处吸气式感烟火灾探测器。

（2）火灾确认

1个手动报警按钮，或1个点型火灾探测器，或1处线型光束感烟火灾探测器（双鉴式感烟火灾探测器），或吸气式感烟火灾探测器报警时，火灾报警控制器发出声光报警，火灾自动报警系统将火灾信息上传至综合监控系统。

火灾报警确认有自动确认和人工确认两种方式。

（3）消防联动

火灾自动报警系统确认火灾后消防联动相关消防设备，自动下达火灾模式控制指令给节能控制系统、机电设备监控系统、综合监控系统；消防值班人员也可通过综合后备盘手动按钮下发模式指令；发生火灾而对应重要的消防设备（消防专用风机、消防水泵）无法联动启动时，消防值班人员可通过设置在车站控制室联动型火灾报警控制盘的手动直接控制装置对相应设备进行手动操作，系统功能见表6.3-1。

车站公共区火灾消防联动场景系统功能表　　　　表6.3-1

序号	专业	功能描述
1	火灾自动报警系统	由火灾自动报警系统确认火灾，并向节能控制系统、机电设备监控系统发出火灾控制指令；火灾自动报警系统将火灾报警信息、相关设备状态和故障信息上传至轨交智慧运行平台； 火灾情况下，FAS通过消防联动控制器按设定的控制逻辑向受控设备发出联动控制信号，可对消防专用风机、消防水泵等实现手动直接控制，并接收相关设备的联动反馈信号； 实现与换乘车站或相邻物业的火灾信息互通功能
2	节能控制系统	接收火灾自动报警系统的火灾控制指令，并优先将其监控的设备转换成预定的火灾运行模式；反馈指令执行信号给轨交智慧运行平台
3	机电设备监控系统	接收火灾自动报警系统的火灾控制指令，并优先将其监控的设备转换成预定的火灾运行模式；反馈指令执行信号给轨交智慧运行平台
4	轨交智慧运行平台	接收节能控制系统、机电设备监控系统的反馈指令和火灾自动报警系统的火灾控制指令； 接收火灾自动报警系统的火灾报警信息、相关设备状态和故障信息预警信息； 为各系统提供调用接口，并把相关信息反馈给综合监控系统供其调用
5	综合监控系统	监视火灾报警信息、设备状态和故障信息，并接收反馈指令，火灾发生时，系统判断火灾模式是否成功执行； 联动乘客信息显示系统在全车站显示屏通过紧急文字方式进行显示，通过视频监视系统调用监视画面，联动应急照明与疏散指示系统控制相应模式下的疏散指示
5	综合监控系统	提供是否执行列车越站或紧急停车的决策界面，并通过信息平台发送决策指令给列车监控系统
6	综合后备盘	在火灾情况下承担车站的关键手动控制功能； 宜结合触摸屏显示火灾执行模式
7	通风与空调	根据建筑布局，设置防烟、排烟等火灾模式，明确各类消防专用设备（风机、风阀、防火阀）的监控要求； 防排烟设备及与防排烟无关的设备（或通过其控制箱柜）接受火灾自动报警的控制，并向相应系统反馈设备运行和故障信息
8	给排水及消防	消防泵组接收火灾自动报警系统的手/控制信号，泵组相应状态信号反馈给火灾自动报警系统； 给排水及消防专业提供水流指示器、信号阀、消防水池水位等报警或状态信号
9	动力与照明	备用照明电源回路、非消防电源回路接收火灾自动报警系统发出的联动控制信号，提供相应回路的运行状态信息； 动力与照明专业根据通风与空调专业对专用排烟风机及联锁电动风阀的联锁要求，实现底层联锁要求，并提供相应的控制柜； 应急照明与疏散指示系统接收综合监控系统通过轨交智慧运行平台发送的预设疏散指令，相应执行公共区走道疏散指示灯调整指令
10	自动售检票	自动售检票紧急按钮控制器接收火灾自动报警系统发出的联动控制信号并自动打开自动检票机的信号，同时可通过综合后备盘手动按钮进行紧急释放
11	门禁	接收火灾自动报警系统发出的自动打开自动检票机的联动控制信号，同时可通过综合后备盘手动按钮进行紧急释放
12	电梯	接收火灾自动报警系统强制所有电梯停于安全层的联动控制信号，提供电梯停于安全层的反馈信号给火灾自动报警系统
13	防火卷帘	接收火灾自动报警系统的控制指令，根据控制指令进行下降，并将状态反馈给火灾自动报警系统；通过设置在防火卷帘两侧的手动控制按钮，控制防火卷帘的升降
14	物业火灾自动报警系统	物业火灾自动报警系统接收火灾自动报警系统发送的火灾报警信息，也可以发送火灾报警信息给火灾自动报警系统

续上表

序号	专业	功能描述
15	换乘站邻线火灾自动报警系统	邻线火灾自动报警系统接收本线火灾自动报警系统的火灾报警信息，也可以发送火灾报警信息给本线火灾自动报警系统
16	电动挡烟垂壁	提供电动挡烟垂壁下降状态，接收火灾自动报警系统的下降联动控制信号
17	通信	乘客信息显示系统接收综合监控系统发送的火灾信号，在全车站显示屏通过紧急文字方式进行显示； 视频监视系统接收综合监控系统的调用控制信号，提供对应的实时监视画面； 广播系统接收综合监控系统发送的火灾信号，联动广播播放提示语音，对人员进行紧急疏散； 无线通信系统为火灾应急处置关键人员提供无线对讲； 电话系统与控制中心、公交分局属地派出所或公安指挥室、消防救援机构等外线电话保持畅通
18	信号	信号列车自动监控系统接收综合监控系统通过轨交智慧运行平台发送的执行列车越站运行或紧急停车辅助决策的指令

（4）灾后恢复

火灾得到妥善处置后，人工判断恢复运营。结合现场情况，站长在车站控制室统筹对系统进行人工复位。

①火灾自动报警系统对节能控制系统、机电设备监控系统、综合监控系统解除火灾控制指令。

②火灾自动报警系统自动解除对消防相关设备的联动，设备恢复至灾后状态，可通过自动或手动控制。。

③火灾自动报警系统自动解除对换乘车站、邻近物业等发送的火灾报警信号，并可通过人工电话通知。

④人工对节能控制系统、机电设备监控系统执行全停模式，视现场情况人工恢复为时间表模式运行。

⑤综合监控系统发送一个预定报文（灾后恢复），并通过轨交智慧运行平台实现通信广播恢复至正常广播状态，解除发送应急照明与疏散指示系统、信号系统辅助决策的相应指令。

2）车辆段/停车场火灾场景

（1）火灾探测

针对车辆段/停车场保护场所，火灾自动报警系统配置适用的火灾探测器进行火灾探测：

①非自动灭火保护区的房间、走廊，设置有点式感烟探测器或点式感温火灾探测器。

②段场运用库、检修库等高大空间，设置有红紫外光截面线型光束感烟探测器、图像型火灾报警探测器。

③封闭且存在空间遮挡的区域（如物资总库等），设置有吸气式感烟火灾探测器。

④跟随所设置电缆夹层感温电缆报警器。

⑤厨房设置可燃气体探测器。

（2）火灾确认

①预警：设备区火灾时一个手动报警按钮报警或一个探测器报警或自动灭火系统预警，火灾报警控制器发出声光报警、火灾自动报警系统将火灾信息上传至轨交智慧运行平台。自动灭火保护区预警时，系统联动自动灭火保护区内的警铃。

②确认：火灾报警确认有自动确认和人工确认两种方式。

（3）消防联动

火灾自动报警系统确认火灾后消防联动相关消防设备实施，自动下达火灾模式控制指令给环境与设备监控系统和综合监控系统，环境与设备监控系统自动进入模式控制程序，并将火灾模式指令的执行信息反馈给综合监控系统，系统功能见表6.3-2。

车辆段/停车场火灾消防联动场景系统功能表　　　　表6.3-2

序号	专业	功能描述
1	火灾自动报警系统	由火灾自动报警系统确认火灾，并向节能控制系统、机电设备监控系统发出火灾控制指令；火灾自动报警系统将火灾报警信息、相关设备状态和故障信息上传到轨交智慧运行平台； 火灾情况下，FAS通过消防联动控制器按设定的控制逻辑向各相关受控设备发出联动控制信号，可对重要的消防设备如消防专用风机、消防水泵实现手动直接控制，并接收相关设备的联动反馈信号
2	机电设备监控系统	接收FAS火灾控制指令，并优先将其监控的设备转换成预定的火灾运行模式，并反馈指令执行信号给轨交智慧运行平台
3	轨交智慧运行平台	接收机电设备监控系统的反馈指令和火灾自动报警系统的火灾控制指令； 接收火灾自动报警系统的火灾报警信息、相关设备状态和故障信息预警信息； 为各系统提供调用接口，并把相关信息反馈给综合监控系统调供其调用
4	综合监控系统	监视火灾报警信息、设备状态和故障信息，并接收反馈指令，火灾发生时，系统判断火灾模式是否成功执行； 通过视频监视系统调用监视画面； 联动应急照明与疏散指示系统控制相应模式下的疏散指示
5	通风空调	根据建筑布局，设置防烟、排烟等火灾模式，明确各类消防专用设备（风机、风阀、熔断式、电动防烟防火阀）的监控要求； 防排烟设备及与防排烟无关的设备（或通过其控制箱、柜）接受火灾自动报警的控制，并向相应系统反馈设备运行、故障信息
6	给排水及消防	消防泵组接收火灾自动报警系统的手/控制信号，泵组相应状态信号反馈给火灾自动报警系统； 给排水及消防专业提供水流指示器、信号阀、消防水池水位等报警或状态信号
7	动力与照明	备用照明电源回路、非消防电源回路接收火灾自动报警系统发出的联动控制信号，提供相应回路的运行状态； 动力与照明专业根据通风空调专业对专用排烟风机及联锁电动风阀的联锁要求，实现底层联锁要求，并提供相应的控制柜； 应急照明与疏散指示系统接收综合监控系统通过轨交智慧运行平台发送的预设疏散指令，相应执行公共区走道疏散指示灯调整指令
8	门禁	接收火灾自动报警系统发出的自动或手动解锁门禁的联动控制信号，提供门禁系统解锁的反馈信号给火灾自动报警系统
9	电梯	接收火灾自动报警系统强制所有电梯停于安全层的联动控制信号，提供电梯停于安全层的反馈信号给火灾自动报警系统
10	防火卷帘	接收火灾自动报警系统的控制指令，根据控制指令进行下降，并将状态反馈给火灾自动报警系统； 通过设置在防火卷帘两侧的手动控制按钮，控制防火卷帘的升降
11	段场安防	段场安防视频监视系统接收综合监控系统通过轨交智慧运行平台发送的调用控制信号，提供对应的实时监视画面
12	通信	段场通信广播系统接收综合监控系统通过轨交智慧运行平台发送的火灾信号，联动广播播放提示语音，对人员进行紧急疏散； 与控制中心、公交分局属地派出所或公安指挥室、消防救援机构等外线电话

（4）灾后恢复

火灾得到妥善处置后，工作人员在消防控制室人工对系统进行复位处理，并结合现场复位确认。

① 火灾自动报警系统解除对节能控制系统、机电设备监控系统、综合监控系统解除火灾控制指令。

② 火灾自动报警系统自动解除对消防相关设备的联动，设备恢复至灾后状态，可通过自动或手动控制。

③ 人工对节能控制系统、机电设备监控系统先执行全停模式，视现场情况人工恢复时间表模式运行。

④ 综合监控系统发送一个预定报文（灾后恢复），并通过轨交智慧运行平台实现通信广播恢复至正常广播状态，解除发送给应急照明与疏散指示系统、信号系统辅助决策的相应指令。

3）地下区间隧道火灾场景

（1）火灾探测

针对隧道区间保护场所，可采用以下方式探测火灾：

① 通过感温光纤监测隧道内的温度场，火灾地点的温度异常应引起关注。

② 车辆火灾探测器报警。

（2）火灾确认

① 预警：设备区火灾时一个手动报警按钮报警或一个探测器报警，火灾报警控制器发出声光报警，火灾自动报警系统将火灾信息上传至轨交智慧运行平台。

② 确认：隧道区间的火灾报警主要通过人工确认方式。

（3）消防联动

地下区间隧道火灾消防联动场景系统功能见表6.3-3。

地下区间隧道火灾消防联动场景系统功能表　　表6.3-3

序号	专业	功能描述
1	火灾自动报警系统	由火灾自动报警系统确认火灾，并向节能控制系统、机电设备监控系统发出火灾控制指令； 将火灾报警信息、相关设备状态和故障信息上传至轨交智慧运行平台； 火灾情况下，通过消防联动控制器按设定的控制逻辑向各相关受控设备发出联动控制信号（消防泵），可对消防水泵实现手动直接控制，并接收相关设备的联动反馈信号
2	轨交智慧运行平台	接收节能控制系统、机电设备监控系统的反馈指令和火灾自动报警系统的火灾控制指令； 接收火灾自动报警系统的火灾报警信息、相关设备状态和故障信息预警信息； 为各系统提供调用接口，并把相关信息反馈给综合监控系统供其调用
3	综合监控系统	联动乘客信息显示系统在全车站显示屏通过紧急文字方式进行显示，通过视频监视系统调用监视画面，联动应急照明与疏散指示系统控制相应模式下的疏散指示； 提供是否执行列车越站或紧急停车的决策界面，并通过信息平台发送决策指令给列车监控系统
4	综合后备盘	综合后备盘在火灾情况下车站的关键手动控制功能。通过综合后备盘手动模式按钮下发隧道通风模式指令； 综合后备盘宜结合触摸屏显示火灾执行模式
5	变电所综合自动化系统	接收到轨交智慧运行平台通过综合监控系统发送的指令后，立即执行针对发生火灾相关区段的牵引供电指令
6	节能控制系统	事故区间相邻车站节能控制系统执行综合监控系统通过轨交智慧运行平台下达的隧道通风模式控制指令，通过智能低压接口启动相关设备，进行送风和排烟
7	通信	视频监视系统接收综合监控系统通过轨交智慧运行平台发送的火灾信号，切换视频监视系统显示火灾区间前后车站站台监视画面； 火灾疏散情形下，乘客信息显示系统接收综合监控系统通过轨交智慧运行平台发送的火灾疏散文本，并在隧道前后车站进行显示； 火灾区间的前后车站广播系统接收综合监控系统通过轨交智慧运行平台发送的火灾信号，循环播放预定的火灾广播

续上表

序号	专业	功能描述
8	通风与空调及隧道通风	制定隧道通风模式,明确隧道风机、轨排风机及连锁电动风阀、加压风机的监视和控制要求,相应设备接收手动或自动控制信号
9	给排水及消防	消防泵组接收火灾自动报警系统的手/控制信号,泵组相应状态信号反馈给火灾自动报警系统;提供水流指示器、信号阀、消防水池水位等报警或状态信号
10	动力与照明	动根据通风空调专业对隧道风机、轨排风机的控制要求,实现底层联锁要求,并提供相应的控制柜; 接收综合监控系统通过轨交智慧运行平台发送的预设疏散指令,相应执行公共区走道疏散指示灯调整指令
11	车辆	司机使用列车广播引导登乘人员或乘客使用车载灭火器灭火
12	站台门	接收综合后备盘手动打开站台门的指令

（4）灾后恢复

火灾得到妥善处置后,工作人员在 OCC 环调、消防控制室由人工对系统进行复位处理,邻站消防控制室配合,并结合现场复位确认。

①火灾自动报警系统自动解除对消防相关设备的联动,设备恢复至灾后状态,可通过自动或手动控制。

②事故区间相邻车站节能控制系统解除执行综合监控系统通过轨交智慧运行平台下达的隧道通风模式控制指令,通过智能低压接口启动相关设备,进行送风和排烟。

③综合监控系统发送一个预定报文(灾后恢复),并通过轨交智慧运行平台实现通信广播恢复至正常广播状态,解除发送应急照明与疏散指示系统、信号系统辅助决策的相应指令,解除向变电所综合自动化系统下达切断发生火灾相关区段牵引供电的指令,并通过综合后备盘控制站台门。

6.3.2 安全防范类

（1）有毒有害气体安防场景

有毒有害气体安防场景是指当车站探测设备探测到有害气体并触发报警时,应将相应报警信息实时传送至轨交智慧运行平台。综合监控系统从轨交智慧运行平台调取 BAS、CCTV 的有毒有害气体探测报警信息,可采用人工或自动两种方式启动相应的有毒有害气体安防联动处置流程,联动 BAS、CCTV、PIS、PA、AFC、ACS、智能照明、ATS 等系统,系统功能见表 6.3-4。

有毒有害气体安防场景系统功能表 表 6.3-4

序号	专业	功能描述
1	BAS	在车站新风井、活塞风井内设置吸气式毒气控制器,同时兼顾可燃气体及烟气探测;控制器检测到有毒有害气体时,立即向轨交智慧运行平台发送报警信息
2	CCTV	安装在风亭处的摄像机应用智能视频分析功能,对烟雾场景事件进行监测抓拍,并将分析的报警信息发送至轨交智慧运行平台
3	综合监控系统	制定有毒有害气体安防联动处置场景,可通过轨交智慧运行平台对联动的 CCTV、PA、PIS、AFC、ACS、智能照明系统设备设施的状态进行全景可视化展示

续上表

序号	专业	功能描述
4	轨交智慧运行平台	搭建基于BIM的三维车站基础模型，接收汇总BAS、CCTV等专业提供的信息，并按权限开放数据
5	PIS	接收指令，在全站PIS显示屏上播放紧急疏散指引信息、停运信息、越站信息
6	PA	接收指令，在全站广播紧急疏散指引语音、停运信息、越站广播
7	AFC	接收指令，执行自动打开/释放阻挡装置的指令
8	ACS	接收指令，执行自动释放相关区域门禁的指令
9	智能照明	接收指令，在车站疏散的路径下调整相应区域的照明色彩或亮度，辅助乘客疏散
10	ATS	执行停运、扣车等指令

（2）易燃易爆物品安防场景

易燃易爆物品安防场景是指当车站安检设备探测到易燃易爆物品并触发报警时，应将相应报警信息实时传送到轨交智慧运行平台。为了防止不法人员破坏重要设施、伤害乘客，在售票机处、自助客服设施处丢弃易燃或易爆等危险物品，视频监控系统可采用不明遗留物检测，当出现报警时，实时传送到轨交智慧运行平台。综合监控系统可采用人工或自动两种方式启动相应的易燃易爆物品安防联动处置流程，联动CCTV、PIS、PA、AFC、ACS、智能照明、ATS等系统，系统功能见表6.3-5。

易燃易爆物品安防场景系统功能表　　　　表6.3-5

序号	专业	功能描述
1	安检	车站安检设备将探测易燃易爆物品报警信息上传至轨交智慧运行平台，安检工作人员使用爆炸球转移易燃易爆可疑物，同时报告执勤民警/车站工作人员，按照相关规定采取相应措施开展处置工作
2	综合监控系统	制定易燃易爆物品安防联动处置场景，可通过轨交智慧运行平台对联动的CCTV、PA、PIS、AFC、ACS、智能照明系统设备设施的状态进行全景可视化展示
3	CCTV	安装在安检处、售票机处的摄像机应用遗留物智能分析功能，设定物品遗留检测区域，对物体遗留该区域超过一定时间的事件进行检测，并将分析的报警信息发送至轨交智慧运行平台
4	轨交智慧运行平台	搭建基于BIM的三维车站基础模型，接收汇总安检、CCTV等专业提供的信息，并按权限开放数据
5	PIS	接收指令，在全站PIS显示屏上播放紧急疏散指引信息、停运信息、越站信息
6	PA	接收指令，在全站广播紧急疏散指引语音、停运信息、越站广播
7	AFC	接收指令，执行自动打开/释放阻挡装置的指令
8	ACS	接收指令，执行自动释放相关区域门禁的指令
9	智能照明	接收指令，在车站疏散的路径下调整相应区域的照明色彩或亮度，辅助乘客疏散
10	ATS	执行停运、扣车等指令

6.3.3 自然灾害类

（1）地震自然灾害场景

地震自然灾害场景是指城市轨道交通收到地震局的地震预警信息时，通过城市轨道交通线网指挥系统实时启动应急预案,对应进行停运、疏散或封站处理。线网指挥系统接收到地震自然灾害报警信息后,可采用人工或自动两种方式启动相应的地震自然灾害联动处置流程,联动 CCTV、PIS、PA、AFC、ACS、智能照明、ATS 等系统,系统功能见表 6.3-6。

地震自然灾害场景系统功能表　　　　　　　　　　　　　　表 6.3-6

序号	专业	功能描述
1	线网指挥系统	制定地震自然灾害安防联动处置场景,可通过轨交智慧运行平台联动的 CCTV、PIS、PA、AFC、ACS、智能照明系统设备设施的状态进行全景可视化展示
2	轨交智慧运行平台	搭建基于 BIM 的三维车站基础模型,接收汇总地震自然灾害的告警信息,并按权限开放数据
3	CCTV	对车站视频进行巡逻
4	PIS	接收指令,在全站 PIS 显示屏上播放紧急疏散指引信息
5	PA	接收指令,在全站广播紧急疏散指引语音
6	AFC	接收指令,执行自动打开/释放阻挡装置的指令
7	ACS	接收指令,执行自动释放相关区域门禁的指令
8	智能照明	接收指令,在车站疏散的路径下调整相应区域的照明色彩或亮度,辅助乘客疏散
9	ATS	执行停运、扣车等指令

（2）特大汛情自然灾害场景

特大汛情自然灾害场景是指在低地势车站的出入口、风亭、区间泵房和低水位处部署智能水位探测器,当智能水位探测器报警时,实时联动 CCTV 进行人工确认,通过实时启动应急预案,对应进行停运、疏散或封站处理。综合监控系统接收到特大汛情自然灾害报警信息后,可采用人工或自动两种方式启动相应的特大汛情自然灾害联动处置流程,联动 CCTV、PIS、PA、ATS 等系统,系统功能见表 6.3-7。

特大汛情自然灾害场景系统功能表　　　　　　　　　　　　　表 6.3-7

序号	专业	功能描述
1	BAS	在车站低地势出入口、风亭、区间泵房和低水位处设置智能水位探测器,智能水位探测器检测到水位异常,立即向轨交智慧运行平台发送报警信息,待收确认消息后启动相应区域的排水泵进行排水
2	CCTV	在车站低地势出入口、风亭、区间泵房和低水位监测设施处布设摄像机,进行 7×24h 有效监控,安装在车站出入口/风亭水位监测设施处的摄像机应用智能视频分析功能,对超过水位警戒线事件进行监测抓拍,将分析的报警信息发送至轨交智慧运行平台
3	综合监控系统	制定特大汛情自然灾害安防联动处置场景,可通过轨交智慧运行平台对联动的 CCTV、PIS、PA 的设施状态进行全景可视化展示
4	轨交智慧运行平台	搭建基于 BIM 的三维车站基础模型,接收汇总 BAS、CCTV 等专业提供的信息,并按权限开放数据
5	PIS	接收指令,在全线 PIS 显示屏发布线路停运或运行交路调整信息
6	PA	接收指令,在全站广播发布线路停运或运行交路调整广播
7	ATS	执行线路停运或运行交路调整指令

6.3.4 重大设备故障类

1）行车安全类重大设备故障场景

行车安全类重大设备故障场景是指车辆、供电、轨道、信号（造成停运）、防淹门、人防门设备设施故障，影响到正常行车客运安全，造成列车停运、行车交路调整、车站乘客滞留等运营事故，由此涉及综合监控系统、轨交智慧运行平台、CCTV、PA、PIS、ATS、无线通信等系统的联动综合处置措施，车辆、供电、故障场景监控处置系统功能分别见表6.3-8～表6.3-10。

（1）车辆故障场景监控处置

车辆故障场景监控处置场景系统功能表　　　　表6.3-8

序号	专业	功能描述
1	综合监控系统	制定车辆故障联动处置场景，可对联动的CCTV、PA、PIS、ATS设备设施的状态进行全景可视化展示
2	轨交智慧运行平台	搭建基于BIM的三维车站基础模型，接收车辆专业发送的告警信息，并按权限开放数据
3	CCTV	接收指令，在控制中心自动调取故障列车的全车图像进行实时监控； 通过车头、车尾的摄像机，实时对故障车辆前方、后方隧道内的情况进行监控
4	PA	接收指令，在车站发布线路运行交路调整广播信息
5	PIS	接收指令，在车站PIS显示屏发布运行交路调整信息
6	ATS	执行线路运行交路调整的指令

（2）供电故障场景监控处置

供电故障场景监控处置场景系统功能表　　　　表6.3-9

序号	专业	功能描述
1	综合监控系统	制定供电故障联动处置场景，可对联动的CCTV、PA、PIS、ATS设备设施的状态进行全景可视化展示
2	轨交智慧运行平台	搭建基于BIM的三维车站基础模型，接收供电专业发送的告警信息，并按权限开放数据
3	CCTV	对车站视频进行巡逻
4	PA	接收指令，在车站发布线路停运广播信息
5	PIS	接收指令，车站PIS显示屏发布停运信息
6	ATS	执行线路停运调整的指令

（3）信号故障场景监控处置

信号故障场景监控处置场景系统功能表　　　　表6.3-10

序号	专业	功能描述
1	综合监控系统	制定信号故障联动处置场景，可对联动的CCTV、PA、PIS设备设施的状态进行全景可视化展示

续上表

序号	专业	功能描述
2	轨交智慧运行平台	搭建基于BIM的三维车站基础模型，接收信号专业发送的告警信息，并按权限开放数据
3	CCTV	对车站视频进行巡逻
4	PA	接收指令，在车站发布线路停运信息
5	PIS	接收指令，在车站PIS显示屏发布停运信息

2）乘客安全类重大设备故障场景

乘客安全类重大设备故障场景是指自动扶梯、站台门设备设施故障，造成的客运客伤事故，由此涉及综合监控系统、轨交智慧运行平台、CCTV等系统的联动综合处置措施，自动扶梯、站台门故障场景监控处置场景系统功能分别见表6.3-11、表6.3-12。

（1）自动扶梯故障场景监控处置

自动扶梯故障场景监控处置场景系统功能表　　表6.3-11

序号	专业	功能描述
1	综合监控系统	制定自动扶梯故障联动处置场景，可对联动的CCTV设备设施的状态进行全景可视化展示
2	轨交智慧运行平台	搭建基于BIM的三维车站基础模型，接收自动扶梯故障专业发送的告警信息，并按权限开放数据
3	CCTV	安装在自动扶梯处的摄像机应用智能视频分析功能，对扶梯上人员异常行为的场景事件（逆向、坐、跑、头手伸出、摔倒等）进行检测抓拍，将分析的报警信息上传

（2）站台门故障场景监控处置

站台门故障场景监控处置场景功能表　　表6.3-12

序号	专业	功能描述
1	综合监控系统	制定站台门故障联动处置场景，可对联动的CCTV、PA、PIS、ATS设备设施的状态进行全景可视化展示
2	轨交智慧运行平台	搭建基于BIM的三维车站基础模型，接收站台门专业发送的告警信息，并按权限开放数据
3	CCTV	调取显示站台门处车站的视频流
4	PA	接收指令，在对应的站台分区广播站台门故障语音公告，提醒乘客不要在此门等候上车
5	PIS	接收指令，在对应的站台门上方显示门体故障信息，提醒乘客不要在此门等候上车
6	ATS	切除故障站台门的联动

6.3.5 大客流类

大客流场景是指根据历史大数据对大型活动、重要节假日等突发大客流进行智能研判，在大客流线路和重点车站提前部署客流管制管控设备设施,对车站进行全景管控,系统功能见表6.3-13。对大客流车站进行全时全景管控,通过AFC、安检、CCTV系统实时监控进出站客流;可根据不同的预设场景,实现电子导向、PIS显示屏、广播等设备的场景化控制,为乘客提供视频、音频的综合信息指引;结合实时客流数据联动ATS进行运行时刻表、运行交路上的调整,实现大客流控制与处理。与交通运输等部门进行联动,为乘客提供公交接驳。

大客流类场景系统功能表　　　　　　　　　　　　　　　　　　　　表6.3-13

序号	专业	功能描述
1	线网指挥系统	制定大型活动、重要节假日、突发大客流联动处置场景,可对联动的CCTV、PA、PIS、AFC、ATS设备设施的状态进行全景可视化展示
2	轨交智慧运行平台	搭建基于BIM的三维车站基础模型,接收AFC、安检、CCTV客流实时数据,历史大客流数据,政府、互联网发送的站外客流数据,并按权限开放数据
3	CCTV	支持视频巡逻业务,可设定巡逻的摄像头、自动启动时间、间隔时间、巡逻组等,并可按照设置进行视频巡逻; 安装在出入口通道、换乘通道处的摄像机应用智能视频分析功能,统计进出两个方向的客流数据; 安装在安检、站台候车区处的摄像机应用智能视频分析功能,通过区域划线方式统计区域内的人员密度及数量
4	PIS	接收指令,对大客流车站发布运营时刻表、列车到站时刻表、公交接驳、紧急通知等信息;根据预设场景对电子导向的指引方向进行自适应调整
5	PA	接收指令,对大客流车站进行广播语音发布,为乘客提供乘车车站运营公告、注意事项、列车到站信息、公交接驳、紧急通知等内容的语音播报
6	安检	对车站各安检处进行人数采集
7	AFC	接收指令,车站闸机执行进出方向调整指令
8	ATS	实施列车时刻表的修改、列车大小交路行车计划、越站运行等指令

6.4 智能列车运行类功能

6.4.1 全自动运行典型正常运营场景

(1)列车唤醒

列车唤醒场景主要是通过ATS自动或人工等方式进行列车唤醒作业,完成设备上电、设备自检、静态测试、动态测试等环节成功唤醒列车,系统功能见表6.4-1。

列车唤醒场景系统功能表　　　　　　　　　　　　　　　　　　　　表6.4-1

序号	专业	场景需求	功能描述
1	车辆	车辆上电	接收车载VOBC(车载控制器)唤醒命令,自动升弓接入高压供电网,接通列车低压供电电源,完成全列车低压上电
		车辆设备自检	对各设备自身状态进行自检,向VOBC反馈自检结果

续上表

序号	专业	场景需求	功能描述
1	车辆	列车静态测试	根据 VOBC 命令执行静态测试，向 VOBC 反馈测试结果
		列车动态测试	根据 VOBC 命令执行动态测试，向 VOBC 反馈测试结果
2	PA	车辆设备自检	检查对车载广播设备的状态
		列车静态测试	列车静态测试中的车门测试和列车广播测试中进行广播
3	PIDS	车辆设备自检	检查车载 PIDS 设备的状态
4	CCTV		检查车载 CCTV 设备的状态
5	专用无线		检查车载专用无线设备的状态
6	信号车载 VOBC	唤醒命令接收	接收 ATS 唤醒或人工唤醒命令，并发送给车辆
7		设备上电自检	上电后自动完成 VOBC 各单元板级自检；向车辆发送自检命令，接收车辆自检结果
8		监督静态和动态测试条件	自检成功后，监督列车是否满足静态和动态测试条件
9		列车静态测试	向轨旁 ZC 申请列车静态测试授权；向车辆发送静态测试命令，接收车辆静态测试结果
10		列车动态测试	向轨旁 ZC 申请列车动态测试授权；向车辆发送动态测试命令，接收车辆静态测试结果
11	ZC	监督静态和动态测试条件	接收 VOBC 执行列车静、动态测试的申请；判断列车静、动态测试的条件，并进行授权
12	CI	列车唤醒	采集 SPKS 开关防护状态并发送给 ZC
13	ATS	列车唤醒条件确认	与 ISCS 确认接触网是否带电
14		发送唤醒指令	根据排班计划自动或远程人工发送唤醒命令
15		列车唤醒	接收、显示列车唤醒状态
16	ISCS	列车唤醒条件确认	接收 ATS 运营计划，发出接触网上电提醒；ISCS 系统确认接触网是否带电，向 ATS 发送接触网带电状态
17	PSCADA		接触网带电状态发送 ISCS

（2）列车出库

ATS 根据时刻表，全自动运行系统可升级列车驾驶模式为 FAM 模式，激活列车驾驶室，判断满足列车启动条件时出库运行，系统功能见表 6.4-2。

列车出库场景系统功能表 表 6.4-2

序号	专业	功能描述
1	车辆	接收到信号发送的 FAM 模式、司机室激活、方向信号；接收车载 VOBC 发送的鸣笛指令并鸣笛、运行工况指令；自动控制车前灯点亮，控制空调、照明执行相应工况

续上表

序号	专业	功能描述
2	信号	向列车发送列车转换为 FAM 驾驶模式的命令； 根据运行方向激活列车驾驶室； ZC 向车载 VOBC 发送的移动授权； 向车辆 TCMS 发送鸣笛指令、运行工况指令； 控制列车在车辆段/停车场内限速运行

（3）进站停车

列车在 FAM 模式下列车进站停车，系统功能见表 6.4-3。

列车进站停车场景系统功能表　　　　　　　　表 6.4-3

序号	专业	功能描述
1	车辆	接收车载 VOBC 到站信息，触发车载 PA 广播和车载 PIS 进站显示
2	信号	判断列车是否满足进站停车条件，控制列车进站停车； 向车辆发送到站信息； 判断列车停车精度是否满足要求； 列车停车过标 0.5～5m 时，控制列车进行自动跳跃

（4）车站发车

在全自动运行模式下，ATS 从列车在站台停稳后开始计时，停站时间结束后，全自动运行列车自动站台发车，系统功能见表 6.4-4。

列车车站发车场景系统功能表　　　　　　　　表 6.4-4

序号	专业	功能描述
1	车辆	车辆关闭车门，并进行声光提示； 向信号专业发送车门关闭且锁闭信息； 当列车驶离站台出站 50m 后，列车自动播放离站广播
2	信号	判断列车是否符合发车条件； 接收车门关闭且锁闭、站台门关闭且锁闭信息
3	站台门	进行车门和站台门间缝隙障碍物探测； 关闭站台门，向信号专业发送站台门关闭且锁闭信息

（5）折返换端

全自动运行模式下，站台运营人员确认清客完毕，按压清客确认按钮后，信号系统控制列车进行全自动折返，系统功能见表 6.4-5。

列车折返换端场景系统功能表　　　　　　　　表 6.4-5

序号	专业	功能描述
1	车辆	车辆关闭车门，并进行声光提示； 向信号专业发送车门关闭且锁闭信息

续上表

序号	专业	功能描述
2	信号	接收清客确认按钮按下信息，车载 VOBC 关闭车门站台门； 控制列车进行全自动折返； 车载 VOBC 进行自动换端
3	站台门	进行车门和站台门间缝隙障碍物探测； 关闭站台门，向信号专业发送站台门关闭且锁闭信息

（6）清客

列车到达折返站和终到站，列车在站台停准、停稳后，信号系统自动打开车门及站台门，不自动关门，进行列车清客，系统功能见表 6.4-6。

列车清客场景系统功能表　　表 6.4-6

序号	专业	功能描述
1	车辆	接收到车载 VOBC 发送的"清客工况"指令； 自动触发车载清客广播和车载 PIS 提示所有乘客下车
2	信号	向车辆和 ISCS 系统发送"清客工况"指令
3	综合监控	接收信号系统发送的"清客工况"指令； 联动车站清客广播和站台 PIS 显示

（7）列车回库

ATS 根据时刻表，列车在转换轨停止正线服务后，进行回库作业，系统功能见表 6.4-7。

列车回库场景系统功能表　　表 6.4-7

序号	专业	功能描述
1	车辆	接收车载 VOBC 发送的鸣笛指令并鸣笛、运行工况指令； 控制空调、照明执行相应工况
2	信号	ZC 向车载 VOBC 发送的移动授权； 向车辆发送鸣笛指令、运行工况； 控制列车在车辆段/停车场内限速运行，在相应的停车线停车

（8）自动洗车

在 FAM 模式下，全自动运行列车具备自动洗车功能，系统功能见表 6.4-8。

列车自动洗车场景系统功能表　　表 6.4-8

序号	专业	功能描述
1	车辆	接收信号系统发送的"洗车工况"指令，控制空调、照明等执行"洗车工况"
2	信号	向车辆发送"洗车工况"指令； 向洗车机发送洗车请求信息； 接收洗车机状态信息及洗车请求确认信息； 控制列车进行全自动洗车

续上表

序号	专业	功能描述
3	洗车机	根据洗车计划自动或人工上电； 检查洗车机状态，并将状态信息发送给信号系统； 接收信号系统发出的洗车请求； 控制洗车机进行洗车作业

（9）休眠

全自动运行列车在休眠区域停稳后，根据ATS时刻表自动控制或人工控制列车进行休眠，系统功能见表6.4-9。

列车休眠场景系统功能表　　　　表 6.4-9

序号	专业	功能描述
1	车辆	车辆接收到车载VOBC休眠命令，执行车辆休眠，并将休眠结果反馈车载VOBC
2	信号	通过ATS时刻表自动或人工发送休眠指令； 向车辆发送列车休眠命令，接收车辆休眠结果； 车载VOBC执行自身休眠工作，判断休眠是否成功； 将车辆、车载VOBC休眠结果反馈至ATS

（10）自动转线作业

车辆段/停车场自动化区内列车进行自动调车作业，完成自动化区内的转库线作业，以及自动调车到非自动化区与自动化区的转换轨，系统功能见表6.4-10。

列车自动转线作业场景系统功能表　　　　表 6.4-10

序号	专业	功能描述
1	车辆	接收车载VOBC发送的场内运行工况、库内运行工况； 控制空调、照明执行场内运行工况、库内运行工况； 1. 若列车从库内出发调车，车载VOBC在列车车头越过出库信号机计轴处，向车辆TCMS发送场内运行工况。 2. 调车完毕后，列车回库，直到车头越过出库信号机计轴处，车载VOBC向车辆TCMS发送库内运行工况
2	信号	向车辆发送场内运行工况、库内运行工况； ATS根据调车计划和列车ID进行自动调车作业； 办理段内转线作业进路，控制道岔动作，进行移动授权计算

6.4.2 全自动运行典型故障运营场景

（1）ATS设备故障

全自动运行系统可结合ATS设备的故障情况，完成在线列车的运行监控，系统功能见表6.4-11。

ATS设备故障场景系统功能表　　　　表 6.4-11

序号	专业	场景需求	功能描述
1	VOBC	中心ATS服务器全部故障	按照ATS最后指令运行到最近停车站台停车，自动打开车门不自动关门、不自动发车，等待站务综合人员上车处理

续上表

序号	专业	场景需求	功能描述
2	ZC	中心 ATS 服务器全部故障	无法设置新的临时限速，既有的临时限速无法取消
3	CI	车站 ATS 接口服务器全部故障	中央及车站值班员可通过联锁控制工作站排列进路
4	ATS	中央 ATS 服务器单机故障 车站 ATS 接口服务器单机故障	设备采用双机冗余配置，单机故障后，自动切换到备机运行，不影响系统正常功能的使用； 向 OCC 的 ATS 工作站、控制中心信号工班 ATS 维护工作站发送设备故障报警信息
		控制中心 ATS 设备全部故障（如与正线的网络通信中断）	本地 ATS 服务器和第三服务器按时刻表以 FAM 模式自动监控在线列车的运行

（2）ZC 设备故障

结合 ATS 设备的故障情况，完成对在线列车的运行处置，行调根据情况判断执行相应的处理方案，系统功能见表 6.4-12。

ZC 设备故障场景系统功能表　　　　　　　　　　　表 6.4-12

序号	专业	场景需求	功能描述
1	车辆 PA 设备	双套 ZC 全部故障	列车在区间停车时，站务综合人员将对列车进行临时停车的人工广播
2	信号 VOBC	双套 ZC 全部故障	位于 ZC 故障区域内的 CTC（调度集中）等级的列车都降级并 EB（紧急制动）停车； 接近该 ZC 故障区域的自动行驶的其他列车采取制动并于故障区段外停车
3	信号 ZC 设备	ZC 故障	ZC 一系故障，系统自动切换到另一系运行，不影响系统功能； 双套 ZC 全部故障，ZC 控制区内的列车 EB 停车并降级，同时中央行车调度工作站产生报警； 向 ATS 设备发送设备故障信息
4	信号 CI 设备	双套 ZC 全部故障	接收 ATS 人工办理进路命令； 进路办理、控制信号机显示、控制道岔转辙机动作
5	信号 ATS 设备	ZC 故障	接收 ZC 设备故障信息，进行报警显示

（3）车载 ATO 设备故障

全自动运行系统可结合车载 ATO 设备的故障情况，完成列车的驾驶功能，系统功能见表 6.4-13。

车载 ATO 设备故障场景系统功能表　　　　　　　　　表 6.4-13

序号	专业	功能描述
1	车辆 PA 设备	列车在区间停车时，站务综合人员将对列车进行临时停车的人工广播
2	信号 VOBC	单套 ATO 故障不影响列车正常运行； 激活端双套车载 ATO 设备均故障时，FAM/CAM 模式下，列车实施 EB；AM 模式下，列车不施加 EB，退出 AM 模式，提醒司机接管控车； 将车载 ATO 设备故障信息传到中央 ATS
3	信号 ATS 设备	在 ATS 工作站上进行设备故障报警

（4）车载 ATP 设备故障

全自动运行系统可结合车载 ATP 设备的故障情况，完成对列车驾驶的安全防护功能，系统功能见表 6.4-14。

车载 ATP 设备故障场景系统功能表　　　　表 6.4-14

序号	专业	功能描述
1	车辆 PA 设备	列车在区间停车时，人工对列车进行临时停车的自动广播； 采用 NRM 模式驾驶列车至车站打开车门和站台门，站务综合人员人工进行清客广播，清客后将列车下线
2	信号 VOBC	车载 ATP 设备单系故障，能自动进行主备切换，同时中央显示故障信息； 双套车载 ATP 设备均故障时，车辆紧急停车，同时中央显示故障信息； 将车载 ATP 设备故障信息传到中央 ATS
3	信号 ATS 设备	在 ATS 工作站上进行设备故障报警

（5）车地通信设备故障

全自动运行系统可结合车地通信设备的故障情况，完成对列车运行控制，实现与其他列车的安全隔离，系统功能见表 6.4-15。

车地通信设备故障场景系统功能表　　　　表 6.4-15

序号	专业	功能描述
1	车辆 PA 设备	列车在区间停车时，行调将对列车进行临时停车的远程广播
2	VOBC	控制列车紧急停车； 行调联系人员上车，进行驾驶模式转换，控制列车运行到下一站对位停车
3	DCS 设备	采用 A/B 双网冗余组网，单网轨旁通信设备故障，车地通信不会中断，不影响列车的运行； 将车载车地通信故障信息传到中央 ATS
4	ZC 设备	实现通信车与非通信车混跑
5	CI 设备	实现通信车与非通信车混跑
6	ATS 设备	在 ATS 工作站上进行故障报警

（6）车辆制动系统故障

在车辆制动系统故障车辆制动力损失的情况下，列车应能以一定的策略对列车进行控制，系统功能见表 6.4-16。

车辆制动系统故障场景系统功能表　　　　表 6.4-16

序号	专业	功能描述
1	车辆	实时监测制动系统状态； 将制动力损失情况发送给 VOBC，并发送制动重故障信息； EB（EB 转向架）损失后，车辆限速处理； 列车在区间停车时，将对列车进行临时停车的人工广播

续上表

序号	专业	功能描述
2	信号	接收车辆制动系统状态； 无制动重故障时控制车辆限速运行，行调工作站的报警列表显示车辆制动力丢失报警； 有制动重故障时输出 EB 不自动缓解，切除 ATC 后人工驾驶
3	ISCS 设备	接收车辆上送的车辆制动力丢失报警，在工作站的报警列表显示车辆制动力丢失报警

（7）列车状态远程监测及故障远程处理

车调能够对车辆状态进行远程监测，对某些故障能够进行远程处理，系统功能见表 6.4-17。

列车状态远程监测及故障远程处理场景系统功能表　　表 6.4-17

序号	专业	功能描述
1	车辆	对车辆状态进行监测； 接收车辆远程复位、隔离、旁路命令，进行相应操作； 行车相关的车辆故障信息发送至信号系统； 非行车相关的车辆故障信息发送至综合监控系统
2	信号	接收车辆发送的行车相关的车辆故障信息，并发送至综合监控系统； 车辆故障信息在行调 ATS 工作站进行显示
3	ISCS 设备	接收信号和车辆发送的车辆故障信息； 发送远程复位、隔离、旁路命令至车辆

（8）蠕动模式

FAM 模式运行条件下，当车辆检测到与牵引制动系统网络出现故障或监督到牵引或制动反馈异常时，列车以蠕动模式控制列车运行，系统功能见表 6.4-18。

蠕动模式场景系统功能表　　表 6.4-18

序号	专业	功能描述
1	车辆	检测牵引制动系统网络状态、牵引或制动状态； 牵引制动系统网络状态故障、牵引或制动状态异常信息发送至信号 VOBC； 发送进入蠕动模式申请至信号 VOBC，接收 VOBC 进入蠕动模式命令，控制列车运行； 乘客调人工对乘客进行远程广播
2	信号 VOBC	接收车辆牵引制动系统网络状态故障、牵引或制动状态异常信息； 接收车辆蠕动模式申请，行调或厂调通过 ATS 工作站人工授权进入蠕动模式，发送允许进入蠕动模式命令至车辆
3	ISCS 设备	在车辆调工作站的报警列表显示车辆网络故障或 VOBC 与车辆网络故障报警； 显示车辆故障信息

（9）车门故障

车门发生故障时处理方法，分为车门关闭信号丢失、单扇车门故障、夹人夹物等，系统功能见表 6.4-19。

车门故障场景系统功能表　　　　　　　　　　　　　表 6.4-19

序号	专业	场景需求	功能描述
1	车辆	车门故障-状态丢失	监测车门关闭状态，发送报警信息至 VOBC 和 ISCS； 接收 VOBC 发送的 EB 指令，切除牵引且施加 EB； 采集车门紧急解锁开关动作，并发送至 VOBC； 将车门状态丢失对应的车厢画面主动推送给综合监控 CCTV 监视器
		车门故障-车门故障隔离	监测车门运行状态； 车门故障状态发送 VOBC 和 ISCS； 每站进站前车辆触发车门故障隔离广播，车载 LCD 显示故障车门不打开的信息并点亮红色指示灯
		车门故障-夹人夹物	监测车门夹人夹物，发送报警信息至 VOBC 和 ISCS； 接收信号自动再开门命令，车辆开闭车门 3 次； 车辆 TCMS 给 VOBC 反馈进入防夹状态； 接收 VOBC 的关门命令实现关闭车门
2	信号 VOBC	车门故障-状态丢失	接收车辆发送的车门关闭状态丢失信息，并在行调 ATS 工作站显示； 发送 EB 停车指令至车辆
		车门故障-车门故障隔离	接收车辆发送的车门故障隔离信息，并将站台门对位隔离信息发送至站台门，实现对位隔离功能
		车门故障-夹人夹物	接收车辆发送的车门防夹状态，并在行调 ATS 工作站上显示； 发送自动再开关门命令至车辆，执行 3 次自动开关门； 人工按压站台关门按钮或远程 ATS 发送关门命令至车辆
3	ISCS 设备	车门故障-状态丢失	接收车辆发送的车门非关闭且锁闭报警信息； 行调工作站显示车门非关闭且锁闭状态； 接收车载 CCTV 主动推送画面，并进行显示
		车门故障-车门故障隔离	接收车辆发送的车门故障信息，行调工作站应显示车门故障报警
		车门故障-夹人夹物	接收车辆发送的车门夹人防夹信息，在报警栏上显示报警信息
4	站台门	车门故障-车门故障隔离	接收 ATS 发送的对位隔离命令，控制对应的站台门不打开； 点亮隔离车门对应站台门的故障指示灯

（10）站台门故障

站台门故障分为站台门关闭且锁闭状态丢失和单扇站台门故障，站台门发生故障时采取相应的处理方法，系统功能见表 6.4-20。

站台门故障场景系统功能表　　　　　　　　　　　　　表 6.4-20

序号	专业	场景需求	功能描述
1	车辆	站台门故障-门状态丢失	接收信号系统 EB 命令，保持制动不发车
		站台门故障-单扇门故障	接收信号发送的对位隔离信息和 EB 命令； 控制列车 EB，控制故障站台门对应的车门不打开； 对应的隔离车门上方的动态地图显示器，显示此门不打开的信息； 进行对位隔离广播； 车载 PIS 提示站台门故障

续上表

序号	专业	场景需求	功能描述
2	信号	站台门关闭状态丢失	接收站台门发送的站台门关闭且锁闭信息,并在行调工作站显示站;发送 EB 停车至车辆
		站台门故障-单扇门故障	接收站台门故障信息,并发送对位隔离命令至车辆;ATS 工作站显示站台门故障隔离信息
3	通信 PA 设备	站台门故障-门状态丢失	站台自动广播通知乘客故障信息
		站台门故障-单扇门故障	站台广播隔离站台门的信息
4	通信 PIDS 设备	站台门故障-门状态丢失	人工发布站台 PIS 通知乘客故障信息
5	通信 CCTV 设备	站台门故障-单扇门故障	站台门故障,自动联动对应的站台摄像机图像
6	综合监控 ISCS 设备	站台门故障-门状态丢失	控制中心或车站监视站台门状态,可通过人工广播、人工发布 PIDS 信息;ISCS 设备可以将站台门故障信息在中心和车站报警
		站台门故障-单扇门故障	行调显示因故障站台门隔离的车门信息;由 ISCS 自动调用站台摄像机图像,显示在行调工作站界面;站台门故障,由 ISCS 自动调用站台摄像机图像,显示在行调工作站界面;站台广播隔离站台门的信息
7	站台门	站台门故障	对站台门的门状态进行监测;门关闭并锁闭状态发送至信号系统;站台门单扇门故障信息发送信号系统

（11）车门与站台门间异物检测

车门与站台门间异物检测是指在满足正常的发车联锁要求外,还需要将检测车门与站台门间有无异物作为判断是否发车的条件之一,系统功能见表 6.4-21。

车门与站台门间异物检测场景系统功能表　　　表 6.4-21

序号	专业	功能描述
1	信号	接收站台门发送的异物检测报警信息,并在 ATS 工作站进行显示;控制列车不发车,异物报警解除后,满足发车条件自动发车
2	通信 CCTV 设备	接收 ISCS 自动联动站台 CCTV 图像命令;控制站台 CCTV 自动切换至异物报警侧站台
3	ISCS 设备	接收站台门异物检测报警信息,发送自动联动站台 CCTV 图像命令
4	站台门	对车门与站台门间进行异物检测;发送异物检测报警信息至信号系统

6.4.3　全自动运行典型应急运营场景

（1）列车远程紧急制动及缓解

行调通过控制中心 ATS 工作站可对单列车下达远程紧急制动（EB）及缓解指令,也可对全线所有列车下达远程紧急制动（EB）指令,系统功能见表 6.4-22。

列车远程紧急制动及缓解场景系统功能表　　　　　　表 6.4-22

序号	专业	功能描述
1	车辆	车辆响应信号 VOBC 发出的 EB 施加与缓解指令
2	PA 设备	行调对列车实施 EB 时，系统联动车载广播，并可人工对本列车进行人工广播
3	PIDS 设备	行调对列车实施 EB 时，系统联动 PIDS 通知乘客
4	CCTV 设备	行调对列车实施 EB 时，车载 CCTV 将各车厢画面上传至中心行调、乘客调
5	VOBC	全自动运行列车接收到行调远程 EB 指令时，立即实施 EB； 当 VOBC 执行远程 EB 指令并停车后，不自动缓解 EB，应由行调远程人工缓解 EB； 中心 ATS 下达的 EB 只能通过 ATS 远程 EB 缓解指令缓解； 车上开启司机钥匙、转为非全自动运行模式后，VOBC 自动缓解远程 EB
6	ATS 设备	中心行调可通过 ATS 工作站对指定列车（或全线列车）发送 EB 指令，或对已发送 EB 指令的列车发送缓解 EB 指令； 单车或全线列车远程实施、取消 EB 应通过二次确认操作的方式来实施
7	PA 设备	列车 EB 后，乘客调可对单车或多车进行人工广播； 乘客调根据列车 EB 状态，对多列车、多车站同时进行组播
8	CCTV 设备	列车实施 EB 时，车载 CCTV 将各车厢画面上传至中心行调、乘客调
9	ISCS 设备	列车实施 EB 时，车载 CCTV 将各车厢画面上传至中心行调、乘客调； 列车实施 EB，系统联动车载广播、PIDS 系统通知乘客

（2）车门紧急解锁请求

当乘客拉下车门紧急解锁手柄到请求位后，车载 CCTV 画面在行调、乘客调、车辆调的工作站上显示；车辆自动联动该车门的乘客紧急呼叫。控制中心乘客调通过专用无线响应乘客紧急呼叫实现与乘客对话，采取相应的处理措施，系统功能见表 6.4-23。

车门紧急解锁请求场景系统功能表　　　　　　表 6.4-23

序号	专业	功能描述
1	车辆 TCMS 设备	采集到车门紧急解锁手柄被拉下信息，联动车载 CCTV 在行调、乘客调、车辆调的工作站显示，联动车辆紧急广播；并通过硬线和网络发送给 VOBC； 网络自动联动该车门的乘客紧急呼叫； 显示屏上提示； 车门紧急解锁手柄复位后，车辆 TCMS 向 VOBC 发送紧急手柄复位的信息，同时 TCMS 不再联动车载 CCTV 和车载广播
2	车辆 PA 设备	根据车载 TCMS 的联动，播放应急广播； 根据车载专用无线设备联动，播放乘客调度人工广播
3	车辆 CCTV 设备	将紧急手柄拉下报警区域的画面主动推送给中心乘客调和司机台 CCTV 监视器上
4	车辆专用无线	根据车载专用无线设备联动，播放乘客调度人工广播
5	信号 VOBC	VOBC 通过与车辆的硬线和通信接口获车门紧急解锁状态信息；实现车门紧急解锁请求手柄激活功能

233

续上表

序号	专业	功能描述
6	信号 ATS 设备	VOBC 将车门紧急解锁请求手柄激活信息转发给 ATS 系统，在行调、乘客调、车辆调的工作站上显示，并输出报警
7	通信 PIDS 设备	乘客调通过 PIDS 系统的 CCTV 监视器确认后，可对列车进行广播

（3）乘客紧急呼叫

列车客室内设置紧急呼叫按钮，当乘客触发客室内的紧急呼叫按钮后，同时呼叫到司机室及中心行调调度台，系统功能见表 6.4-24。

乘客紧急呼叫场景系统功能表　　　　　　　　表 6.4-24

序号	专业	功能描述
1	车辆 TCMS 设备	乘客触发紧急呼叫按钮时，司机室广播界面提示，同时乘客调的专用无线调度台振铃；车辆紧急呼叫按钮为自复位式，乘客按下此按钮后闪烁提示，仅允许中心或司机挂断
2	车辆 PA 设备	乘客调通过专用无线调度台点击处于紧急呼叫状态列车的车次号、车厢编号，接通乘客和中心直接对讲，乘客调可点击挂断按钮拒绝或终止当前进行的对话
3	车辆 PIDS 设备	车辆给车载 PIDS 系统触发信号，车载 PIDS 通过 PIDS 车地无线通道转发给地面 PIDS，地面 PIDS 转发地面 CCTV 系统，地面 CCTV 系统转发给 ISCS 系统
4	车辆 ATS 设备	ATS 系统与专用无线通信系统通过网络接口接收到乘客紧急呼叫信息，在相应 ATS 工作站上显示列车出现紧急呼叫显示和报警，提示该列车有"紧急呼叫"
5	车辆 PIDS 设备	车辆给车载 PIDS 触发信号，车载 PIDS 通过 PIDS 车地无线通道转发给地面 PIDS，地面 PIDS 转发地面 CCTV 系统，地面 CCTV 系统转发给 ISCS 系统
6	ISCS 设备	ISCS 系统调取将该区域的画面显示在乘客调 ISCS 的 CCTV 监视器

（4）列车火灾

列车运行过程中车辆内部发生火灾时，系统按照一定的规则完成相应的处理，包括列车火灾检测、列车火灾确认后的处理，系统功能见表 6.4-25。

列车火灾场景系统功能表　　　　　　　　表 6.4-25

序号	专业	场景需求	功能描述
1	车辆 TCMS 设备	列车火灾检测	列车 FAS 系统检测到客室内物体或车体发生火灾时，车辆 TCMS 同时通过硬线和网络方式给 VOBC 提供火灾报警信息； 车辆检测到火灾报警信息自动执行空调联动等操作； 当列车在人工驾驶模式下运行时，FAS 系统的火灾报警信息同时送到列车驾驶台的 MMI 上，司机对火灾报警信息进行确认，并报告给行调
		确认列车无火灾后的处理	现场人工确认无火灾后可通过车辆火灾报警控制器人工复位； 当确认列车无火灾后，司机复位 FAS 的报警信息，列车的运行不受影响
		确认列车火灾后的处理	车辆调人工远程向车辆发送火灾确认，由车辆触发 TCMS 预录广播，对乘客进行广播，车辆自行触发预录制的 PIDS 信息提示乘客，引导乘客使用车上灭火器灭火和车内疏散
2	车辆 PA 设备		车辆调人工远程向车辆发送火灾确认，由车辆触发 TCMS 预录广播，对乘客进行广播，引导乘客使用车上灭火器灭火和车内疏散

续上表

序号	专业	场景需求	功能描述
3	车辆 PIDS 设备	确认列车火灾后的处理	车辆调人工远程向车辆发送火灾确认，车辆自行触发预录制的 PIDS 信息提示乘客，引导乘客使用车上灭火器灭火和车内疏散
4	车辆 CCTV 设备	列车火灾检测	车上 CCTV 通过 PIDS 通道将火灾报警区域画面推送给行调、车辆调、乘客调的车载 CCTV 监视器和车辆 CCTV 系统将火灾报警区域的画面直接显示在司机室 CCTV 监视器
5	信号 VOBC	列车火灾	列车 FAS 检测发生火灾时，车辆 TCMS 同时通过硬线和网络方式给 VOBC 提供火灾报警信息，VOBC 将火灾报警上报 ATS 系统
6	信号 ATS 设备	确认列车火灾后的处理	接收到 VOBC 转发的列车火灾报警信息后，在行调、设备调度（环）、车辆调、乘客调以及相关车站的 ATS 工作站上显示； ATS 工作站提示行调，由行调根据现场情况确认下列操作是否时是否实施： 1. 本站对侧站台列车设置跳停； 2. 对相邻区间正在接近的列车设置 EB； 3. 对上一相邻站站台设置扣车操作
7	通信 PA 设备		乘客调通过 ISCS 工作站向站台 PA、PIDS 发送相关信息，通知车站站台乘客远离火灾列车
8	通信 PIDS 设备		乘客调通过 ISCS 工作站向站台 PA、PIDS 发送相关信息，通知车站站台乘客远离火灾列车
9	通信 CCTV 设备		车辆 CCTV 系统通过通信 PIDS 系统的通道将火灾报警区域的画面推送给行调、车辆调、乘客调车载 CCTV 监视器和车辆 CCTV 将火灾报警区域的画面直接显示在司机室 CCTV 监视器 列车在区间运行过程中，车辆调通过车载 CCTV 确认火灾信息
10	综合监控设备		车辆调确认火灾，列车如在区间停车，ISCS 系统应联动系统启动通风模式启动区间紧急疏散模式

（5）轨道障碍物/脱轨检测

车辆具有在碰撞障碍物或检测到脱轨后紧急停车的功能，系统功能见表 6.4-26。

轨道障碍物/脱轨检测场景系统功能表　　　　表 6.4-26

序号	专业	功能描述
1	车辆 TCMS 设备	车辆在接收到障碍物、脱轨检测信息后，触发紧急制动，同时将此信息发送 TCMS，并联动车载 PA，播放临时停车广播； 车辆通过硬线和通信接口向 VOBC 发送轨道障碍物/脱轨信息，VOBC 触发紧急制动； 人工现场清除障碍物，并确认轨道上没有遗留障碍物时，复位障碍物、脱轨检测传感器
2	车辆 PA 设备	车辆 TCMS 并联动车载 PA，播放临时停车广播
3	车辆 PIDS 设备	列车联动车头 CCTV，推送列车车头 CCTV 图像到中心行调、乘客调和车辆调
4	车辆 CCTV 设备	列车联动车头 CCTV，推送列车车头 CCTV 图像到中心行调、乘客调和车辆调
5	信号 VOBC	VOBC 通过硬线和通信接口收到车辆的障碍物或脱轨信息，输出紧急制动、切除牵引； 障碍物/脱轨故障恢复、防护取消后，防护区内 AM 模式列车可自动发车，FAM、CAM、AM 模式列车需人工确认后发车
6	信号 ZC 设备	根据从 CI 采集到的 SPKS 激活状态，建立相应的防护区

续上表

序号	专业	功能描述
7	信号联锁设备	采集 SPKS 激活状态，关闭相应的信号，并将 SPKS 激活状态传送给 ZC
8	信号 ATS 设备	接收到 VOBC 转发的障碍物或脱轨信息后，在车辆调、行调的工作站上显示，并报警
9	通信 PIDS 设备	列车联动车头 CCTV，推送列车车头 CCTV 图像到中心行调、乘客调和车辆调

（6）区间疏散

列车停在区间，需要疏散乘客时，乘客调远程引导乘客疏散，系统功能见表 6.4-27。

区间疏散场景系统功能表　　　　　　　　　表 6.4-27

序号	专业	功能描述
1	车辆 TCMS 设备	车辆 TCMS 系统将列车故障信息发送给地面车辆智能运维系统，在中心显示
2	车辆 PA 设备	行调可通过专用无线通信向对相关列车的车载 PA 发起远程应急广播
3	车辆 CCTV 设备	车载 CCTV 将异常列车的视频图像通过 PIDS 通道上传中心，显示在行调 PIDS 工作站上
4	信号 VOBC	VOBC 将车载信号设备故障信息（如发生）发送给 ATS，在行调 ATS 工作站上显示故障信息，由行调决定是否进行区间疏散
5	信号 ZC 设备	根据从 CI 采集到的 SPKS 激活状态，建立相应的防护区
6	信号 CI 设备	采集 SPKS 激活状态，关闭防护区域信号，并将 SPKS 激活状态传送给 ZC
7	信号 ATS 设备	在行调 ATS 工作站上显示故障信息； 行调决定区间疏散后，通过 ATS 工作站对区间进行封锁，并将故障列车的后续列车扣在最近的站台等候，不允许发车； ISCS 系统通过与 ATS 系统的接口获取区间停车位置信息
8	通信 PA 设备	行调通过综合监控工作站查看列车画面，通过专用无线通信向对相关列车的车载 PA 发起远程应急广播
9	通信 PIDS 设备	车载 CCTV 将异常列车的视频图像通过 PIDS 通道上传至 OCC，显示在行调 PIDS 工作站上
10	ISCS 设备	ISCS 系统通过与 ATS 系统的接口获取区间停车位置信息后，决定区间阻塞通风模式，开启通风风机
11	BAS 设备	ISCS 系统决定区间阻塞通风模式，开启通风风机

（7）区间救援

当列车因严重故障无法行驶时，行调向故障列车发送远程 EB 命令，当救援列车接近被救援列车且人员准备下车前激活被救援车及救援车所在区域的 SPKS，救援人员确认联挂完成后复位被救援车及救援车所在区间的 SPKS，人工驾驶救援列车救援故障列车，使故障列车行驶到存车线或车辆段/停车场，系统功能见表 6.4-28。

区间救援场景系统功能表　　　　　　　　　　　　　　　　表 6.4-28

序号	专业	功能描述
1	车辆 TCMS 设备	车辆 TCMS 通过通信接口将与行车相关的列车故障信息发送给 VOBC
2	信号 VOBC 设备	VOBC 将与行车相关的车辆故障信息和车载信号设备故障信息发送给 ATS 系统； 收到 ZC 发送的 SPKS 激活信息，施加紧急制动
3	信号 ZC 设备	向 VOBC 发送 SPKS 激活状态
4	信号 CI 设备	采集 SPKS 激活状态，发给 ZC
5	信号 ATS 设备	ATS 系统在行调、车辆调的工作站上显示故障信息，由行调决定是否进行区间救援
6	通信 PA 设备	乘客调通过 CCTV 工作站查看列车画面，通过专用无线通信对故障列车发起应急广播

（8）远程限制驾驶模式（FRM）

全自动运行模式下，当轨旁某一应答器故障或列车丢失单个应答器信息时不影响列车的正常运行。在车地通信正常情况下，VOBC 连续丢失两个应答器失去定位将实施 EB，可通过远程指令进入远程限制驾驶模式模式，限制列车以较低的速度（如 15km/h）运行一定距离（可根据现场情况确定）直至再次获得定位或进入站台区，系统功能见表 6.4-29。

远程限制驾驶模式（FRM）场景系统功能表　　　　　　　　　表 6.4-29

序号	专业	功能描述
1	车辆	车辆调综合监控工作站上的车辆屏界面能与列车的车辆屏信息进行同步。操作台能够实时显示列车头部摄像机图像； 车辆调综合监控工作站实现车辆相关的开关、按钮等常规性的远程操作，通过轨旁综合监控给车载综合监控设备，车载综合监控设备向 TCMS 发送操作指令，由车辆根据指令执行相关操作； 列车控制台的按钮指示灯状态能提供给远程驾驶员观察； 远程操作台实现车辆相关的旁路开关的远程操作，通过轨旁车辆调综合监控给车载综合监控设备，车载综合监控设备向 TCMS 网络发送操作指令，由车辆根据指令执行相关操作，实现远程故障处置，其必要时需人工现场确保安全并加以处置的旁路开关内容由车辆部门定义
2	车辆 CCTV 设备	监控画面包括列车进路、列车两侧、驾驶室各开关指示灯
3	信号 VOBC 设备	ATS 工作站上能与信号车载 DMI 显示同步； VOBC 丢失位置后向中心申请 FRM 模式，收到"FRM 模式允许"后进入 FRM 模式； 进入 FRM 模式后，收到中心"FRM 运行允许"指令后，VOBC 控制列车低速运行 200m 停车，等待下一次指令； VOBC 控制列车以 FRM 模式运行时，若收到"禁止 FRM 运行允许"指令后，最大常用制动停车； 重新定位且收到 ZC 移动授权后可升级全自动运行
4	信号 ZC 设备	重新收到车载 ATP 位置报告、完成筛选后发送移动授权
5	信号 ATS 设备	ATS 工作站上的能与列车的信号车载 DMI 信息进行同步； 通过 ATS 系统可下达"FRM 模式运行"授权指令； 通过 ATS 系统可设置"FRM 运行允许"指令和禁止"FRM 运行允许"指令； 通过 ATS 系统可下达远程施加紧制/缓解紧制的指令

（9）车站人员防护开关（SPKS）控制

全自动运行线路车站设置 SPKS，用以防护进入轨行区工作人员的人身安全。SPKS 置于"防护"位后，防护区域内的信号机及进入防护区域的信号机关闭，在防护区域内的 CTC 等级的列车 EB 停车，尚未进入防护区域的列车不被授权进入该区域，系统功能见表 6.4-30。

车站人员防护开关（SPKS）控制场景系统功能表　　　　　　　　表 6.4-30

序号	专业	功能描述
1	信号 VOBC	CTC 等级下，在该防护区域内运行的列车紧急制动停车； CTC 等级下，VOBC 判断可以在 SPKS 防护区域之外停车则常用制动停车； CTC 等级下，VOBC 判断无法在 SPKS 防护区域之外停车则施加 EB 停车
2	信号 ZC 设备	信号联锁设备采集 SPKS 状态并发送给 ZC 设备，ZC 转发给 VOBC
3	信号联锁设备	联锁开放信号须检查 SPKS 的状态，SPKS 激活后，信号关闭； SPKS 恢复后，信号不能自动开放，需人工补办信号； 信号联锁设备采集 SPKS 状态，并发送给 ZC 和 ATS
4	信号 ATS 设备	ATS 工作站上显示 SPKS 防护状态

6.4.4 互联互通跨线运营场景

（1）运营准备场景

互联互通线路调度员和全局调度员在运营前的准备工作，主要涉及全局调度员、线路行调、线路场调、运转值班员及司乘等人员的运营前的准备工作，系统功能见表 6.4-31。

互联互通运营准备场景系统功能表　　　　　　　　表 6.4-31

序号	专业	功能描述
1	线网信号 ATS	全局调度员编制跨线运行图，并向跨线运营线路的 ATS 统一发送对应的运行图
2	线路信号 ATS	各线行调人员根据总调下发的运行图作为行车计划，并发送至车场调度人员，用于编制车辆运用计划和人员排班计划，并将车辆运用计划报告行调； 当日运营前，中心行车调度人员认真核对跨线运行图，防止出现运行图未装载或运行图装载错误； 运转值班员根据司乘排班计划，利用 ATS 派班工作站进行派班

（2）跨线运营

跨线运行列车的移交管理，涉及线路 ATS、ZC、CI 间的接口及功能移交，系统功能见表 6.4-32。

互联互通跨线运营场景系统功能表　　　　　　　　表 6.4-32

序号	专业	功能描述
1	车载 PA 设备	车载 PA 播放跨线和终点站广播
2	车载 PIDS 设备	车载 PIDS 发布跨线和终点站信息
3	车站 PA 设备	播报跨线列车信息、终点站信息、即将到站信息

续上表

序号	专业	功能描述
4	车站 PIDS 设备	播报跨线列车信息、终点站信息、即将到站信息
5	轨交智慧运行平台	接收信号 ATS 发送的跨线运行计划、列车位置信息、跨线信息；并触发广播和 PIDS 进行播报
6	信号 ATS	向轨交智慧运行平台提供跨线运行计划、列车位置信息、跨线信息； 各线路互复视信息、触发区段信息、列车位置信息、跨线列车识别号； 向 CI 发送触发进路办理命令
7	信号 CI	接收 ATS 发送的进路办理命令； 办理进路，开放信号； 向 ZC 提供进路信息； 各线路 CI 互传查照接口信息和本线信号开放信息
8	信号 ZC	接收 CI 发送的进路信息，向 VOBC 提供移动授权，接收列车位置信息； 列车完全进入移交区后，开始连接接管方 ZC，同时移交方 ZC 向接管方 ZC 发送"列车移交"的移交状态信息； 接管方 ZC 收到移交方 ZC 的"列车移交"的移交状态信息后，判断与列车正常通信，并为列车计算在接管方 ZC 管辖范围内的移动授权； 当列车的列车车头包络跨越了移交边界，即列车认为进入了接管方 ZC 控制区，列车开始接受接管方 ZC 控制，列车采用接管方 ZC 的移动授权； 相邻 ZC 互传重叠区的站标示信息和列车信息，以实现对列车追踪的连续性及列车间隔控制的连续性，不影响运行间隔和列车运行状况
9	信号 VOBC	列车完全进入移交区后，连接接管方 ZC，但仍受移交方 ZC 控制； 列车车头包络跨越了移交边界，列车采用接管方 ZC 的移动授权信息； 列车最小安全后端越过移交边界，断开与移交方 ZC 的连接

6.4.5 列车自主化控制运营场景

列车自主化运行（TACS）是以"列车"为控制目标、以车载控制平台为核心，基于车车通信及资源管理的理念，采用简化系统控制架构、缩短控制环节、车载多系统融合等手段，实现列车自主进路、自主防护、自主调整，从而实现列车运行方式由自动化向自主化转变的一种全新系统制式。

（1）列车运行场景

在 ATO 模式下，列车根据 ATS 下发的列车运行任务，自动申请线路资源，根据资源分配情况自动运行。列车由转换轨、存车线进入正线前，系统根据运营计划，自动为列车分配运行任务；列车根据运行任务自动向地面资源管理设备申请运行所需的线路资源；地面资源管理设备根据轨旁资源状态为列车分配资源；列车获取线路资源后，控制列车自动运行驶入正线；列车出清线路资源后，自动释放征用的线路资源，系统功能见表 6.4-33。

列车正常运行场景系统功能表 表 6.4-33

序号	专业	功能描述
1	车辆	配合信号车载设备，完成列车牵引、惰性、制动等自动运行功能
2	信号（ATS）	ATS 系统下发运行任务到车载设备

续上表

序号	专业	功能描述
3	信号（地面ATP）	资源管理：轨旁设备资源化管理，根据列车运行需求自动为列车分配线路资源并及时回收列车释放的资源
4	信号（车载）	线路参数：车载设备存储线路数据，数据库版本与地面设备一致，列车根据运行任务自动规划行车路径； 资源申请和释放：车载设备通过资源申请和释放的形式使用线路资源，资源分配情况纳入车载设备计算移动授权功能

（2）列车追踪场景

列车根据运行任务，与前行列车保持安全间隔追踪运行。列车根据运行任务，自动匹配运行内方前车信息；列车自动与追踪运行的相邻前车建立通信；列车根据运行任务、前车运行状态、获取的线路资源状态等信息计算安全间隔；列车自动与前车保持安全间隔追踪运行，系统功能见表6.4-34。

列车追踪场景系统功能表　　　　　　表6.4-34

序号	专业	功能描述
1	车辆	配合信号车载设备，完成列车牵引、惰性、制动等自动运行功能
2	信号（ATS）	ATS系统下发运行任务到车载设备
3	信号（地面ATP）	资源管理：轨旁设备资源化管理，根据列车运行需求自动为列车分配线路资源并及时回收列车释放的资源
4	信号（车载）	车车通信：信号系统应具备列车之间的通信接口，相邻列车自主建立通信，列车通过通信接口直接获取相邻列车运行信息； 列车自主计算移动授权：信号车载设备根据线路资源获取情况、相邻列车信息、列车当前位置等信息自主计算移动授权，列车自主计算移动授权应满足行车安全、效率的需求

6.4.6 列车灵活编组运行场景

基于运营部门的客观需求，在客流高峰期，列车采用长编组的运营模式；在客流平峰期间，列车采用长编组＋短编组的组合运营模式，通过采用灵活编组的方式，根据不同客流需求实现运能精准投放，同时使运营服务水平保持相对较高的水平，系统功能见表6.4-35。

列车灵活编组运行场景系统功能表　　　　　　表6.4-35

序号	专业	功能描述
1	车辆	支持联挂、解编，车辆的列车功能至少包括牵引系统、辅助系统、制动系统、网络系统、乘客信息系统、列车控制、车门系统、空调系统、照明系统等的功能
2	信号	为支持2列3节编组列车的联挂、解编，信号系统功能至少包括以下内容： 形成冗余：列车联挂后，新的头端和尾端车载设备需要建立通信和工作，并形成新的热备冗余架构； 网络重构：车载网络架构应能保证当列车联挂或解编后，网络上各设备间的通信都能维持正常的功能需要； 车型车号自动判断和识别：应能根据联挂或解编状态下的各类输入，自动判断和识别当前列车的编组情况； 列车参数存储：信号系统固定存储该线路上所有可能编组类型列车的参数

续上表

序号	专业	功能描述
2	信号	作业区域设定：对联挂、解编的作业区域设定； 命令控制：信号系统模式下，联挂、解编的命令控制可由中央 ATS 人工下发，车辆自动执行作业； 停站对位：具备不同编组列车对位停准的功能； 开关门控制：支持不同编组列车车门的开关与站台门开关保持关联性； 轨旁通信：信号系统需支持列车在联挂、解编前后，维持车载与轨旁的持续通信； 人机界面：信号车载人机界面（TOD）应支持联挂、解编的列车的状态信息显示； 运行图/时刻表：运行图、时刻表的设计应支持联挂、解编的不同编组列车运行班次调整需要
3	站台门	区分不同编组列车开关站台门； 信号系统正常模式下联动控制功能； 降级模式下手动控制功能
4	通信乘客信息	列车联挂状态下，PIS 系统的信息统一传输与控制； 当不同编组列车进站时，地面 PIS 能根据信号系统的报文通知，显示不同编组列车到站的相关信息
5	通信广播	当不同编组列车进站时，广播系统能根据信号系统的报文通知，广播不同编组列车到站的相关信息

6.4.7 列车虚拟编组运行场景

通过车与车直接通信，后车可获取前车的运行状态控制运行，从而通过无线通信实现多列车以相同速度、极小间隔的列车协同运行方式。通过这种方式，以一定距离保持同步运行的列车可以看作进行了联挂，与传统方式相比将传统的物理车钩联挂变成了无线通信联挂。

在虚拟编组城轨列车运营中，同一线路上的不同车次列车可根据运营需求在车库或车站进行停车状态下的虚拟编组，编组后的城轨列车组可看成一列城轨列车进行运营调度。在线上运营的城轨列车也可根据运营需求在区间通过虚拟编组技术在不停车的状态下进行联挂，以缩短列车间追踪间隔。

当虚拟编组的城轨列车组需要进站停车时，在站台长度允许情况下可以编组状态进站，在站台长度不允许虚拟编组的所有列车同时停靠时，虚拟编组城轨列车在区间内解编成站台允许停靠的小编组依次进站，出站后根据需求再进行编组。从而实现城轨列车的动态编组和解编，以满足城轨列车动态调度提高客流适应性的需求，系统功能见表 6.4-36。

列车虚拟编组运行场景系统功能表　　　　　表 6.4-36

序号	专业	功能描述
1	信号	ATS 系统下发虚拟编组的列车运行任务，确定虚拟编组的列车车次信息； 车载设备实现列车自身的运营环境感知和运行状态数据收集； 与前后车进行通信，获取进行虚拟编组列车的运营环境感知和运行状态数据； 虚拟编组的后车根据计算结果形成控制策略，保持一个动态安全距离跟随前车运行； 给车辆 TCMS 系统发送列车的控制命令； 给综合监控、PIS 和 PA 等系统发送列车运行信息
2	车辆	接收信号系统控制命令，实现虚拟编组列车的同步启停； 实时监测车辆自身状态，出现车辆状态异常时及时反馈到信号系统采取应急措施
3	站台门	发送站台门状态信息到信号系统； 接收信号系统开关门命令，实现对应列车编组的站台门控制

续上表

序号	专业	功能描述
4	通信	接收信号系统发送的列车运行信息，PIS 系统实时显示即将到站的列车编组信息；广播系统对到站的列车编组信息进行语音播报，提醒乘客在相应位置乘车
5	综合监控	列车进站时触发到站广播和 PIS 系统显示

6.5 车站站务管理类功能

借助各类先进的智能技术，车站管理模式从固定化、单站化向移动化、区域化转变，构建基于设备全息感知、系统集成联控、终端移动操控的高度自运转的全时全景车站管理模式，最终实现场景化的智能站务管理。

6.5.1 自动开/关站场景

结合运营需求，智慧城轨场景下的车站可实现开关站流程中涉及的各系统、设备的自动监测、安全联动、有效控制，有助于城市轨道交通运营单位优化运作效率，降低人力成本。车站开始运营或结束运营时，通过对设备控制进行定制化场景预设，结合时间表（或手动）实现开/关站准备和开/关站服务功能，系统功能分别见表 6.5-1～表 6.5-4。

（1）开站准备

开站准备系统功能表　　　　表 6.5-1

序号	专业	功能描述
1	综合监控系统	根据时间表或手动启动场景，发送执行开站准备场景指令，调用 CCTV 画面轮巡播放；基于相关系统设备状态、视频分析结果和设备执行情况，判定场景执行成功/失败，并提示
2	轨交智慧运行平台	综合监控系统通过轨交智慧运行平台接收设备状态、视频分析结果和设备执行情况和下发对相关系统的开站准备指令
3	PIDS	接收开站准备指令，控制唤醒显示屏，并反馈执行状态
4	广播	接收开站准备指令，播放预设好的音源
5	视频监视系统	接收开站准备指令，对执行开站准备场景的相关设备情况、站厅公共区、站台公共区、各出入口通道等区域提供视频画面及轮巡
6	票务及客服	接收开站准备指令，闸机开启服务，反馈执行状态，显示开启服务指示灯
7	智能车站设备监控系统	接收开站准备指令，开启扶梯，反馈运行状态
8	智能环控设备监控系统	接收开站准备指令，控制通风空调设备执行开站的模式，反馈设备状态
9	通风空调系统	接收开站准备指令，执行开站运行模式，反馈设备状态
10	扶梯	接收智能车站设备监控系统指令，控制扶梯上行/下行，反馈执行状态
11	低压（智能照明）	接收开站准备指令，执行开站照明模式，反馈模式执行状态

（2）开站服务

开站服务系统功能表　　　　　　　　　　　　　　　　　　　　　表 6.5-2

序号	专业	功能描述
1	综合监控系统	根据时间表或手动启动场景，发送执行开站服务场景指令，调用 CCTV 画面轮巡播放；基于相关系统设备状态、视频分析结果和设备执行情况，判定场景执行成功/失败，并提示
2	轨交智慧运行平台	综合监控系统通过轨交智慧运行平台接收设备状态和下发对相关系统的开站控制指令
3	PIDS	接收开站控制指令，播放预设好的开/关站信息
4	广播	接收开站控制指令，播放预设好的开站服务音源
5	视频监视系统	接收开站控制指令，对执行开站准备场景的相关设备情况、站厅公共区、站台公共区、各出入口通道等区域提供视频画面及轮巡；对卷帘门下划定区域的人体入侵事件进行检测抓拍，将相关报警信息上传
6	票务及客服	接收开站控制指令，在乘客自助终端设备上显示开站提示信息，并将执行状态反馈给综合监控系统
7	智能车站设备监控系统	接收开站控制指令，控制出入口防盗卷帘上升，反馈运行状态
8	防盗卷帘	接收智能车站设备监控系统指令，控制出入口防盗卷帘上升，反馈运行状态

（3）关站准备

关站准备系统功能表　　　　　　　　　　　　　　　　　　　　　表 6.5-3

序号	专业	功能描述
1	综合监控系统	根据时间表或手动启动场景，发送执行场景指令，调用 CCTV 画面轮巡播放；基于相关系统设备状态、视频分析结果和设备执行情况，判定场景执行成功/失败，并提示
2	轨交智慧运行平台	综合监控系统通过轨交智慧运行平台接收设备状态、视频分析结果和设备执行情况和下发对相关系统的关站准备指令
3	PIDS	接收关站准备指令，播放预设的准备关站信息
4	广播	接收关站准备指令，播放预设的关站准备音源
5	视频监视系统	接收关站准备指令，对执行关站准备场景的相关设备情况、站厅公共区、站台公共区、各出入口通道等区域提供视频画面及轮巡，监控是否有乘客滞留；将视频分析的报警信息上传
6	票务及客服	接收关站准备指令，在乘客自助终端设备上显示准备关站提示信息

（4）关停设备

关停设备系统功能表　　　　　　　　　　　　　　　　　　　　　表 6.5-4

序号	专业	功能描述
1	综合监控系统	根据时间表或手动启动场景，发送执行关站服务场景指令，调用 CCTV 画面轮巡播放；基于相关系统设备状态、视频分析结果和设备执行情况，判定场景执行成功/失败，并提示

续上表

序号	专业	功能描述
2	轨交智慧运行平台	综合监控系统通过轨交智慧运行平台接收设备状态、视频分析结果和设备执行情况和下发对相关系统的关站准备指令
3	PIDS	接收关站指令，控制关闭显示屏，并反馈执行状态
4	广播	接收关站指令，播放预设好的关站音源
5	视频监视系统	接收关站指令，对执行关站场景的相关设备情况、站厅公共区、站台公共区、各出入口通道等区域提供视频画面及轮巡，监控是否有乘客滞留； 对卷帘门下划定区域的人体入侵事件进行检测抓拍，上传报警信息
6	票务及客服	接收关站指令，闸机待机服务，反馈执行状态，显示关站服务指示灯，反馈执行状态
7	智能车站设备监控系统	接收关站指令，控制扶梯停梯，控制出入口防盗卷帘下降，并反馈状态
8	智能环控设备监控系统	接收关站指令，控制通风空调设备执行关站模式，并反馈状态
9	通风空调系统	接收关站指令，执行关站运行模式，反馈状态
10	扶梯	接收智能车站设备监控系统指令，控制扶梯停梯服务，并反馈状态
11	卷闸门	接收智能车站设备监控系统指令，控制出入口防盗卷帘下降，并反馈状态
12	低压（智能照明）	接收关站指令，执行关站照明模式，反馈模式执行状态

6.5.2 日常巡检场景

日常运营巡检主要根据需求建立不同模型，定制巡检时间、顺序、频次。重点区域视频轮巡，接收智能分析结果，实时定位工作人员，生成轨迹和历史查询，系统功能见表6.5-5。

日常巡检场景系统功能表 表6.5-5

序号	专业	功能描述
1	综合监控系统	根据时间表或手动启动场景，发送执行场景指令，调用CCTV画面以不同巡检模式进行轮巡播放，实现人员及行为监控和车站服务设施状态监控； 实现人员站内的实时定位、轨迹路线，支持轨迹查询
2	轨交智慧运行平台	综合监控系统通过轨交智慧运行平台接收设备状态、车站管理人员定位信息和下发视频监视控制指令
3	视频监视系统	接收日常巡检指令，对不同的巡检场景进行视频画面轮巡； 在设备区关键位置对人员入侵场景事件进行检测抓拍，上传报警信息
4	室内定位系统	车站管理人员配备定位设备，提供人员实时定位

6.5.3 客流引导场景

车站出现大客流时，根据客流分析确定客控等级，启动预设场景，实现设备场景化控制,并根据客流变化转换客控模式。通过视频分析掌握局部客流情况,智能调整设备运行状态,通过设备联控引导客流,客流引导场景系统功能见表6.5-6。

客流引导场景系统功能表 表6.5-6

序号	专业	功能描述
1	综合监控系统	根据客流分析确定客控等级,自动或手动启动客流引导场景,向相关系统/设备发送执行该场景的指令,接收相关设备执行情况; 对客流引导路线上的关键位置视频画面进行轮巡,并接收视频分析生成的客流数据结果
2	轨交智慧运行平台	综合监控系统通过轨交智慧运行平台接收设备状态、视频分析结果和设备执行情况和下发对相关系统的客流引导指令
3	PIDS	接收客流引导指令,终端设备上显示本站正在执行的客控,引导乘客等候进站和有序乘车; 在站台门上方的显示屏显示列车信息、车辆拥挤度等,引导站台候车乘客的分布
4	广播	接收客流引导指令,播放预录制的客流引导广播
5	视频监视系统	接收客流引导指令,监视客流引导路线上的关键位置视频画面; 应用智能视频分析功能,通过划线方式统计出入口通道处、换乘通道处进出两个方向的客流数据,统计安检处、站台候车区区域内的人员密度及数量,并实时上传统计数据
6	票务及客服	接受客流引导命令,控制闸机开启或停止服务模式,调整双向闸机进出站模式,客服终端设备上提示乘客客控信息
7	智能车站设备监控系统	智能车站设备监控系统将扶梯行运行状态反馈给综合监控系统
8	扶梯	现场控制调整扶梯上、下行方向或停梯,并反馈扶梯运行状态
9	智能照明	根据客流等级,调整智能照明预设模式
10	信息系统(APP)	面向注册的常旅客,根据乘客制定要求、历史乘客出行轨迹、乘客GPS定位信息,推送客控信息,给出预估进站时间

6.5.4 全景管控场景

全景管控场景是指实现对车站整体情况进行感知,包括站内环境信息、客流感知及趋势、列车到离站状态、设备运行状况、设备运维监测、数据查询统计等,系统功能见表6.5-7。

全景管控场景系统功能表 表6.5-7

序号	专业	功能描述
1	综合监控系统	感知站内的整体运营场景,工作站及移动终端全景展现,包括站内环境信息、客流数据及趋势、列车到离站状态、站内能耗统计、设备状态、告警统计数据、人员定位等; 支持平面、图表、三维等多种方式对场景数据进行展示,可按用户需求进行数据筛选,分专业、分类别显示数据; 设备控制或状态显示功能
2	轨交智慧运行平台	接收相关系统上传的数据,并转发综合监控系统向车站系统设备下发的控制指令
3	ATS	提供列车到/离站信息、主要设备状态和故障告警
4	票务及客服	接受综合监控系统管控指令,实现全站票务及客服设备监控功能

续上表

序号	专业	功能描述
5	PA	提供 PA 设备状态和设备故障报警的数据信息
6	PIS	提供 PIS 设备状态和设备故障报警的数据信息
7	CCTV	提供 CCTV 设备状态和设备故障报警的数据信息
8	智能车站设备监控系统	提供本系统主要设备及监控对象运行状态信息及故障，接受设备单点控制和模式控制
9	智能环控设备监控系统	提供设备状态及正在执行的模式，并接收设备控制和模式控制
10	通风空调系统	接收智能环控设备监控系统的控制
11	FAS	提供自身设备及监控对象的设备状态信息及故障
12	低压	提供智能照明、疏散指示执行模式及设备状态、提供能耗数据等，接收设备单点控制和模式控制
13	ACS	提供设备状态信息及故障告警，接受控制
14	站台门	提供设备状态信息及故障告警
15	防淹门	提供设备状态信息及故障告警
16	供电	提供设备状态信息及故障告警
17	智能卫生间	显示卫生间内环境参数、厕位占用状态及报警信息

6.5.5 车站节能控制场景

车站节能控制场景是指根据汇聚到信息化基础平台的室内外环境、时间表、行车、客流等多元数据，通过综合监控系统、节能控制系统、智能车站设备监控系统、智能照明等启动相应设备的节能运行模式，系统功能见表 6.5-8。

车站节能控制场景系统功能表　　　　　　　　　　　　表 6.5-8

序号	专业	功能描述
1	综合监控系统	结合站内及室外的环境参数，时间表、行车和客流数据，自动或手动启动节能控制场景；设备控制功能，接收设备运行情况反馈，显示启动场景后的环境参数和客流数据的动态变化
2	轨交智慧运行平台	接收相关系统上传的数据；转发节能控制指令
3	ATS	提供列车即将进站信息
4	AFC/清分	提供客流数据
5	节能控制系统	通过平台获取行车和客流数据，进行节能控制计算并控制通风空调设备执行
6	智能车站设备监控系统	上传自动扶梯的节能运行状态信息，并通过平台提供给综合监控系统

续上表

序号	专业	功能描述
7	智能照明	接受综合监控系统的设备单点控制和模式控制； 提供智能照明执行模式及设备状态
8	扶梯	根据节能控制要求调整扶梯运行模式，并反馈运行状态

6.5.6 车站智能照明场景

车站智能照明场景是指根据时间表开启运营工况或停运工况下的照明模式，且可根据客流调节不同照度模式下的照明模式。每种模式下的照明回路的开关、照度调节、颜色调节等可进行定制化设定，系统功能见表 6.5-9。

车站智能照明场景系统功能表 表 6.5-9

序号	专业	功能描述
1	综合监控系统	结合时间表或手动启动节能控制场景，对智能照明系统进行模式控制或单回路控制功能； 通过平台接收并显示智能照明系统执行的模式状态及设备运行情况
2	轨交智慧运行平台	综合监控系统通过轨交智慧运行平台接收智能照明设备状态、模式执行状态和故障状态和下发对智能照明系统的控制指令
3	智能照明	接受综合监控系统的设备单点控制和模式控制； 提供智能照明执行模式及设备状态

6.5.7 车站乘客意外事件场景

突发车站乘客意外事件时，启动该场景。系统利用视频分析技术对扶梯上的乘客行为进行分析，出现异常时，扶梯语音系统提示乘客，同时上传告警数据，提醒乘务人员及时处理，系统功能见表 6.5-10。

车站乘客意外事件场景系统功能表 表 6.5-10

序号	专业	功能描述
1	综合监控系统	基于通信视频分析结果的报警数据并自动触发启动场景，提醒现场处置； 实时调用发生乘客意外位置所在的视频画面
2	轨交智慧运行平台	接收 CCTV 视频分析报警数据及异常画面帧
3	扶梯	接受综合监控系统的乘客意外场景启动命令； 扶梯语音系统播放安全提示语音
4	CCTV	采用视频分析技术对扶梯上的乘客行为进行图像分析，行为异常时，上报警数据和异常画面帧； 对 CCTV 视频画面的实时调看
5	求助系统	在求助按钮触发报警时，上传报警信息

6.5.8 特殊乘客服务场景

特殊乘客服务场景是指利用视频分析技术，对特殊乘客进行图像识别，提示站务人员关注，及时提供现场服务。当终端上显示特殊乘客求助按钮呼叫报警时，站务人员需要尽快赶往现场服务，系统功能见表 6.5-11。

特殊乘客服务场景系统功能表　　　　　　　　　　　表 6.5-11

序号	专业	功能描述
1	综合监控系统	基于通信视频分析结果的报警数据或求助系统的报警数据自动触发启动场景，提醒现场处置；实时调用特殊乘客所在位置的视频画面；
2	轨交智慧运行平台	接收 CCTV 视频分析数据及求助系统报警数据
3	CCTV	采用视频分析技术对乘客行为进行图像分析，识别出行动不便的老人、孕妇、盲人等特殊乘客；对 CCTV 视频画面的实时调看
4	求助系统	在求助按钮触发报警时，上传报警信息

6.6 段场综合管理类功能

车辆段/停车场是一个大区域、综合性的功能处所，段场管理需从多方面进行综合考虑，涵盖安防管理、停车管理（汽车）、访客管理等方面。

6.6.1 安防管理类场景

安防管理类场景是指通过多种智能化手段，实现对车辆段/停车场内人、车、物的安防管理，安防管理类场景系统功能见表 6.6-1。

安防管理类场景系统功能表　　　　　　　　　　　　表 6.6-1

序号	专业	功能描述
1	轨交智慧运行平台	安防各子系统前端接入及数据处理；为上层应用提供相关软件接口
2	综合监控系统	实现与轨交智慧运行平台对接，并通过平台实现选区广播及前端控制、报警信息处理及系统联动等
3	段场安防	实现各系统相关设备及告警信息上传，并基于轨交智慧运行平台开发各系统应用，实现周界报警、视频监控及分析、选区广播、报警联动等功能
4	门禁	实现门禁系统相关设备及告警信息上传，并基于轨交智慧运行平台开发门禁系统应用，实现重点房间及区域的出入控制

（1）外部入侵

系统针对车辆段/停车场周界、洞口（U 形槽口）、上盖物业连接通道口等位置进行 24h 外部入侵监测和报警，涉及综合监控系统、周界报警系统、视频监视系统、广播系统等。

（2）出入口管控

系统针对车辆段/停车场大门出入口（包括主出入口、次主出入口等）、重要房间出入口、上盖物业通道出入口等进行管控，对进出段场的人员、车辆等进行有效管控和记录，涉及综合监控系统、视频监视系统、门禁系统等。

（3）段内管控

对于段场内部，系统可实现关键部位及区域的全天候视频监视，主要包括各单体（综合楼、运转楼、公寓等）内部走廊、食堂公共就餐区、物资库、运用库、检修库、咽喉区、智能仓库、网轨转换区等区域，涉及视频监视系统等。

6.6.2 停车管理类场景

停车管理类场景是指通过在段场内设置智能停车场管理系统，实现段场内现代化的车辆停车收费及自动化管理。系统以 IC 卡/员工卡、车牌识别为载体，通过智能设备读取车辆车牌及持卡人进出的相关信息，实现自动化的身份认证、起杆放行、计时收费（若需）、车位管理等功能，从而对进入段场内的车辆实现从进场、停车、出场的全过程智能化管理，系统功能见表 6.6-2。

停车管理类场景系统功能表   表 6.6-2

序号	专业	功能描述
1	轨交智慧运行平台	实现与 OA 系统对接及前端设备接入，为停车管理系统上层应用提供相关软件接口及数据处理
2	停车场管理系统	基于轨交智慧运行平台开发停车管理系统上层应用，实现车辆进出管理、数据统计分析、停车收费等功能

6.6.3 访客管理类场景

访客管理类场景是指针对车辆段/停车场的访客，进行拜访过程的全周期（即预约→审批→到访→离开）智能化管理，系统功能见表 6.6-3。

访客管理类场景系统功能表   表 6.6-3

序号	专业	功能描述
1	轨交智慧运行平台	实现与门禁系统、访客管理系统对接，为访客管理系统上层应用提供相关软件接口及数据处理
2	访客管理系统	基于轨交智慧运行平台开发访客管理系统上层应用，实现对公司内、外部访客拜访过程（即预约→审批→到访→离开）管理
3	门禁	实现门禁系统相关设备及告警信息上传，并基于轨交智慧运行平台开发系统应用，实现段场出入口的出入控制

（1）访客预约

访客拜访前进行拜访预约申请，可通过线上 APP、线下自助终端、现场人工等多种渠道进行办理。

（2）预约审批

管理人员通过系统平台对预约申请进行审批。

（3）访客到访

访客到达段场后，通过访客系统平台下发的二维码、临时卡、人脸信息等进入段场。

（4）访客离开

拜访结束后，通过访客系统平台下发的二维码、临时卡、人脸信息等离开段场，并归还临时卡。

进出段场的人员根据人员来源可分为两大类：公司内部人员和外部访客。针对不同的人员设置不同的管理流程。

6.7 智慧能源管理类功能

城市轨道交通企业应提高能源管理系统的技术水平、建设水平与运行管理水平，建立基于统一技术标准的城市轨道交通能源管理系统，实现线网、线路、车站层能耗数据的实时采集、处理、存储、传输和展示。能源管理系统为企业提供设计、建设、运维轨道交通线网依据，以及各线路的能耗统计、能源审计、优化用能结构、评价与考核、节能改造，实现科学用能、降低能耗，提高节能效益。

城市轨道交通能源管理系统应联合通信、供配电、通风空调、给排水、车辆等专业进行总体设计，会同 SCADA、BAS、AFC、OCC、ISCS、OA 等关联系统相关方协同设计。

城市轨道交通能源管理系统应确定采用的技术体系、物理架构，划分系统线网、线路、车站三级能源管理层功能性和系统性能指标的分配；确定能耗计量器具、计算机、服务器、通信网络设备等产品配置与技术质量要求等。

城市轨道交通能源管理系统架构应包括线网层能源管理中心总平台、线路层能源管理中心平台、车站层能源管理基本单元，以及系统网络结构、软件与数据库结构。

城市轨道交通能源管理系统应构建合理有效的 KPI（关键绩效指标）指标体系，结合运营单位考核管理，促进各单位、各部门及其员工行为节能，减少能耗，降低用能支出，提高运营效益。

6.7.1 列车牵引节能类场景

（1）车辆制造工艺

车体及转向架等部件采用碳纤维、聚碳酸酯、铝镁合金等轻型材料实现轻量化设计，整车可减重 13% 以上；车辆采用主动悬挂技术，在行驶途中针对车厢产生振动对悬挂系统的阻尼进行动态调整，使悬挂系统时刻处在最佳的状态；转向架采用主动径向系统，改善车辆曲线通过性能，缩小转弯半径，大幅降低车轮磨耗。

永磁同步电机具有广泛的应用前景，并必将形成城市轨道交通牵引系统的产业优势。电机磁通具有密度高、动态响应快，转速同步性和宽调速范围的特点，可提高车辆调速的精准性，可实现无齿轮箱传动，减轻车重，降低机械传动噪声 15dB，提高乘客绿色出行的获得感；采用无齿轮箱直接驱动方式，车辆机械磨耗小、全寿命周期成本低；可将轴距由 2.5m 减小为 1.6m，转向架自由空间大，径向调节能力强，适应较小曲率半径的复杂线路条件。此外，车辆采用轻量化的车身及转向架，也可降低列车牵引能耗，同时采用新型高效列车空调系统，减少列车辅助系统能耗，如图 6.7-1 所示。

"6 动 2 拖"动力编组的列车可用"4 动 4 拖"编组替代，节省 2 辆动车牵引系统，整列车成本可降低 20%，并且有助于减小工作电流强度，利于电机的冷却，有效提高车辆牵引动力系统可靠性。

 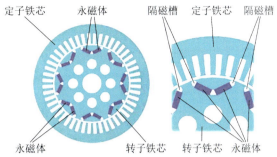

图 6.7-1　永磁同步电机结构示意图

（2）基础条件类

①线路

城市轨道交通通过在纵断面的设计中合理选择节能坡的长度和坡度，来实现节约牵引能耗的目的。坡度与坡长是节能坡设计的核心，该部分的研究一直在进行中。依据国内目前的研究结果，如列车最高运行速度为 80km/h 的线路，根据模拟计算，节能坡坡度在 20‰~28‰之间，坡长取值范围在 220~300m 左右比较节能。经初步核算，采用以上建议的节能坡、节能坡后接续坡段的坡度、坡长设计后，可以降低列车牵引电能消耗约 20%~35%。

节能坡的设计是线路设计的理想状态，但是在实际的工程实践中往往难以实现理想状态节能坡的设计。纵断面的设计要综合其他因素，比如线路所穿越区域的地质条件、地下构筑物、河流以及规划条件等外部条件，还有工程本身的列车编组、车辆性能、区间长度和列车最大运行速度均对节能坡的设置有影响。因此评估线路纵断面设计是否合理需结合工程实际情况，评估的标准不能呆板套用。

②轨道

正线及辅助线采用单趾弹簧扣件，该扣件为无螺栓扣件，技术成熟、扣压力稳定，不需进行 T 形螺栓涂油，轨道扣件维修量较小。

针对不同减振需求，城市轨道交通可采用不同的轨道设计，当线路具有中等减振需求时，可采用 GJ-Ⅲ型减振扣件，该型扣件可单独更换胶垫，更换性较好。当线路具有高等减振需求时，推荐采用固体阻尼钢弹簧浮置板。当线路具有特殊减振需求时，推荐采用钢弹簧浮置板结构。这些措施在国内城市轨道交通建设中都有大量采用的工程实例，能够满足结构成熟、维修量方便、维修量小的要求。

为减少轮轨磨耗及钢轨接头冲击引起的振动和噪声，保证乘客舒适，降低养护维修量，延长轨道、车辆部件、主体结构的使用寿命，正线及辅助线应按下列要求铺设无缝线路：隧道内直线和区间半径 $R \geqslant 200\text{m}$ 曲线地段铺设无缝线路。无缝线路的长度以道岔分界，在道岔前后需各设一根 25m 的缓冲轨，区间全部焊联，焊接优先选用接触焊。

正线及辅助线考虑采用混凝土长轨枕、道岔区采用合成树脂长轨枕。混凝土长枕整体道床有利于施工精度控制、加快施工进度。

（3）列车运行调节

列车运行调节系统功能见表 6.7-1。

列车运行调节系统功能表　　　　　　　　　　　　　　　　表 6.7-1

序号	专业	功能描述
1	综合监控系统	调取轨交智慧运行平台的能源管理数据，形成能源分析数据，并利用客流精准预测技术，调整制定线网列车运行图，并将指令下发至轨交智慧运行平台
2	轨交智慧运行平台	接收综合监控系统下发的控制指令，并下发至信号系统； 接收车辆运行参数、能馈数据
3	信号（ATS）	接收轨交智慧运行平台下发的列车运行图，并下达指令至车辆
4	车辆	接收信号下发的指令，进行运行，并将运行参数上传至轨交智慧运行平台
5	牵引供电	设置列车制动能量回馈装置，动态跟踪列车运行交路及发车间隔，最大限度实现列车制动能量的收回，并将能馈数据上传至轨交智慧运行平台

6.7.2 车站设备设施节能类场景

（1）设备制造工艺

①通风空调

城市轨道交通可采用高性能磁悬浮冷水机组、节能可靠 EC（永磁直流无刷）风机、低阻力可变风路空调器、管路优化装配式制冷机房、精确设备智能控制等技术，应用精细化精准设计，建立城市轨道交通空调系统能效指标水系统综合 COP（制冷性能系数）指标体系，保证运营期间水系统综合 COP 大于 5.0，实现节能高效运行，降低系统能耗，保障车站空调系统高效可持续运行。通风空调节能调控示意图如图 6.7-2 所示。

图 6.7-2　通风空调节能调控示意图

②动力照明

车站应采用节能效果好，显色性好的 LED 等绿色光源和节能高效灯具，设置智能照明控制系统，可调节照明的开关、亮度、各类模式等，从而达到节能的目的。

③扶梯

车站应采用全变频节能扶梯，可通过感应装置、变频调速，降低扶梯运行速度或停机，从而达到节能的目的。

扶梯的节能模式采用通过感应装置，在有人乘坐扶梯时，扶梯以正常速度运行，当无人乘坐时，通过变频调速，降低扶梯运行速度或停机。

④给排水

城市轨道交通工程中生活生产用水部分对水质要求不高的用水可用中水代替；在选择节水器具时，应兼顾卫生、维护管理和使用寿命要求；公共部分优先选用非接触型光电感应式、延时自闭式或停水自闭式水龙头；优先选用感应式、自闭式或脚踏式高效节水型小便器和蹲便器，残疾人卫生间选用3L/6L两档节水型坐便器；给排水管网中应合理设置检修阀门的位置，避免检修时水资源的漏损；选用密封性能较高的阀门等；应对冷却塔补水、消防用水、生活用水分开计量。采取减压限流的节水措施。

（2）基础条件类

①建筑

城市轨道交通建筑在总体布局上采用相应的节能措施，应该本着资源优化理念，建立起综合的节能观念，车站总体布局应符合城市规划、城市交通规划、环境保护和城市景观的要求，妥善处理好与地面建筑、地下管线、地下构筑物等之间的关系，尽量减少房屋拆迁、管线迁移和施工时对地面建筑物、地面交通及市民的影响，从而合理利用资源，减少不必要人力、物力和财力的浪费。

城市轨道交通规划设计时应确定合理的车站规模，在设计中应尽可能合理利用空间，合理确定与车站功能相匹配的空间规模，以满足城市轨道交通功能需求为主，合理确定车站规模包括对设计车站埋深及对车站设计方案进行比选；对车站工法、站型、站位的选择及站台宽度合理性进行计算；从而对车站功能布局与规模进行控制，从而降低建设成本和提升的运行费用。

城市轨道交通建筑采用节能环保的装修材料，整体装修在满足交通建筑使用功能的基础上适度而为。车站装修设计除要求安全实用外，还应便于运营维护，延长使用寿命，采用节能环保材料，强调通过设计手法的运用，达到粗料细作的要求。

地面建筑节能重点在于改善围护结构的保温，采用各种屋顶遮阳、外墙遮阳、窗户外遮阳等措施，以减少太阳辐射；加强各种自然通风手段，通过自然通风缩短空调运行时间。

（3）设备运行调节

车站设备运行调节系统功能见表6.7-2。

设备运行调节系统功能 表6.7-2

序号	专业	功能描述
1	综合监控系统	建立专家系统，调用轨交智慧运行平台的数据，对车站通风空调设备节能计算模型、照明模式进行优化，并将优化后的模型下发至轨交智慧运行平台
2	轨交智慧运行平台	接收综合监控系统下发的节能计算模型、照明模式，并分别下发至节能控制系统和低压配电；接收节能控制系统、智能车站设备监控系统、低压配电等上传的各类设备运行数据
3	节能控制	设置温湿度、压力、压差等各类变送器，读取变送器数据，接收通风空调设备的运行参数，将变送器数据和通风空调设备运行参数均上传至轨交智慧运行平台；接收轨交智慧运行平台下发的节能计算模型，并根据变送器数据，得出冷机输出冷量、各类阀门开度、并将冷量、阀门开度指令下达至每台通风空调设备

续上表

序号	专业	功能描述
4	智能车站	接收给排水上传的远传水表数据、扶梯上传的运行数据等，并上传至轨交智慧运行平台
5	低压配电	设置智能照明系统、照度传感器，接收轨交智慧运行平台下发的照明模式，并根据照度传感器数据调节照明亮度，将系统和设备运行数据上传至轨交智慧运行平台
6	通风空调	接收节能控制系统下达的控制指令，通风空调单体设备按既定频率或工况进行运行； 将通风空调单体设备的运行参数上传至节能控制系统
7	给排水	水龙头、洁具装设感应器，当感应到人员使用或使用后又离开时，启动生活用水支管阀门，放水冲洗，按设定时长或水量进行阀门关闭，将远传水表数据上传至智能车站设备监控系统
8	电扶梯	扶梯设置传感器，可感应扶梯承载人员的多少；当承载人员数量减少时，扶梯自身控制单元控制其运行频率降低，当承载人员数量增多时，控制其运行频率升高；并将频率变化等运行数据上传智能车站设备监控系统

6.8 智能设备运维类功能

在设备运维方面，智慧城轨应围绕场景需求，利用大数据挖掘技术，建立设备设施可靠性趋势预测模型，指导设备设施的维修及更新改造，逐步实现由计划修向状态预防修模式转变。

6.8.1 综合类智能运维场景

综合类智能运维场景是指围绕全线网智能运维场景，根据线网各专业智能运维系统提供的海量数据，进行数据深度挖掘分析，实现全线网多线多专业智能运维的横向管理，系统功能见表 6.8-1。

综合类智能运维场景系统功能表　　表 6.8-1

序号	专业	功能描述
1	轨交智慧运行平台	接收综合运维管理系统可靠性分析、运维指导等信息； 接收各专业智能运维系统提供的运维信息； 接收企管信息系统提供的各专业运维人员信息、设备及备品备件信息，并提供给综合运维管理系统
2	企管信息系统	实现车辆、信号、供电、轨道、通信、AFC电扶梯、站台门等系统运维人员的信息、设备、备品备件、维修工器具管理功能，将信息上传至轨道轨交智慧运行平台
3	线网指挥系统	从轨交智慧运行平台获取全线网各线路车辆、信号、供电、轨道、通信、AFC、电扶梯、站台门等专业的监测数据、智能运维数据、运维人员信息、设备及备品备件信息； 实现城市轨道交通网络可靠性分析、可靠性指标分配； 运维人员、设备、备品备件跨线路、跨部门、跨专业调用； 将上述综合运维信息上传至轨交智慧运行平台
4	各专业智能运维系统	提供全线网各线路车辆智能运维数据至轨交智慧运行平台； 从轨交智慧运行平台获取车辆系统的可靠性分配的结果，对各专业可靠性进行分析

6.8.2 行车运输类智能运维场景

围绕行车运输类设备的场景需求，根据不同的专业特点，系统采用多种监测技术，搭建行车关键设备设施的智能运维系统，系统功能见表 6.8-2。

行车运输类智能运维场景系统功能表　　　　　　　　　　　　　　表 6.8-2

序号	专业	功能描述
1	轨交智慧运行平台	接收车辆、信号、供电、轨道系统设备的所有监测信息，并分别提供给车辆、信号、供电、轨道智能运维系统； 接收车辆、信号、供电、轨道智能运维系统提供的运维信息。接收企管信息提供的运维人员、设备、备品备件、维修工器具等信息，并提供给智能运维系统
2	企管信息系统	实现车辆、信号、供电、轨道等系统运维人员的信息管理，实现设备台账信息管理、相关备品备件、维修工器具管理，并上传至轨道轨交智慧运行平台
3	车辆、信号、供电、轨道智能运维系统	从轨交智慧运行平台获取车辆、信号、供电、车辆系统设备的所有监测信息、综合检测车的检测信息、运维人员信息、设备及备品备件、维修工器具信息； 智能运维数据管理功能； 设备故障分析功能； 可靠性分析及设备健康状态评估功能； 设备全寿命周期跟踪管理功能； 运维人员、设备和备品备件的跨线路、跨部门调用等功能； 将上述智能运维信息上传至轨交智慧运行平台
4	车辆、信号、供电、轨道	车辆的弓网状态、走行部、转向架、车门、车辆空调系统、车载蓄电池及其他核心零部件状态的监测功能； 信号、供电设备运行状态的监测功能； 接触网/轨状态和参数的监测功能； 信号、供电设备机房的视频监控、环境监测功能； 钢轨状态、轨道几何尺寸、轨温、轨道障碍物、道岔设备状态的在线监测功能； 将上述监测信息上传至轨交智慧运行平台
5	综合检测车	对车辆运行参数、信号轨旁设备、供电接触网零部件、轨道状态进行检测，并将检测信息上传至轨交智慧运行平台

6.8.3 信息交互类智能运维场景

围绕信息交互类设备的场景需求，根据不同的专业特点，系统采用多种监测技术，搭建信息交互类设备设施的智能运维系统，系统功能见表 6.8-3。

信息交互类智能运维场景系统功能表　　　　　　　　　　　　　　表 6.8-3

序号	专业	功能描述
1	轨交智慧运行平台	接收通信、AFC 系统设备的所有监测信息，并分别提供给通信、AFC 智能运维系统； 接收通信、AFC 智能运维系统提供的运维信息； 接收企管信息提供的通信、AFC 等系统运维人员信息、设备及备品备件信息，并分别提供给通信、AFC 智能运维系统
2	企管信息系统	实现通信、AFC 等系统运维人员的信息、设备、相关备品备件、维修工器具管理，并上传至轨道轨交智慧运行平台
3	通信、AFC 智能运维	从轨交智慧运行平台获取通信、AFC 系统设备的所有监测信息、综合检测车的场强及电磁信息、运维人员信息、设备及备品备件、维修工器具信息； 智能运维数据管理功能； 设备故障分析功能； 可靠性分析及设备健康状态评估功能； 设备全寿命周期跟踪管理功能； 运维人员、设备和备品备件的跨线路、跨部门调用等功能； 将上述智能运维信息上传至轨交智慧运行平台

续上表

序号	专业	功能描述
4	通信、AFC	通信设备网元告警、各线路通信系统设备状态监测功能； 通信各子系统设备性能越限告警； 通信、AFC 系统设备通信状态及工作状态连接告警功能； AFC 传感器设备、电机设备、电磁铁类设备运行状态的监测功能； 将上述所有监测信息上传至轨交智慧运行平台
5	综合检测车	检测无线场强、电磁环境、服务质量等，并将信场强、电磁检测信息上传至轨交智慧运行平台

6.8.4 车站设施类智能运维场景

围绕车站设施类设备的场景需求，根据不同的专业特点，系统采用多种监测技术，搭建车站设备设施的智能运维系统，系统功能见表6.8-4。

车站设施类智能运维场景系统功能表　　　　　表 6.8-4

序号	专业	功能描述
1	轨交智慧运行平台	接收电扶梯、站台门系统设备的所有监测信息，并分别提供给电扶梯、站台门智能运维系统； 接收电扶梯、站台门智能运维系统提供的运维信息； 接收企管信息提供的电扶梯、站台门等系统运维人员信息、设备及备品备件信息，并分别提供给电扶梯、站台门智能运维系统
2	企管信息系统	实现电扶梯、站台门等系统运维人员信息、设备、备品备件、维修工器具的管理，并上传至轨交智慧运行平台
3	电扶梯、站台门智能运维	从轨交智慧运行平台获取电扶梯、站台门设备的所有监测信息、运维人员信息、设备及备品备件、维修工器具信息； 系统设备状态显示功能； 故障报警及智能与诊断功能； 设备健康状态监测功能； 运维人员、设备和备品备件的跨线路、跨部门调用等功能； 将上述智能运维信息上传至轨交智慧运行平台
4	电扶梯、站台门	自动扶梯关键机械传动部件的故障预警功能； 扶梯、电梯设备运行状态监测功能； 站台门系统设备状态、绝缘性能的监测功能； 将上述所有监测信息上传至轨交智慧运行平台

6.9 智能基础设施保护类功能

城市轨道交通隧道、桥梁、边坡等重点基础设施应进行保护和自动化监测。结合基础设施的监测特点，智能基础设施保护功能可分为外部入侵监测类和基础设施监测类。

6.9.1 外部入侵监测场景

外部入侵监测场景是指针对隧道、桥梁、边坡等重点基础设施的异物入侵进行监测、报警、智能分析等功能，此场景涉及线网指挥系统、隧道、桥梁、边坡等专业，系统功能见表6.9-1。

外部入侵监测场景系统功能表 表 6.9-1

序号	专业	功能描述
1	轨交智慧运行平台	接收隧道、桥梁、边坡等基础设施的外部入侵监测信息； 接收城轨保护系统提供的外部入侵监测的地保信息； 接收企业管理系统提供的地保人员信息
2	企管信息系统	实现城轨保护人员的信息管理、智能排班、工时管理、考勤管理、工单管理、报表统计等功能； 将城轨保护人员信息上传至轨交智慧运行平台
3	线网指挥系统	从轨交智慧运行平台获取隧道、桥梁、边坡等基础设施的外部入侵监测城轨保护信息； 从轨交智慧运行平台获取城轨保护人员信息； 入侵报警后，实现线网、线路的安全运营及应急响应功能
4	地保系统	从轨交智慧运行平台获取隧道、桥梁、边坡等基础设施的入侵监测信息； 实现隧道、桥梁、边坡的外部入侵监测报警功能，对危及安全的区域提前给出预警； 将外部入侵监测的地保信息上传至轨交智慧运行平台
5	隧道、桥梁、边坡	隧道外部异物入侵监测功能； 桥梁的防撞信息监测功能； 边坡落石、落物、流沙等的入侵监测功能； 将隧道、桥梁、边坡的外部入侵监测信息上传至轨交智慧运行平台

6.9.2 基础设施监测场景

基础设施监测场景是指针对隧道、桥梁、边坡等重点基础设施关键技术指标进行监测、报警，此场景涉及线网指挥系统、隧道、桥梁、边坡的专业，系统功能见表 6.9-2。

基础设施监测场景系统功能表 表 6.9-2

序号	专业	功能描述
1	轨交智慧运行平台	接收隧道、桥梁、边坡等基础设施的监测信息； 接收城轨保护系统提供的基础设施监测的城轨保护信息； 接收企业管理系统提供的城轨保护人员信息
2	企管信息系统	实现城轨保护人员的信息管理、智能排班、工时管理、考勤管理、工单管理、报表统计等功能； 将城轨保护人员信息上传至轨交智慧运行平台
3	线网指挥系统	从轨交智慧运行平台获取基础设施监测的城轨保护信息； 从轨交智慧运行平台获取地保城轨保护信息； 实现线网、线路的安全运营及应急响应功能
4	城轨保护系统	从轨交智慧运行平台获取隧道、桥梁、边坡等基础设施的监测信息； 关键基础设施异常的监测、分析、识别与预警功能； 桥梁结构安全评估功能； 边（滑）坡的整体稳定性评估功能； 监测信息上传至线网指挥系统
5	隧道、桥梁、边坡	隧道的结构状态、地下水位、道床状态等监测功能； 桥梁结构状态、桥面温度、车辆荷载、吊杆/索力、桥墩倾斜、震动、伸缩缝等的监测功能； 边坡变形位移、支护结构、渗流量、含水率、裂缝、地表雨量等的监测功能； 基础设施周边温度、湿度、气压、风力、风向、降水等项目的监测功能； 城轨保护区隧道、桥梁、边坡的自动巡检功能； 将上述监测信息上传至轨交智慧运行平台

6.10 企业网络化管理类功能

城市轨道交通企业应结合城轨广告资源开发利用现状及未来发展需求，推进城轨广告经营网联化、智能化发展，促进媒体持续发展、保值增值，帮助企业提效增收，建设集中式一体化的广告智能化管理系统，如图 6.10-1 所示。

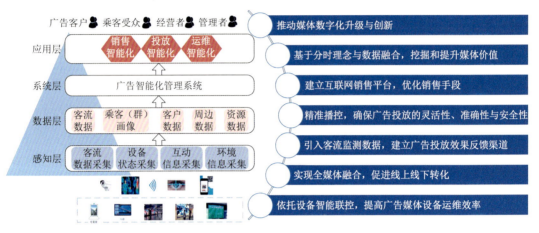

图 6.10-1　广告智能化管理系统示意图

广告智能化管理系统可在城轨 APP 上部署相应插件，为乘客提供城轨周边商业信息；城轨 APP 也可通过轨交智慧运行平台调取广告媒体资源，分时段在城轨 APP 上进行主动投放。

广告智能化管理系统可在车站广告屏上分时段、分地段播放；PIS 系统可通过轨交智慧运行平台调取广告媒体资源，通过分屏显示方式在 PIS 屏上进行合成投放，系统功能见表 6.10-1。

企业网络化管理场景系统功能表　　表 6.10-1

序号	专业	功能描述
1	轨交智慧运行平台	接收车站广告显示屏、PIS 显示屏的状态信息
2	广告智能化管理系统	编辑媒体广告资源，对车站广告显示屏进行分时分段定点投放广告；将编辑好的媒体资源发送至轨交智慧运行平台
3	PIS 系统	调取轨交智慧运行平台的广告媒体资源，调取分段分时播放列表对进入车站、车载 PIS 显示屏广告分段分时播放； 接收轨交智慧运行平台的列车时刻表信息，车站温湿度信息、客流信息等，通过分屏显示方式与广告媒体资源进行合成显示
4	APP	在城轨 APP 上部署广告应用插件，供乘客调取车站周边商业广告信息

第 7 章

智慧城轨工程实践

根据《交通强国建设纲要》的战略部署以及《中国城市轨道交通智慧城轨发展纲要》的指引，2019年上海申通地铁集团有限公司（简称"上海申通地铁集团"）及广州地铁集团有限公司（简称"广州地铁集团"）相继发布《5G+智慧城轨白皮书》及《新时代城市轨道交通创新与发展》，2020年北京地铁运营有限公司发布了《首都智慧地铁发展白皮书》，全国其他城市如深圳、西安、成都、郑州等也纷纷提出本市的智慧城轨发展规划和纲要，并进行智慧城轨工程实践。

在智慧化成为城市轨道交通发展重要趋势的背景下，经过近几年的发展，全国城市轨道交通涌现出基于各自业务模式和需求场景的优秀案例，为智慧城轨的有序、高效发展提供了可资借鉴的经验。

本章从轨交智慧运行平台、智慧乘客服务、智慧车站管理、智能安防管理、智能运输组织、智能列车运行、智能能源管理、智能运维保障、智能装备工艺、智能基础设施监测、智慧企业网络化管理等角度，对相关城市智慧城轨的相关实践进行介绍。

7.1 轨交智慧运行平台

近年来，智慧城轨云平台和大数据平台（轨交智慧运行平台）主要在信息化标准先行、业务承载多元化、信息化统一规划、平台服务丰富化、数据共享更充分等方面有较大的发展。

7.1.1 信息化标准先行

基于智慧城轨发展的需求，中国城市轨道交通协会秉持"创新驱动发展，规范研究先行，标准指导建设的基本思路"，提出了城轨云技术规范的"1-3-5-2"标准体系，如图7.1-1所示。

"1"部总体规范：《市域快轨交通技术规范》（T/CAMET 01001—2019），首次将信息化明确纳入城轨行业技术规范，于2019年7月30日发布，2019年12月1日正式实施。

"3"册技术规范：《智慧城市轨道交通 信息技术架构及网络安全规范》（T/CAMET 11001—2019）包含3个分册（总体需求、技术架构、网络安全），这3册规范已于2019年7月30日发布，2019年12月1日正式实施。

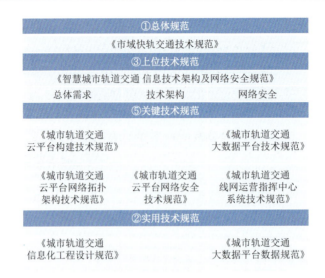

图 7.1-1　智慧城轨"1-3-5-2"标准体系图

"5"个关键技术规范：包括《城市轨道交通云平台构建技术规范》（T/CAMET 11002—2020）、《城市轨道交通大数据平台技术规范》（T/CAMET 11003—2020）、《城市轨道交通云平台网络架构技术规范》（T/CAMET 11004—2020）、《城市轨道交通云平台网络安全技术规范》（T/CAMET 11005—2020）、《城市轨道交通线网运营指挥中心系统技术规范》（T/CAMET 11006—2020）。这 5 本规范于 2020 年 10 月 19 日发布，2021 年 3 月 1 日正式实施。

"2"个实用技术规范：包括《城市轨道交通信息化工程设计规范》（T/CAMET 11007—2022）、《城市轨道交通大数据平台数据规范》，其中《城市轨道交通信息化工程设计规范》于 2022 年 4 月 26 日发布，2022 年 6 月 1 日正式实施。

通过构建较为完整的技术规范体系，指导城轨云有序建设，为智慧城轨提供坚实的技术支撑，标志着中国城轨交通信息化进入标准化建设、规范化运营的新阶段。

7.1.2　智慧城轨规划引领

各地城市轨道交通企业以需求为导向，统筹规划、顶层设计、分步实施，纷纷发布企业智慧城轨顶层设计，以技术创新和管理创新的双轮驱动，有序推动智慧城轨建设稳步进行。

2019 年 3 月，广州地铁集团发布了《新时代城市轨道交通创新与发展》。新时代广州城市轨道交通的发展特征是"安全、可靠、便捷、精准、融合、协同、绿色、持续"，因此，新时代广州城市轨道交通要基于工业互联网、物联网的发展，将先进的多层域感知、数字通信、数据处理、信息融合、计算机视觉、自主协同控制等技术有效集成，实现大范围、全方位、实时准确高效运行控制与管理，推进城市轨道交通系统向网联化、协同化和智慧化方向发展。

2020 年 1 月，上海申通地铁集团发布了《上海智慧地铁建设与发展纲要》，指出智慧地铁的含义为"智慧地铁是为保障地铁全局安全、提升服务质量、提高运输效率和改善经营效益，采用物联网、5G、云计算、大数据、区块链、人工智能等新兴信息技术，提升全息感知、实时分析、科学决策和精准执行能力，打造建设、运维、服务等资源智慧配置、业务智能联动的地铁运输及服务系统。"同时指出，智慧地铁特征可归纳为"SMART"，分别是状态感知（State perception）、数据管控（Data Management）、自动诊断（Automatic Analysis）、业务闭环（Round business）和持续进化（Tenacious evolution）。

2020年11月，北京地铁公司发布《首都智慧地铁发展白皮书》，指出智慧地铁"是指通过综合运用新的思想和理念，借助新一代的物联、通信、能源、材料、时空定位等赋能技术，以响应乘客、企业和政府等多元主体的定制需求为目的，在对地铁全过程、全系统、全要素进行透彻感知的基础上，建立的具有自组织能力、判断能力、创新能力、持续进化的新型地铁位移服务系统。"

2021年8月，西安市轨道交通集团有限公司以中国城市轨道交通协会发布的《发展纲要》为指引，结合西安城市轨道交通实际，研究编制了《西安智慧城轨发展纲要（2021—2035年）》。西安智慧城轨以城轨建设、运营单位的四大核心业务为导向，通过新兴信息技术的研究与应用，构建"12411"智慧城轨体系架构，打造基于先进技术赋能的轨道交通新模式。"12411"体系架构用一张西安智慧城轨发展蓝图覆盖区域内全部智慧城轨系统，以云平台、大数据平台两个平台为支撑底座，承载智慧服务、智能运行、智能运维、智慧管理4大核心业务，建立标准体系、网络安全体系，实现各业务的全息感知、互联融合、智能诊断及主动决策，提升服务水平、提高运行效率、降低运营成本、提升管理效能，形成安全、便捷、高效、绿色、经济的新一代智慧城轨体系。

7.1.3 业务承载多元化

据不完全统计，截至2022年8月，全国26座城市已落地或明确建设城轨云的项目已达59个，均为已完成相关招标工作的项目。其中，呼和浩特、太原等城市的新建线路均已构建了线网级云平台。这些城轨云项目涉及了线网云、线路云、生产系统单专业云、生产系统融合专业云、运营管理云、综合枢纽云和建设管理云。

随着云技术的进一步发展和云应用的逐步深入，在中国城市轨道交通协会相关规范和《发展纲要》的指引下，建设线路级和线网级城轨云平台是行业的必然需求，也是大势所趋。城轨云项目在2022年迎来爆发式增长，如图7.1-2所示。

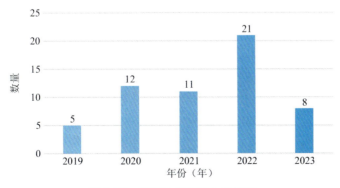

图7.1-2 全国生产系统上云情况

正如《发展纲要》提及的：到2025年，城轨云与大数据平台的体系建设和应用落地。新建城轨交通城市全部采用城轨云；既有线路在设备更新升级时移入新建线路的城轨云与大数据平台。

城市轨道交通企业规划云技术的应用，业务涉及安全生产、内部管理、对外服务等，未来将会有越来越多的城轨云项目投入运营。

7.1.4 信息化统一规划

在中国城市轨道交通协会相关规范及《发展纲要》的指引下，越来越多的城市结合自身特点，开展信息化统一规划和实践。

（1）一云三网规划

从云技术承载的业务来看，目前有呼和浩特地铁、太原地铁、武汉地铁等承载综合业务的城轨线网云平台。如太原市城轨云平台按照业务类型，分为安全生产业务、内部管理业务、外部服务网系统及云平台自身的运维管理业务，如图 7.1-3 所示。

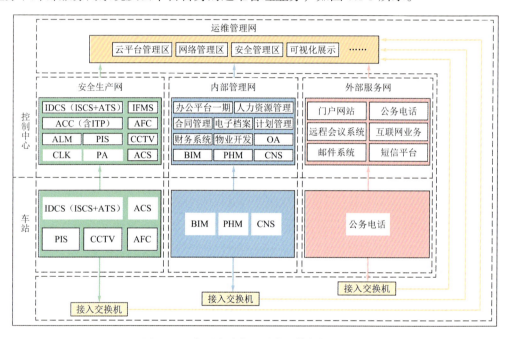

图 7.1-3　太原市城轨云平台总体架构示意图

IFMS-集成故障管理系统；ALM-告警管理系统；CNS-集中监控系统

（2）一云两网规划

有些城市，如广州、深圳等，未严格区别内部管理和对外服务。如深圳地铁"城轨云"规划综合考虑安全与数据共享交换效率，是根据业务场景定义深圳地铁"两朵云"（生产云、管理云）面向未来构建的统一云架构，如图 7.1-4 所示。生产云、管理云（含对外服务）均有明确定位分工。生产云面向城市轨道交通网络化运营，承载线路级、线网级生产业务，为各类保障城市轨道交通线路安全、正点运营的生产调度系统、生产管理系统、智慧运维系统提供云计算服务，其中智慧运维作为支撑系统向管理云输出相关数据；管理云面向深圳地铁建设管理和运营生产管理，以降低运维成本与人力成本为核心目标，提供对外服务，承载乘客公共服务应用。总体上，生产云和管理云之间采用"网间分级隔离"的策略，根据业务特点、安全性和可靠性的需求，对应管理云和生产云之间分别设置网闸集群和防火墙集群实现数据交换。

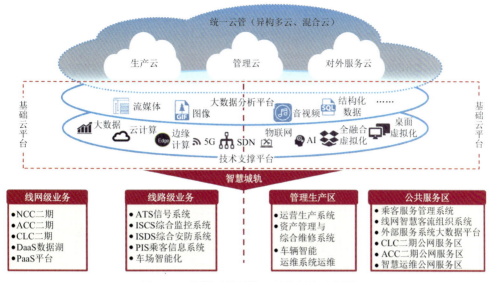

图 7.1-4 深圳地铁城轨云总体架构示意图

ACC-票务清分中心；NCC-线网指挥控制中心

7.1.5 平台服务丰富化

随着近几年城市轨道交通行业不断在云技术应用方面的深入研究和积极探索实践，城轨云平台服务逐渐丰富化。城轨云平台服务包括容器管理、中间件和应用编排等。

北京地铁的 AFC（自动售检票系统）采用多虚拟机、容器化双类型部署模式，完全使用 PaaS 平台提供的各类中间件、数据库服务，在满足稳定性要求的基础之上，最大化满足系统的灵活性需求；采用 Eureka、Dubbo 双微服务注册中心，实现微服务的网络、跨集群链接，满足安全要求。太原地铁、深圳地铁 AFC 基于容器部署也均有相关案例。

深圳地铁黄木岗枢纽智能化系统容器云平台于 2022 年 5 月 20 日成功上线，智慧枢纽业务系统软件均采用微服务架构、DevOps、容器等技术，以松耦合的方式，提升了应用程序的整体敏捷性和弹性服务能力，提升了可扩展性和可维护性。

深圳地铁 NOCC 二期项目按照"智慧城轨"的新技术需求、新业务和新应用形态，构建"城轨云"PaaS 云平台建设，为深圳地铁提供全面完整、可灵活扩展的新技术能力支撑体系和数据资源管控服务体系，PaaS 平台将跨城市轨道交通专业域的各类业务核心技术支撑能力进行整合，为上层应用提供 AI 算法模型构建与服务能力、大数据计算与分析技术能力、大数据可视化与业务可视化支撑能力、微服务管控治理能力、物联网感知集成能力、敏捷软件生产自动化能力和跨平台应用开发能力等。

2019 年，广州地铁与腾讯公司开启战略合作，联合成立了"穗腾联合实验室"，共同开展新一代城轨操作系统——穗腾 OS 的研发工作，如图 7.1-5 所示。穗腾 OS1.0 对智慧城轨操作系统进行了第一阶段研究，主要针对车站级业务，完成了穗腾 OS 的骨架搭建和开发，并在城轨 IoT 接入、数字空间、云-边-端、物联网接入安全、车站级场景联动控制等关键技术上进行了研究。穗腾 OS1.0 完成了智能客流引导、智能站务、智能安防、综合信息发布、可视化大屏展示等智慧城轨业务的设计和开发，并在广州塔智慧车站示范站得到了成功验证。2021 年 9 月 23 日，广州地铁联合腾讯公司发布了穗腾 OS2.0。穗腾 OS2.0 在 1.0 版本的基础上迭代演进，从车站级的业务支撑迈向线路线网级支撑，在城市轨道交通设备和系统的高效物联接入、灵活的流程编排、一体化数据处理能力、一站式算法训练托管能力以及开放的组件服务能力等方面进行了全方位升级。

图 7.1-5　穗腾 OS 架构体系图

7.1.6　数据共享更充分

《发展纲要》基于城轨云建设数据共享平台，突破数据共享的壁垒，重点解决共享数据的采集、传输、加工、存储、安全、分析、管理和服务等难题，为大数据应用奠定坚实基础。《城市轨道交通大数据平台技术规范》（T/CAMET 11003—2020）也定义了企业大数据平台的内涵，从企业内外部所需数据的汇聚，对以往更大范围的数据共享进一步延伸，数据共享平台实现生产、内部管理、对外服务数据采集、汇聚，形成数据资产，对上层业务应用提供数据服务，进一步挖掘数据中价值，支撑智慧类业务功能创新，如图 7.1-6 所示。

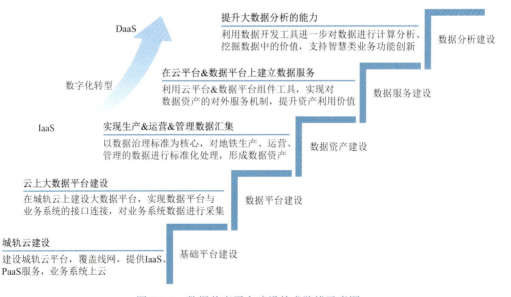

图 7.1-6　数据共享平台建设技术路线示意图

深圳地铁规划数据服务层以"智慧城轨"为核心目标，对内以数据驱动城轨运营和企业管理的精细化、智慧化，对外为乘客和城轨生态提供精准化、个性化信息服务，实现城轨大数据开放和运营服务提升，通过在全线网范围内实施深圳地铁数据湖 DaaS 建设工作，打破各专业数据孤岛，整合企业多源异构数据资源，盘活数据资产，通过大数据感知、大数据认知和大数据决策辅助等手段建立物理城轨的动态数字孪生体，为满足深圳轨道交通线网管理智慧化奠定重要的大数据资源与技术能力支撑基础。

上海地铁拟通过规划及构建统一的车辆智能运维平台，重构、优化或接入资产管理系统、人力资源管理系统、站场施工管理系统、站场一体化管理系统、移动检修系统、智能仓储系统及配送系统、检修可视化管理系统、可靠性管理系统、办公自动化系统、应急指挥系统、短信及通知平台等相关数据，在车辆数据平台上实现全过程车辆数据的融合，完善和提升车辆状态的实时采集和监测能力，构建更加全面的全周期"车辆数据孪生"模式，通过数据分析，驱动车辆资产管理、进一步提升维修过程智能化，开发部署新增的运维智能化应用，降低劳动强度，提升日常作业效率和安全可靠性。

广州地铁打造业内首创的基于工业互联网与物联网的新一代城轨操作系统，解决了城轨系统中海量数据开放共享的难题，通过定义大数据服务标准，构建统一的大数据平台，打破数据孤岛，助力探索更多基于数据驱动的业务增值空间。

7.1.7 小结

轨交智慧运行平台是智慧城轨的基础底座，在行业同仁的努力下，技术规范逐步完善，坚实支撑智慧城轨信息化发展；城市轨道交通企业注重顶层设计整体统筹，有序推进智慧城轨稳步建设。目前，应智慧城轨和绿色城轨多元化需求，轨交智慧运行平台业务承载更全面、架构规划更协同、平台服务更丰富、数据共享更充分。

7.2 智慧乘客服务

乘客服务功能的实现主要依靠自动售检票、智能客服、安检和乘客信息系统等，近几年智慧乘客服务维度实践工程主要在架构扁平化、过闸多元化、刷脸无感化、服务智能化等方面有较大的功能提升。

7.2.1 架构扁平化

2007 年，建设部发布的《城市轨道交通自动售检票系统技术条件》（GB/T 20907—2007）中，根据各层次设备和子系统各自的功能、管理职能和所处的位置，提出 AFC 系统采用标准的五层构架体系。当时国内城市轨道交通尚处于建设初期，五层构架体系适用于当时我国国情和城轨现状。

随着部分城市轨道交通线路越建越多，线路中心（LCC）的数量越来越庞大，部分城市开展简化架构研究，提出多线路中央 MLC（MCC、ZLC 或 CLC）方案，早期应用城市主要有深圳、上海、南京、苏州、广州等，其中深圳 CLC 一期负责 1、2、3、5、7、9、11 号线 AFC 系统的管理，CLC 二期负责 6、8、10、13、14、15、16、20 号线的

AFC 系统的管理。上海 MCC 初期按 10 条线 AFC 系统的管理进行设计，远期预留 21 条线扩容升级能力。广州地铁 3、4 号线的 AFC 系统共 34 个站共用一个 LCC 系统。2010 年广州地铁 2、8 号线拆解，通过系统改造后，1、2、8 号线 AFC 系统 53 个站共用一个 LCC 系统。南京地铁 ZLC 负责 3 号线、4 号线一期、10 号线一期，并预留未来 6 条线路的接入条件。苏州地铁 CLC 系统负责 5～9 号线，并预留 1 条线路的 AFC 系统的管理。

随着国内部分中等城市也开展城市轨道交通建设，但由于规模所限，其近期和远期规划的线路条数不多（一般少于 8 条），同时，由于其运营商单一、运营的线路车站较少，清分结算压力并不大，因此，这些中等城市率先开展了"简化架构+集中数据处理"的研究。本着经济实用的原则，合并五层架构中的线路中心层和清分中心，直接将所有车站接入清分中心，将原线路中心的功能分配至清分中心和车站中心，即形成四层架构体系。2013 年，温州地铁（市域铁路）首先提出四层架构的 AFC 设计思路。温州市总规划建设市区线 3 条，市域铁路 4 条，共计 7 条线路，清分中心 ACC 的处理能力按 7 条线规模进行建设即可，其处理数据量可能会低于部分大型城市的区域线路中央计算机系统，因此保障了 AFC 系统四层架构的可实施性，随之国内部分中等城市纷纷跟进。

随着计算机技术的进一步发展，特别是云技术在国内的逐步成熟，大数据算力已经不再是系统处理能力的瓶颈。同时，现代网络技术和"互联网+"技术的发展，"微信""支付宝"等在线支付技术全面普及，以"乘车码"为代表的"互联网+"多元化支付、精准快速便捷的票务服务也对系统实时性提出了新的要求。2016 年，广州地铁启动基于云平台的清分中心三期工程建设，在全国首创自主开发多元化支付系统，从此，广州地铁形成集"多元支付手段+多元购票渠道+多元票种选择"于一体的多元化乘车支付系统。为配合多元化支付的实时便捷要求，全国首创系统架构按数据分类，即票务交易数据按"终端-线网"两层架构，设备监控数据按"终端-车站-线网"三层架构，总体架构进一步精简扁平化，减少了线路层和车站层的数据转发和处理时间，提高了资源利用率，同时保障了交易数据传输的实时性。

国内部分城市 AFC 系统架构调研情况见表 7.2-1。

国内部分城市 AFC 系统架构调研表　　　　　　　　　　　表 7.2-1

序号	城市	架构简述	详细描述
1	上海	五层	上海 MCC 初期按 10 条线 AFC 系统的管理进行设计，远期预留 21 条线扩容升级能力
2	广州	既有线五层架构 "十三五"线路四层架构 交易传输 SLE-ACC 两层架构	既有线物理架构五层，1、2、8 号线合设 MLC，3、4 号线合设 MLC，其他线路独立 LCC； "十三五"线路取消 MLC，物理架构为四层； 票卡交易采用 SLE-ACC 的两层架构，设备监控管理采用 SLE-SC-MLC/LCC（如有）-ACC 的多层架构
3	深圳	五层架构	CLC 二期系统于 2022 年底与四期线路同期上线，与 CLC 一期系统并行运行，计划在 2023 年接管 CLC 一期的全部业务系统； ACC 由深圳通公司建设及运营
4	成都	四层架构	通过改造将既有线 LCC、MLC 合设（含 ACC 功能），MLC 目前已接入 12 条已运营线路，新建 3 条普线及 3 条市域同步规划接入

续上表

序号	城市	架构简述	详细描述
5	西安	五层架构	5、6、14号线合设MLC，在建8、10、15号线合设MLC，其他线路独立LCC
6	苏州	五层架构	1~4号线采用独立LCC，5号线同步建设了MLC，负责在建6、7、8号线及两条预留线路的AFC系统的管理
7	长沙	五层架构	既有1~6号线均采用五层架构
8	宁波	既有线五层架构 新建线四层架构	1~4号线采用IC-SLE-SC-LCC-MLC五层架构； 5号线及后续新线采用IC-SLE-SC-MLC四层架构； MLC承担原ACC清分清算功能
9	无锡	五层	1、2号线采用独立LCC，3号线同步建设了MLC，后续新建线路均接入MLC管理
10	厦门	既有线五层架构 新建线四层架构	新建ADMC系统与新线（4号线和6号线）同步建设，新线车站不设SC，中央级不设MLC，车站终端设备直连ADMC； ADMC按6条线，日均400万客流建设，软件预留2035年规划线路； ADMC建成后，对既有线改造，取消既有线的LCC，保留SC，SC接入ADMC
11	福州	五层架构	1、2号线采用LCC，4、5、6、F1号线均采用ZLC，为五层架构
12	佛山	五层架构	已运营开通的2、3号线均设独立的LCC，各站设置SC
13	温州	四层架构	MLC接入S1~S3号线及后续市域铁路SC系统，目前S1号线已开通，在线S2、S3号线
14	南京	四层架构	ZLC负责3号线、4号线一期、10号线一期，并预留未来6条线路的接入条件
15	佛山	五层架构	各线独立设置LCC接入线网清分中心
16	济南	五层架构	一轮和在建二轮线路均采用MLC方案，目前建有2套MLC
17	南宁	五层架构	1~5号线接入与1号线同期建设的ACC，目前结合第三轮建设规划设置ACLC，新建线路接入ACLC，ACLC上线后替换原来ACC

2019年，中国城市轨道交通协会发布了《智慧城市轨道交通 信息技术架构及网络安全规范》（T/CAMET 11001）。根据规范要求，AFC系统的清分中心（ACC）、线路中心（LCC）和多线路中心（MLC、MCC、ZLC或CLC）要纳入线网中心云平台，车站中心（SC）可纳入线网中心或车站系统云平台，未来AFC系统的架构将演变成两层或者三层架构，即基于云技术的数据管理中心（DMC）-车站中心（SC）-终端设备，原来的第五层——车票，将逐步被手机NFC、二维码等虚拟电子票证取代。不仅AFC系统IT硬件要向云架构迁移，系统数据也将纳入大数据平台由数据中心统一进行管理。

新时代下，AFC系统将与其他机电系统共同演进，呈现从多层级到扁平化的演变，系统架构简化。"中心-边缘"的融合型架构使系统运行更敏捷，管理更简单。

7.2.2 过闸多元化

随着社会进入"互联网+"时代，"微信支付""支付宝支付"等第三方支付方式逐步普及、银联闪付及信用支付手段也逐渐成熟，国内数十家银行信用卡实现了快捷闪付服务，支付手段的变化为老百姓生活带来了诸多便利。城市轨道交通作为广大市民的主流交通方式，正在逐步将以上多元化支付技术引入轨道交通领域。

自 2017 年 11 月，广州地铁与腾讯公司合作，全线网开通"腾讯乘车码"进站，同时开创先上车再付款的信用支付模式后，短短 2～3 年的时间里，基于"互联网+"的多元化支付模式便在国内城市轨道交通领域全面开花。以"二维码"支付为代表，金融 QPBOC3.0 闪付 TCE、主机模拟的 HCE 虚拟卡、ODA 脱机认证联机请款的信用卡、华为支付、苹果 Pay、手机蓝牙离线乘车码等支付过闸手段层出不穷。

对 2022 年全国开通城市轨道交通的 44 个城市进行调研，全年进站客流量共计 116.1063 亿人次。在乘客过闸进站方式中，二维码进站量 58.086 亿人次，一卡通进站量 45.913 亿人次，单程票进站量 5.75 亿人次，其他支付方式（包括数字人民币、银联闪付、各类 Pay 钱包等）进站量 1.73 亿人次，此外，还有一部分是运营企业发行的企业票卡，包括员工卡、外服卡、纪念卡等。由此可见，全国"互联网+"票种总体刷卡客流量调研占比 51%，其中"二维码"贡献 50%，见表 7.2-2。

城市轨道交通进站客流及支付相关情况表 表 7.2-2

过闸进站方式	数量（亿人次）	占比
二维码	58.09	50%
一卡通	45.91	40%
单程票	5.75	5%
企业卡等	4.63	4%
其他支付方式	1.73	1%

2022 年，国内有 15 座城市的"二维码"客流量超过了 10 亿，如图 7.2-1 所示，部分城市"二维码"使用比率达到 70%。

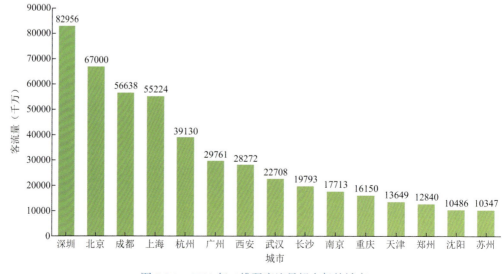

图 7.2-1 2022 年二维码客流量超十亿的城市

城市轨道交通应用支付多元化技术具备显著的优点。从乘客角度考虑，由于线上服务不受时间、空间限制，不需押金、预充值，可以有效减少乘客现场排队购票时间、缓解车站人员聚集等问题，显著提升了乘客的出行体验；从运营角度考虑，多元化支付的大量应用，使单程票使用率从原先30%左右降低至5%以下，深圳单程票使用率甚至降至不足1%，现金的使用率更是降低到"冰点"，从而减少购票、编码、配票、回收、洗票等票务工作和现金清点、清算、解行等票款工作，票务人员的双手得到解放，人力成本下降，同时系统设备现金模块及票卡模块使用率降低，故障维护减少，运维成本下降；从建设角度考虑，自动售票机、现金模式及票卡模块等数量大幅减少，系统整体造价投资大幅减少。

现阶段乘车码的发展已进入城市互认阶段。推动全国城市轨道交通实现"一码畅行"，各城市的城轨APP数据互联互通、互相拉码。前往外地出差或旅游时，乘客不需要下载额外的APP，直接使用已有的城轨APP刷码乘车即可。例如，目前上海地铁Metro大都会APP可以与北京、广州、武汉等17座城市的城市轨道交通乘车二维码实现互联互通，上海市民去以上17个城市可直接使用Metro大都会APP乘车，不再需要下载17个城市的城轨APP，群众更方便，乘客更便捷。

7.2.3 刷脸无感化

城市轨道交通的支付手段日新月异，IC卡历时5年普及，二维码短短2年便已覆盖所有城市轨道交通和大部分城市公交，过闸无感化的刷脸通行也是当下正在发生的变革。

2019年是刷脸乘车元年，济南、郑州地铁率先实现全线刷脸乘车。次年，西安、哈尔滨、太原、成都等城市也陆续开通刷脸乘车服务，更多的城市也开始逐步开展无感过闸项目。2020年《发展纲要》中明确了智能售检票系统实名制乘车、生物识别、无感支付应用的发展方向。截至2022年底，全国共计不少于16座城市的城市轨道交通开通了无感过闸功能，检票流程从"认票过闸"多元化到"认人过闸"。

刷脸无感过闸是基于人的脸部特征信息进行身份识别的一种生物识别技术，基于计算机图像处理技术的生物识别手段，具有无论是快捷的指纹识别还是精准的虹膜识别都不具有的巨大发展潜能，即识别可与人工智能技术相结合，借助人工智能技术训练计算机提高识别的效率和准确度。通常情况下，城市轨道交通"刷脸乘车"时需要乘客摘下口罩，以保障人脸识别的准确性、安全性与识别效率。为了避免闸机前乘客聚集，部分城市轨道交通领先实施的防护状态下无接触式"戴口罩刷脸乘车"创新技术，误识率低于十万分之一，这表明我国的面部识别技术已逐步成熟可靠。

表7.2-3为近年来我国各城市轨道交通无感过闸开通时间和范围表。

近年来我国各城市轨道交通无感过闸开通表　　　　　表7.2-3

序号	城市	人脸识别过闸开通基本情况	运营时间	线网范围	使用群体
1	郑州	1、2、4、5、14号线至少两进两出；城郊线每站至少一进一出	2019年12月	全线网	所有人群
2	西安	全线网开通，已开通及在建线路按照每个闸机编组最少一通道设置	2020年1月	全线网	所有人群
3	天津	全线网所有闸机	2019年8月	全线网	所有人群

续上表

序号	城市	人脸识别过闸开通基本情况	运营时间	线网范围	使用群体
4	太原	全线网所有闸机	2020年12月	1、2号线全线及后续新建线	所有人群
5	深圳	四期工程线路全部闸机开通，其中12、14、16、20号线以及6号线支线已开通；人脸与二维码关联，本线与其他线采用"脸进码出"或"码进脸出"；既有线人脸升级工程正在立项	2021年12月	12、14、16、20号线，6号线支线及后续新建线	所有人群
6	南宁	1~5号线每条线每站至少四进六出，全线网目前布设900多通道	2019年1月	全线网	所有人群
7	济南	1号线每站每组闸机一个通道，3号线每组闸机两个通道，2号线全部闸机均设置人脸终端	2019年4月	已运营的1、2、3号线各车站及后续新建线	所有人群
8	呼和浩特	四进四出	2020年10月	全线网	所有人群
9	合肥	已启动1~5号线人脸识别系统改造工程	预计2023年	全线网	所有人群
10	哈尔滨	每条线每站两进两出	2020年7月	1号线、3号线一期	所有人群
11	贵阳	所有闸机	2020年6月	1、2号线及后续新线	所有人群
12	广州	18、22号线全线全闸机开通，人脸与二维码关联，本线与其他线采用"脸进码出"或"码进脸出"；既有线人脸升级工程正在立项	2021年9月28日	18、22号线	所有人群
13	福州	每条线每站两进两出，有独立非付费区则增设，面向全体乘客	2020年8月	全线网	所有人群
14	成都	全线网所有闸机	2020年8月	全线网	所有人群
15	洛阳	已开通1、2号线每个闸机编组一通道设置	2021年4月	1、2号线	所有人群
16	苏州	既有线中开通2座车站试点，在建新线6~8号线全线车站实施人脸识别边门（纳入AFC系统）	2019年12月（试点）2024年9月（全线人脸边门）	6、7、8号线全线车站人脸边门	所有人群
17	南京	全部线路均改造上线人脸识别过闸进出站，大部分站点为至少两进两出，郊区站一进一出	2023年3月1日测试上线	全线网	所有人群
18	佛山	3号线每车站设置一宽通道自动检票机带人脸识别功能进行员工内部试点	2022年12月28日测试上线	3号线	企业工作人员

无感过闸优势明显，一方面简化了乘客支付、验票、过闸的流程，乘客无须携带交通卡或手机，只要刷脸就能完成乘车支付，"秒通"闸机提升了乘车效率，满足了乘客快捷乘车的需求；另一方面，有效杜绝了乘客冒用优惠资质的情况，不会出现乘客丢票、票损、冒用免费优惠票种的情况，大大减少车票稽核人员及站务人员的工作量，达到减员增效。同时，无感过闸提升了客流信息的数据价值，为城市轨道交通运营部门向乘客提供精准化服务提供了数据支持。其缺点是识别准确率有待提高，人脸数据库规模上百万后会出现少量识别错

误，现阶段技术误识率约 0.01%，但随着面部识别算法越来越精准，缺点正在逐步消失。

目前国内城市轨道交通"刷脸无感过闸"正在起步，经历了 3~4 年的发展，技术正在逐步走向成熟，但受疫情、乘客支付习惯和优惠力度不足等多重因素影响，"刷脸无感过闸"客流量普遍低于 5%。

然而，刷脸乘车是一种年轻态、健康自由、时尚新潮的生活方式，深受年轻人追捧。另一方面，后疫情时代下轨道交通已不再强制乘客戴口罩，乘客在闸机前短时间摘口罩的心理负担消失，刷脸无感过闸必然会迎来新一轮的应用高峰。

7.2.4 服务智能化

"互联网+"时代下的大众行为正在悄然改变，智能机器人技术不断发展，轨道交通乘客服务也逐步向网络服务、自助服务为主的智能模式转变。

2019 年 9 月，广州地铁智慧城轨示范站——广州塔站和天河智慧城站开放，其中最引人注目的是站厅客服中心的变化，不同于传统的"小房间"票亭，新型"智能客服中心"采用开放的人体工程学柜台模式，如图 7.2-2 所示。乘客可以在设备上自助办理智能问询、车票查询、票务异常处理、电子发票开具和人脸实名注册等各项业务，智能客服中心同时支持智能语音服务，能提供购票指引、票务问询、运营信息查询、站内设施咨询、站外导航等机器人自助问答功能。

图 7.2-2　广州塔站和天河智慧城站智能客服中心现场及效果图

此后，全国 40 多家城市轨道交通企业陆续考察参观了广州智慧城轨示范车站，至此，"智能客服中心"在全国全面铺开。截至 2022 年，全国各地城市轨道交通车站共计布设智能客服中心约 451 座，如图 7.2-3 所示。其中仅 2022 年一年新增 255 座，各地新一轮线路建设中几乎全部都将智能客服中心列入采购建设内容，既有线智能客服中心升级改造工程也纷纷列入计划。

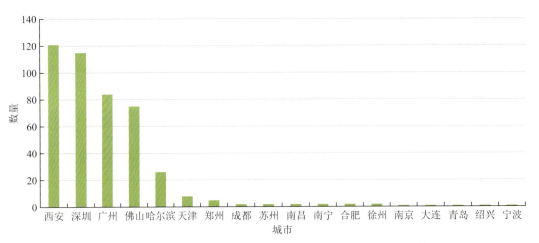

图 7.2-3　截至 2022 年全国各地城市轨道交通布设智能客服中心数量

现阶段国内智能客服中心的设计方案共有两种发展模式。其一，兼顾有/无人模式，即整体基于无人值守理念进行设计，同时兼顾高峰时段有人值守使用，智能客服中心除配置全自助设备，同时配置票务人员操作的 BOM（票房售票机）设备，此设备实用性更强、适应性更广，广州、深圳等城市普遍采用，如图 7.2-4～图 7.2-6 所示。

图 7.2-4　广州"十三五"线路及既有线改造智能客服中心效果示意图

图 7.2-5　青岛地铁、深圳地铁智能客服中心效果图

图 7.2-6　徐州地铁、西安轨道交通智能客服中心效果图

其二，全无人模式，即全无人值守理念设计，全部采用自助式操作，不设票务人员操作席位。此模式在苏州、长沙交通采用，如图 7.2-7 所示。

图 7.2-7　苏州轨道交通、长沙轨道交通 6 号线智能客服中心效果图

除现场前端设备发生质的革新外，后台系统方面，多地城市轨道交通融合人工智能、语音识别等技术，基于城轨知识库 AI 知识图谱，正在打造支持智能聊天交互和自助服务的综合服务平台，广州地铁率先上线"悠悠服务平台"，支持线上、线下以及人工、智能机器人服务，如图 7.2-8 所示。文字、语音、电话、APP 等多场景多需求沟通模式让乘客的问询服务随时随地得到解决。苏州、南昌、长沙、宁波等地也正在推进建设。

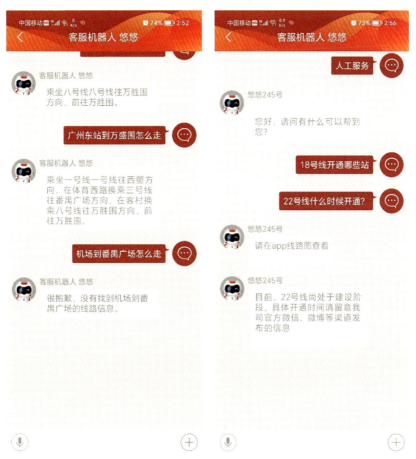

图 7.2-8　广州地铁"悠悠服务平台"APP 线上智能机器人及人工服务

随着社会各领域智慧化建设的不断普及，乘客已逐渐适应更加便捷自助化的城市轨道交通环境，搭建多元化、全维度的综合服务平台及智能客服中心，全面替代传统票亭及车站现场人工服务，快速便捷地处理乘客相关票务事务和咨询服务，提升乘客服务体验。同时，人工智能可以解决大部分的常见问题，全天24h待命，有效替代人工客服的重复劳动，人工服务仅作为必要的补充，使企业运营人力成本更低，达到降本增效的目的。

随着人工智能技术的进一步发展，城轨知识库AI知识图谱的进一步完善，相信未来的智能服务体验将更加流畅和自然。

7.2.5 小结

随着社会进入"互联网+"时代，社会服务行业发生了巨大的变革，城轨服务顺应潮流，适时而动，近年来多元过闸、刷脸无感、智能服务等已逐步在国内城轨领域遍地开花，并呈现百花齐放之势。随着互联网及AI技术的进一步发展，城轨服务将越来越智能化，为乘客提供更好的按需、主动、精准、高效的服务。

7.3 智慧车站管理

北京、上海、广州、深圳、重庆、南京、成都、武汉、西安、宁波、青岛等19个城市、600多座车站建设了智慧车站系统，提高了乘客服务满意度，提升车站管理水平和质量，增强乘客服务能力，节省了人力、设备和管理成本，取得了良好的经济效益和社会效益。各个城市积极探索智慧车站实践，并在实践过程中展示出了智慧车站建设和应用的多元化生态系统应用。

北京地铁试点"AI车站"及手机移动召援，通过研发"人工智能+视频分析"和手机APP端移动召援功能，提供多种视频分析服务，助力线网调度指挥，方便乘客咨询求助。北京地铁将围绕运行、客服、维护、安全管理方面，依托北斗、EUHT（超高速无线通信技术）、空间数字化、人工智能、区块链等新兴技术，将北京地铁首都机场线打造成为全国首条全场景化的"智慧城轨"示范线路。构建"智慧车站"，打通城市轨道交通各专业之间的壁垒，实现设备之间的联动，并在车站构建一套智能综控平台。遇到极端天气时，站内系统可以实时接收预警信息。结合这些预警信息，车站的智能检测设备可以对站外雨量和水位进行监测。遭遇险情时，还能够自动启动相应设备，解决现场突发情况。

上海地铁建成汉中路、诸光路、新江湾城、顾村公园和惠南等国内首批智慧车站，在推进智慧车站技术研究和示范应用的过程中，上海地铁始终坚持运营需求-管理效益双维度分析方法，聚焦先进适用技术的研究和融合应用，明确智慧车站技术研究内容，主要包括车站智能运行、设备智能维护、乘车智能引导、人员智能管理和综合业务管理可视化等5个方面，优先选用性价比高的智能化技术，通过精选智慧应用场景来解决运营管理中的痛点难点问题，实现智慧车站全生命周期投入产出效益的最大化。

2019年，广州地铁改建和新建了各1座智慧车站，实现"1个平台+4组应用（综合信息发布、智能客流引导、智慧安防、智慧站务）"，促进广州地铁数字化、智能化转型升级。2021年，广州地铁18号线、22号线采用适度超前的设计理念，依靠先进科技手段和匠心工艺，本着"以人为本"的总体方针，从智慧乘客服务、智慧行车组织、智慧调度指挥、智慧车站管理、智慧运营维护、安全保障及应急处置等六个方面，打造广州地铁首条"安全、可靠、便捷、精准、融合、协同、绿色、持续"智慧城轨线路，在智慧车站管理方面，构建基于设备全息感知、系统集成联控、终端移动操控的高度自运转的全时全景车站管理模式。其中，横沥站和市广路示范站基于穗腾 OS 的策略引擎平台，构建了包括一键开关站、视频巡更巡检、车站应急预案一键启动及全过程跟踪等场景化模式控制，实现了移动化站务管理，降低了运营管理成本。同时，结合腾讯云小微智能语音、知识图谱等 AI 技术，显著提升自动化办公水平，大大提高人员工作效率。

深圳地铁改建机场站和深云站，打造了基于设备全息感知、系统集成联控、终端移动操控、高度自运转的全时全景智慧车站管理系统，实现一站式车站运营工作管理、设备联动、突发事件告警、运营一键响应及处理，实现车站环境和数据信息的可视化。实时提供车站全场景动态信息服务，满足车站运营生产组织常态及应急需求，实现客流监控分析、运营风险预警、应急预案可视化、人员设备定位监控、运营资源调配、事件处置辅助决策等功能。

南京地铁草场门站和新街口站的智慧车站系统从智慧乘客服务、智慧站务管理和智能设备运维三个维度，打造集成化、多功能智慧车站，实现了出行更便捷、运营更安全、管理更高效的目标。智慧车站在综合监控系统中增加了智能运管系统、智能分析系统，设置统一信息展示和交互的综合管理平台。智慧车站主要功能体现在智慧乘客服务、智慧站务管理、智能设备运维 3 大模块，共包括 12 种主要功能。其中智慧站务管理模块包括车站工况感知、客流状态感知、智能化场景、车站异常智能识别等功能。利用现有综合监控平台打通各专业壁垒，接入融合各智能子系统的数据，为运营站务人员提供智能视频分析、安防集成管理、客流预警、事件告警、信息发布、平台可视、一键开关站等智能化应用。

西安地铁 14 号线的智慧车站在车站管理方面，主要实现了综合看板功能、智能开关站功能、环境在线检测、设备区人脸识别、边门掌静脉识别、人员管理、智慧安检、智慧厕所、客流管理（含预警及预案）、公共区智能照明、灯带导引等功能。

城市轨道交通智慧车站工程已经在各个城市广泛开展，智慧车站的建设和应用对提高城市轨道交通的运营服务水平、安全性、舒适性和便捷性等方面都有着非常重要的作用。通过智慧化技术的应用，智慧车站能够大幅降低运营成本，实现节能减排，为实现双碳目标作出积极贡献。未来，我们相信随着科技不断发展和创新，城轨智慧车站会更加完善，为乘客们提供更加丰富多样化的服务，让城市轨道交通更好地助力城市高质量发展。

7.4 智能安防管理

智能安防管理功能的实现主要依靠集成管理、视频监控、门禁、入侵报警、安检等系统，近几年智慧城轨智能安防管理维度实践工程主要在安防集成化、安检智慧化和监控智能化等方面有较大的功能提升。

7.4.1 安防集成化

随着《中华人民共和国反恐怖主义法》的颁布实施，国内各大城市陆续将安全防范提升到前所未有的高度。与此同时，《城市轨道交通公共安全防范系统工程技术规范》（GB 51151—2016）（以下简称《规范》）于 2016 年 4 月 15 日发布，2017 年 12 月 1 日正式实施。《规范》中有两处强制性条文,分别是第 4.2.1 条和第 4.2.3 条。第 4.2.1 条指出新建线路和先建延长线的安防系统应按新规执行,已投入运营的项目待后期解决;第 4.2.3 条明确了安防系统的主要建设思路。《规范》颁布后,各城市轨道交通纷纷响应新规要求,打破原来各安防子系统烟囱式的管理模式,形成完整的安防系统平台体系,实现分级联动和控制,提高公共安全事件处置的集成化、自动化和智能化程度。

广州地铁 3 号线依托综合监控系统实现了相对独立的安防集成管理平台功能。自广州地铁第一个实施真正意义的综合监控系统以后,目前全国已经有 100 多条城市轨道交通线路采用综合监控系统。综合监控系统实现了大发展,在具体实施过程中,系统不断完善,以满足城市轨道交通运营的需求,并逐步创新集成和互联安防子系统。广州地铁"十三五"线路中,综合监控系统将段场安防(含段场视频、周界入侵和周界广播)、视频监控系统、门禁系统、网络安检等安防子系统以软件模块纳入综合监控系统,实现《规范》中安防集成平台的功能要求,人机界面中采用同一图页或独立客户端界面显示相关内容。

深圳地铁则是独立建设安防集成平台的典型。深圳地铁从三期工程开始,各线路均按中心级、站级(车站、段场)两级架构独立建设线路安防集成管理系统,实现对安防各子系统(视频监视子系统、门禁子系统、周界报警子系统、乘客求助及告警子系统、防盗报警子系统、电子巡更子系统、安检子系统)的数据采集、综合监视和联动控制。

随着云计算、大数据、人工智能等技术的发展,深圳地铁以四期工程建设为契机,在 NOCC 二期工程项目中构建城轨生产云,生产云面向城市轨道交通网络化运营,承载线路级、线网级生产业务。生产云采用主、备双中心建设模式,主备中心各分为线路、线网两个"异构"资源池,线路资源池承载 ATS、PIS、ISCS、ISDS 等线路级业务系统,线网资源池承载 NCC、ACC、CLC 等线网级业务。因此,从四期工程开始,深圳地铁各线路安防系统均采用云计算技术。云平台为安防系统提供云存储、计算资源、数据库资源、数据中台资源以及云桌面资源,安防集成管理系统软件部署于 NOCC 二期生产云上,实现对各集成子系统的设备检测、授权管理、联动控制、网络管理、数据库管理、维修管理及系统数据的集中采集、统计、保存、查询等功能。网络故障时,站级安防集成管理系统能脱离云平台独立运行,完成本地控制管理。

对于早期的一、二期工程线路(1、2、3、5 号线),深圳地铁依托运营视频监控系统升级改造项目规划建设了安防云,并基于安防云,新建统一的安防集成管理系统,用于接入 1、2、3、5 号线安防系统,该安防集成系统基于分布式集群架构,将视频监控、门禁、乘客求助、智慧安检、周界入侵报警、人员考勤、AR 全景、热成像测温、信息发布、应急管理等多个业务子系统进行集成,形成全面一体化的综合应用管理平台。

国内部分城市轨道交通安防管理平台建设模式的调研情况见表 7.4-1。

部分城市轨道交通安防管理平台建设模式的调研表　　　表 7.4-1

序号	所属城市	线路名称	安防集成管理平台建设模式	接入子系统名称
1	上海	14、15、18 号线	独立建设安防集成平台	段场安防、入侵报警、电子巡查、CCTV、门禁、安检
2	深圳	四期工程线路	独立建设安防集成平台	CCTV、门禁、周界报警、乘客求助及告警、防盗报警、电子巡更、智慧安检

续上表

序号	所属城市	线路名称	安防集成管理平台建设模式	接入子系统名称
3	广州	10、11、12、18、22号线，7号线二期，13号线二期、5号线东延、3号线东延、14号线二期	利用综合监控系统平台	段场安防、CCTV、门禁、安检
4	佛山	3号线	利用综合监控系统建设	段场安防、CCTV、门禁
5	佛山	4号线	拟独立建设安防集成平台	段场安防、CCTV、门禁、安检
6	长沙	7号线	拟独立建设安防集成平台	CCTV、场段周界报警、电子巡更、门禁、安检
7	南昌	2号线东延、1号线北延和东延	独立建设安防集成平台	CCTV、场段周界报警、电子巡更、门禁、安检
8	福州	4、5、F1号线	独立建设安防集成平台	CCTV、门禁、安检、周界报警、电子巡查
9	厦门	4、6号线	独立建设安防集成平台	段场安防、CCTV、门禁、电子巡更、安检
10	郑州	6号线	独立建设安防集成平台	CCTV、入侵报警、电子巡更、门禁、安检
11	西安	8、10、15号线	利用综合监控系统建设	CCTV、场段周界报警、智慧车站电子巡更、门禁、安检
12	重庆	16号线	独立建设安防集成平台	段场安防、CCTV、门禁、电子巡更、安检
13	兰州	2号线	独立建设安防集成平台	段场安防、CCTV、门禁、电子巡更、安检
14	杭州	3号线	独立建设安防集成平台	段场安防、CCTV、门禁、电子巡更、安检
15	无锡	S1线、5号线、市域S1线	拟独立建设安防集成平台	段场安防、CCTV、门禁、安检
16	宁波	6、7、8号线	独立建设安防集成平台	段场安防、CCTV、门禁、电子巡更、安检
17	苏州	6、7、8号线	根据当地公安要求须独立建设安防集成平台，具体方案未定	—

安防集成平台的应用已是大势所趋，通过对安全防范各子系统的集成，城市轨道交通不仅能进行数据采集、存储和监控，提升综合监控和管理水平，还能通过智能分析、联动告警和统一指挥，提高运营的效率，也能通过大数据模型进行预测分析、决策辅助，提高对突发公共事件的科学决策水平。

7.4.2 安检智慧化

国内城市轨道交通从2008起逐步全面实施安检，早期安检仅布置安检设备，未设置网络化安检系统。

2019年9月，广州地铁智慧城轨示范车站首次提出"智慧安检"概念，通过网络将示范工程车站安检设备有机地集成在一起，联网运营管理各出入口所有现场安检设备，如图 7.4-1 和图 7.4-2 所示，主要提升的功能有：

①信息化设备管理。智慧安检可实现示范车站设备及安检人员的监控管理、设备管理、统计管理、人力管理。

②开通实名注册 APP，实现乘客实名注册功能。安检票务一体机设置人脸生物特征采集装置，实名常旅客可快速通过安检票务一体机便捷进站。

③危险品智能 AI 识别技术。智慧安检应用危险品智能 AI 识别技术，利用 X 射线图像进行违禁品 AI 辨别，辅助提升判图员工作效率及准确率。

④远程、实时、集中判图技术。智慧安检应用远程、实时、集中判图技术，通过跨站点、远程、动态的判图任务调度机制，将一个判图员固定检查一个安检点 X 光片的模式升级为多个判图员在智能 AI 辅助下动态检查多个安检点 X 光片的模式，提升安检判图人员利用率。

图 7.4-1　广州塔站和天河智慧城站安检票务一体机现场照片

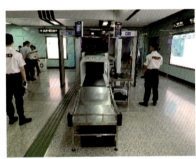

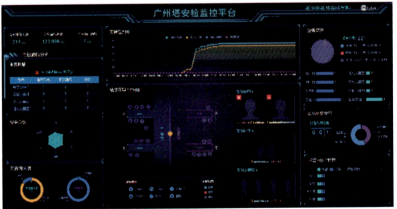

图 7.4-2　广州塔站安检终端设备、集中判图室、智慧安检平台软件界面

同期，北京、上海也相继开展智慧安检示范工程，2019 年上海地铁在上海大学站、静安寺站、南京西路站三站试行地铁"安检快捷通道"，与"Metro 大都会 APP"实名注册信

第 7 章 智慧城轨工程实践

息相关联进行试点，同时"安检快捷通道"中，会采取随机抽检的方式进行。2021年北京地铁在天通苑北、天通苑、天通苑南、霍营、回龙观5个车站，开启实名常乘客快速进站服务试点，试点旨在提升乘客安检通行效率，积累实名用户，为北京地铁智慧安检项目作试点并为后续工作奠定基础。

随之，网络化、智能化、系统化的安检系统建设在全国城市轨道交通全面铺开，见表7.4-2。例如广州地铁在示范站取得成功后，向市政府立项开展全线网智慧安检升级工程，2024已进入全面工程实施阶段，部分线路逐步开通运营。成都地铁开展全线网智慧乘客服务平台（智慧安检＋智慧票务系统＋智慧测温）工程建设等。

近年来我国各城市轨道交通智慧安检应用表　　　表 7.4-2

序号	城市	应用线路	应用功能	开通时间
1	广州	全线网，共计410座车站，约1300安检点位	信息化设备及人力管理；危险品智能AI识别；全线网远程、实时、集中判图功能；重点车站重点出入口太赫兹安检（27个安检点）	2019年开通示范站；2023年4月开通18号线、22号线；预计2023年12月开通既有线；2024—2025年陆续开通十三五线路
2	西安	全线网已开通，共计178座车站，约424安检点，在建104座车站，约210安检点	1、2、3、4号线以及机场线智慧安检改造，信息化设备及人力管理危险品智能AI识别，新建线路均按照西安地铁智慧安检标准建设	2020年12月开通
3	成都	全线网已开通，共计278座车站全部安检点，在建9条线110座车站全部安检点	信息化设备及人力管理；危险品智能AI识别；按线路及区域车站进行远程、实时、集中判图功能；全网安检态势监控及智能化维保	2020年8月开通
4	深圳	深圳地铁线网安检平台已建成，三期工程后线路均按网络化安检系统搭建	信息化设备及人力管理；知识管理；危险品智能AI识别；20号线5座车站采用现场与集中兼容的判图模式	2021年12月开通
5	长沙	6号线34站约70安检点位	信息化设备及人力管理；危险品智能AI识别；6号线全线在段场设置2处远程判图中心	2022年6月开通，智慧安检功能2023年12月逐步上线运营使用
6	宁波	6、7、8号线	信息化设备及人力管理；危险品智能AI识别；10个车站的远程、实时、集中判图示范	预计2025年
7	厦门	4、6号线	信息化设备及人力管理；危险品智能AI识别；远程、实时、集中判图功能	预计2026年

智慧安检将传统功能单一、设备离散、人工安检模式向判图智能化、系统网络化、识别精准化的模式转变，在乘客服务提升、工作效率提高、运营成本降低等方面具有较大的

成效，具体表现在以下几点：

（1）提升乘客通行效率，加强乘客服务质量。通过对乘客进行精准识别，安检人力可精准用于重点人员检查，实现常乘客的快速通行；基于人工智能图像识别算法，提高开包准确率，减少误开包率提升乘客安检质量；通过远程、集中判图及智能AI辅助判图功能提升安检点判图效率，从而可提升X光机传送带速度，减少乘客候检时间提升过检体验；安检点现场取消判图工作站，安检点可采用"两门夹一机"布置，乘客通行、放包、取包空间更宽广，提高乘客通行效率。

（2）提高安检员工作效率。系统通过智能AI算法有效地辅助判图员精准识别潜在危险品，提升危险品识别准确率，提升判图速度；智能安检门增加对乘客随身携带金属物品的位置识别功能，便于快速确认乘客随身物品的安全性，提升了安全检查的工作效率。构建网络化智慧安检管理平台，对线网安检点的设备状态、运作状态进行监控，对安检员在线巡检统筹调度，提升管理效率。

（3）降低运营成本。管理从传统人工管理向信息化管理转变，提升管理效率，减少管理人力成本；实施集中、实时、远程判图，辅以智能判图，判图员能够兼顾多台X光机的判图工作，从而降低判图人员配比，减少人力成本，达到减员增效的目的。

目前，国内城市轨道交通智慧安检工程建设处于蓬勃发展阶段，各城市新建线路均已应用智慧安检技术，部分城市大规模开展既有线智慧安检升级工程，随着大数据、人工智能、物联网等技术的进一步发展，智慧安检也将更加智能，更加强大。

7.4.3 监控智能化

随着城市轨道交通的快速发展和客流量激增，城市轨道交通的压力也逐步增加，尤其是对运营管理和公共安全保障等方面的压力与日俱增。随着视频监控系统管理的车站和列车的数量越来越多，现有的传统视频监控系统面临较大困境。主要体现在：随着监控技术和图像处理技术的发展，视频监控图像的清晰度虽然不断提高，但监控终端和人力有限，仅通过轮换画面来监视所有场景，不能同时获知全部有效监控信息；单车站空间大、设备多、客流复杂，虽然监控系统包含的信息量巨大，但对信息的利用率较低，存在的安全隐患难以及时发现。因此各城市均在尝试在城轨环境中利用智能分析的方式来自动获得相关信息、并挖掘数据，为城轨运营管理、应急处置、安全防范等工作提供支撑和依据。

部分城市轨道交通车站智能分析功能应用的调研见表7.4-3，部分城市轨道交通车辆智能分析功能应用的调研见表7.4-4。

部分城市轨道交通车站智能分析功能应用调研表　　　表7.4-3

序号	所属城市	线路名称	摄像机清晰度	视频分析功能/能力
1	广州	18、22号线等十三五线路	4K	客流分析、扶梯逆行、遗留物检测、徘徊检测等；60路/站
2	深圳	3号线四期等四期工程线路	4K	人群密度检测、客流量统计、绊线入侵、区域入侵、物品检测、徘徊检测、快速移动、斗殴检测、逆行检测、扶梯异常检测等；100路/站

续上表

序号	所属城市	线路名称	摄像机清晰度	视频分析功能/能力
3	佛山	2、3号线	1080P	逆行检测、客流量统计、绊线入侵、区域入侵、物品检测、徘徊检测等；16路/普通站，2号线20路/大型站，3号线30/大型站
4	北京	大兴机场线	1080P	人群密度检测、客流量统计、绊线入侵、区域入侵、物品检测、徘徊检测、快速移动/逆行检测等；20路/普通站，32路/换乘站
5	长沙	6号线	1080P	人群密度检测、客流量统计绊线入侵、区域入侵、物品检测、徘徊检测、快速移动、斗殴检测、逆行检测；16路/普通站，32路/换乘站
6	宁波	5号线	4K	人群密度检客流量统计线入区域入侵、物品检测、徘徊检测、快速移动、斗殴检测、逆行检测、卷帘门检测；30路/普通站，40路/换乘站
7	杭州	16号线	1080P	人群密度检测、客流量统计、绊线入侵、区域入侵、物品检测、徘徊检测、快速移动、斗殴检测、逆行检测；30路/普通站，40路/换乘站
8	苏州	1、2、4号线	1080P	人群密度检测、客流量统计、绊线入侵、区域入侵、物品检测徘徊检测、快速移动、斗殴检测、逆行检测；30路/普通站，40路/换乘站
9	合肥	2、3号线，4号线延长线	1080P	人群密度检测、客流量统计、绊线入侵、区域入侵、物品检测、徘徊检测、快速移动、斗殴检测、逆行检测；24路/普通站，32路/换乘站
10	上海	14、15、18号线	1080P	摔倒、逃票、聚集、物品遗漏、越线、图像质量；2站/线，80路/站
11	福州	4号线	1080P	物品遗留、客流突变、人流统计、打架、斗殴、图像异常；6路/站

部分城市轨道交通车辆智能分析功能应用调研表　　表 7.4-4

序号	项目	车载智能分析功能说明	车厂
1	广州地铁7号线西延线	客流统计、边界入侵、区域徘徊、人脸识别、扶梯异常、可疑物遗留检测	株机
2	广州黄埔有轨电车2号线	司机行为分析（打瞌睡、闭眼、吸烟、打电话、左顾右盼、标准化手势、信号灯检测、身份认证、换人提醒等）	株机
3	广州地铁2、3号线	客流密度分析、车厢拥挤度检测、客流统计分析、人员滞留分析、驾驶员行为分析、驾驶员标准动作识别	—
4	深圳地铁20号线	拥挤度、客流密度、人员统计、人员滞留、遗留物检测	长客
5	长沙轨道交通5号线	拥挤度、客流密度、人员统计、人员滞留、遗留物检测	株机
6	长沙轨道交通6号线、3号线南延线	驾驶员标准动作+摄像机视频质量分析+客流（拥挤度、客流密度、人员统计、人员滞留、遗留物检测）	株机
7	青岛地铁4号线	拥挤度	四方
8	南昌地铁4号线	司机行为分析（打瞌睡、闭眼、吸烟、打电话、左顾右盼、身份认证、换人提醒等）	长客

续上表

序号	项目	车载智能分析功能说明	车厂
9	郑州地铁 10、12、16 号线	摄像机视频质量分析、拥挤度、客流密度、人员统计、人员滞留、遗留物检测	四方
10	沈阳大课堂 4 号线	司机行为分析（打瞌睡、闭眼、吸烟、打电话、左顾右盼、身份认证、换人提醒等）+客流（拥挤度、客流密度、人员统计、人员滞留、遗留物检测）	大连
11	杭州地铁 19 号线	司机行为分析（打瞌睡、闭眼、吸烟、打电话、左顾右盼、身份认证、换人提醒等）+客流（拥挤度、客流密度、人员统计、人员滞留、遗留物检测）	浦镇
12	西咸新区智轨示范线 1 号线	司机行为分析（打瞌睡、闭眼、吸烟、打电话、左顾右盼、身份认证、人脸识别、换人提醒等）+客流（拥挤度、客流密度、人员统计、人员滞留、遗留物检测）	株机
13	苏州轨道交通 8 号线	车厢拥挤度、列车视频智能分析应用系统	浦镇
14	比亚迪云巴项目	末站清客、遗留物检测、车门夹人夹物、乘客异常行为	比亚迪

智能分析技术在城市轨道交通领域已经开展了大面积技术验证和应用工作，通过智能分析算法实现业务场景的自动识别和报警，主动提取视频中的有价值信息，充分利用非结构化数据和结构化数据的互补特性，努力实现智慧化更高、实战性更强、展示性更好综合监控和管理应用。但总体来说，智能分析技术应用需要更加行业化、专业化、具体化的指导，以适应城市轨道交通领域复杂多变的场景需求。智能分析技术开发和布控需要从更具体化、更贴近实战的角度切入，以"组合+场景+创新"的方式，解决视频单一、数据孤岛、技术与场景应用分离的具体问题，并努力克服环境因素，提高智能识别和判断的准确度，为提高城轨运营和管理能力提供更为针对准确的技术支撑。

7.4.4 小结

展望未来，随着智能分析、大数据、系统集成等技术发展，安防系统的信息化、智能化、集成化将得到有效提升，将城市轨道交通安防系统从硬件核心模式向软件核心模式转变，最终综合运用各种人防、技防、物防措施进行一体化处理，不断提升功能集成性、接口规范性和联动及时性，打造一个实时的、集成的、综合的、互操作的、网络化、智能化的安全防范系统，为新时代的城市轨道交通建设作出应有贡献。

7.5 智能运输组织

近年来，智能运输组织实践工程主要在高效运输、安全服务、网络化运输组织、应急响应、互联互通等方面有较大的功能提升。

7.5.1 高速度等级、大运量、高密度的智慧轨道交通系统

广州地铁 18 号线和 22 号线，按照大运量、高密度运营服务要求，从设计标准、系统技术、土建技术等 8 大方面进行了集成创新，建成兼具高速度等级、大运量、高

密度的智慧轨道交通系统。广州地铁18号线和22号线以品质出行为核心，立足乘客需求，为乘客提供实时感知、精准分析、个性化、生活化的智能服务。依托精准的客流预测，将线网运能供给与乘客需求精准对接，通过灵活的运能配置和多样化的行车方式，提高乘客出行的便捷性。借助各类先进的智能技术构建基于设备全息感知、系统集成联控、终端移动操控的全景管控车站管理，面向安全管理、服务支持、车站运作三大业务场景。运用智能监测、即时预警、态势研判、信息交互等技术，形成集约高效的全域立体的安全管控。采集、融合、分析、挖掘各类关键设备数据，形成基于状态感知及全过程数据分析的精准维修模式、融合全生命周期管理体系、实现体系迭代的智能运维功能。

7.5.2 超大城市轨道交通系统高效运输与安全服务关键技术

北京地铁超大城市轨道交通系统高效运输与安全服务关键技术项目将在首都机场线进行完整线路的应用示范，重点围绕运行、客服、维护、安全管理方面，依托北斗、EUHT（5G）、空间数字化、人工智能、区块链等新兴技术，将该线路打造成为全国首条全场景化的"智慧城轨"示范线路。在运行管控方面，重点突破智能客流感知、网络化动态调度、基于车车通信的列车控制等关键技术，构建客流-车流耦合的路网级协同调度平台，建立实时客流-车流耦合的动态调度及列车控制联动机制，实现客流-车流的耦合优化和线网列车群的协同优化；在乘客服务方面，重点突破乘客智能交互服务技术、乘客智能诱导服务技术、服务信息精准发布与推送技术，构建无人化客服平台，实现乘客全时程出行的智能服务；在设备运维方面，重点攻克城轨关键装备感知增强技术、全生命周期服役评估增强技术和网络化智能维护能力增强等关键技术，开发网络化运维增强平台，实现维修资源的网络化调度和动态管理；在主动安全方面，重点突破智能感知、在线监测等技术，对"人、机、环、管"四大要素进行提前感知、预判、预测和预警，构建主动安全防控平台，实现对风险要素的精准"知-辨"，建立由"治-控-救"三道防线组成的矩阵式安全管控体系。同时，开展智慧车站、智慧车辆等关键技术装备研发，"北斗＋5G＋空间数字化"的时空基准体系建设等，构建高效运输与安全服务集成系统平台，建立运营新体系，使公众出行更美好、愉悦，城轨运行更安全高效，设备服役更可靠、经济，实现提质增效目标。

7.5.3 智能线网运营调度应急指挥中心

天津轨道交通运营集团有限公司立足于线网综合运营调度管理，以监控信息高度融合、云计算及大数据应用技术为支撑，以网络化运营调度业务流程为主线，建立了一套基于混合式大数据架构、跨平台、标准化接口的线网运营调度指挥平台系统，实现了以实时监控、调度指挥、应急联动、运营评估与线网运营组织策略为核心的先进、高效、可靠的成套技术体系。智能线网应急指挥中心系统从网络化运营角度出发，实现了信息高度融合、网络化运营调度业务支撑、大数据挖掘与网络运输智能决策，并攻克多项关键技术，为城市轨道交通指挥提供了一套先进、高效、可靠的智能系统，有效应对了网络化格局下衍生出的运营管理复杂性和动态传播性导致的防控能力弱的问题，引领了行业的技术进步。

围绕城市轨道交通线网运营调度应急指挥场景，天津轨道交通运营集团有限公司以新兴、先进技术为支撑，重点研究了线网运营调度应急指挥中心的政策依据、职责定位、管理模式、总体构成，业务系统应用与智能化技术的深度融合，构建了线路和线网合一、日常运营指挥和应急处置合一的智能调度应急指挥中心。探索构建了涵盖实时监控、调度指挥、应急联动、运营评估与线网运营组织策略等为核心要素的成套技术体系。

7.5.4 基于互联互通的全局调度系统

如何不同厂家的列车在不同线路间跨线和共线运行，从而提升乘客出行体验以及设备与资源的共享效率，一直是一个世界性技术难题。CBTC 信号系统互联互通技术复杂，我国要实现其自主化，需在核心技术、关键设备、系统设计与集成、标准规范等方面持续攻关并取得实质性突破。2015 年，重庆市轨道交通（集团）有限公司在国家发展改革委、中国城市轨道交通协会的指导要求下，将重庆轨道交通环线、4 号线、5 号线、10 号线建设为国家互联互通示范工程，开启了"单线运营-共线运营-跨线运营"三步走的中国城市轨道交通自主化互联互通之路。在互联互通网络化运营组织需求背景下，原有基于单线方式的构建调度指挥系统存在过轨列车计划不易衔接、跨线晚点传播不易控制、线路间调度命令无法便捷交互，以及缺乏整体性的宏观监控功能等问题。通过引入全局调度系统，支持全网行车信息监视，网络化运行计划编制，跨线运营调整，以及全网故障监测与应急处置功能，构建起多层次网络化行车调度指挥体系，成为重庆轨道交通互联互通网络化运营的关键支撑。

7.5.5 小结

在《发展纲要》的指引下，各地城市轨道交通智能运输组织建设将重点构建网络化智能运输组织体系和线网运营调度（应急）指挥中心，实现运能运量精准匹配、适应线网运输互联互通、乘客出行快捷便利、网络化运输组织高效的要求。

7.6 智能列车运行

7.6.1 全自动运行

（1）全国应用概述

2008 年以前，我国全自动运行技术推广比较慢，且多用于小运量或机场线等特殊需求的线路。2008 年后，各地对城市轨道交通能力和运营需求的急剧增加，随着 CBTC 技术的迅猛发展和全自动运行技术的逐步完善，上海 10 号线、北京燕房线等全自动运行线路建成运营，该技术开始在国内中、高运量城市轨道交通线路中广泛运用。

截至 2022 年底，北京、上海、天津、重庆、广州、深圳、武汉、南京、成都、苏州、宁波、南宁、济南、太原、芜湖开通了全自动运行线路，共计 30 条线路，已形成了 716.83km 的全自动运行线路规模。2022 年开通全自动运行线路 162.46km，其中深圳开通最多，为 4 条线，线路长度 126.20km。

预计到 2025 年，国内 75% 的新建线路和 40% 的改造线路将采用全自动运行技术，多数城市已将全自动运行建设纳入规划。

（2）北京

目前，北京地铁已有 6 条运营线路采用了全自动运行技术，分别为燕房线、首都机场快轨、大兴机场线、11 号线西段、17 号线南段和 19 号线一期，其中首都机场采用 GoA3 级建设，其余线路均采用 GoA4 级建设。

①燕房线

燕房线于 2013 年底开工，于 2016 年 4 月被国家发展改革委批准为国家自主创新示范工程。2016 年 12 月 28 日，燕房线东段（阎村东至星城）开始动车调试。2017 年燕房线开始全线动车调试。2017 年 8 月 15 日，燕房线全线开始空载试运行。2017 年底，通车试运营。

燕房线与北京整个城市轨道交通网络的衔接相对独立，作为示范线工程实施风险相对较低。从建设时序来看，该线是北京新一轮城市轨道交通建设的先期开通线路，采用的示范技术可在后续线路中推广应用。

燕房线采用的是我国自主研发的自动化等级最高的城市轨道交通列车，该车具备自动唤醒、自动检测、自动运行、到站精准停车、自动开关车门、运营结束后自动休眠、故障后自动恢复等功能。此外，该车的牵引、制动、网络、信号系统以及全自动运行集成技术均为国内自主研发。

为提高全自动运行城市轨道交通列车的安全性，燕房线列车通过了障碍物检测、脱轨检测等诸多安全测试，列车的关键系统均采用了冗余设计，列车出现故障后，其备用系统可以保证车辆继续安全行驶。遇到雨雪天气时，列车可以切换到雨雪模式，其速度、牵引力和制动力都会进行相应调整。此外，列车采用全自动控制方案，可以切换有人驾驶、自动驾驶、有人值守、全自动运行等不同的控制模式。

燕房线采用 DC750V 接触轨供电，最高运行速度 100km/h，初、近期 4 辆编组，远期 6 辆编组。

截至 2018 年底，燕房线各主要行车相关服务指标（即列车时刻表兑现率、列车正点率、列车掉线率、清人率、影响行车设备故障率和列车服务可靠度）均达到行业先进水平。

燕房线采用综合监控与信号系统集成平台列车综合自动化平台 TIAS，该平台系统集成度高，对运维专业融合度要求高，工作界面模糊化，系统功能更多、更复杂，对运维手段和人员素质要求更高，需要使用新的运维工具和手段保障运营要求。全自动运行涉及系统多，接口也随之增加，专业间需要更深层次的配合，设备类型多、故障类型多，维保方式也需要调整。基于上述变化，以信号专业为例，燕房线采用与核心技术供应商合资的维保模式，以期发挥出核心技术优势推动维保工作的效果，提高核心技术提供方在当地轨道交通工作的积极性，降低对其他供货商依赖程度，提升维修深度，降低运营维保人员筹备压力。

②大兴机场线

北京地铁大兴机场线一期（草桥站—大兴机场站）于 2019 年 9 月 26 日开通试运营，被誉为"北京市轨道交通建设新里程碑"。该线采用具有完全自主知识产权的全自动驾驶系统，不仅可实现无人驾驶，还可实现列车自动唤醒、自检、运行、休眠等全过程。北京地铁大兴机场线在燕房线示范工程的基础上，进一步实现了 FAO 行车、运维、服务等方面的提升。

大兴机场线最高运行速度 160km/h，采用市域快速车辆、AC25kV 供电制式，同时采用全自动驾驶技术运行，并实现 4 编及 8 编混跑运行；实现承载不同厂家车载系统全自动运行共线运营，并编制基于互联互通全自动运行的标准规范体系；采用列车智能障碍物检测系统（TIDS），利用主动及被动环境感知设备，通过智能算法处理，实现对前方障碍物以及列车脱轨状态的高可靠感知，实施预警和制动等防护措施；示范应用安全增强型列车控制网络，采用从通信到处理再到输入/输出的全系统安全解决方案，并通过 SIL2 级认证；构建适应高速全自动运行的运维平台；在燕房线综合维修管理平台基础上，结合机场线路高速运行的特征，大兴机场线增强了接触网检测监测、轮轨检测以及车辆基地智能化管控功能。

（3）上海

上海地铁已拥有 10、14、15、18 号线，以及浦江线共 5 条全自动驾驶线路，运营里程增至 167km。

①上海地铁 10 号线

上海地铁 10 号线（M1 线）是上海市轨道交通网络中的重要骨干线路，采用 6 辆编组 A 型车，最高运行速度 80km/h。

上海地铁 10 号线全自动运行的信号系统采用无线移动闭塞、完整列车自动控制系统（ATC），系统具有集成度、自动化程度高，以及安全性、可靠性、可用性和可维护性强等特点。信号系统与综合监控系统采用互联形式。

上海地铁 10 号线于 2010 年 4 月开通有人驾驶后备模式运营，2010 年 7 月开通 CBTC 模式运营，2013 年 10 号线各专业启动全自动运行的调试，2014 年 8 月 9 日开始准无人模式（有司机值守的全自动运行模式）正式投入运营。该线路自全自动运营以来，列车满载率稳定在 70%～80% 之间，平均准点率和兑现率达到了 99.9%，平均速旅行速度提升 2.6km/h，平均出入库时间减少 50%，在同等服务水平下配车数量减少 3 列，每公里配员人数减少 13 人，运维成本大幅降低，运营安全性、可靠性及运营效率均得到显著提高。2019 年春节后，上海地铁 10 号线日均客流达 90 万人次，日客流极值达到 106.7 万人次。

②浦江线

浦江线于 2018 年 3 月 31 日开通，为全高架胶轮导轨线路。浦江线列车在常态下不配备列车司机或跟车人员，是上海首条自动旅客运输（APM）系统的全自动运行胶轮线路。

在实际运用中，较非全自动运行线路而言，浦江线在运营调整灵活性、设备集成度方面有一定的优越性，系统具备了车辆火灾监控及系统联动、列车完整性检测、站台门安全回路等安全监控和应急管理功能，可提升应急处置先期效率、降低故障初期影响程度。

（4）广州

目前，广州地铁 APM 线（Automated People Mover systems）为 GoA4 级全自动运行线路，广州地铁在建线路中，10 号线、12 号线、8 号线北延段、广花城际、芳白城际、南珠中城际、佛穗莞城际等均按照 GoA4 级自动化等级建设。

广州地铁 APM 线于 2010 年 11 月 8 日开通运营，是广州地铁第一条全地下的旅客自动输送系统。APM 线采用 CX-100 车型，胶轮走行、胶轮导向。列车供电采用五轨交流 600V

供电。信号系统采用CITYFLO 650TM系统，"基于无线通信"的列车控制系统，集中式结构，正线和车场为一个控制区域。

系统主要特点如下：列车定位更精确（站台±15cm，区间定位±300cm）、无人驾驶、编组灵活、行车间隔小（正线追踪间隔不大于75s）、爬坡能力强（65‰）、转弯半径小（22.8m）。行车特点：不设运行图，采用等间隔行车，根据不同时间段客流强度分为高中低峰期。作为全自动运行线路，为应对设备故障导致的区间列车无法通行，根据APM线的线路特点和故障区间，信号系统预设置了6种工况模式。启动相应的工况模式即可快速调整故障下的行车组织，极大降低设备故障对行车组织影响。

广州地铁APM线自开通以来客流保持持续增长（2019～2022年除外），历史最大单日客流达到9.1万人次。2015年以来，每逢暑运和节假日期间，多个车站需启动客控。2019年暑运日均客流超6万人，国庆节期间日均客流超7万人。此外，APM线近五年未发生5min以上的晚点事故，近三年未启动工况。

（5）深圳

深圳市轨道交通四期及四期调整工程涉及的新建线路包括12、13、14、16、20号线以及6号线支线，新建线路总里程182km，全部采用全自动运行。20号线是基于车车通信技术的全自动运行商业线路，并采用联锁级系统作为后备降级系统；16号线的全自动运行关键系统采用全电子、数字化设计，进一步减少了设备单元及故障点，降低了运营人员劳动强度及运营成本。

（6）苏州

苏州轨道交通5号线是江苏省首条全自动运行的城市轨道交通线路，于2021年6月29日开通初期运营，2022年11月11日，苏州轨道交通5号线开放了驾驶室。后续新建及在建线全部采用全自动运行模式，均按照GoA4等级建设。

（7）成都

成都地铁9号线是成都市首条全自动运行的城市轨道交通线路，于2016年12月31日开工建设，2020年12月18日开通运营。

7.6.2 列车自主运行

（1）概述

TACS系统作为新一代的列车运行控制系统，具有安全、高效、灵活、经济等特点，在近年来迅速发展并逐步面向城市轨道交通应用。国内各信号供货商在最近几年纷纷开展了相关应用研究并取得了一定成果，青岛地铁联合中车四方所开展了针对TACS系统的国家示范线工程研究并计划用于青岛地铁6号线，上海地铁3、4号线信号系统更新改造也拟采用TACS系统，深圳地铁20号线在工程建设中率先应用了TACS系统并于2021年开通运营。

（2）深圳地铁20号线

深圳地铁20号线是深圳线网西部重要的轨道快线，采用基于车车通信的列车自主运行系统，按GoA4自动化等级建设，于2021年底开通试运营。

深圳地铁20号线信号系统由控制中心、正线、车辆段信号系统、培训/维修中心信号系统、试车线信号系统组成。全线采用上海卡斯柯信号有限公司（简称"卡斯柯"）提供的 TACS 系统，TACS 系统构成包括轨旁资源管理器 WSIC、列车管理器 WSTC、车载控制器 CC、目标控制器 OC、列车监控系统 ATS、数据通信系统 DCS 以及维护支持系统 MSS。深圳地铁 20 号线正线和车辆段采用一致的 ATC 系统，为便于设备集中管理，轨旁资源管理器和列车管理器集中设置在车辆段，车站仅设置目标控制器管理轨旁设备。车地无线采用通信专业设置的 LTE 综合无线通信系统，A/B 网冗余设置。维修服务器和中心 ATS 设备统一设置在深云 NOCC。全线配置联锁级信号系统，作为 TACS 系统的后备系统。

TACS 系统模式下轨旁设备不包括信号机、计轴，室内设备不包括联锁和计轴机柜，如采用 CBTC 模式其轨旁设备和室内设备熟练则是 TACS 系统和联锁设备数量之和。因此深圳地铁 20 号线在 TACS 系统轨旁设备数量相对于 CBTC 系统大约精简了 30%，不考虑电源设备，TACS 系统室内设备数量相对于 CBTC 系统大约精简了 21%。相对于传统 CBTC 系统，TACS 系统核心功能集成在车载，精简了轨旁设备。

根据工程实际测算数据，对于 8 节编组的 A 型车，TACS 系统站前折返能力能够达到 160s 以内、站后折返能力能够达到 100s 以内，而常规 CBTC 系统的站前折返能力指标为 180s、站后折返能力指标为 120s，高效的折返能力可以提升线路旅行速度，进一步提升线路服务水平。

（3）上海地铁 3、4 号线

上海地铁 3 号线于 2000 年开通试运营，上海地铁 4 号线于 2005 年开通试运营，随着线网客流的不断增长以及信号设备老化，上海地铁 3、4 号线均已达到更新改造年限。两线均采用 6 辆编组 A 型车，线路等级速度均为 80km/h，共线段运能为 24 对/h，南北段为 16 对/h，既有信号系统为卡斯柯提供的 U200 系统，采用基于轨道电路的准移动闭塞制式。基于 TACS 系统的优良性能以及系统成熟度，上海地铁 3、4 号线选择了部分站点进行 TACS 系统功能试验，对比 CBTC 系统与既有的 U200 系统。

2020 年 6 月，由卡斯柯研发的基于车车通信的列车自主运行系统在运营的上海地铁 3、4 号线部分车站进行了车车通信功能性能试验。测试段线路选择上海火车站、宝山路、东宝兴路、虹口足球场、海伦路、临平路 6 个车站，3、4 号线在宝山路站汇合/分岔，上海火车站为共线段车站，测试主要针对交会运行能力、分岔运行能力、折返间隔、任意点折返、站间穿梭几个目标功能进行。

现场测试结果表明，TACS 系统具备工程应用条件，且各项实测指标均优于 CBTC 系统。根据 TACS 系统的仿真计算结果，3、4 号线共线段运营指标应用 TACS 系统后可由既有的 24 对/h 提升到 37 对/h，南北段运营指标可由既有的 16 对/h 提升到 24 对/h。目前，3、4 号线信号系统更新改造选用 TACS 系统改造方案，计划于 2025 年 10 月开通 TACS 系统。

（4）青岛地铁 6 号线

2016 年 8 月，在国家发展改革委、中国城市轨道交通协会的支持下，由青岛地铁组织中车四方车辆研究所有限公司、上海富欣智能交通控制有限公司、浙江众合科技股份有限公司等企业共同参与"列车自主运行系统（TACS）国家示范工程"项目的研发和实施。该项目 2017 年立为国家发展改革委示范工程，依托青岛地铁 6 号线开展示范应用。青岛地铁 6 号线一期线路全长 30.301km，线路等级速度为 100km/h，设 21 座车站，采用 6B 车型，按全自动运行标准建设。

青岛地铁 6 号线工程研发的 TACS 系统，基于列车运行计划和实时位置实现自主资源管理并进行主动间隔防护的列车运行系统，以车地联锁和车车协同的方式达成了更安全、更高效、更经济的目标。

2020 年底，青岛地铁 6 号线完成了 TACS 系统的功能验证和测试，含全自动运行、互联互通测试。TACS 试验线全长 7.2km，设 1 个控制中心、1 个车辆段、3 个车站、3 列车（3 列车车载设备分别由上海富欣、浙江众合科技提供），速度等级为 100km/h。试验结果完成了 TACS 系统自主进路、自主防护、自主调整的功能验证，以及全自动驾驶和互联互通功能验证。

示范工程 TACS 系统架构如图 7.6-1 所示，主要由中心 ATS 设备、目标控制器 OC 和车载控制器构成。

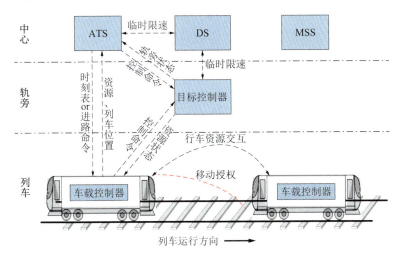

图 7.6-1 列车自主运行系统示范工程 TACS 系统架构示意图

7.6.3 列控互联互通

（1）概述

随着城市轨道交通的发展，客流分布不均衡、资源共享率低、换乘压力增加等问题逐渐暴露出来，因此对城市轨道交通 CBTC 系统实现互联互通的需求越来越强烈。近几年国家对技术装备产业的发展进行了大力支持，国内城市轨道交通路网已成规模，CBTC 信号系统的核心技术也已被国内部分顶尖的供货商掌握，已具备实现互联互通的技术条件。

（2）重庆城市轨道交通互联互通

重庆城市轨道交通着力于研究和实施互联互通的网络化运营方式，满足乘客出行的快速、直达需求，最大程度提高运营效率。重庆市轨道交通（集团）有限公司以 2017 年完成建设的重庆轨道交通第二轮建设规划的环线、4 号线、5 号线、10 号线的设计和建设为契机，为实现网络化的互联互通，通过对全网车辆、轨道、供电、信号等基础条件的互联互通标准，规划并实施可实现列车跨线和共线运行的车站及线路，同时配以全局调度的运营管理方式，构建网络化运营的基本网络，并最终在重庆整个轨道交通线网中得以延伸。通过线路间的互联互通，增强城市轨道交通网络运营效应，提高乘客服务水平，提升城市轨道交通出行占比，为乘客带来"一车直达"的乘车体验。

2016年12月，重庆城市轨道交通互联互通CBTC测试平台搭建并调试完毕，为互联互通CBTC信号系统的产品调试和测试奠定基础，为工程项目实施提供有力支撑。

2017年2月，重庆市轨道交通（集团）有限公司针对重庆工程发布地方标准《重庆轨道交通列车控制系统（CQTCS）标准》（DBJ50/T-250—2016）。

2017年2月，"重庆市轨道交通CBTC1.8GHz车地无线通信系统频率使用方案"获重庆市经济和信息化委员会批复［渝经信无管（局）〔2017〕8号］，1785MHz～1790MHz、1800～1805MHz为互联互通车地无线通信专用频段。

2018年3月26日，重庆轨道交通环线、4号线、10号线列车在重庆5号线地面（园博中心集中区）进入试运行阶段，是国家互联互通示范工程的重要里程碑，标志着国内互联互通CBTC时代的到来，并证明互联互通CBTC的关键技术已经取得了突破。

2020年6月，《重庆轨道交通互联互通CBTC系统示范应用项目》顺利通过结题验收，有力推动我国在自主知识产权互联互通信号系统工程化、产业化的发展。

2021年12月，重庆轨道交通环线、4号线、5号线实现三线互联互通。

7.6.4 小结

智能列车运行通过国家示范性工程进行探索和应用，并逐步扩大应用范围至国内其他城市。目前全自动运行系统已经在国内主要城市已有成熟的建设经验，开通运营及在建全自动运行系统的城市和线路数量增加迅猛，已开通线路运营时间尚短，运营管理的经验还有待更多的积累，在列车自主运行和互联互通方面，在示范性工程的基础上应用尚少，系统建设经验积累欠缺，有待于进一步的工程实践和应用。

7.7 智能能源管理

《发展纲要》建设重点中，需要研发智能绿色城轨能源综合应用体系，使我国城市轨道交通能耗达到世界领先水平。具体包括：构建交流中压环网与推广直流牵引网的双向变流技术、研究能耗-客流的耦合关系，建立能源系统动态模型、积极推广永磁牵引技术、优化城市轨道交通能源系统设计理论方法等。根据对国内各城市的轨道交通调研了解到，以上技术已部分在项目中得到了研究和应用。

7.7.1 永磁同步牵引技术

2011年11月，国内首台针对城市轨道交通列车的永磁同步牵引电机在沈阳地铁2号线上成功装车（一个转向架），并完成了7000多公里的试运行考核，在通过中国交通运输协会组织的载客运营评审后，沈阳地铁2号线开始永磁同步牵引系统的首次载客运。

2016年8月，国内首列装载整列永磁牵引系统列车在长沙通过中国城市轨道交通协会组织的载客运营评审，长沙轨道交通1号线永磁同步牵引系统列车成为国内首列投入商业运营的永磁牵引轨道交通列车，截至当时，已运营64万km。

随后北京、天津、青岛、深圳、苏州、宁波、佛山、徐州、郑州、哈尔滨、南昌、成都及广州等15城市的16条线路开展小批量的应用验证。2020年开始行业内陆续开展批量应用。截至 2022 年 6 月，已在载客运营的永磁牵引系统列车约 106 列，正在设计或装车调试阶段的批量采用永磁系统列车约 7 个项目 216 列。

广州地铁拟在 7 号线二期、10 号线、11 号线、12 号线、13 号线二期、14 号线二期、2 号线增购、3 号线增购车辆共计 253 列车（计 1712 辆）的牵引系统中应用基于轴控的永磁技术，见表 7.7-1。

永磁同步牵引技术的应用数据表　　　　　　表 7.7-1

应用项目	应用规模	车型	项目状态	永磁供应商	运营里程（万 km）
长沙轨道交通 1 号线	1 列	80B	载客运营（2016 年运营）	时代电气	单列：64
北京地铁 8 号线	1 列	80B	载客运营（2018 年运营）	时代电气	单列：39
天津轨道交通 6 号线	1 列	80A	载客运营（2018 年运营）	时代电气	单列：38
青岛地铁 11 号线	1 列	120B	载客运营（2018 年运营）	四方所	单列：10
深圳地铁 8 号线	1 列	80A	载客运营（2018 年运营）	时代电气	单列：36
苏州轨道交通 3 号线	2 列	80B	载客运营（2020 年运营）	经纬轨道	单列：17
厦门地铁 2 号线（小批量）	10 列	80B	载客运营（2020 年运营）	时代电气	单列最大里程/总里程：21/100
深圳地铁 10 号线（小批量）	10 列	80A	载客运营（2020 年运营）	时代电气	单列最大里程/总里程：26/227
长沙轨道交通 5 号线（全线）	24 列	80B	载客运营（2020 年运营）	时代电气	单列最大里程/总里程：29/490
天津轨道交通 4 号线南延（全线）	19 列	80B	载客运营（2020 年运营）	时代电气	单列最大里程/总里程：10/178
宁波轨道交通 5 号线（全线）	26 列	80B	载客运营（2021 年运营）	时代电气	单列最大里程/总里程：9/97
佛山地铁 2 号线（小批量）	2 列	100B	载客运营（2022 年运营）	时代电气	单列：8.6
佛山地铁 3 号线（全线）	51 列	100B	装车中	时代电气	—
重庆轨道交通 18 号线（全线）	37 列	100As	设计联络	时代电气	—
无锡地铁 S1 线（全线）	32 列	120B	设计审查	时代电气	
天津轨道交通 4 号线北延（全线）	23 列	80B	设计联络	时代电气	
长沙轨道交通 1 号线延长线（全线）	10 列	80B	设计联络	时代电气	
长沙轨道交通 2 号线西延线二期（全线）	26 列	80B	设计联络	时代电气	

续上表

应用项目	应用规模	车型	项目状态	永磁供应商	运营里程（万km）
南昌地铁4号线	2列	80B	正在调试	庞巴迪	—
广州地铁1号线	1列	80A	正在调试阶段	经纬轨道	—

7.7.2 光伏发电技术

（1）光伏发电技术的应用情况

光伏发电是利用半导体将光能直接转变为电能的一种技术，其实质是利用太阳能发电，而该项技术本身已有成熟的理论基础和实践经验。将其在城市轨道交通线路中应用，重点是结合线路条件和经济环保效益探究可行性。

根据分布式光伏并网发电系统原理，结合如下太阳能发电量通用计算公式，即：发电量＝太阳辐射量×电池板总面积×组件转换效率×0.28×系统效率可知，太阳能辐射量与发电量呈正相关关系，在城市轨道交通线路的某个场所（地面站、高架站、车辆段、停车场），当可安装电池板的面积相等时，同一套光伏系统的发电量只与该站所处地域的太阳辐射量正相关。

重庆市处在光照五类地区，重庆轨道交通2号线大堰车辆段综合楼顶安装的光伏系统，屋顶可用面积35m^2，共采用单晶硅组建27块，每9块串联成1条支路，共3条支路，系统总装机功率4.86kWp，理论全年发电量4298kW·h；经过一年运行后统计的年总发电量为3156kW·h，系统效率为73.4%，达到同类型系统的平均水平。而在深圳地铁6号线上，全线的12座高架站安装了光伏发电板，总装机容量为2.304MWp；光伏发电系统每年平均发电量约234万kW·h，可满足高架车站约30%的动力照明用电需求。25年设计寿命期内预计可发电5856万kW·h，减排225872t，经济效益和环境效益显著。

（2）应用中需注意的问题

根据光伏发电系统的效率影响因素分析，在系统的工程应用中应注意以下问题：

① 系统设计

系统设计、设备及元器件选型时应注意挑选电流一致的、衰减特性一致的组件；设计上应采用导电性能好的导线，导线需要有足够的直径，系统的直流、交流回路的线损要控制在5%以内。系统需求设计、设备选型时均应严格按照新版技术规范条件控制技术指标，一方面为系统建成后的高效使用做好筹措期工作，另一方面也是引导、拉动系统设备制造行业技术优化及转型升级。

② 施工安装

系统设备安装时应注意安装工艺，尤其是电池板的安装倾角、板块之间衔接的平滑度应严格遵从设计图纸及安装规范要求。

③ 运营维护

系统维护中要特别注意接插件以及接线端子是否牢固；组件上有积雪、灰尘等应及时清除，系统设备应定期维护。

④ 持续研究建议

城市轨道交通运营单位应考虑光伏发电量的统计，至少具体到月统计量，持续跟踪统计电量；设计单位、生产制造单位应与建设运营单位密切协同，总结分析系统年度效率及衰减情况，与系统设计效率做分析比较，形成系统效益财务模型，为后续系统性能改善研究、经济效益评估、项目应用决策等提供实践经验数据。

7.7.3 能源管理系统

广州地铁为完善能源管理系统建设与管理制定了能源管理系统的企业标准，在此标准中明确了能源管理系统的体系架构、实现功能、数据类型、软硬件配置要求、节能考核指标等。

城市轨道交通能源管理系统架构，应包括线网层能源管理中心总平台、线路层能源管理中心平台、车站层能源管理基本单元，以及系统网络结构、软件与数据库结构，如图 7.7-1 所示。

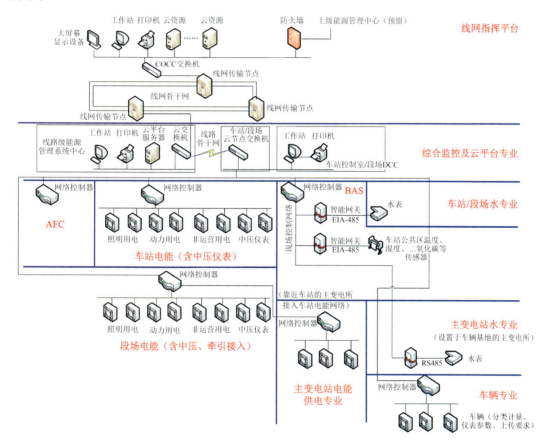

图 7.7-1　城市轨道交通能源管理系统架构示意图

城市轨道交通能源管理系统须采集的数据类型包括：
（1）线路及运营基本信息；
（2）能源分类、分项、分级、分户能耗数据；
（3）能源质量监测数据与系统及其设备运行状态信息；
（4）第三方系统如既有的电力监控、环境与设备监控、自动售票、综合监控等系统获取有关的数据信息。

城市轨道交通运营单位应建立城市轨道交通全网、各线路、各站点的能耗评价指标体系，依据各类能耗标准及定额对全网、各线路、各站点用能系统进行考核，如图 7.7-2 所示。

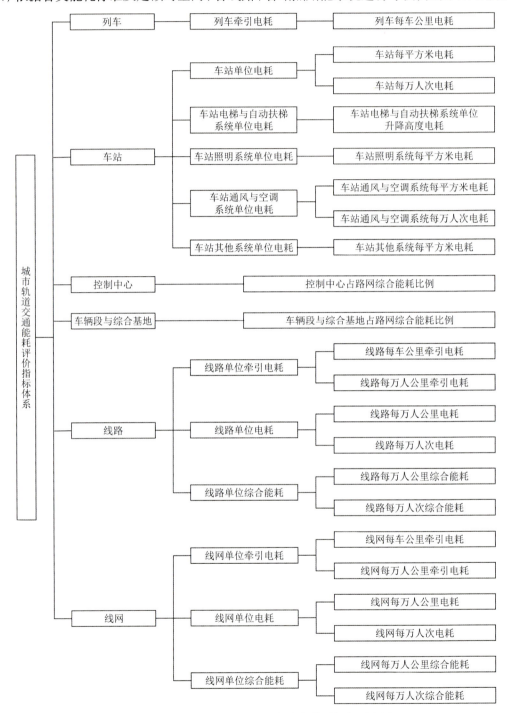

图 7.7-2　城市轨道交通能耗评价指标体系框架示意图

7.7.4　通风空调节能控制系统

目前对于城市轨道交通车站通风空调系统节能的讨论与研究较多，节能技术也是层出不穷,经过归纳与整理,不难发现节能手段主要有以下两种:一是系统和设备的改造与更换;二是控制系统的优化。系统和设备的改造与更换指通过物理手段对车站通风空调系统的系统形式、气流组织形式等进行改造,或者对能效低的设备进行更换。城市轨道交通车站通风空调控制系统的节能优化是从控制入手,通过改进控制手段,使现有的系统与设备按照更合理的方式运行,可以很大程度上挖掘既有系统的节能潜力。目前国内城市轨道交通所完成的控制系统优化通常从以下三个方面入手,即:控制策略优化、控制参数优化、控制方法优化,如图 7.7-3 所示。

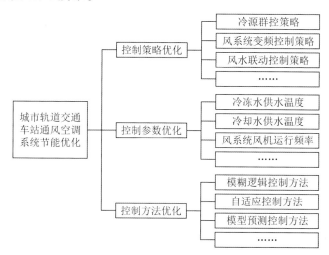

图 7.7-3 城市轨道交通车站通风空调系统节能优化研究框架示意图

广州地铁在 21 号线天河公园站首次使用智能环控设备监控系统,实现了通风空调系统的全自动全方位的风水联动智能优化运行。天河公园站是广州地铁 21 号线、11 号线和 13 号线的换乘车站。车站总建筑面积达 8 万 m²,设计客流量 18 万人/h。天河公园站采用三线共享冷源系统,设置在 21 号线制冷机房内;集中设置了 4 台高效变频直驱离心式冷水机组、4 台变频冷冻水泵、4 台变频冷却水泵和 4 台冷却塔,负责 21 号线、11 号线和 13 号线二期的供冷。21 号线与 11 号线共享大系统设备、小系统设备,隧道通风系统设备为三线分设。末端服务区域主要采用全空气空调系统。

天河公园站设置的智能环境设备监控系统,是以工艺为导向,从被控对象的属性出发,将工艺与监控系统相结合,从换乘站整体的角度进行统一规划,通过对自动化系统的系统架构的调整,发挥控制系统最大的功效。智能环境设备监控系统把环控设备分为节能模块和非节能模块,制定明确的节能控制需求、策略、节能目标、精细化调试要求。通过精细化设计、优选设备等多项措施,如图 7.7-4、图 7.7-5 所示。

天河公园站的空调系统于 2019 年 7 月开始运行调试,9 月下旬进入稳定运行阶段,并委托国家空调设备质量监督检验中心于 2020 年 11 月进行了对本系统全年能效的测试分析。结论为:空调冷源系统全年能效比为 6.30,空调全系统全年能效比(含回排风机)为 4.23,空调全系统全年能效比(不含回排风机)为 4.55。包含冷源系统和末端大系统的通风空调系统综合节能率高于 40%,包含冷源系统和末端大系统及小系统的通风空调系统综合节能率高于 37%。

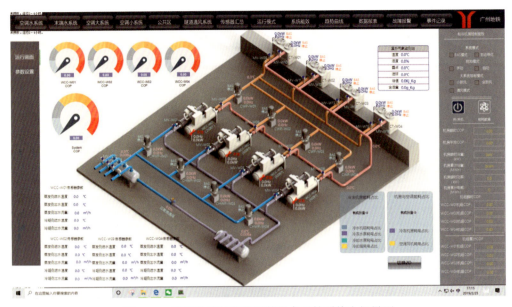

图 7.7-4　天河公园站智能环控设备监控系统人机界面

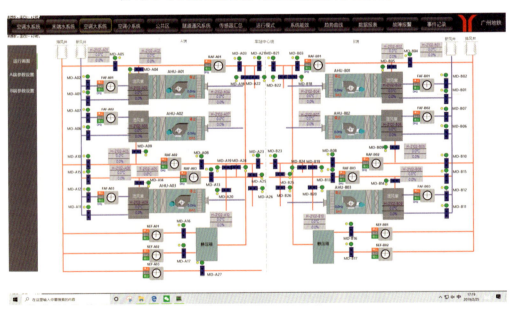

图 7.7-5　天河公园站通风空调大系统组成界面

7.7.5　智能照明控制系统

　　城市轨道交通多数为地下建筑，采光主要依靠灯具照明方式，且照明是城市轨道交通的主要耗能，但由于照明区域大，照明需求复杂，采用人工管理方式或传统自动控制方式存在诸多的弊端。随着通信技术的发展，智能照明控制系统以其专业性、可定制性，被越来越多地应用到城市轨道交通中，在实现多场景控制需求的同时，降低了电能的消耗和运营人力资本的投入。

　　智能照明控制系统是对照明进行智能化的管理，将时间和光源群组控制在科学可控的范围内，同时实现调光控制、场景控制、传感器控制等。智能照明控制系统的应用优势主要体现在：

（1）实现无级调光、软启动等功能，克服频闪，提升照明的效果和品质；

（2）实现传感器控制、定时控制、可视触摸屏控制、亮度感应控制、智能面板控制等灵活多样的控制方式；

（3）提高管理和节能效率。

广州地铁从"十二五"时期开始就广泛采用了智能照明控制系统，替代了常规的环境与设备监控系统（BAS）对照明的控制。智能照明控制系统监控的照明范围包括：公共区普通照明、公共区导向照明、设备区普通照明、广告照明等。在高架车站、地下车站的出入口通道采用光传感器，感知光线的变化，作为调光控制的输入条件。在车控室设置可视触摸屏。控制系统可实现传感器控制、定时控制、场景控制。场景可分为正常运营工况、停运工况 1 和停运工况 2。

（1）正常运营工况：高峰、平峰、低峰，三个亮度可以暂按 100%、70%、50% 来设置，然后根据现场照度情况来调整亮度。

（2）停运工况 1：（运后 30min～运前 30min）普通照明半关；开启的灯具按平峰模式的亮度执行。

（3）停运工况 2：普通照明全关。

7.7.6 小结

在城市轨道交通智能化发展进程中，节约能源、降低二氧化碳排放对于行业的可持续健康发展具有重要意义。目前，部分节能技术（如永磁同步电机、光伏发电、能源管理、通风空调节能、智能照明控制等）在单个专业领域的应用较为深入，并已在一定范围内得到了推广。实践证明，节能减排技术的应用，在节能的同时，还能降低城市轨道交通全寿命周期成本。随着"碳达峰""碳中和"被写入《2021 年政府工作报告》，政策引领已非常明确，在未来发展中，智能能源管理必将突破单个领域的限制，系统地纳入城市轨道交通全产业链。

7.8 智能运维保障

随着各城市轨道交通运营规模的持续扩大，以及运营时间的不断增长，部分线路的关键设备接近寿命大修阶段，运维的压力不断增多，同时结合行业数字化转型与新的智能技术的演进，各城市轨道交通不断探索与应用新的运维模式，逐步建设基于状态监测、特征提取、状态评估、故障诊断、故障预测、维修模式优化和维修辅助决策融于一体的智能运维系统。

智能运维的探索和发展首先初步进行试点研究的是行车运输相关专业核心设备的监测，主要是对车辆、供电、信号等关键部件或设备应用故障自动诊断技术和在线自动测量技术，未形成系统化；随着智能监测技术和图像识别技术的不断进步与成熟，城市轨道交通运营单位开始建立车辆、信号和供电等专业级智能运维平台，系统化地搭建单线单专业智能运维平台，取得了比较明显的效果。随着智能运维专业的技术逐步完善，城市轨道交通运营单位逐步开始搭建全线网单专业的智能运维系统，深入探索基于智能运维支持的全寿命周期设备管理体系；未来在城市轨道交通各专业智能运维的基础上，搭建"横向融合，纵向贯通"的综合智能运维系统,组建基于智能化应用实现线网级、全专业、全流程的综合维修模式。

北京地铁作为我国城轨的发展摇篮和行业龙头,已建成超大规模的城市轨道交通系统。北京地铁公司联合国内多家行业优势单位,开展了智慧城轨研究,并编制形成了《首都智慧地铁发展白皮书(2020版)》,以此作为指导首都智慧城轨发展的纲领性文件,其中对智能运维的业务需求、功能规划、系统架构等方面进行了顶层设计。北京地铁公司将管理策略与数字化技术、智能运维设备功能、设备自身监控功能等新科技相融合,搭建了"横向融合,纵向贯通"的智能化综合运维信息化系统,组建了基于智能化应用实现线网级、全专业、全流程的综合维修调度中心,形成了一套提升综合运维效能长期可靠的"综合检、专业修"生产组织模式,努力实现城市轨道交通运维数字化转型。综合运维信息化系统打破专业壁垒,全面覆盖车辆、土建、机电、供电、线路、通信、信号等专业的运维生产工作和业务信息化管理。以综合维修调度中心为核心,在统筹各设备专业开展的应急处置、故障维修管理、计划性维修管理、设备状态监测、大数据分析、运维信息化建设等业务中游刃有余。同时,利用5G移动互联技术,建立智能化维修调度管理模式,故障报修人与维修人点对点联系,尽力做到维修精准高效。

上海地铁智能运维系统探索与应用比较早。上海申通地铁集团智能运维系统借鉴其他行业智能运维的经验,运用成熟的技术理论,研发针对性的数据采集工具,建立了部分设施设备数据模型,深入探索基于智能运维支持的全寿命周期设备管理体系,逐步完善设施设备运维生产组织模式,取得了初步成效。该系统不断完善车辆、通号、供电等专业级平台,车辆专业已涵盖所有22个子系统,专业平台成为国家发展改革委立项的示范项目;通号已覆盖信号CBTC系统的计轴、电源、转辙机以及通信的传输、无线、CCTV、PIS和广播等子系统;供电已基本覆盖变电、接触网和SCADA等三个子专业领域13大类设备。在此基础上,工务和机电(包括基地和车站)等专业,初步建立了专业级平台,工务专业基本建立了轨道和隧道结构子专业数据检测和分析应用,车辆基地建立了物联网云平台。同时,上海申通地铁集团对轮轨、弓网、电源等跨专业的数据开展交互关系研究,推动智能运维系统性建设,编制各专业建设的技术标准,制定总体方案,确定未来的建设规划路线,具备各专业全面建设的条件。

广州地铁集团建设城市轨道交通系统安全与运维保障国家工程实验室,开展智能运维方面的研究和开发工作,实验室主体建设依托广州地铁集团已建成的广东省高校轨道交通智慧运维工程技术开发中心、城市轨道交通系统安全与运维保障国家工程研究中心、国家863计划城市轨道列车在途监测与安全预警关键技术示范基地,充分利用联合建设单位北京交通大学轨道交通控制与安全国家重点实验室、中南大学教育部轨道交通安全重点实验室,以及株洲中车时代电气股份有限公司的国家变流器工程实验室的建设与运行资源和经验,结合广电运通集团股份有限公司、北京锦鸿希电信息技术股份有限公司、广州新科佳都科技有限公司等联建单位的技术优势,针对城市轨道交通行业的迫切需求,在设备设施服役安全、客流与环境安全、路网综合安全分析与运维支持等方向开展安全保障基础理论研究,研发安全与运维保障的新技术和新产品,建立相应的技术支撑体系和标准体系。

实验室搭建以广州地铁真实运营场景为试验环境,利用多种网络传输通道和多维实验平台,迭代研发适配运营场景的装置及系统,支撑广州地铁系统安全与运维保障能力提升,并向城市轨道交通行业输出产业化成果,如图7.8-1所示。

第 7 章 智慧城轨工程实践

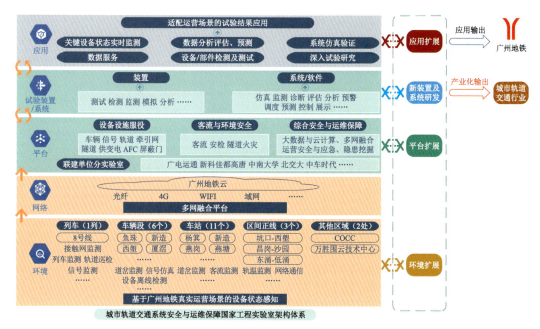

图 7.8-1 实验室建设的构架体系示意图

近年来，广州地铁集团又基于安全和维修的目的，开展了行车关键设备设施主动运维系统研发应用。经国家发展改革委批复，广州地铁集团、城轨创新网络中心有限公司、广州地铁设计研究院股份有限公司共同承接了"城轨交通行车关键设备设施主动运维系统研究及工程应用项目"，并依托广州地铁 11 号线建设进行试点工程应用。通过构建车载＋地面检测体系，结合主动运维数据服务系统，全面形成线路、车辆、信号、供电各专业设施设备智能运维能力。

深圳、成都、重庆、西安、武汉、宁波、福州、长沙、苏州等城市也对智能运维进行了规划和应用，从智能运维项目试点和检修模式优化两个方面切入，首先从车辆、信号、供电、轨道等行车安全关键专业开始试点应用智能运维系统，远期规划全面开展车辆、信号、通信、变配电、接触网、门梯、自动化、风水电、桥隧、轨道等专业智能运维建设，逐步形成智能运维整体框架，降低运维成本，提升设备可靠性。

结合上述国内各城市对智能运维的探索与应用情况，目前已开通城市轨道交通线路的城市均未进行智能运维的规划，初期主要是针对解决日常维修的痛点开始，通过试点应用、监测技术整合等方式，搭建适用于本城市轨道交通智能运维系统，专业建设也是从行车安全关键的车辆、信号、供电等专业开始，并逐步拓宽至其他机电设备专业。

7.9 智能装备工艺

（1）综合监测车实践应用

高速铁路领域已经形成了包括小型检测设备、固定监测设备、车载式检测设备在内的基础设施综合检测技术体系，为全面、精准感知基础设施状态数据提供了保障。在城市轨道交通领域，早先基本采用人工检查、小型检测设备开展基础设施检测，随着检测技术及运维理念的发展，城市轨道交通也正在不断引进包含地面固定监测设备、车载式检测设备

（运营电客车搭载、单独成列综合检测车等）等在内的综合检测技术。

目前，以综合检测车为代表的车载检测系统是实现基础设施动态、综合检测的有效手段，目前集十余个检测、巡检系统于一体的城市轨道交通综合检测车也即将实现工程应用。此外以工程车、电客车为载体实现部分系统综合检测的技术也实现了一定应用，例如广州地铁的网/轨检测车，广州地铁18号、22号线运营电客车上搭载了轨道动态几何、轨道状态巡检系统、弓网检测系统、接触网悬挂状态巡检等系统；北京地铁19号线综合检测列车采用3节编组B型电客车，兼容DC1500V接触网、750V/1500V接触轨多制式供电，满足标准A型、B型城轨车辆运用条件，最高运行速度120km/h，列车搭载了轮轨关系、弓网关系、隧道衬砌结构、通信系统场强覆盖、信号系统车地传输、激光限界检查等多套检测系统。车载综合检测技术的应用需要综合考虑不同线路的工程特点，从而确保检测装备建设的科学性、合理性、经济性等，城市轨道交通综合检测车将为国内更多城轨线路提供检测服务。未来，随着城轨智慧化、建运绿色化、运营网络化、多网融合化、装备自主化的不断推进，综合检测技术及装备需求势必日益增大，城市轨道交通综合检测车必将实现更好发展。

（2）通信光传送网络应用

随着云计算、云存储、云桌面和大数据应用等技术在城市轨道交通行业的应用，各专业业务对通信传输系统的通道带宽和可靠性要求日益增高。同时，结合电信光传送承载网技术的发展，各地城市轨道交通也逐渐采用光传送网（OTN）或分组切片网（SPN）技术，组建线路专用通信传输网和线网骨干网，为通信、信号、自动售检票、安防、ISCS、云平台、大数据、供电、智能运维等专业提供可靠、冗余、可扩展、可重构和灵活的信息传输通道。

例如：广州地铁线网骨干网传输系统采用基于波分复用技术的OTN技术，系统传输速率按每波100Gbit/s进行配置，一、二级节点均按照80波要求配置光层设备。在地铁大厦、线网内主要控制中心共9个节点设置骨干传输设备，各个节点设备使用各线路提供的光纤资源相连，如图7.9-1所示。一级节点之间的业务在内环进行配置，占用内环波道，单波配置100Gbit/s；二级节点之间以及二级节点与一级节点之间的业务在外环进行配置，占用外环波道，单波配置100Gbit/s。

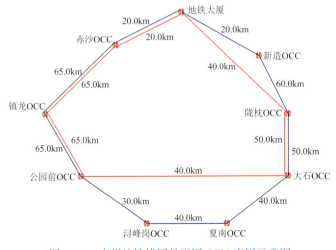

图7.9-1　广州地铁线网骨干网OTN应用示意图

例如：长沙轨道交通 6 号线专用传输系统采用 SPN 技术，是全国首个 SPN 轨道交通商用传输网。与传统传输方案对比，SPN 融合了 TDM 和分组交换功能，是目前既支持硬切片、又支持软切片的承载技术，为城轨提供强有力的通信保障。

OTN 和 SPN 技术代表了城市轨道交通专用传输网络的下一代智能承载网络，符合《发展纲要》对超大容量、全分布式组网、智能流量分配的新一代有线承载网络的要求，建议逐步推广应用。OTN、SPN 技术在国内部分城市应用见表 7.9-1。

国内 OTN、SPN 部分城市应用表　　　　　　表 7.9-1

地市	线路名称	车站数	线路距离（km）	传输制式
上海	14 号线	31	38	分组增强型 OTN
上海	15 号线	30	42.28	OTN
郑州	6 号线	10	43.4	分组增强型 OTN
郑州	12 号线	11	17.03	SPN
长沙	6 号线	34	48.11	SPN
南京	5 号线	30	37.4	分组增强型 OTN
南京	9 号线	16	19.7	SPN
苏州	6 号线	31	36.12	分组增强型 OTN
苏州	7 号线	10.8	8	分组增强型 OTN
天津	11 号线	21	22.6	分组增强型 OTN
深圳	12 号线	33	40.54	分组增强型 OTN
南宁	5 号线	17	20.2	分组增强型 OTN
广州	12 号线	25	37.6	分组增强型 OTN
广州	11 号线	32	43.2	分组增强型 OTN
广州	骨干网	—	—	OTN

（3）城市轨道交通通信 5G 创新应用

随着科技的飞速进步，我国在通信技术方面取得了较大的突破，5G 技术的诞生更是将通信水平提升到了一个更高的阶段，逐渐运用到生活中的各领域。同时，在 2021 年，国家提出建设交通强国，在中国城市轨道交通协会发布的《发展纲要》中，明确在智能技术装备体系中，5G 技术和物联网是智能通信系统装备的重要落地方向。在此背景下，全国各主要城市的城轨企业陆续开展了 5G 技术在城市轨道交通行业垂直应用的各种尝试。

广州地铁 18 号线在番禺广场站、南村万博站、龙潭站、磨碟沙站和冼村站专用通信系统设备室设置 BBU 设备，在从番禺广场站—广州东站的 26.7km 单侧隧道外侧每 400m 左右安装 8TR RRU，在每个车站站厅、出入口通道、车控室、设备层走廊、侧式站台通过 P-Bridge 和 pPRU 覆盖相关区域。BBU 通过传输提供的以太网传输链路与控制中心的交换机相连，从而接入位于城市轨道交通系统安全与运维保障国家工程实验室的核心网，如图 7.9-2 所示。

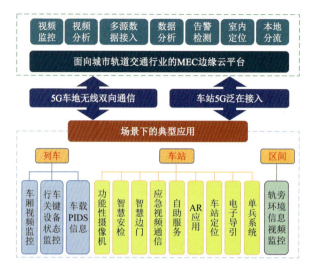

图 7.9-2 广州 18 号线 5G 创新应用示意图

武汉地铁 8 号线进行 5G 升级改造，实现城市轨道交通由传统 Wi-Fi/4G 到 5G 的升级，搭建 5G 智慧城轨测试验证平台、数字集群 5G 升级更新、智慧乘客服务 5G 应用、智慧工地 5G 试点等六项工程，承载车载 PIS 视频、车辆 TCMS 信息上传、信号 CBTC 车地通信、应急对接、障碍物监测、车辆智慧运维、智慧工地等十大业务应用，如图 7.9-3 所示。

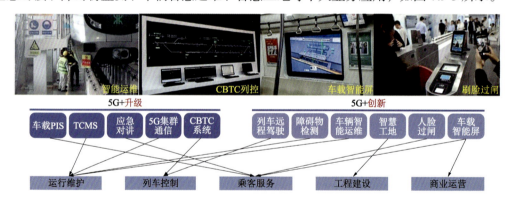

图 7.9-3 武汉 8 号线 5G 创新应用示意图

5G 通信技术虽然在城市交通轨道中逐步应用，但是并未完全普及，该技术有着十分广阔的应用前景，能够实现城市轨道交通中的高速通信，优化整合通信资源，增强城市轨道交通的运营维护，提升通信的速度，确保数据信息传输的准确性与可靠性。部分城市 5G 创新应用见表 7.9-2。

部分城市 5G 创新应用表　　　　　　　表 7.9-2

城市	5G 城轨专网情况	5G 应用探索
广州	广州地铁 5G 专网，2019 年广州塔项目，移动提供	智慧车站机器人服务
深圳	深圳地铁 10 号线示范线，5G 切片承载车载业务，采用租赁方式	集群调度、巡检机器人等
天津	天津轨道交通 2、3 号线存量线改造，通过 5G 承载车地应用，启动发标	PIS、CCTV
石家庄	2020 年完成项目验证，已经验证车地回传四个应用	PIS、CCTV、ERM

续上表

城市	5G 城轨专网情况	5G 应用探索
武汉	武汉地铁 19 号线新建招标 5G 专网，承载地铁车辆集群业务	ERM，集群，视频转储
重庆	重庆地铁 9 号线 5G 专网，中国移动建设 4.9G 专网覆盖	魔窗应用上线
南京	全国首个 5G 专网商用，完成十大应用验证，弓网监控存量十条线招标，宁句线目前已全线应用	十大应用发布白皮书
昆明	昆明地铁 9 号线，使用自动驾驶技术，需要大量的数据传输，昆明地铁与运营商沟通中	无人驾驶视频回传
上海	上海地铁 2 号线实现 5G 的车地回传，采用 RN，车内布 PRRU	车地回传测试
杭州	杭州地铁招标 MEC，建地铁专网	室内定位导航
宁波	宁波地铁 5 号线试车线申报 5G 创新课题	车地回传
太原	太原地铁 3 号线打造太原特色的地铁线路，全面承载 5G 应用	5G 全车地回传业务计划
洛阳	聚焦 5G 如何实现远程维修，隧道内智慧运维	CCTV 车地回传
青岛	完成部分智慧车站建设	OLED
南昌	成立 5G 创新实验室，落实车地回传等三大课题	车地回传，CCTV
兰州	落地基于运营商网络的 ERM 数据回传	ERM 数据落地
无锡	落地 5G 切片能力，解决车地 PIS 问题	5G+ PIS UPF

注：ERM-企业管理系统

（4）城市轨道交通车地宽带网络创新应用

基于宽带无线通信的技术发展，目前城市轨道交通车地宽带网络主要运用 Wi-Fi 和 EUHT 两种技术。目前全国部分新建城市轨道交通线路采用基于 IEEE 802.11ax 的 6 代 Wi-Fi 技术组建车地无线通信网络，承载车载 CCTV 视频上传、车载 PIS 多媒体等业务。部分城市 Wi-Fi6 创新应用见表 7.9-3。

部分城市 Wi-Fi6 创新应用表 表 7.9-3

城市	线路名称		车站数	线路距离（km）
深圳	13 号线		16	22.44
	12 号线		33	40.56
	6 号线支线		4	11.03
	14 号线		18	50.34
	16 号线		24	29.2
广州	全线网	已运营线路	286	609
		在建线路	132	210
重庆	18 号线		19	29.07
天津	7 号线		21	26.47
	11 号线		21	22.6
郑州	12 号线		11	17.03
	8 号线		28	51.78
厦门	4 号线		19	71.23

续上表

城市	线路名称	车站数	线路距离（km）
厦门	6号线	30	49.8
温州	S2线	20	63.63
杭州	3号线	39	52.9
西安	16号线	9	15.03
苏州	8号线	29	36.84
成都	27号线	17	17.34

EUHT是我国自主研发的能够解决"移动宽带一体化"的通信技术，由具备完全自主知识产权的核心芯片和整套技术应用标准组成。EUHT技术广泛应用于智慧城市、物联网、车联网、智能交通等领域。目前，我国已经基于EUHT技术研发了高速铁路超高速无线通信网系统、城市轨道交通专用实时视频传输系统、智能交通系统、公共安全应急系统、安全手机、第二代战略通信系统等高新技术产品，技术成熟。在城市轨道交通应用中，例如北京地铁首都机场线EUHT开展综合承载研发试验，采用1.8GHz+5.8GHz（授权频段+开放频段）车地无线通信系统双频组网，实现列车控制业务CBTC、集群调度业务、列车中心广播业务、列车紧急文本业务、列车PIS视频业务、CCTV视频监控业务、列车乘客紧急对讲业务、接触网检测业务、车辆数据采集业务、综合运维等多种业务的综合承载，如图7.9-4、图7.9-5所示。

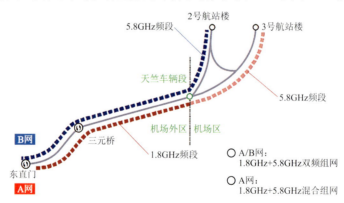

图7.9-4 北京首都机场线EUHT创新应用-1 示意图

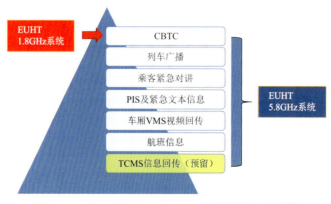

图7.9-5 北京首都机场线EUHT创新应用-2 示意图

部分城市 EUHT 创新应用见表 7.9-4。

部分城市 EUHT 创新应用表　　　　　　　　　表 7.9-4

线路名称	线路里程（km）	线路速度（km/h）	系统制式
京津城际铁路	120	350	EUHT
广州地铁 14 号线一期及知识城支线	77	120	EUHT
广州地铁 21 号线	62	120	EUHT
北京地铁首都机场线	28	110	EUHT
广州地铁 18 号线	63	160	EUHT
广州地铁 22 号线	31	160	EUHT
北京地铁 11 号线西段	44	120	EUHT
广州地铁 10 号线	25	80	EUHT
广州地铁 12 号线	38	80	EUHT
广州地铁 14 号线二期	12	120	EUHT
天津轨道交通 4 号线一期	4	110	EUHT

（5）城市轨道交通 LTE-M 宽带集群调度应用

LTE 是针对城市轨道交通综合业务承载需求的 TD-LTE 系统，它在保证基于通信的列车控制系统（CBTC）车地信息传输基础上，可同时传输视频监控、乘客信息系统、列车运行状态监测、集群调度业务等信息。LTE-M 宽带集群调度技术具备国内知识产权，摆脱了原 TETRA 依赖国外厂商的局面，经过国内多年的应用与研究，LTE-M 技术目前已经成为一个成熟的宽带集群调度技术。因此，越来越多的城市轨道交通工程开始采用基于 TD-LTE 的 LTE-M 宽带集群调度技术，几乎成为了城市轨道交通新线的标配。部分城市 LTE-M 宽带集群调度创新应用见表 7.9-5。

部分城市 LTE 创新应用表　　　　　　　　　表 7.9-5

序号	线路	LTE 频率	LTE 承载业务
1	郑州地铁 1 号线	10M	PIS/CCTV
2	北京地铁燕房线	10 + 5M	CBTC + PIS/CCTV
3	南京宁高城际铁路二期	15 + 5M	CBTC + PIS/CCTV
4	广州地铁 14 号线知识城支线	地上 5 + 3M 地下 10 + 3M	集群
5	广州地铁 14 号线		
6	广州地铁 21 号线		
7	苏州轨道交通 5 号线	15 + 3M	CBTC + PIS/CCTV
8	南京地铁 7 号线	15 + 5M	CBTC + PIS/CCTV + 集群
9	常州地铁 2 号线	15 + 1.4M	CBTC + PIS/CCTV

续上表

序号	线路	LTE 频率	LTE 承载业务
10	广州地铁 10 号线	地上 5 + 3M 地下 10 + 3M	CBTC + 集群
11	广州地铁 11 号线		
12	广州地铁 12 号线		
13	广州地铁 18 号线		
14	广州地铁 22 号线		
15	广州地铁 14 二期		集群
16	南宁轨道交通 5 号线	5 + 5M	CBTC，集群预留
17	重庆轨道交通 9 号线	5 + 5M	CBTC
18	北京地铁 12 号线	10 + 5M	CBTC + PIS/CCTV + 集群
19	南京地铁 S6 号线	15 + 5M	CBTC + 集群
20	哈尔滨地铁 3 号线	15 + 5M	CBTC + 集群
21	苏州轨道交通 8 号线	5 + 5M	CBTC
22	广州黄埔有轨电车 2 号线	10M	信号 + 集群
23	深圳地铁 13 号线	10 + 3M	CBTC + 集群
24	成都地铁 13 号线	5 + 5M	CBTC
25	南京地铁 9 号线	15 + 5M	CBTC + PIS/CCTV + 集群
26	上海市域铁路机场联络线	10 + 5M	CBTC + PIS/CCTV + 集群

（6）小结

随着我国城市轨道交通的快速发展以及良好政策的支持，我国城市轨道交通装备制造行业也在大力提升企业技术开发与装备创新能力，特别是列车制造、基础网络、绿色节能等方面都具有典型代表，是我国高端装备制造领域自主创新程度最高、国际创新竞争力最强、产业带动效应最明显的行业之一。未来城市轨道交通装备发展重点是依托数字化、信息化技术平台，广泛应用新材料、新技术和新工艺，重点研制安全可靠、先进成熟、节能环保的绿色智能谱系化产品，拓展"制造 + 服务"商业模式，开展全球化经营，建立世界领先的城市轨道交通装备产业创新体系。

7.10 智能基础设施监测

随着城市轨道交通网络化运营发展，城市轨道交通线路的不断延伸，城市基础设施的安全显得尤为重要。随着自动化监测技术的发展进步，桥梁、隧道、边坡、车站等关键部位/区段加装自动化监测装置，实现关键基础设施的自动化监测，同时集成基础设施入侵监测、外部气象等信息，构建天地一体、集成互联、安全高速的基础设施监测。

北京地铁以城市轨道交通建设资料档案为基础，对城市轨道交通线路、区间、车站、附属物等结构和设施，进行 GIS（地理信息系统）数据加工和数据库建设，形成一套城市轨道交通控制保护区专题地图。

城市轨道交通控制保护区专题地图及 GIS 应用功能集成在移动巡查和后端综合管理系统中，通过实地对比或者坐标精确比对，可以辅助巡查人员和管理人员判断目标地点是否在控制保护区范围内，从而实现控制保护区边界有图可依。北京地铁引入法国 imajing 公司生产的移动实景采集设备 imajbox，该设备主机质量仅 500g，单频独立运行模式可达到米级精度，DGPS 差分改正处理后可达到 0.5m 级精度，操作简便，支持最大速度为 130km/h。

上海地铁对照监护管理需求，开发 1 套上海轨道交通保护区管理信息系统，其中包括监护项目远程监控、保护区巡查管理 2 个专业子系统。开发功能包括：①监护项目远程监控子系统，提供监护数据集中管理，现场工况信息录入，人工监测数据录入，自动化监测数据接收，数据报表曲线查询，预报警分析提醒，监测成果发布共享，手机实时查询等功能模块。②保护区巡查管理子系统，提供手持巡查终端软件（不含硬件），全线网数据更新及维护（含新增），巡查任务分配管理，现场数据采集，违规施工上报，对接城市网格化巡查数据等功能模块。

上海地铁利用卫星遥感技术巡查位于外环内的地下车站与隧道结构外边线外侧 50m 内、地面车站和高架车站以及线路结构外边线外侧 30m 内，主要巡查目标为建造或者拆除的建（构）筑物、打桩、挖掘、爆破、架设、降水、钻探、河道疏浚、地基加固等施工作业及大面积增加或者减少载荷的活动等。通过以上监测，逐步建设上海城市轨道交通安全保护区遥感巡查体系，形成城市轨道交通安全保护区巡查保障的长效机制，通过遥感技术补充及引导人工巡查实施双重保障措施，为遥感技术在轨道交通安全保护区中巡查的运用起到带头示范作用。

广州地铁通过对"城际＋地铁"线网一体化条件下开展轨道交通智能基础设施的研究工作。建立"城际＋地铁"建设运营全过程保护管理体系；针对轨道交通关键基础设施，构建全生命周期的动态监测体系；针对保护区的外部风险源构建智能协同的"实时＋定期"的巡检体系；建议针对既有线路分阶段部署综合视频监控和光纤振动入侵监测。

针对新一轮线网规划，建设期同步部署综合视频监控和光纤振动入侵监测巡检系统，并展开卫星遥感定期巡检的试点应用；对地保风险较高区段，建设期同步部署自动化监测技术，包括全自动全站仪、三维激光扫描技术、静力水准仪、摄影测量技术、北斗高精定位监测技术等，及时排除风险隐患，保障运营安全。

结合上述城市对智能基础设施的探索和应用情况，国内进入城市轨道交通建设与运营线路监测并重时代，国内重点城市均已开展轨道交基础设施保护和自动化监测智能集成技术进行了探究，利用信息化、智能化的平台，通过自动化、智能化、集成化的监测手段，实现基础设施的自动化监测、入侵监测、气象监测、风险预警、三维立体巡防及智能化执法等。

7.11 智慧企业网络化管理

当前，随着云计算、大数据、人工智能等新一代信息技术的发展，全球范围内的新一轮科技和产业变革正在蓬勃兴起，我国将全面进入数字经济时代。党中央、国务院针对数字中国、网络强国、新型基础设施建设等专题作出了一系列战略部署。随着城市轨道交通行业的不断发展，智慧企业网络化管理成为企业数字化转型过程中的关键因素，数字化转型发展是推动城市轨道交通企业高质量发展的重要助力。通过数字化转型，将不断推动城市轨道交通行业的创新和升级，有助于提高企业自身竞争力和行业整体水平。以下简要介绍北京、广州、深圳等城市轨道交通企业信息化与数字化转型的探索与实践。

（1）数字京投

北京市基础设施投资有限公司（以下简称"京投公司"）在"十四五"期间，以"数字京投"为目标，围绕"133"数字化赋能工程，推动公司数字化、智能化发展。信息化与数字化发展总体规划蓝图如图 7.11-1 所示。

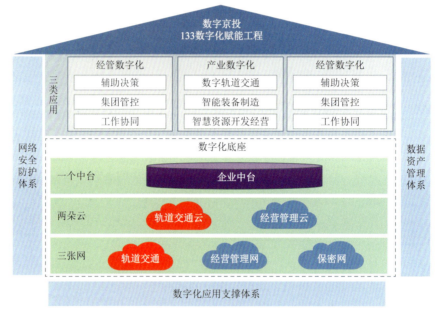

图 7.11-1　数字京投总体规划示意图

京投公司围绕经管数字化、产业数字化、数字产业化构建三类企业应用，支撑公司数字化发展与产业升级。

赋能经管数字化，提升集约管控能力。按照"集团统筹、融合迭代、数据融通、重点突破"建设思路，坚持"引领、管控、服务"的原则，以在线化、平台化、移动化、智能化、智慧化为导向，推进数据驱动的经营科学决策、运营集约化管控、智能协同办公等系统建设，助力经营管理创新。

赋能产业数字化，挖掘融合发展潜力。围绕轨道交通、装备制造及资源经营开发等核心业务，整合内外部资源，统筹数据挖掘与应用，打造以数据为核心的产业发展引擎，深化产业链整合与管理协同，实现"轨道交通规融建运"关键业务环节智慧化，"装备研发设计制造"全过程智能化，"资源开发经营"生态化。

赋能数字产业化，形成增值创新动力。以流量经济、平台经济、共享经济为导向，以实现平台价值、产业价值为重点，依托轨道交通业务、客户、数据等资源优势，运用数字化技术和互联网理念，大力提升公司产业创新能力，重点发展数字京投平台、轨道交通＋业务、新型基础设施服务，推动轨道交通全产业链、各环节资源共享和价值挖掘，助力打造国际一流轨道交通集团。

（2）广州地铁数字化转型

广州地铁集团基于对问题的原因分析，结合"十四五"规划的深入解读，通过顶层规划提出了数字化转型愿景："打造数智地铁，连接美好生活、引领产业发展"。为了达成愿景目标，广州地铁集团在重要业务领域，提出了"建设一张图、运营一本账、安全一张网、产品一体系"的业务转型方向，在经营管理领域提出了"经营一盘棋、能力一架构"的管理变革建议，如图7.11-2所示。

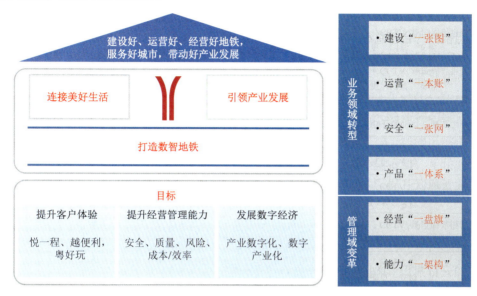

图 7.11-2　广州地铁数字化转型愿景示意图

在工程建设领域，广州地铁集团重点关注的是提升建设效率并确保质量安全，同时要考虑在总承包的模式下，广州地铁集团作为业主方，如何能够达成保质量保安全保进度的建设诉求，实现从规划设计到验收交付全过程高质高效，"建设一张图"的核心思想就是要实现"多方协同、高质高效"，着力构筑"第一次把正确的事情做正确"的绝对核心竞争力。

在运营管理领域，广州地铁集团在运营服务质量方面是领先的，但依赖于大量的人力投入，所以如何通过技术创新驱动生产组织和运作模式的变化，来降低人员投入，成为广州地铁集团在运营管理领域推进数字化转型的重要落脚点。"运营一本账"重点就要是实现资源投放"动态平衡、控本增效"。

在安全管理领域，安全管理对于城市轨道交通行业来说是非常重要的，广州地铁集团设计了"安全一张网"，面对大量的工点，必须要做好危险源的有效识别和管理，在设计阶段就开始考虑危险源的识别和安全屏障的建设，通过数字技术去模拟安全屏障应用效果，真正把安全管理前移，"抓住源头"，实现"本质安全"。

在产业拓展领域，随着产业拓展市场化运作，广州地铁集团在努力打造核心竞争力的同时，也在考虑如何将企业内部能力外溢形成对外输出的产品和服务，甚至将城轨线网建设看作为一个对外交付的整体解决方案，以产品管理的思路和体系充分考虑前后端的各种需求，不断引入新技术做迭代更新，兼顾和既有线网的相容性，进一步以市场化运作的方式对产业链上下游重新进行能力定义以及价值分配，帮助提升整个产业链的运作效率和能力转型升级,以"产品一体系"带动好产业发展。

在经营管理领域,一是重点解决战略机制的问题,围绕业务主体进行战略解码,强化从战略到落地执行的有效管理,二是有效改变事前审批,事后审计问责的风险管控模式,三是建立以业务目标达成为导向的有效激励牵引机制。经营管理领域是广州地铁集团业务变革的深水区,必须要改变原来条块化垂直管理的状况,以横向的业务流程突破组织壁垒,加强职能部门之间的协同联动,并推动职能部门面向业务主体提供服务,助力业务获得成功。因此在经营管理领域重点强调的是"科学决策,全局最优"。

(3)深圳数字地铁

深圳市地铁集团有限公司(以下"深铁集团")全面数字化转型以"打造全球智慧城轨标杆"为愿景,通过全业务、全流程、全系统的数字化转型项目建设,分三阶段实现"六个一"的建设目标,即集团一盘棋、安全一张网、建设一张图、运行一张表、服务一条线、管理一块屏。

深铁集团"数字地铁"一期项目内容涵盖基础设施层、数字平台层、应用层三个方面,在对集团各业务板块进行资源整合、数据整合、应用服务整合的基础上,通过数据分析、视频分析、人工智能等新技术支撑实现集团整体的态势感知、业务可视、智能辅助决策和应急联动指挥,助力深圳地铁集团的智慧化建设和数字化转型,提高深圳地铁的运行效率、安全保障和服务水平。

(4)小结

城市轨道交通行业正面临诸多挑战和机遇,各城市轨道交通企业只有携手并进,充分释放数据要素和数字技术的巨大能量,才能在超大业务规模和复杂的环境之下将城市轨道交通建设好、运营好、经营好,从而实现城市轨道交通的高质量发展,为实现交通强国、网络强国、数字中国作出贡献。

第 8 章

展望

8.1 智慧城轨的发展趋势

智慧城轨是信息时代发展的必然产物，在国家战略层面的引导下，必将成为城市轨道交通行业未来创新突破和蓬勃发展的主要方向。智慧城轨本质上是利用现代通信技术、现代计算机信息技术、工业控制技术、物联网技术、大数据技术、人工智能等先进技术手段，形成智慧乘客服务类、运营管控类、安全保障类、绿色能源管理类、运营维护管理类等行业应用技术，将城市轨道交通系统整体升级到一个更高的智能水平，从而构建安全、便捷、高效、绿色、经济的中国新时代智慧型城市轨道交通，完成城市轨道交通由高速发展向高质量发展转变，强力助推交通强国建设。

智慧城轨发展的新方向和新趋势将围绕便捷化、高效化、绿色化、自动化、数字化、自主化、智能化、集约化、融合化等方面进行创新和探索，更好地发挥科技和信息技术在城市轨道交通领域的优势。

（1）便捷化

随着城市化进程不断加速，城市人口越来越多，市民对于出行体验的需求也越来越高，便捷化成为轨道交通发展的重要目标之一。便捷化以人为本，在票务服务、出行咨询、客流管理、环境调控、列车服务等方面进行改善，通过对乘客数据的智能分析，实现乘客属性的精准定位，主动提供与之匹配的服务信息推介服务，实现便捷精准乘客服务；通过多维度全息感知、设备物联网化、智能系统融合等实现全景管控车站管理。

（2）高效化

城市轨道交通作为一种大众化交通工具，需要安全高效的运营保证。因此，城市轨道交通探索高效率的网络化运输组织模式，提高运输效率，通过采用先进的信号控制技术，优化列车运行间隔时间，缩短换乘时间，达到减少行车拥堵和缩短乘车时间等目的。

（3）绿色化

智慧赋能绿色城轨，绿色低碳拓展智慧城轨内涵，绿智融合，助力轨道交通绿色低碳转型。城市轨道交通绿色低碳转型需要实现绿色低碳规划设计、绿色低碳建造、绿色低碳运营及绿色低碳管理经营。城市轨道交通行业应研究线路节能、绿色车站、照明节能、供电节能、空调节能及能源管理系统等，不断升级装配式建造技术，推广电动化施工机械，并在工程设计中倡导光伏、氢能等绿色可再生能源最大化应用。

（4）自动化

城市轨道交通行业应用全自动运行技术，实现车辆的无人驾驶操作；引入人工智能、灵活编组、协同编队等技术，实现列车的最优运行控制，提高交通运营效率与安全性，优化调度和列车协调，同时又降低了人员工作的强度，有助于行车、调度、监控等自主运营，提高整个城市轨道交通网络服务水平。

（5）数字化

为了提高城市轨道交通的安全性、运行效率、服务质量和用户体验，数字化转型已成为城市轨道交通行业的重要发展方向。将数字化融入城市轨道交通系统，实现数据集成、信息共享和保障系统运行与管理的合理性，通过利用人工智能大数据分析能力等数字化手段来满足乘客、运营、维修对城市轨道交通更智能化、更智慧化的新需求，从而为企业提供高效率和高质量的管控，为乘客提供更好的服务和体验。

（6）自主化

随着国家对安全的重视及中国自主品牌的快速崛起，促使城市轨道交通领域在技术上更加倾向具有自主创新、安全可控的考虑。自主化是城市轨道交通的新趋势之一，城市轨道交通系统可采用自主研发、设计、生产、制造等产品或系统，为中国城市轨道交通的未来自主化发展打下坚实基础。

（7）智能化

借助于大数据、人工智能、机器学习、智能传感等技术，城市轨道交通系统应推进系统或设备自我调节和优化，同时也提高了城轨系统的控制速度和精度，对人的需求将不断降低，站务、乘务、维修人员数量大幅缩减，人力成本大幅下降。

（8）集约化

城市轨道交通应利用数字科技手段实现轨基础设施、数据资源等共享，通过集约化的运行模式实现资源整合和优化，提高资源使用和调配效率。

（9）融合化

云原生技术推动城市轨道交通数字化重塑，在容器、微服务、服务代理、内存数据库等云原生技术支持下，专业整合、系统融合将成为城市轨道交通系统发展的趋势，城市轨道交通系统可以更好地实现各系统之间的协同工作，实现数据共享和交互，提高运维效率和系统性能。

可以预见，未来智慧城轨将成为城市发展不可或缺的重要组成部分，与城市管理和其他领域产生深度融合，为我们创造更好的出行体验，推动城市经济发展，增强城市核心竞争力。

8.2 技术迭代创新

智慧城轨的建设不是一蹴而就的，是一个不断完善、持续迭代更新的过程。在这个过程中，需要行业顶层规划到建设实施的自上而下推进思维模式的转变，需要"政、产、学、研、用"的共同参与，推动轨交智慧运行平台、乘客服务、车站管理、安防管理、运输组织、列车运行、能源管理、运维保障、装备工艺、企业网络化管理等创新应用与变革，需要行业凝心聚力共建智慧城轨的行业生态圈，以此推动智慧城轨的高质量应用，助力智慧城轨目标的实现。

轨交智慧运行平台目前在城市轨道交通行业应用逐渐成熟，业务覆盖更全面。总体上，城市轨道交通企业更注重信息化顶层设计及统筹规划，探索如何发挥平台优势，如何更好发挥算力动态调配、灵活可回收分配、合理利用资源，实现更加高效的统一运维管理，如何挖掘数据应用和实现数据价值。同时，在平台数字化能力基础上，业务基于丰富的数字化能力的应用也将逐步深入，如城市轨道交通业务随着云原生技术应用，将帮助城市轨道交通企业实现更快的应用程序迭代和部署，更好地应对业务变化的需求，提高运营效率。在精细化数据治理方面，城市轨道交通企业将基于业务需求，使用轨交智慧运行平台提供的数据分析和挖掘能力，数据驱动提高智慧城轨业务水平。

乘客服务现阶段智慧城轨乘客线下服务已基本实现过闸多元化、操作自助化、资讯智能化、系统数据化，线上服务适度欠缺，让人民群众体验到实实在在获得感的一定是数字线上跟实体线下相结合的模式，智能丰富精准实时的线上服务具备较大的发展空间。另一方面，未来的城市轨道交通智慧服务将深度与智慧城市相融合，城市轨道交通是智慧城市出行即服务（MaaS）一体化交通出行中的重要一环，智慧乘客服务将加速与其他交通系统数据聚合，深度融入数字交通生态，数据全面整合和共享，乘客也不只是交通服务的享受者，同时也是交通数据的提供者与分享者，然后通过数据来改变和优化整个出行服务，以人为本，提供无缝衔接、安全便捷和舒适的全链条出行服务。

智能运输组织在客流分布的实时预测、运输计划的智能化编制、运力与客流的精准匹配、线网智能调度（应急）指挥中心系统及辅助决策等方面初步取得成效。今后为实现运输组织高效运转，将扩大智能化应用，加强智能化辅助决策，促进线网运输组织的精细预测、智能决策。智能城轨智能运输组织有机融入国家现代综合交通运输体系，未来也将加大线网运输互联互通，优化运输资源配置、运能运量的匹配和协同联动应急调度。

智能列车控制技术的发展已逐步趋于成熟，目前国内已有多条全自动运行线路投入运营，且多数城市在新线建设中采用了 GoA4 级的全自动运行；兼容不同信号制式、不同线路设备的跨制式通用列控系统也已研发成功并示范应用；自主化列车控制系统也已有所应用。未来在既有的全自动运行和互联互通的技术基础上，研发适用于互联互通的全自动运行，采用新一代车地通信及环境感知系统，加强列车对于行车空间及车上空间的信息感知能力，增强列车自主控制能力，提高轨旁设备利用率，减少轨旁设备，提升列车控制效率。

智慧车站管理依托先进的智能化技术，实现车站人、机、环全要素感知，实现车站综合业务和各种复杂专业系统的集成，能够有效优化运营管理和提高效率，同时也能够推动车站实现数字可视化、业务协同化和管理智慧化，针对性解决运营管理中的痛点难点问题，实现全生命周期投入产出效益的最大化。随着大数据、人工智能、5G 等技术不断深入融合发展，结合运营车站管理需求，也将扩大智慧车站管理创新应用，如绿色低碳节能、移动运作、区域化中心管理、设备智能联控等。

随着社会的不断发展和科技进步，安防领域也在不断地发展。安防行业不再只是单纯的监视和报警，而是整合了视频监控、安全检查、智能识别、大数据等多种技术手段，形成了全方位一体化的安全防范系统。安防行业将会进一步与图像处理、AI、5G、物联网、云平台、大数据分析、区块链等新兴技术相互融合，实现边缘感知更精准、数据汇聚更高效、多层认知更智能、分级应用更实用的人工智能安防，从而更好实现各种运维场景的智能监管、预警、预判等目标。安防领域也将会深入推进标准的规范化，高质量的标准能够为安防行业的发展注入源源不断的动力。

现阶段在车辆、信号、供电、轨道等行车安全关键专业上已搭建单线单专业的智能运维系统，实现了设备监测、状态评估、故障诊断、故障预警、维修策划负责等功能，在专业的覆盖范围、融合深度还存在很大的发展空间。未来智能运维的发展将从单线单专业发展为涵盖城市轨道交通线网全部线路的全部专业，实现线网单专业智能运维的纵向管理，并基于线网全专业的智能运维系统基础上，打破专业壁垒，进行专业融合和数据深度挖掘分析，发展综合智能运维系统，实现全线网多线多专业智能运维的横向管理，最终组建基于智能化应用实现线网级、全专业、全流程的综合维修模式。

发展"技术先进、安全可靠、经济适用、节能环保"的城市轨道交通智能装备，是提升城市轨道交通运输人流物流效率的保证，是实现资源节约和环境友好的有效途径，对国民经济和社会发展有较强的带动作用。城市轨道交通智能装备工艺应强力推进云计算、大数据等新兴信息技术和城市轨道交通业务深度融合，推动城市轨道交通数字技术应用；增强自主技术创新能力、自主品牌创优能力，不断开发新技术、新产品和新品牌；开展跨行业融合、跨领域技术借鉴，将其他高端装备制造业、先进技术、新一代信息技术、新能源技术、新材料技术融合创新，为城市轨道交通装备技术进步带来发展新机遇。

智能基础设施目前针对关键部位/区段实现了自动化监测和智能巡查功能，实现基础设施的信息化管理，仍需进一步拓展基础设施监测的范围和深度。未来随着自动化、智能化、集成化技术发展趋势，城市轨道交通将搭建全线网基础设施 BIM 模型，实现基础设施的自动化监测、入侵监测、保护区智能巡检、气象监测、智能预警等功能，从而达到对基础设施全方位、全过程智能监测。

智慧企业网络化管理体系初具规模，目标计划能力、预测预警能力、执行监督能力、决策管控能力大幅提升，其覆盖更全面、体系更完善、管理更高效、决策更智能，通过数字化转型，以数字技术提升数字基础能力，以泛在连接加快数据资产沉淀，以数据技术保障实现数据价值，以数据驱动提升决策能力，以人工智能扩大智慧应用，将不断推动企业的创新和升级，促进城轨企业高质量发展，有助于提高企业自身竞争力和行业整体水平。

由上可见，新时代智慧城轨进入高质量发展阶段，将促进轨交智慧运行平台、乘客服务、运输组织、列车运行、车站管理、安防管理、能源管理、运维保障、装备工艺、企业网络化管理等方面技术迭代创新，呈现向上的发展态势。

8.3 推动智慧城轨实施的积极态度

城市轨道交通作为城市公共交通的重要组成部分，城市轨道交通的数字化、智慧化程度对市民服务、交通指挥、企业管理、产业发展等方面有重要的作用，智慧城轨融入智慧交通和智慧城市，成为其中一个重要分支。同时，城市轨道交通的规划设计、建造建设、运营维护的全寿命周期内的网络化、数字化、智慧化、低碳化在此背景下提出了更高的要求，因此智慧城轨的发展过程中应树立决心、坚定信心、保持耐心、坚持恒心。

树立智慧城轨高速度发展的决心,"民有所盼、政有所为"。党的十九大提出建设交通强国的发展战略,二十大再次明确建设交通强国的宏伟目标;党和国家高屋建瓴,为城市轨道交通发展明确了路径指向,建设智慧城轨是落实国家政策的具体行动实践。《中国城市轨道交通智慧城轨发展纲要》《中国城市轨道交通绿色城轨发展行动方案》描绘了智慧城轨和绿色城轨的发展战略、具体目标和宏伟蓝图。国内城市轨道交通企业应全力组织学习贯彻两份文件的内涵,积极谋划、统筹布局、研究深化、推进落地,北京、上海、广州、深圳、重庆、南京、武汉、西安、哈尔滨、郑州、宁波、贵阳、厦门等20多个城市相继编制了智慧城轨发展规划、信息化建设规划或推进智慧城轨建设白皮书等,并逐步开展实践落地。

坚定智慧城轨高质量建设的信心,"长风破浪、前景可期"。新中国成立特别是改革开放以来,中国经济社会的发展取得了巨大成就,特别是中国高铁、中国航天等前沿科技的成功,给了我们新时代继续前进的信心。中国城市轨道交通发展用30年的时间走过了全世界百年未完成的伟业,运营里程高居世界领先地位。新时代的城市轨道交通发展,已经从解决"有没有"的问题逐步转化为解决"好不好"的问题,特别是要提高城市轨道交通的科技创新能力,建设现代化的城市轨道交通产业体系、推动城市轨道交通发展智慧升级、绿色低碳、数字化转型,集中力量推动城市轨道交通高质量发展。

保持智慧城轨曲折前进的耐心,"克服困难、创造奇迹"。城市轨道交通的规划、建设和运营呈现出网络化、区域化、融合化的发展特点,从国家层面来看,城市轨道交通、市域(郊)铁路、城际铁路、高铁融合程度高;从微观层面看,设备系统之间的界限也在逐步模糊,资源共享、系统融合程度也在提高。智慧城轨的落地实施会对既有轨道交通的建设、运营模式造成一定的困扰和影响,"发展促进变革,变革反作用于发展",智慧城轨的征程不可能一马平川、一帆风顺,技术发展的瓶颈、安全风险的挫折都会造成发展的困扰,这就要求我们始终保持战略定力、清醒和耐心,不骄不躁,不为任何风险所惧,不被任何干扰所惑,不断克服困难,创造发展奇迹。

坚持智慧城轨最终成功的恒心,"持之以恒,直到成功"。恒者,事竟成;万事,恒为贵。智慧城轨是随着现代通信和信息技术高速发展而同步发展,科学探索无上限,智慧城轨无止境,重点目标永远在前方。智慧城轨发展的挑战来自方方面面,高层的战略规划、执行层的执行力度、企业用户的认知程度、关键技术支持程度、乘客便捷需求不断更新,因此发展目标的实现非一日之功,也需要同步升级。城市轨道交通从业者要主动融合参与智慧城轨的发展大局,自上而下强力推进,自下而上破冰深化,逐步达成智慧城轨发展的认知共识,并为实现阶段性智慧城轨目标而持之以恒、不懈努力。

8.4 落地实施带来的变革

随着城市高质量发展和交通需求的不断增长,城市轨道交通作为一种现代化、高效的公共交通运输方式,受到越来越多城市的青睐。智慧城轨基于轨交智慧运行平台,深化应用云计算、大数据、物联网、人工智能、5G、卫星通信、区块链等新兴信息技术,对城市轨道交通系统进行多专业多领域的融合,为轨道交通带来了全新的变革,其影响范围涵盖了从规划设计、建设管理、生产制造、调试验收,到运营管理的各个环节。

在规划设计方面,智慧城轨的技术创新提升了规划设计的前瞻性与科学性。规划设计不再局限于单线路、单专业,打破了线路和专业的边界,结合国家城市群、智慧城市、智慧交通的发展规划与目标,基于各类功能场景的需求,加强顶层设计,统筹规划智慧城轨系统的整体布局,城市轨道交通系统的技术架构向通用化和标准化不断演进,专业之间的协调、协同、融合不断增强,接口关系变得更加紧密。

在建设管理方面,智慧城轨的技术创新对建设管理模式提出了更高的要求和变化。建设管理不再是以往的单专业各自管理,两个专业谈接口的管理模式,而是基于轨交智慧运行平台,从功能场景匹配和专业融合的角度出发,加强了通用系统架构下专业间的互相协同,实现多专业的联动,使得对专业的建设管理,特别是专业间的接口管理变得更加复杂和多变。

在生产制造方面,智慧城轨的技术创新对产品的生产制造提出了链条发展的需求。基于轨交智慧运行平台智慧城轨体系的建立,使得厂家不仅仅关注于产品的生产、供货情况,还要关注适用于智慧城轨体系产品的开发和应用,并不断创新和升级,形成模块化、标准化、通用化技术产品,同时聚焦运营后的设备使用、智能诊断和维修管理等泛在服务,形成满足智慧城轨体系建立、使用、发展、迭代的产品生态链。

在调试验收方面,智慧城轨的技术创新提高了对专业间联调联动的要求。智慧城轨体系实现了基于功能场景需求的多专业融合协同,系统调试验收除了单专业的调试验收工作,还增加了大量的专业间的联调联试和功能场景的验证测试,使得调试验收的内容大量增加,调试验收的时间也会有所增长,同时各专业系统设备厂家和施工的协调联动也会有所增加。

在运营管理方面,智慧城轨的技术创新提升了运营服务的水平和运营管理的质量,引起了运营人员职责的变化。信息化基础数据平台的建设,整合了线网轨道交通信息化数据,实现城市轨道交通大数据的全面采集、有机整合、统一管理,使得运营管理改变了原有的碎片化、同质化的服务特点,以及人工为主的运营管理特点,实现伴随式、个性化的运营服务和信息化、智能化、自动化的运营管理。专业之间的协同融合,以及设备系统替代了大量重复的人工劳动,使得运营管理工作的岗位和职责改变了原有的按线路、按专业,一岗一责的特点,城市轨道交通企业应对运营岗位进行整合和运营职责进行调整,实现一个岗位多个职责的运营管理。

智慧城轨是城市高质量发展,推动智慧城市、智慧交通的迫切需求,智慧城轨的落地实施给规划设计、建设管理、生产制造、调试验收、到运营管理等各环节带来了全面的变革,从而达到城市轨道交通线路"安全、可靠、便捷、精准、融合、协同、绿色、持续"的特征要求。

8.5 智慧创新无止境

创新是一个民族进步的灵魂,是一个国家兴旺发达的不竭动力,从古至今,千年的迭代,百年的裂变,创新推动着历史的车轮滚滚前进。创新就要不断解放思想、实事求是、与时俱进。俗话说"青,取之于蓝而青于蓝",我们要突破前人,后人也必然会突破我们,创新是一场没有终点的马拉松,比拼的是速度和耐力,这是社会前进的必然规律。

目前我国城市轨道交通运营线路规模以及客流规模都居全球第一,我国已经成为"城市轨道交通大国",但要想将"城市轨道交通大国"转换为"城市轨道交通强国",务必要在城市轨道交通运行中融入科学技术以及信息技术,实现城市轨道交通运营的自动化。我国智慧城轨之所以称之为智慧,是由于我国现阶段的城轨发展创造性突破了传统技术的局限,不仅融入设计者的智慧,还融入了时代发展的智慧。正是由于行业的不断创新以及国家的高度重视,才铸就了我国城轨行业在全球中的地位。

智慧城轨是城市轨道交通领域新技术的普及应用创新,围绕智慧城轨而进行的创新与开拓,既是现实之需,也是更大视野下的前瞻性发展之举。智慧城轨核心是通过借助新一代的思想、理念和技术,在充分信息获取的数据驱动下,重塑城市轨道交通系统中人、列车、设施设备和管理系统之间的相互关系。

创新无终点,追求无止境,智慧城轨创新不是一蹴而就的,是一个不断思考、不断发现、不断探索、不断认识、不断完善、不断迭代的过程,智慧城轨发展的过程也可能不是一帆风顺的,可能存在波折、反复,鲁迅说"一定要有自信的勇气,才会有创造的勇气",创新难,自主创新更难,持续创新难上加难,因此,我们需要树立坚定的信心、决心、恒心、耐心,把智慧城轨建设当作一个长期的目标,逐步从冷冰冰的"效果图"转化为幸福美好生活的"实景图",相信智慧城轨的未来会更好。

城市轨道交通智慧化发展已成为必然趋势,新时代各城市应寻求适合自身发展的智慧方法,统一认识,增强信心,共同努力,构建智慧化、信息化的城市轨道交通体系,为乘客提供更加安全、便捷、舒适的智慧交通系统,让枯燥单调的出行变为可阅读、有温度、有情怀的文化之旅,承载广大人民群众对幸福美好生活的新向往,也必将为赋能智慧城市构建提供更多、更大的"城轨力量"!

附录

缩略语

序号	专业	英文	缩写	备注
1	自动售检票系统	Automatic Fare Collection System	AFC	
2	清分中心系统	Automatic Fare Collection Central Clearing System	ACC	
3	列车自动控制	Automatic Train Control	ATC	
4	列车自动监控	Automatic Train Supervision	ATS	
5	列车自动防护	Automatic Train Protection	ATP	
6	列车自动运行	Automatic Train Operation	ATO	
7	门禁系统	Access Control System	ACS	
8	环境与设备监控系统	Building Automatic System	BAS	
9	轨交智慧运行平台	Basic Information Platform	BIP	
10	视频监视系统	Closed-Circuit Television（Image Monitoring System）	CCTV（IMS）	
11	云平台	Cloud Platform	CP	
12	计算机联锁	Computer Interlocking	CI	
13	数据平台	Data Platform	DP	
14	全自动运行	Fully Automatic Operation System	FAO	
15	火灾自动报警系统	Automatic Fire Alarm System	FAS	
16	自动化等级	Grade of Automation	GoA	
17	综合监控系统	Integrated Supervisory Control System	ISCS	
18	智能客服系统	Intelligent Passenger Service System	IPSS	
19	入侵报警系统	Intruder Alarm System	IAS	
20	室内定位	Indoor Positioning System	IPS	

续上表

序号	专业	英文	缩写	备注
21	信息系统	Information System	IS	
22	安防集成平台	Integrated Security Platform	ISP	
23	出行即服务	Mobility as a Service	MaaS	
24	线网指挥系统	Network Operation Control Centre	NOCC	
25	控制中心	Operation Control Center	OCC	
26	乘客信息系统	Passenger Information System	PIS	
27	站台屏蔽门	Platform Screen Door	PSD	
28	无线通信系统	Radio Communication System	RCS	
29	安全防范系统	Security & Protection System	SPS	
30	安全检查及探测系统	Security Inspection & Detection System	SIDS	
31	电力监控系统	Power Supervisory Control and Data Acquisition System	PSCADA	
32	票务及客服系统	Ticketing and Passenger Service System	TPSS	
33	传输系统	Transmission System	TS	
34	车地宽带无线通信系统	Vehicle-Ground Brandband Wireless Communication System	VGWCS	
35	无线网络	Wireless Network System	WNS	

参 考 文 献

[1] 中华人民共和国住房和城乡建设部. 地铁设计规范: GB 50157—2013[S]. 北京: 中国建筑工业出版社, 2014.

[2] 中华人民共和国住房和城乡建设部. 城市轨道交通工程项目规范: GB 55033—2022[S]. 北京: 中国建筑工业出版社, 2022.

[3] 中华人民共和国住房和城乡建设部. 城市轨道交通综合监控系统工程技术标准: GB/T 50636—2018[S]. 北京: 中国建筑工业出版社, 2018.

[4] 中华人民共和国住房和城乡建设部. 城市轨道交通公共安全防范系统工程技术规范: GB 51151—2016[S]. 北京: 中国建筑工业出版社, 2016.

[5] 全国牵引电气设备与系统标准化技术委员会. 轨道交通可靠性、可用性、可维修性和安全性规范及示例: GB/T 21562—2008[S]. 北京: 中国标准出版社, 2008.

[6] 中国城市轨道交通协会. 中国城市轨道交通智慧城轨发展纲要[R]. 2020.

[7] 中国城市轨道交通协会. 中国城市轨道交通绿色城轨发展行动方案[R]. 2022.

[8] 丁建隆. 新时代城市轨道交通创新与发展[M]. 北京: 人民交通出版社股份有限公司, 2019.

[9] 何霖. 城市轨道交通运营筹备与组织[M]. 北京: 中国劳动社会保障出版社, 2013.

[10] 刘靖. 城市轨道交通线网运营指挥系统工程[M]. 北京: 电子工业出版社, 2017.

[11] 中国城市科学研究会数字城市专业委员会轨道交通学组. 智慧城市与轨道交通(2017)[M]. 北京: 中央民族大学出版社, 2017.

[12] 张喜. 城市轨道交通通信与信号概论[M]. 北京: 北京交通大学出版社, 2012.

[13] 丁小兵. 轨道交通信息系统与数据处理[M]. 北京: 中国铁道出版社, 2018.

[14] 秦勇, 梁平, 战明辉, 等. 城市轨道交通路网运营安全保障理论与应用[M]. 北京: 科学出版社, 2019.

[15] 城市轨道交通列车通信与运行控制国家工程实验室. 全自动运行系统安全报告: NELURCC-WP-2017002[R]. 2017.

[16] 城市轨道交通列车通信与运行控制国家工程实验室. 城市轨道交通全自动运行系统建设指南: WP-2007001[R]. 2017.

[17] 工业互联网产业联盟. 工业互联网平台白皮书(2017)[R]. 2017.

[18] 中国电子技术标准化研究院. 工业物联网白皮书(2017)[R]. 2017.

[19] 中国信息通信研究院. 云计算发展白皮书(2018)[R]. 2018.

[20] 中国移动, 等. SPN2.0 技术白皮书[R]. 2022.

[21] 中国信息通信研究院, 中国人工智能产业发展联盟. 人工智能发展白皮书-技术架构篇(2018)[R]. 2018.

[22] 边缘计算产业联盟(ECC)与工业互联网产业联盟(AII). 边缘计算参考架构 2.0

(2017)[R]. 2017.

[23] 中国信息通信研究院. 大数据白皮书(2018 年)[R]. 2018.

[24] 中国电子技术标准化研究院，全国信息技术标准化技术委员会大数据标准工作组. 大数据标准化白皮书(2018)[R]. 2018.

[25] 中国电子技术标准化研究院. 工业互联网平台标准化白皮书(2018)[R]. 2018.

[26] 工业互联网产业联盟(AII). 中国工业大数据技术与应用白皮书[R]. 2017.

[27] 钟华. 企业 IT 架构转型之道阿里巴巴中台战略思想与架构实战[M]. 北京: 机械工业出版社, 2017.

[28] 蔡文海. 智慧交通实践[M]. 北京: 人民邮电出版社, 2018.

[29] 张传福, 赵立英, 张宇, 等. 5G 移动通信系统及关键技术[M]. 北京: 电子工业出版社, 2018.

[30] 戴博, 袁弋非, 余媛芳. 窄带物联网(NB-loT)标准与关键技术[M]. 北京: 人民邮电出版社, 2016.

[31] 郜春海. 基于通信的列车运行控制(CBTC)系统[M]. 北京: 中国铁道出版社, 2018.

[32] 城市轨道交通列车通信与运行控制国家工程实验室, 交通运输部科学研究院, 城市轨道交通运营安全管理技术及装备交通运输行业研发中心. 城市轨道交通全自动运行系统运营需求导则[R]. 2019.

[33] 郭锐. 自动售检票系统中人脸识别技术的解决方案[J]. 铁路技术创新, 2018(2): 10-13.

[34] 姜海. 基于人脸识别技术实现地铁 AFC 闸机无感通行的应用研究[J]. 铁路通信信号工程技术, 2020, 9(11): 59-62.

[35] 黄俪, 甘超莹. 基于人工智能的图像识别技术在城市轨道交通 AFC 系统的应用[J]. 交通世界, 2020(22): 23-24.

[36] 文璐. 基于人脸识别的轨道交通乘车支付方案研究[J]. 中国新通信, 2020, 22(22): 69-70.

[37] 彭冬鸣, 姚依克, 沈何一. 人脸识别技术在 AFC 系统中的应用[J]. 电子世界, 2019(4): 150-151.

[38] 杨波, 陈逸辰. 基于人脸识别的智慧轨交安全支付系统[J]. 通信技术, 2020, 8(2): 506-511.

[39] 熊勇. 地铁自动售票系统人脸识别技术解决方案的探究[J]. 中国新通信, 2020, 22(3): 53.

[40] 马梦莹. 地铁 AFC 系统人脸识别检测技术的现状及应用[J]. 电子技术与软件工程, 2019(17): 84-85.

[41] 蒋洁. 人脸识别技术应用的侵权风险与控制策略[J]. 图书与情报, 2019(5): 58-64.

[42] 梁笛. 从系统设计的视角分析"刷脸支付"在轨道交通的应用[J]. 机电工程技术, 2022, 51(11): 223-226.

[43] 张森,于敏. 基于"互联网+"的城市轨道交通乘客智能服务模式探讨[J]. 都市快轨交通, 2021, 34(3): 146-152.

[44] 郎冬冬. 基于微信的客服系统中客服调度及对话主题提取技术研究[D]. 昆明: 昆明理工大学, 2018.

[45] 梅巧玲, 王思宇, 马杰. 铁路 12306 线上智能客服系统方案研究[J]. 计算机应用, 2020,

29(3): 28-31.

[46] 蔡傲霄. 支持音视频的综合接入智能客服系统的设计与实现[D]. 北京: 北京邮电大学, 2019.

[47] 饶竹一, 张云翔. 智能语音识别技术在信息通信客服系统中的应用[J]. 通信电源技术, 2018, 35(6): 140-141.

[48] 程广兵. 运营商问答系统融入AI打造智能客服[J]. 通信世界, 2018(14): 45-47.

[49] 王敬一. 基于大数据分析的智能客服系统研究与设计[J]. 计算机产品与流通, 2018(2): 145.

[50] 令妍. 基于人工智能的湖南移动在线客服研究[D]. 长沙: 湖南大学, 2014.

[51] 陆烨. 大数据背景下的人工智能客服系统研究[J]. 城市建设理论研究, 2019(16): 65.

[52] 王鸥, 赵永彬, 刚毅凝. 智能语音识别技术在信息通信客服系统中的应用[J]. 电子技术与软件工程, 2016(7): 36-38.

[53] 鄢志杰. 声学模型区分性训练及其在自动语音识别中的应用[D]. 合肥: 中国科学技术大学, 2008.

[54] 张森, 于敏. 基于乘客画像的城市轨道交通安检识别技术与应用[J]. 城市轨道交通研究, 2021, 24(12):210-215.

[55] 刘伯德, 张森. 基于网络化大数据的城市轨道交通安检系统[J]. 城市轨道交通研究, 2019, 22(6): 182-186.

[56] 邹国锋, 傅桂霞, 李海涛, 等. 多姿态人脸识别综述[J]. 模式识别与人工智能, 2015, 28(7): 613-625.

[57] 杨巨成, 刘娜, 房珊珊, 等. 基于深度学习的人脸识别方法研究综述[J], 天津科技大学学报, 2016, 31(6): 1-10.

[58] 胡万杰, 董建军, 陈志龙. 基于地铁货运系统的城市物流发展模式探讨[J]. 铁道运输与经济, 2022, 44(2): 8-15.

[59] 俞益, 张艳, 周凯. 智能视频图像分析系统在城市轨道交通中的应用探索[J]. 中国安防, 2021(6) : 73-76.

[60] 庄凯成. 城市轨道交通安防集成系统平台的应用[J]. 集成电路应用, 2022, 39(5): 253-255.

[61] 费晓东. 安防管理平台发展现状及未来趋势分析[J]. 江苏航空, 2016(2): 2.

[62] 杨乐. 第五代无线通信系统新接入技术的研究[J]. 移动通信, 2016, 40(21): 92-96.

[63] 游思晴, 齐兆群. 5G网络绿色通信技术现状研究及展望[J]. 移动通信, 2016, 40(20): 31-35.

[64] 中国城市轨道交通协会. 智慧城市轨道交通 信息技术架构及网络安全规范 第一部分: 总体需求: T/CAMET 11001.1—2019[S]. 北京: 中国铁道出版社, 2019.

[65] 中国城市轨道交通协会. 智慧城市轨道交通 信息技术架构及网络安全规范 第二部分: 技术架构: T/CAMET 11001.2—2019[S]. 北京: 中国铁道出版社, 2019.

[66] 中国城市轨道交通协会. 智慧城市轨道交通 信息技术架构及网络安全规范 第三部分: 网络安全: T/CAMET 11001.3—2019[S]. 北京: 中国铁道出版社, 2019.

[67] 中国城市轨道交通协会. 城市轨道交通云平台构建技术规范: T/CAMET 11002—

2020[S]. 北京：中国铁道出版社，2020.

[68] 中国城市轨道交通协会. 城市轨道交通大数据平台技术规范：T/CAMET 11003—2020[S]. 北京：中国铁道出版社，2020.

[69] 中国城市轨道交通协会. 城市轨道交通云平台网络架构技术规范：T/CAMET 11004—2020[S]. 北京：中国铁道出版社，2020.

[70] 中国城市轨道交通协会. 城市轨道交通云平台网络安全技术规范：T/CAMET 11005—2020[S]. 北京：中国铁道出版社，2020.

[71] 中国城市轨道交通协会. 城市轨道交通线网运营指挥中心系统技术规范：T/CAMET 11006—2020[S]. 北京：中国铁道出版社，2020.

[72] 中国城市轨道交通协会. 城市轨道交通信息化工程设计规范：T/CAMET 11007—2022[S]. 北京：中国铁道出版社，2022.

[73] 中国城市轨道交通协会.《中国城市轨道交通智慧城轨发展纲要》发布三周年系列调研简报｜第四篇：智能能源系统助推节能降耗、提质增效[EB/OL]. (2023-07-20)[2024-10-24]. https://mp.weixin.qq.com/s?__biz=MzI3NzMwODY3OQ==&mid=2247564124&idx=1&sn=096ad8a769e20f6c766d7bf31cc6f3a4&chksm=bd1895edff68cfc1cb1818bdea7f421aa9f573fa7495e4a4b92ea93c4a090a9c9df5ab2bc0a2&scene=27.

[74] 广州地铁集团有限公司. 数智地铁｜广州地铁数字化转型探索与思考[EB/OL]. (2023-03-14)[2024-10-24]. https://www.sohu.com/a/654238967_180330.

[75] 刘晓溪. 深圳地铁数字地铁项目探索与实践[J]. 城市轨道交通，2022(2)：44-49.

[76] 北京市基础设施投资有限公司. 京投公司"十四五"信息化与数字化转型的探索与实践[J]. 城市轨道交通，2023(3)：40-45.

[77] 中国铁道科学研究院集团有限公司通信信号研究所. 北京华铁打造互联互通CBTC系统大脑—全局调度系统研发与应用回顾（一）[EB/OL]. (2020-12-28)[2024-10-24]. https://mp.weixin.qq.com/s?__biz=MzUyNjAxODM2NA==&mid=2247486073&idx=1&sn=a2e2180b62bb76853e574fd8ac882e64&chksm=fa14782acd63f13c8222d38844decae2cc4d794da345896ce9245ebe3a4bce08d936f16265b3&scene=27.

[78] 广州地铁集团有限公司，深圳市腾讯计算机系统有限公司. 国内首创轨道交通操作系统穗腾OS升级，助力构建"轨道上的大湾区"[EB/OL]. (2021-09-23)[2024-10-24]. https://mp.weixin.qq.com/s?__biz=MzA4MDAwMjAwNA==&mid=2653593199&idx=1&sn=13309335654c9f2b04bf7d2d2ba57a13&chksm=8474d0d4b30359c27d56c595319443e2767446bda7fb4269af5c5759d25ac733726b0a072f48&scene=27.